▲ 샛비늘치는 불과 몇 센티미터 되지 않지만 숫자가 워낙 많아 심해 어류의 생물량에서 65퍼센트를 차지한다. 먹이사슬의 하위에 속한 샛비늘치가 플라스틱을 섭식하기 때문에 해양 생물 전체에 플라스틱 오염 물질이 축적될 가능성이 크다.

▲ 바다거북은 플라스틱 쇼핑백을 해파리로 오인하여 먹는 것으로 유명하다. 하와이 카밀로 해변에서 새끼 바다거북이 바다로 향하는 모습.

▲북태평양 중앙 환류에서 유령 그물이 물고기와 잠수부(찰스 무어)를 유혹하고 있다.

▲ 앨버트로스 새끼들은 생후 5개월이 되면 먹은 것 중 소화되지 않는 것들을 토해내는 첫 역류를 시작한다. 그러나 그전에 너무 많은 플라스틱을 먹어 소화관이 막힌 새끼는 살아남기 힘들다.

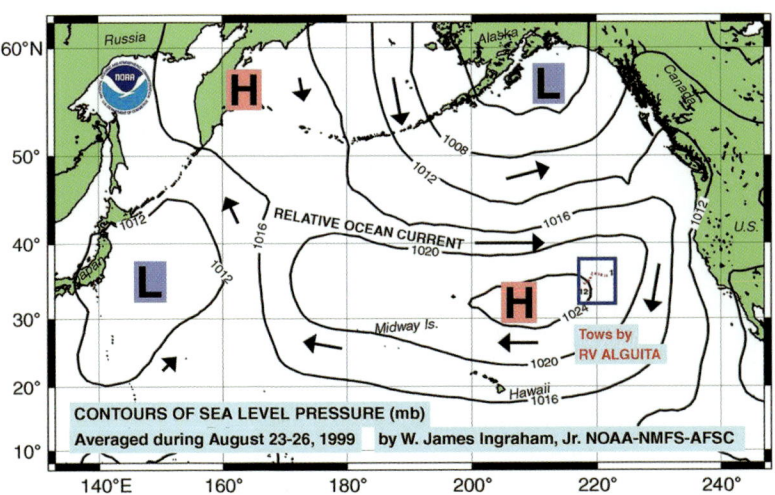

▲ 1999년 첫 번째 환류 표본 채취 당시 바다의 일반적인 상태. 해양 기압을 등고선 형태로 표시했다. 오른쪽 중앙에 사각형으로 표시한 곳이 알기타호가 훑은 지역이다.

▲ 환류 항해에서 가오리망을 내리고 있는 모습.

◀ 환류에서 수집한 표본을 들고 있는 찰스 무어 선장.

▲ 환류에 떠다니고 있던 해양 폐기물. 따개비 등이 가득 붙어 있다. 오늘날 바다에서는 해양 쓰레기를 중심으로 온갖 생명체들이 모여드는 새로운 생태계가 만들어지고 있다.

▲ 환류에서 수집한 '화학 산업용 병뚜껑'. 매년 1조 개의 병뚜껑과 마개가 새로 만들어지고 있다. 그리고 더 많은 뚜껑이 플라스틱으로 바뀌고 있다.

▲ 하와이 카밀로 해변의 플라스틱 모래. 커다란 플라스틱 쓰레기는 바다에서 부서지고 분해되어 형형색색의 작은 알갱이로 변한다.

▲ 2002년 큐어 환초에서 촬영한, 죽은 레이산앨버트로스 새끼의 뱃속 내용물. 일회용 라이터와 병뚜껑은 앨버트로스가 먹이로 착각하는 치명적인 해양 플라스틱 쓰레기이다.

◀ 플라스틱 가공 공장 근처에 쏟겨 있는 너들.

▲ 새들의 낙원인 미드웨이 섬에서 매년 10만 마리의 레이산앨버트로스 새끼가 죽어가고 있다. 그중 4만 마리는 플라스틱 섭식 때문에 죽는 것으로 추정된다. 사진은 큐어 환초의 레이산 앨버트로스.

▲ 무어 선장이 카밀로 해변에서 수거한 물건들.

▶ 큐어 환초의 얼가니새와 플라스틱 표류물의 모습.

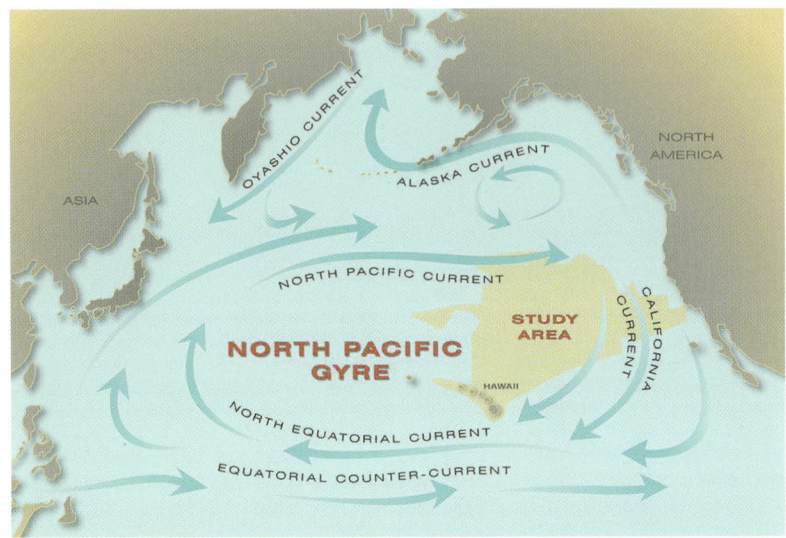

▲ 알기타호가 연구 작업을 수행한 지역을 보여주는 환류 그림. 오른쪽 중앙에 옅은 주황색으로 표시된 곳이다.

▲ 태평양 쓰레기 지대 동쪽에서 야간에 가오리망으로 채집한 물건들.

▲ 샛비늘치 한 마리의 뱃속에서 꺼낸 플라스틱 파편들. 모두 83개이다. 오른쪽은 자연 먹이의 모습이다.

▲ 무어 선장이 고장난 프로펠러에서 유령 그물을 잘라내고 있다.

▲ '해안 정화의 날'에 롱비치 반도에서 수거한 병뚜껑을 분류해놓은 모습.

▲ 폐그물에 갇혀 있는 몽크바다표범. 영리하고 호기심이 많은 몽크바다표범은 폐어구로 위협받고 있는 대표적인 멸종 위기 동물이다. 매년 100만 마리의 바닷새가 주낙에 걸려 죽으며, 또 매년 10만 마리의 바다거북과 해양 표유류가 그물과 낚싯줄에 걸려 죽는다.

플라스틱 바다

PLASTIC OCEAN
How a Sea Captain's Chance Discovery Launched a Determined Quest to Save the Oceans

Copyright © 2011 by Charles Moore and Cassandra Phillips
All rights reserved.

Korean translation copyright © 2013 by MIZIBOOKS
Korean translation rights arranged with
Sandra Dijkstra Literary Agency through EYA(Eric Yang Agency).

이 책의 한국어판 저작권은 EYA(Eric Yang Agency)를 통해
Sandra Dijkstra Literary Agency와 독점 계약한 미지북스에 있습니다.
저작권법에 의하여 한국 내에서 보호를 받는 저작물이므로 무단 전재와 무단 복제를 금합니다.

Plastic Ocean

How a Sea Captain's Chance Discovery Launched
a Determined Quest to Save the Oceans

지구의 바다를 점령한 인간의 창조물
플라스틱 바다

찰스 무어 · 커샌드라 필립스 지음 | 이지연 옮김

일러두기

1. 본문의 각주는 모두 옮긴이의 것이다.
2. 인명과 지명 등 고유명사의 원어는 찾아보기에서 확인할 수 있다.
3. 본문의 고딕체는 저자가 강조한 것이다.
4. 인용문 안의 ( )는 저자가 덧붙인 것이다.

아직 태어나지 않은 세대에 바친다.
플라스틱 오염이라는 것은 상상조차 할 수 없는 세상을 만들어주길.

차례 P L A S T I C

독자들에게 _ 008

01장_ 바다 한가운데의 플라스틱 수프 _ 011

02장_ 플라스틱의 탄생 _ 027

03장_ "태평양 거대 쓰레기 지대"의 정체 _ 057

04장_ 바다, 지구의 쓰레기통 _ 077

05장_ 플랑크톤보다 플라스틱이 많다 _ 099

06장_ 일회용 시대의 개막 _ 121

07장_ 피해를 보여줘야 한다 _ 141

08장_ 플라스틱 자본주의 _ 161

09장_ 우리의 과학은 점잖지 않다 _ 193

O C E A N

10장_ 독성 물질을 품은 트로이의 목마 _ 215

11장_ 유령 그물 잔혹사 _ 241

12장_ 바닷속 물고기들이 플라스틱을 먹기 시작하다 _ 265

13장_ 오염된 먹이사슬 _ 301

14장_ 오염원을 추적하다 _ 335

15장_ 플라스틱 발자국 지우기 _ 363

16장_ 우리는 거부할 수 있을까 _ 393

후기_ 인체 축적의 결과들 _ 415

출처 및 참고 자료 _ 438
찾아보기 _ 446

| 독자들에게 |

이 책은 전형적인 글쓰기 형식에서 다소 벗어나 있다. 지금까지의 내 삶처럼 말이다. 이 책에는 몇 가지 이야기가 얽혀 있다. 한 가지 맥락은 평범한 시민인 내가 과학자로 진화해가는 과정이다. 메시지를 어떻게 만들어내는지 배우고 그 메시지대로 실천하며 살아가는 사람의 모습을 보게 될 것이다. 또 다른 맥락은 플라스틱에 관한 '모든 것'이다. 온갖 모양으로 우리를 에워싼 플라스틱이라는 물질은 처음에는 언뜻 재미난 친구처럼 보였지만 서서히 본연의 골치 아픈 모습을 드러냈다. 그 본색을 우리가 조금만 더 일찍 알았더라면 얼마나 좋았을까. 책 속의 이야기는 정확히 시간순은 아니다. 뭍과 물의 경계가 모호한, 시공간을 넘나드는 이야기들이 이어지지만 그 사이에는 분명 연결점이 있다. 이 책은 한 편의 러브스토리이기도 하다. 평생토록 바다를 깊이 사랑하지 않았다면 나는 지금 하고 있는 그 어떤 일도 결코 하지 않았을 것이다.

저자들의 협업 과정을 간단히 설명하면 이렇다. 시작은 2008년 9월 하와이 빅아일랜드였다. 호놀룰루에서 강연이 있었던 찰스 무어 선장(이하 찰리)은 내륙 쪽에 있는 어느 가족 농장을 찾게 되었다. 당시 미국 농무성의 자금 지원을 받아 조사관으로 활동하던 커샌드라 필립스는 찰리가 있던 곳에서 불과 3킬로미터 정도 떨어진 난초 농장에서 난초 성장용 배지^{培地}로 쓰이는 재활용 플라스틱에 관한 조사의 2단계를 시작한 상태였다. 커샌드라는 난초 성장 예비 실험 과정에서 플라스틱이 보통 주장되는 것처럼 비활성이 아니라는 사실을 발견했다. 어떤 종류의 플라스틱은 성장을 저해했고 어떤 것들은 촉진했고 다른 것들(합성섬유 카펫)은 즉사시켰다. 마침 그 지역 도서관에서 제로 폐기물$^{Zero Waste}$ 회의를 주최했다. 찰리는 본토에서 온 주최 측 컨설턴트들과 친분이 있었고 커샌드라는 재활용 플라스틱 공급자들을 만나고 싶은 마음에 회의장을 찾았다. 난초 성장 실험에 호기심이 생긴 찰리는 곧 묘목장을 방문했다. 커샌드라는 직접 관찰한 내용 외에는 플라스틱의 불안한 특성에 관해 별로 관심이 없었지만, 커샌드라의 남편 밥은 찰리의 활동과 성과에 관한 이야기를 넋을 잃고 경청하고 있었다. 밥의 한 마디가 운명을 갈랐다. "이건 책으로 써야 돼."

01

바다 한가운데의 플라스틱 수프

바다는 여름날 연못처럼 파란색의 반짝이는 셀로판지 같았다. 항해는 더뎠고 태평양을 빠르게 통과하리라던 우리의 기대도 늘어졌다. 우리는 태평양 중부 고기압을 만나 더 이상 움직이지 못하고 있었다. 하워드 홀이나 그의 아들 존, 며느리 리사, 그리고 이 배의 선장인 나까지 아무도 예상치 못한 상황이었다. 가족의 오랜 친구이자 수학 선생님이었던 하워드는 초등학교 교장을 지내다 은퇴했다. 그는 원양 항해에도 일가견이 있었는데 이번 여행은 이제 막 결혼한 아들 부부의 신혼여행을 겸한 것이었다. 우리가 탄 해양 관측선 알기타^{Alguita}호는 태즈메이니아에서 만든 쌍동선*으로, 이 배와 나는 아직 서로 알아가야 하는 단계였다.

---

* 선체 두 개를 결합해서 갑판을 넓게 만든 배.

항로를 정하고, 짐을 싣고, 배를 출발해 드넓은 바다를 향할 때는 누구나 모험심에 불탄다. 하지만 호놀룰루 항구를 떠난 지 8일째가 되었을 때 우리의 가장 큰 관심사는 샌타바버라까지 무사히 도착하는 것이었다. 연료와 웃는 얼굴이 다 사라지기 전에 말이다. 이례적인 기상 상황 때문에 우리는 표준 항로를 벗어나 있었다. 나중에 알고 보니 북태평양 전체를 덮친 기록적인 엘니뇨 때문이었다. 그로부터 몇 주 후 칠레에는 폭우와 홍수가 발생했고 과열된 멕시코 바다를 떠난 청새치가 워싱턴 해안에서 잡혔다. 무역풍은 한껏 숨을 참고 있는 것 같았고 우리는 어쩔 수 없이 알기타호의 엔진을 계속 켜야 했다. 콜리지의 시 「늙은 뱃사람의 노래」도 우리처럼 결혼식장에서 시작해 무풍지대에서 끝났다는 생각이 불현듯 스쳤다. "그림 속 바다 위의 배처럼 꼼짝도 하지 않고."

나 역시 늙은 선원(정확히는 중년이다.)이지만 하와이에서 캘리포니아까지 가는 것은 이번이 처음이었다. 캘리포니아에서 하와이로는 두 번을 가보았지만 말이다. 우리는 처음에 하와이 북부를 떠나 서쪽에서 불어오는 무역풍을 타고 캘리포니아 해안까지 직행하는 표준 항로를 택했다. 그런데 바람은 우리를 북위 35도선까지 올려놓은 후 휘파람 수준으로 잦아들어버렸다. 이제 우리는 북위 40도까지 올라가서 오른쪽으로 꺾어 미국 서부 해안으로 갈 수 있기를 바랐다. 매일 팩스로 해양대기청의 기상 정보를 받아보던 나는 서풍의 위치가 보통 때보다 약간 남쪽으로 내려가 있다는 증거를 발견했다. 그래서 우리는 도박을 감행했다. 남동쪽으로 기수를 돌려 무풍지대 혹은 '아열대무풍대'라고 알려진 북태평양 고기압에 진입한 것이다. 옛 항해자들은 북태평양 고기압에 들어서면 배의 무게를 줄이기 위해 가축을 바다에 버리고 마실 물을 아꼈다. 우리의 목적지까지는 이게 더 직선에 가까운 경로였지만 지름길이 더 오래 걸리는 수도 있었다. 바람이 조금씩 강해졌다. 하지만 겨우 몇 시간이 지나 우리는 다시 디젤 엔진에 의존해야 했다. 하워드와 나는 이런 무풍 상태가 계속되지는 않을 것으로 생각했지만, 혹시라도 계속된다면 큰일이었다. 배의 발전기도 연료를 먹기 때문이다. 발전기가 있어야 제염기를 돌리고 통신 장비의 배터리도 충전할 수 있다. 음식은 충분했지만 마실 물은 오로지 제염기에 의존할 뿐이었다. 그럴 리는 없겠지만 정말로 문제가 커진다면 최소한 무전으로 구조는 요청할 수 있어야 했다.

그러다 나는 이 잔잔한 '그림 같은 바다'에 뭐랄까, 쓰레기 같은 게 널려 있는 것을 눈치챘다. 수면 위로 여기저기 이상한 덩어리와 부스러기들이 점점이 흩어져 있었다. '아무래도 대부분 플라스틱 같은데.' 이상하기도 하고 그럴 리가 하는 생각도 들었다. 처음 목격했을 당시에는 항해일지에 남기지를 않아서 정확한 날짜와 시간은 모르겠다. 아마도 1997년 8월 8일이나 9일이었지 싶다. 그 후로도 며칠간 내가 본 것을 적어야겠다는 생각이 들지는 않았다. 날씨 변화에 대처하고, 고장 난 장비와 씨름하고, 항해 규칙에 따라야 했던 것이다. 매 시간 일지를 작성하는 것도 내 몫이었고 엔진실에 들러 상태를 살피고 주방의 음식도 챙겨야 했다. 꼭두새벽부터 불침번을 선 날은 낮잠도 자야 했다. 함교에서 갑판으로 내려올 때마다 나는 마음속으로 내기를 했다. '이번에는 없겠지.' 하지만 나는 번번이 내기에 졌다. 낮이고 밤이고 하루에 몇 번을 내다봐도 플라스틱 조각이 물 위로 떴다 잠겼다 하는 모습을 몇 분 안에 볼 수 있었다. 이쪽에는 병, 저쪽에는 병뚜껑, 플라스틱 필름 조각, 떨어진 로프며 어망, 무언가가 부서진 잔해들.

씁쓸한 이야기지만 여기가 이 배의 모항母港인 로스앤젤레스 남쪽이라면 이런 상황은 다소 '정상'이라고 볼 수 있다. 그러나 이곳은 하와이와 캘리포니아의 중간 지점이었다. 육지로부터 몇천 킬로미터가 떨어진 곳에 쓰레기가 있다는 것은 달에 쓰레기가 있는 것과 비슷한 이야기였다. 이후 며칠 동안 우리는 태평양 한가운데서 무풍지대의 무서우리만치 고요한 수면 위를 모터에 의지해 지나갔다. 쓰레기들은 그동안에도 계속해서 그 자리에 있었다. 육지에서 멀리 떨어진 심해의 수면 위에 플라스틱 파편들은 길 잃은 나방처럼 팔랑거렸다. 나는 마음이 불편했지만 금방 다른 일들에 정신을 빼앗겼다.

제대로 이야기해서 당시 우리가 마주친 것은 (진실을 치장하려고 미디어가 꾸며댄 것처럼) 쓰레기 산이나 쓰레기 섬, 쓰레기 뗏목, 쓰레기 소용돌이는 아니었다. 이후 이곳은 태평양 거대 쓰레기 지대the Great Pacific Garbage Patch라고 불리게 되지만 이것은 사용하기에 무척 편리한 용어일 뿐 그곳의 상황을 제대로 표현하는 것은 아니다. 그곳의 실체는 그때나 지금이나 묽은 플라스틱 수프라는 표현이 맞다. 여기저기 '만두'(부표, 그물 뭉치, 부자浮子, 궤짝 같은 대형 잔해)가 들어 있고 그 위에 플라스틱 부스러기로 가볍게 양념을 친 수프 말이다. 나는 플라스틱 대륙을 발견한 현대판 콜럼버스가 아니다. 나는 태평양 북동부의 이 거대한 지역 전체에 흩어진 플라스틱 조각들이 둥둥 떠 있음을 (처음에는 믿을 수 없었지만 점점 더 큰 확신을 가지고) 발견한 사람이다.

지금 생각해보면 당시의 발견은 정점이자 시작이었다. 그 광경을 본 사람은 나 말고도 있었지만 당시에는 그런 사실을 전혀 알지 못했다. 보는 것과 살펴보는 것은 또 다른 문제이다. 무언가가 틀렸다고 생각하는 것과 틀린 것을 바로잡으려 노력하는 것이 전혀 다른 문제인 것처럼 말이다. 1997년 여름 우연히 그곳에 있었던 나는 자연 세계에 대해 잘 발달된 감수성을 지닌 뱃사람이었다. 그러니 나는 내 감수성이 이끄는 대로 따라갈 수밖에 없었다.

바다는 지구 상 가장 큰 서식지다. 바다에는 뭍에서 발견되는 종보다 두 배나 많은 종이 살고 있고 계속해서 새로운 종들이 발견된다. 바다는 지구의 자궁이다. 바다가 훨씬 젊었을 때 신비하게도 그 걸쭉한 수프에서 생명이 시작되었다. 그러고도 30억 년이나 더 진화하고 나서야 마른 땅에서 살아남은 첫 생명, 첫 포자 혹은 씨앗이 발견되었다. 우리는 바다에 매혹된다. 바다 가까운 곳에 집을 구입하기 위해 기꺼이 웃돈을 지불하고, 해변에서 지친 마음을 재충전하고, 바다의 품 안에서 자신의 용기를 시험한다. 우리는 바다와 공존한다. 하지만 정말로 우리가 바다를 알까? 바다는 마치 이웃 행성과 같다. 바다 생명체는 우리가 상상하는 외계인보다도 더 이질적이다. 여러 발명품들이 없다면 우리는 단단한 지표 위를 터벅거리며 걸어 다니고 있을 뿐이겠지만 지느러미가 있는 바다 생물들은 광대한 액체 공간을 쏜살같이 가르고 다닌다. 이제는 '우리'가 거의 70억이나 되다 보니, 우리가 가진 물건들도 너무 많고 이 물건들은 쉽게 우리 곁을 빠져나간다. 바다 한가운데서 플라스틱 조각들이 물 위로 고개를 내밀었다 들어갔다 하는 것을 보고 있자니, 육지와 바다 사이의 이음새가 부서져 틈이 생겨버린 것 같았다.

내가 바다를 사랑하는 이유는 무한한 변화에도 불구하고 언제나 똑같기 때문이다. 나는 평생토록 바다에 사로잡혀 있었고 스스로를 해양 포유류로 여긴다. 나는 앨러미터스 만灣의 해안가에 있는 집에서 자랐고 지금도 그곳에 살고 있다. 앨러미터스 만은 로스앤젤레스에서 남쪽으로 34킬로미터 정도 떨어진 주거 지역이자 항구이다. 해안의 집들은 다닥다닥 붙어 있지만 대부분 배를 대는 시설을 갖추고 있어 언제든 자유를 찾아 떠날 수 있다. 여름철이나 방과 후면 수영과 다이빙, 서핑, 수상 스키, 보트 타기를 실컷 즐겼다. 아버지의 12미터짜리 케치* 핑크레이디호를 타고 바다를 항해하기도 했다. 그렇다. 분홍색 배였다. 뉴포터에서 만든 배였는데 배의 이름을 바꾸면 불운이 온다는 미신 때문에 아버지는 배를 산 후 이름이나 색깔을 바꾸지 않았다. 내가 겨우 열서너 살에 불과했던 1961년에는 우리 가족(아버지, 어머니, 두 여동생과 나) 전부가 핑크레이디호를 타고 하와이까지 항해하기도 했다. 아직 청량음료가 회수용 병에 담겨서 금속 뚜껑을 달고 나오던 시절이었다. 빅라이터**가 지포라이터를 대신하기 전이었고, 사람들은 물건을 사서 종이봉투에 담아오고, 어부들은 속이 빈 유리 공이나 나무 부표를 이용해 마닐라삼이나 면으로 만든 그물을 바다에 던지던 시대였다.

당시 항해에서 내가 인공 쓰레기를 목격했다면 지금도 기억할 것이다. 아버지가 불같이 화를 냈을 것이기 때문이다. 아버지는 누구보다 바다를 사랑했을 뿐만 아니라 사물의 제자리가 어디인지에 관해 세련된 감각을 지닌 분이었다. 아버지는 산업공학자로서 외할아버지의 회사에서 일했지만 타고난 호기심 때문에 그것과는 동떨어진 일을

---

* 케치ketch 돛대가 두 개인 범선.
** 빅(BiC) 사에서 만든, 오늘날의 일회용 라이터처럼 생긴 라이터.

하곤 했다. 예를 들면 아버지는 쓰레기장에 매료된 적이 있었다. 가족 휴가 때 우리는 인근 쓰레기장에 들렀고 모두들 차에서 내려 그곳을 열심히 살폈다. 아버지가 뭘 조사하고 있었는지는 정확히 기억나지 않지만 이런 특이한 경험들은 또렷이 기억에 남았다. 1950년대에 아버지는 일주일에 두세 번 배로 앨러미터스 만 근처를 돌아다니다가 물에 떠다니는 쓰레기들을 목격하기 시작했다. 아버지는 시청에 찾아가서 자신이 배를 가지고 나왔을 때 만 지역을 청소할 테니 계약을 맺자고 했다. 제안은 받아들여지지 않았다. 아버지가 발 벗고 나섰음에도 관료들이 묵살했던 일은 내게 큰 영향을 미쳤다. 당국은 목표를 갖고 있지만 그 목표가 반드시 옳은 것은 아니다. 나는 '스스로 하자.' 쪽의 환경주의를 지향하게 되었다.

나는 1960년대에 성년이 되었고 반전 운동에 강하게 끌렸다. 캘리포니아대학교 샌디에이고캠퍼스의 재학생으로서 화학과 스페인어 전공으로 학위를 받기 직전 나는 버클리캠퍼스로 옮겼다. 우리는 공동체를 세우고 인쇄기를 구해 전단을 만들어 돌렸다. 우리는 스스로를 전쟁보다는 평화, 기업보다는 사람을 우선하는 새로운 질서의 안내인이라고 생각했다. 우리는 기존의 가정들에 의문을 제기했다. 이것은 살면서 내가 결코 버리지 않은 습관이기도 하다. 나는 직업이 필요하다고 느꼈고 샌타바버라에 있는 가구 제작자 조합에 들어가 목공 일을 배웠다. 이후 나는 롱비치로 돌아와서 한동안 가구를 만들다가 가구 수리점을 냈는데 망가진 것은 무엇이든 고쳐주었다. 그중에는 LA다저스를 대표하는 목소리, 아나운서 빈 스컬리가 갖고 있던 할아버지의 골동품 시계도 있었고, 애티커스 핀치로도 알려진 그레고리 펙의 피아노도 있었다. 나는 25년간 이 가게를 운영했다. 그리고 이 기간 동안 롱비치에서 처음으로 상업적 유기농 채소 농장을 시작했고, 8미터짜리 돛단배 카이마누^{Kai Manu}호를 샀으며, 해양 교육을 실시하는 전국적 단체인 US파워스쿼드런스의 롱비치 지부장이 되었다. 나는 약간은 반反문화적인, 하지만 안락하고 정착된 삶을 살았다. 인내심 많고 헌신적인 내 인생의 동반자 사말라 캐넌과 함께 말이다.

하지만 나는 내가 자라난 해변이 점점 안타깝게 변해가는 것을 목격해야 했다. 내 안에 깊이 각인되어 있는 바다가 무분별한 개발로 망가져가는 모습을 지켜보는 일은 고통스러웠다. 습지가 점점 줄어들었고 파도가 아름답게 부딪히던 해안이 사라졌다. 강어귀와 만이 오염되었고 모래사장에는 쓰레기가 흩어졌으며 연안 해역으로 오염물질이 뿜어져 나왔다. 어릴 적에는 분명 수영을 했던 곳인데 80년대가 되자 앨러미터스 만에서 수영하는 것이 께름칙해졌다. 부두에서 잡은 물고기를 먹어도 될까 하는 의문도 들었다. 90년대 초 가산을 상속한 나는 30년간 입으로만 떠들던 일을 실천하기로 마음먹었고 1994년 알갈리타해양조사재단을 설립했다. 나는 연안 해역을 원래대로 깨끗하게 되돌려놓는 일을 추진하기로 했다. 동시에 롱비치오가닉을 설립해 도심의 공터를 유기농 주말농장으로 탈바꿈시켰다.

사실 알갈리타^{Algalita}라는 이름은 의도치 않은 신조어였다. 나는 스페인어를 무리 없이 구사하는 수준이지만 전문적으로 공부한 것은 아니어서 알가^{algae, alga}(해조류)의 최소 급이 알갈리타^{algalita}라고 생각했다. 롤라^{Lola}가 롤리타^{Lolita}가 되는 것처럼 말이다. 또 알갈리타라고 발음할 때 혀가 경쾌하게 굴러가는 것도 마음에 들었다. 특히 이 이름을 택한 이유는 대형 조류로 알려진 자이언트켈프(다시마의 일종)가 캘리포니아 연안에서 다시 번성할 수 있는 방법을 찾는 것이 재단의 본래 목적이었기 때문이다. 연안에 꼭 필요한 자이언트켈프 서식지가 오염과 남획, 엘니뇨 현상의 심화로 서서히 줄어들고 있었다. 나는 까다롭고 많은 비용이 드는 절차를 밟아 알갈리타 재단을 법적 인가를 받은 501(c)(3) 비영리법인*으로 만들었다. 그리고 캘리포니아주 국무부에 정식으로 비용을 지불하고 알갈리타라는 이름을 보호받을 수 있게 등록했다. 모든 게 자리가 잡힌 후 멕시코 엔세나다의 바하칼리포르니아 자치대학교에서 대형 해조류를 연구하는 교수님 한 분이 '알갈리타'라는 단어는 없는 단어라는 사실을 조심스레 알려주었다. 할 수만 있었다면 바로잡았을 것이다.

나는 엘니뇨에 큰 관심을 갖고 있다. 1997년 엘니뇨도 일찍부터 조짐이 있었다. 엘니뇨란 주기적으로 적도 부근의 바닷물이 따뜻해지는 경향을 말한다. 이 때문에 허리케인이 발생하기도 하고 전혀 바람이 불지 않기도 하는 등 여러 기상 이변이 일어난다. 우리는 귀항 시에 이 점을 염두에 두고 조심스럽게 계획을 세웠다. 내가 가족을 방문하기 위해 들렀던 빅아일랜드에서 우리는 합판 넉 장을 구해놓았다. 1995년 이곳에서 촬영되었던 재난 영화 《워터월드》의 세트장에서 나온 것들이었다. 우리는 합판이 있으면 강풍이 불거나 물결이 높을 때 알기타호의 창문을 막기에 유용할 것이라고 생각했다. 하지만 이 합판들은 나중에 아주 다른 용도로 유용하게 쓰였다. 알기타호

---

* '501(c)'는 미국에서 면세 혜택을 받는 비영리 단체의 지위를 지칭한다. 그중에서 종교, 교육, 자선, 과학, 아동 학대 예방, 동물 보호 단체 등이 (3)으로 분류한다.

는 두 개의 디젤 엔진에 큰 연료 탱크가 딸려 있었다. 당초 우리 계획은 귀항길 대부분을 북쪽 표준 항로를 따라 돌아오는 것이었다. 바람이 부족하다면 엔진을 번갈아 돌리면 되고 말이다.

항해자들이 모두 기피하는 북태평양 고기압의 한가운데에 들어서보면 뭐랄까, 매혹적인 면이 있다. 이곳은 말 그대로 고기압이어서 공기의 밀도가 높아 열기가 심하고 건조하다. 그래서 바다의 사막이라 부를 만한 환경이 조성되는데 실제로 미국 남서부와 멕시코, 서아시아에 있는 북반구의 큰 사막들이 모두 같은 위도권에 위치한 고기압 지역이다. 물살이 느린 이곳의 바다는 물고기들조차 피하는 것 같다. 하지만 생물이 살지 않는 곳이라는 이야기는 아니다. 이곳에도 먹이사슬이 있고, 바다 먹이사슬의 가장 기초를 이루는 식물성 플랑크톤이 서식한다. 아주 작은 해양 식물인 식물성 플랑크톤은 전 세계 바다에 서식하면서 광합성을 통해 지구 전체 산소의 절반을 공급한다. 이보다 한 단계 높은 것으로는 통틀어 동물성 플랑크톤이라고 부르는 작은 생명체들이 있다. 동물성 플랑크톤에는 관해파리, 살파류, 피낭동물, '젤리' 등의 이름으로 통하는 여과 섭식을 하는 작은 젤라틴 형태의 생물들이 포함된다. 바다거북과 참치는 이들 생명체 혹은 샛비늘치나 랜턴피시lanternfish라고 불리는 작은 발광어 등을 먹고 산다. 이 생물들에 관해서는 나중에 훨씬 더 잘 알게 되었다.

주방 담당이 나였으므로 우리는 잘 먹고 지냈다. 무풍지대이다 보니 요리하고, 먹고, 수영하고, 책 읽을 시간이 넘쳐났다. 그때까지도 물 위를 떠다니는 작은 플라스틱 조각들에 관해서는 일지에 기록하지 않았다. 하지만 노트에 대략적인 수를 짐작해 적어두기는 했다. 고기잡이에 쓰는 일본식 유리 부자*가 저 멀리에 떠 있는 것을 하위

드가 발견했지만 건져낼 수 있는 거리는 아니었다. 16일째는 횡재를 했다. 내가 45킬로그램에 달하는 큰눈참치를 잡은 것이다. 아이ahi라고도 부르는 큰눈참치는 귀한 횟감이다. 아침 8시, 시속 12킬로미터로 항해 중이던 때에 일어난 일이었다. 그놈을 잡아 올리느라 나는 선수에서 선미까지 이리 뛰고 저리 뛰며 릴을 감고 씨름했다. 녀석은 남은 여행 동안 우리에게 유용한 단백질 공급원이 되어주었다. 큰눈참치를 낚았던 날은 다른 의미에서도 기억할 만한 날이었다. 새벽 5시 30분에 나는 처음으로 삼각돛을 혼자 힘으로 올렸다. 하지만 시속 22~27킬로미터의 순풍으로 달린 지 겨우 5시간 만에 삼각돛에 달린 나일론 줄이 툭 하고 끊어져버렸다. 오랜만에 만난 순풍이었기에 지금 이 바람을 최대한 활용해야 했다. 하는 수 없이 나는 로프에 매다는 갑판 의자를 꺼냈다. 배에 탄 다른 사람들이 나를 20미터짜리 돛의 꼭대기까지 끌어올려주었고 나는 끊어진 줄을 고쳤다. 내가 등반가가 아니라 뱃사람이어서 다행이었다.

18일째 되는 날 새벽 1시 마침내 좌현 탱크의 연료가 모두 바닥났다. 나는 우현 탱크의 연료를 좌현 쪽으로 옮겼다. 가장 중요한 발전기가 좌현 탱크를 이용했기 때문이다. 이즈음 하워드 홀은 우리가 자원 긴축 모드에 들어가야 한다는 이야기를 꺼냈다. 하워드는 경험이 많은 사람이었다. 그는 기상 정보 팩스라는 것도 없고 실시간 통신도 불가능했던 시절에 아내와 함께 작은 돛단배를 타고 캘리포니

---

* 보통 배구공만 하게 생긴 속이 빈 유리로 된 부자. 옛날에 그물을 물에 떠 있게 하려고 사용했지만 현재는 해변 수집가들(beachcomber) 사이에서 인기 있는 수집품으로 장식에 이용되기도 한다.

아에서 하와이까지 항해한 사람이었다. 도중에 허리케인까지 만났으나 그들은 그게 무엇인지도 모른 채 무사히 항해를 마쳤다. 이제 우리는 소금물에 설거지를 했고 샤워를 그만두었다. 이제 막 결혼한 신부인 리사는 항해 일지에 "바람이 극심하게 약하다."라고 썼다. 19일째 항해 일지에는 '한 발짝도 움직이지 않아!'라고 썼다. 해도상으로 보면 우리는 이미 연안 해역에 들어서 있었으므로 남쪽으로 흐르는 차갑고 강한 캘리포니아 해류가 세찬 바람을 일으키고 있어야 했다. 하지만 엘니뇨 때문에 이런 지극히 당연한 바람 패턴조차 움츠러든 것 같았다. 우리는 《워터월드》 세트에서 가져온 합판을 잘라 선미의 수영 계단에 가로대를 만들고 여기에 알기타호에 싣고 다니는 소형 보트에서 떼어 낸 작은 가솔린 모터를 달았다. 이 작은 모터가 시간당 1.8킬로미터의 속도로 우리를 샌타바버라 북서쪽 샌타크루즈 섬 가까이까지 데려다주었다. 이제 거의 캘리포니아 해안이 보일 정도였으나 닿을 수가 없었다. 마침 샌타바버라에 정박 중이던 살시푸에데스호와 무선 연락이 닿고 나서야 우리는 한숨을 돌릴 수 있었다. 그들은 5갤런짜리 디젤유 두 통을 가지고 왔는데 안전을 위해 가까운 물에다 그것들을 던져주었다. 나는 구조대원처럼 수영을 해서 연료통들을 모셔왔다. 이때가 항해 20일째였다. 디젤유 10갤런을 가지고 우리는 카탈리나 섬 애벌론까지 갈 수 있었다. 우현 엔진이 멈칫거리고 있었기 때문에 연료 보급소가 있는 부두까지 늘어선 배들 옆을 지나는 것은 안전하지 못했다. 우리는 닻을 내리고 연료 보급소까지 소형 보트를 저어가 연료통을 다시 채워왔다. 그날 오후 우리는 롱비치와 앨러미터스 만에 도착했다.

    뭍으로 돌아오고 나서도 나는 플라스틱이 수 킬로미터에 걸쳐 며칠간이나 이어지던 광경이 자꾸만 생각났다. 이미 수십 년간 우리는 해안이나 길가, 강바닥에서 쓰레기를 보는 것에 익숙해져 있었다. 울타리나 나뭇가지에 쇼핑백이 펄럭이고 공기처럼 가벼운 스티로폼 컵이 바람에 날려 오고 담배꽁초나 병뚜껑이 아무데나 널려 있고……. 이런 것들은 한동안 그렇게까지 끔찍하게 나쁜 것으로 보이지는 않았다. 오히려 누군가의 부주의 혹은 거친 날씨 때문에 벌어진 짜증나는 풍경이었을 뿐이다. 하지만 태평양 한가운데에 그런 플라스틱 쓰레기가 있다는 것은 뭔가 심각하게 잘못된 것 같았다. 지구상 그 어떤 장소보다, 그곳만큼은 쓰레기가 없어야 하는 것 아닌가. 당시 나는 아마도 플라스틱이 분해가 느리다는 사실은 알았지만 실질적으로 유의미한 기간 내에 생분해生分解되지 않는다는 사실까지는 몰랐다. 이후에야 나는 인간이 만든 중합체polymer들(열과 화학 반응을 통해 결합된 탄화수소들)이 끈질기게 강한 분자임을 알게 되었다. 플라스틱 물건이 썩어서 파편이 되고 나노 입자가 되면 수백 년간 오염을 일으킬 수 있다. 없어지지 않는 이런 미세 입자들은 살아 있는 유기체에 어떤 영향을 끼칠까? 연안 지역 바다의 야생 동물들이 버려진 플라스틱을 섭취하거나 플라스틱에 뒤엉킬 위험이 있다는 것은 나도 이미 잘 알고 있었다. 몇 년 전에 나 역시 롱비치의 방파제 근처에서 꼼짝 못 하고 버둥거리고 있는 갈색 펠리컨을 발견해 구해준 적이 있었다. 녀석은 낚싯바늘에 찔리고 모노필라멘트 낚싯줄*에 칭칭 휘감겨 있었다. 이번 항해의 경험으로 나는 플라스틱 부스러기들이 이렇

---

* 나일론 등의 굵은 단섬유로 된 낚싯줄.

게 대양 한가운데를 돌아다닌다면 먹이사슬의 아주 기초를 이루는 자연적 과정이 방해받고 있는 것은 아닐까 의심하게 되었다. 당시에는 이 분야의 과학이 아직 시작 단계여서 나는 그 플라스틱 조각들이 심지어 독성을 가질 수도 있다는 것까지는 생각하지 못했다.

항해 중에 작성한 노트를 꺼내 내가 휘갈겨놓은 기록들을 살펴보았다. 갑판에서 눈에 보이는 플라스틱 조각을 기초로 추산해놓은 것이었다. 나는 일주일 연속으로 플라스틱 쓰레기를 보았고 이것은 거리로 따지면 1800킬로미터가 넘었다. 나는 이 수프가 지름이 1600킬로미터인 원에 해당하는 지역을 뒤덮을 수도 있음을 알았다. 100제곱미터 안에 약 230그램의 플라스틱이 있다고 계산하면 이 지역 바닷속 플라스틱은 당시 로스앤젤레스 지역 전체를 담당하던 미국 최대의 쓰레기 매립지 푸엔테힐스에 2년간 버려지는 쓰레기양과 맞먹었다. 670만 톤이라는 어마어마한 양이었다.

지름길을 택했던 미숙한 항해는 바다에서 거의 3주를 보낸 뒤 드라마처럼 끝이 났다. 하워드의 며느리 리사는 몸무게가 4.5킬로그램이나 불어서 괴로워했다. 나는 근사한 물고기를 낚았고 돛 꼭대기까지 아슬아슬하게 올라가 끊어진 줄을 고쳤다. 또 플라스틱 조각이 흩어져 있는 바다를 목격했다. 돌아와서 나는 연료가 떨어졌던 일이며 큰눈참치를 잡은 일, 돛에 올라간 이야기를 하고 싶었다. 하지만 결코 있어서는 안 될 곳에 떠다니던 플라스틱 조각들이 나를 가만두지 않았다. 지구 상 가장 큰 바다의 가장 먼 곳에 있는 쓰레기라니. 의문이 꼬리를 물었다. 대체 어디서 나온 쓰레기일까? 육지에서? 배에서? 어부들이? 바다에 플라스틱 쓰레기를 버리는 것은 국제법으로 금지되어 있는데도? 어디서 온 거지? 아시아? 미국 서부 해안? 아니면 다른 곳? 그 작은 조각들은 결국 어디로 가는 거지? 죄 없는 바다 생물들의 몸속? 이미 잔뜩 오염된 해안이나 해저? 바다의 표층수 밑에서 영원히 떠다니는 것은 아닐까? 이 플라스틱 수프 지대는 그냥 우연이었을까? 지독한 엘니뇨 때문에 생긴 일시적인 현상일까? 떠돌아다니는 플라스틱 때문에 생태학적인 문제가 생길 수도 있을까? 나는 답을 얻어야 했다.

나는 알갈리타 재단 이사들의 지원을 받아 북태평양 고기압 지대로 되돌아갈 계획을 세웠다. 이번에는 그곳의 플라스틱을 검증하고 수량화할 것이다. 당시에는 이것이 내 인생 전체를 바꾸어놓게 될 줄은 몰랐다. 또 내가 태평양 거대 쓰레기 지대의 '발견자'라는 엄청난 이름을 얻게 될지도 몰랐다. 결코 내가 쓴 단어는 아니지만 이 단어의 '브랜드'로서의 효용에는 감사한다. 이 쓰레기 지대는 패치^{patch}라는 이름이 붙기에는 너무 큰 면적이다.* 이번 항해에는 낯선 것들이 나를 따라올 예정이었다. 과학적 논란, 회의적인 관료들, 언론의 주시 같은 것 말이다.

이제는 나도 이 모든 사건에 깃든 아이러니를 느낀다. 내가 알갈리타 재단을 만들고 알기타호를 건조할 수 있었던 것은 할아버지인 윌 J. 리드가 남긴 신탁 재산 덕분이었다. 할아버지는 핸콕 석유 회사의 회장이었고 석유와 천연가스는 플라스틱이라고 알려진 합성 중합체를 만드는 원료이다. 내 아버지는 쓰레기장에 열중했던 분이었고 앨러미터스 만을 청소하겠다고 투지 있게 나섰던 분이었다. 그러니

---

* 영어에서 patch는 텃밭 등의 작은 땅을 말한다.

1장 | 바다 한가운데의 플라스틱 수프

어떻게 보면 내가 그 오염 지역으로 되돌아가 바닷속 합성 물질의 미스터리를 풀고 싶었던 것은 피할 수 없는 숙명이었던 것 같다. 바다를 위해, 잘못된 것은 바로잡고 싶었다.

02

플라스틱의 탄생

어느 가을 날 나는 멀리서 온 손님 한 명을 맞았다. 플라스틱과 내 작업에 관해 흥미를 가진 손님이었다. 그날의 여정을 되돌아보면 플라스틱 쓰레기의 기원과 운명을 요약해놓은 듯하다. 내 이야기는 잠시 접어놓고 우선 플라스틱 자체에 관한 이야기를 좀 해보자.

그날의 여정은 알기타호가 정박해 있던 곳에서부터 시작했다. 나는 경험 없는 내 손님을 깜짝 놀라게 해줄 목적으로 선체 가까이서 떠올랐다 가라앉았다 하는 작은 너들* 하나를 찾아냈다. 해변에 쓸려 온 플라스틱 파편의 10퍼센트 정도는 너들이기 때문에 관심 있는 사람이 있다면 나는 얼마든지 몇 분 안에 너들 한두 개를 찾아서 보여줄 수 있었다. 나는 그것을 집어서 주머니에 넣고 토요타 프리우스에

---

* 너들nurdle 가공 전의 플라스틱 알갱이. 대부분의 플라스틱 제품은 이 플라스틱 알갱이에 다른 첨가물을 넣고 가열 후 성형하여 만든다.

올라 다음 목적지로 출발했다. 나무가 늘어선 길을 몇 킬로미터 달려서 전에 내가 가구를 만들던 작업장에 도착했다. 이제 그곳은 전에 내 직원으로 일하던 친구가 운영하고 있었다. 작업장 안에는 쿠션을 만들기 위해 쌓아놓은 폴리우레탄 폼*이 가득했다. 하수구에는 스티로폼 컵 하나가 놓여 있고 그 옆 쓰레기통에는 비닐봉지가 대롱대롱 매달려 있었다. 소개를 나누고 간단한 시찰을 한 후 우리는 다시 차를 타고 15년 전 도심 폭동 사태 이후 내가 앞장서 조성한 유기농 주말농장을 찾았다. 잠긴 문 뒤로 보이는 농작물들은 잘 가꾸어져 먹음직스럽게 보였다. 실망스럽게도 이곳 역시 비닐봉지, 스티로폼 접시, 컵 같은 것들이 가짜 낙엽처럼 울타리에 걸려 있었다. 다음에는 홍얼거리며 고속도로를 타고 로스세리토스 운하를 지나 내 친구 레니 아킨스톨을 만났다. 그는 롱비치 시 소속으로 해안에 표류하는 쓰레기들을 관리했다. 아킨스톨은 강둑의 굴착기 옆에 서서 그날 건져낸 것들을 퍼 올리려고 준비 중이었다. 병, 봉지, 포장지, 컵, 빨대, 풍선 등은 물론이고 신발, 스포츠 장비를 비롯해 도시에서 나온 갖가지 쓰레기들이 몇백 제곱미터에 걸쳐 널려 있었다. 서부 최대의 발전소 단지로 들어가는 입구에 설치된 그물에 걸린 것들이었다.

우리는 고속도로에 세워진 쓰레기차 뒤에 차를 세웠다. 마치 신호라도 받은 것처럼 쓰레기통에 담겨 있던 플라스틱 쇼핑백 하나가 휙 떠올라 바닷바람에 날아갔다. 우리는 플라스틱 쓰레기 추적하기 비디오 게임 같은 여행을 하고 있었다. 플라스틱 사출 회전성형 작업

---

* 흔히 스펀지라고 부르는 합성 소재.

을 둘러보고 비닐봉지* 제조 공장을 구경했다. 플라스틱 소비자 제품 및 공업용 제품의 원료인 플라스틱 알갱이는 고도로 집중화되어서 대량 생산된다. 하지만 최종 소비자 제품은 컨버터converter라고 부르는 더 작은 공장에서 제조되는 경우가 많다. 미국 노동통계청에 따르면 미국 내에만 이런 컨버터가 1만 3500곳 정도 되는데, 2001년의 1만 6000개에서 줄어든 숫자다. 우리는 몇 년 전에 내가 참견을 좀 했던 어느 공장 앞에 멈춰 섰다. 갈기갈기 찢어져서 실뭉치처럼 복슬복슬 뭉친 플라스틱과 똥글똥글한 플라스틱 너들이 주차장 가를 따라 굴러다녔다. 복슬복슬 뭉친 플라스틱은 마감 처리 과정에서 깎여 나온 것이고 굴러다니는 플라스틱 너들은 낭비되는 원자재였다. 두 가지 모두 서툰 공정의 단적인 사례였다. 관리인 한 명이 하역장 끄트머리로 걸어와 무슨 해병대 하사관처럼 우리를 내려다봤다. 나는 사장님에게 안부 전해달라고 상냥하게 인사를 건넸다. 나는 플라스틱과 상관없는 여러 문제로 그곳 사장과 오랫동안 안면이 있는 사이였다.

그다음은 알갈리타 재단 사무실로 갔다. 과학 팀과 관리 팀 직원들이 막 회의를 끝낸 상태였다. 홀리 그레이가 해양 조류 연구에 관해 이야기를 꺼냈다. 어부들이 쳐놓은 미끼 달린 주낙**에 걸려 익사한 바닷새의 위 내용물을 조사했다고 했다. 크리스티아나 뵈거는 물고기 뱃속을 조사해서 얻은 데이터를 정리하는 것 같았다. 두 사람 모두 동물들의 플라스틱 섭식 행태와 해양 생물들이 삼킨 플라스틱 파편의

---

* 우리가 비닐봉지로 부르는 것이 영어로는 플라스틱 백(plastic bag)이다.
** 수평으로 긴 낚싯줄에 다수의 낚시를 설치해 바닷속에 늘여두었다가 줄을 감아올려 물고기를 잡는 어구.

양을 수량화하는 작업을 하고 있었다. 우리는 길 건너 샌가브리엘 강의 어귀까지 걸어갔다. 도로에서 3, 4미터 아래에는 강물이 바다로 흘러들고 있었다. 방파제에서 가까운 이곳에는 소위 사석沙石이라고 하는 화강암 돌맹이들이 강변을 따라 산더미처럼 쌓여 있었다. 2004년 100년 만의 호우로 상류에서 범람한 물이 해안가에 이런 돌맹이들을 수없이 남겨놓았다. 수년이 지났어도 잠깐이면 주머니를 가득 채울 수 있었다. 다음으로 바다연구소에서는 기술자 앤 젤러스가 최근 항해에서 가져온 표본을 처리하고 있었다.

상류를 거슬러 오르는 탐험가들처럼 우리는 프리우스를 몰고 북쪽으로 향했다. 멕시코 만 연안의 몇몇 항구를 제외하고는 미국에서 경쟁자가 없는 석유 산업 단지를 향해 가는 길이었다. 나는 스스로를 해양 환경이 낳은 산물이라고 생각하는 것만큼이나 평생을 미국 서부 해안에 산 토박이이기도 하다. 서부 해안은 바다와 무관한 수많은 것들의 발원지다. 내가 사는 롱비치는 로스앤젤레스 항구와 인접해 있다. 두 곳 모두 팰로스버디스 반도에서 샌가브리엘 강에 이르는 8킬로미터에 걸친 방파제 뒤편에 자리를 잡고 있다. 내 일생 동안에 두 항구는 미국 최대의 컨테이너 선적항이 되었다. 각각 따지면 세계 20위 안에 겨우 들겠지만 두 곳의 규모를 합하면 아마 중국이나 한국, 유럽의 초대형 항만들을 큰 격차로 따돌리고 전 세계에서 다섯 손가락 안에 꼽히는 선적항일 것이다. 두 항구를 나누는 빈센트토머스 다리를 지나 북쪽으로 차를 몰면서 아래를 내려다보니 적재된 컨테이너들이 도시 하나를 이루고 있었다. 철도나 화물 트럭, 혹은 바다를 통해 운반되기를 조용히 기다리는 모습이었다.

석유가 있는 곳에 플라스틱이 있다는 말이 있다. 1920년대에 캘리포니아는 미국 최대의 석유 생산지였다. 집집마다 자동차를 소유하는 문화와 석유 화학 공업이 모두 이 시기에 잉태되었다. 생산이 수요를 앞질렀고 캘리포니아 남부는 초창기 유조선들이 증기를 내뿜으며 빈 몸으로 왔다가 원유를 가득 채워 떠나는 곳이었다. 하지만 그런 수출 시대는 이미 먼 옛날 이야기다. 이제는 대형 석유 회사들이 모두 이곳에 자리 잡고 있고 그 회사들의 유조선이 해안을 따라 로스앤젤레스 국제공항의 제트기처럼 늘어서 있다. 탄소성 화물들을 운반하기 위해 기다리고 있는 것이다. 이 정유 공장들 틈바구니에서 아니나 다를까 플라스틱 제조 인프라가 생겨났다.

다음으로 우리가 들른 곳은 격납고만 한 크기의 너들 창고였다. 인근 아르코 사 공장에서 만들어진 폴리프로필렌 알갱이를 선적할 수 있게 처리하는 곳이었다. 몇 년 전 나는 아르코 사 공장의 중앙관리실 직원들에게 플라스틱 쓰레기로 인한 문제, 특히 그들의 원재료로 만드는 병뚜껑에 관해 이야기한 적이 있다. 직원들은 내 이야기를 충분히 수긍해주었다. 이 창고는 편리하게도 철도 옆에 위치하고 있었다. 공장을 따라 컨테이너 트럭들이 주차되어 있는 것이 보였다. 쪽쪽이처럼 생긴 긴 진공관이 창고 내부의 플라스틱 알갱이 통을 트럭과 연결하고 있었다. 이전에는 직원들이 아무 생각 없이 이 진공관을 화물차에서 분리하곤 했다. 그러면 그 자리에는 주르르 흘러내린 너들이 원뿔 모양으로 쌓였다. 이런 식으로 유출되는 플라스틱은 몇 년분을 모아도 본사 입장에서는 경제적으로 볼 때 별 문제가 아니었다. 하지만 인근 해안에는 심각한 오염을 초래했다. 이곳에 와서 진공관 연결부 아래에 너들 수집 통이 놓여 있는 것을 보니 뿌듯한 기분이 들었다. 통이 이렇게 가득 찬다는 것은 지난 몇 년간 수천만 개의 너들이 바다로 흘러드는 것을 막았다는 뜻이다. 이 공장이 이렇게 시스템을 정비한 것은 미국 환경보호국이 플라스틱 알갱이 오염을 집중 단속하기 시작한 1990년대였다. 하지만 다른 공장들은 기초적인 오염방지법조차 전혀 모르는 직원들이 많아서 내가 교육에 나서기도 했다. 우리는 너들이 새나가는 장소를 비디오로 촬영하고 태평양으로 연결되는 빗물 배수관도 찍어서 보여주었다.

"그런데 실제로 플라스틱은 어떻게 만들어지나요?" 내 손님이 물었다. 그는 분자가 쪼개져서 중합된다는 이야기는 읽어보았으나 그게 실제로 무슨 뜻인지는 몰랐다. 우리는 트럭들이 꼬리에 꼬리를 물고 늘어선 도로를 지나 북에서 남으로 끝없이 이어져 있는 환상적인 스카이라인을 향해 달렸다. 스카이라인은 오후의 햇살에 빛나고 있었다. 빛을 내는 돔형 건물들, 뾰족탑처럼 솟은 타워, 이리저리 얽힌 파이프, 건물 밖으로 타고 올라가는 통로들이 만들어내는 정유 공장의 정경은 열에 들뜬 금단의 도시처럼 보였다. 사실 이곳이 바로 아메리칸 스타일의 삶을 고동치게 하는 심장이자 미국 플라스틱 산업의 산실이다.

보안 문 앞에 차를 세우자 근처의 가건물에서 유니폼을 입은 경비들이 무장한 채 나타났다. 그래서 차를 멀리 세워둔 채 바라볼 수밖에 없었다. 나는 석유 회사 운영자의 딸과 결혼했던 내 아버지가 분자를 쪼개는 방법에 관해 들려주었던 이야기가 생각났다. 그것은 증류탑이라고 하는 설비를 통해 이뤄진다. 원유에 들어 있는 개별 가스들(에틸렌, 프로필렌, 부타디엔 등)은 증류탑을 타고 오르면서 여러 층으로 나누어진다. 그리고 돔형의 저장소에 옮겨져 나중에 중합되거나 다른 화학적 용도에 사용된다. 나는 플라스틱의 계보에 관해 생각해봤다. 아마도 수십억 년 전에 시작되었겠지. 첫 생명체와 함께 뿌리를 내리고, 고대 문명에서 줄기를 키우고, 눈에 띄지 않는 화학 실험실과 19세기의 부엌을 따라 가지를 뻗고, 담쟁이로 덮인 건물을 타고 오른 후, 연구 부서에서 열매를 맺고, 상점의 선반과 바다에 씨를 뿌렸을 것이다. 인간은 문제를 해결하기 위해, 부자가 되기 위해 플라스틱을 알고 싶어 했고 만들고 발견하고 해독하고 경쟁하고 싶어 했다. 바다에서 지구 최초의 생명체가 탄생하고 억겁의 세월 동안 변화를 거듭한 끝에 만들어진 최종 산물이 플라스틱 표류물이다. 우리로서는 짐작조차 할 수 없을 만큼 많은 수의 플랑크톤과 해조류가 수십 억 년 동안을 해저에서 살고 또 죽어갔다. 이 어마어마한 퇴적물들은 지각 변동으로 땅속에 갇히게 되었고 여기에 압력이 가해지자 탄화수소를 잔뜩 함유한 끈적끈적한 검은 액체가 되었다. 어찌 보면 플라스틱으로 뒤덮인 바다는 가장 극적이면서 가장 나쁜 재순환 과정의 예시이기도 하다.

말 그대로 돌에서 나는 기름rock oil인 석유는 내연 기관이 등장하기 전에는 용도가 미미했다. 석유가 스미는 지역의 사람들은 나름의 용도를 개발했는데 예리코 성벽에 역청을 발랐고 고대 바그다드의 도로를 아스팔트로 포장했으며 캘리포니아 연안의 츄마시 인디언들은 카누에 역청을 발랐다. 13세기에 마르코 폴로는 중국으로 가면서 러시아 남쪽의 아제르바이잔을 지나갔는데 그곳의 기름 '샘'에서 나오는 기름의 양이 "매일 여러 척의 배를 채울 수 있을 만큼"이었다고 했다.(이것은 오늘날도 마찬가지다.) 마르코 폴로는 기름이 '잘 탄다'는 사실 외에도 낙타의 피부병에 좋다는 사실을 알고 이를 활용했다.

1830년대 예일대학교 화학 교수였던 벤저민 실리먼은 미국인 최초로 깨끗이 연소되는 등유를 석유에서 증류해냈다. 이전에는 정착민이 우물을 파다 기름이 스미면 우물이 오염되었다는 뜻이었다. 하지만 고래기름 가격이 계속 오르는 중이었고 새로운 조명 기구도 상업적 성공을 약속하고 있었다. 사업가적 기질이 있던 뉴욕의 변호사 조지 비셀은 펜실베이니아 타이터스빌의 땅에서 기름이 스민다는 소식을 들었다. 1859년 비셀은 예일대학교에서 아버지의 뒤를 이어 연구를 진행 중이던 벤저민 실리면 주니어에게 연구를 의뢰했다. 실리면 주니어의 분류 분석은 기름이 무엇으로 이루어졌는지 밝혀냈다. 기름은 대부분 유기有機 탄화수소 화합물로 이루어졌고 약간의 금속이 포함되어 있었다. 연구에 들어가기 전까지 실리면은 증류물인 등유를 옹호했고 석유에 대해서는 회의적이었다. 하지만 나중에는 조명 및 기계 윤활유 용도로 석유를 낙관적으로 보았다.

벤저민 실리면 주니어의 보고서가 나온 지 거의 75년 후에 스탠더드오일의 연구소장 칼 O. 존스는 화학 기술자들에게 이런 이야기를 했다. "석유는 유기 화합물의 노다지라고 할 수 있습니다. (…) 거의 '미개척지'나 다름없는 이 과학 분야를 철저히 연구한다면 경제적으로나 과학적으로 과연 어디까지 이르게 될지 아무도 알 수 없습니다." 이 당시 미국에서는 길거리에 자동차가 늘어나기 시작했고 1920년대가 되자 2300만 대의 차량이 돌아다녔다. 하지만 존스는 상당히 많은 석유 부산물이 여전히 버려진다는 것을 잘 알고 있었다.

이제 시간을 좀 더 거슬러서 12월 29일에 태어났다는 공통점을 지닌 세 남자를 만나보자. 집요하고 체계적이며 야심찬 염소자리를 타고난 이들은 바로 스코틀랜드인 찰스 매킨토시와 미국인 찰스 굿이어, 그리고 영국인 알렉산더 파크스이다.

먼저 매킨토시는 1766년 글래스고에서 태어났다. 그는 당시 응용 화학, 다시 말해 직물 염료에 관심이 있었던 아버지의 취향을 물려받았다. 사업가 기질이 있던 매킨토시는 점점 다른 분야로 관심을 넓혀가다가 마침내 글래스고에 새로 생긴 가스 공장에 관심을 갖게 되었다. 이곳에서는 등불을 켤 때 사용하는 석탄 가스를 생산했는데 그 과정에서 여러 부산물이 발생했다. 그중 하나가 암모니아였고 매킨토시는 이것을 염료에 사용했다. 또 다른 부산물로는 타르성 잔류물이 있었는데 이 잔류물은 불꽃을 내며 타오르는 성질을 갖고 있었다. 매킨토시는 타르를 활용할 방법이 없을지 궁리했고 그 결과 타르에서 기름기가 있고 휘발성인 나프타를 증류하는 법을 터득했다. 매킨토시가 이미 알고 있었던 것처럼 나프타는 고무의 용매로 작용했다. 당시 고무는 신세계에서 갓 들어와 구세계에 큰 반향을 일으키고 있었다. 적도 부근의 일부 나무에서만 추출되는 까닭에 1753년 프랑스인들이 페루를 탐험했을 때 유럽에 처음 유입되었는데 그곳 토착민들은 이미 고무의 자연적 탄성을 이용해 신발을 만들거나 스포츠용 공을 만들었다.

획기적 전기가 마련될 때가 늘 그렇듯이 매킨토시는 딱 맞는 시기에 딱 어울리는 사람이었다. 당시는 아직 국철 시스템이 갖춰지기 전인 1820년경이었고 영국인들은 이동하려면 걷거나 말 또는 마차를 이용해야 했다. 그러니 날씨가 궂은 날이면 사람들은 비바람에 고스란히 노출되었다. 직물에 조예가 깊었던 매킨토시는 나프타로 고무를 부드럽게 만들어서 직물층 사이에 얇은 층으로 만들어 넣으면 어떨까 하는 생각을 했다. 즉 고무를 입힌 방수 직물을 만들 생각을 한 것이다. 결과가 나왔지만 초기 제품은 불완전했다. 새 직물은 바느질

선을 따라 물이 샜고 양털에 포함된 기름 때문에 쉽게 훼손되었다. 또 폭염에는 곤죽처럼 물렁해졌고 혹한에는 부서졌다. 냄새 또한 고약했다. 1830년 매킨토시는 자투리 고무를 잘게 쪼개는 '분쇄기'를 발명한 토머스 핸콕과 협력했다. 그 결과 직물 위에 매끄럽게 펴지는 부드럽고 냄새가 덜한 고무가 만들어졌다. 방수 제품 브랜드인 매킨토시가 탄생한 것이다.

찰스 굿이어는 매킨토시가 태어난 날로부터 34년 후인 1800년 뉴헤이븐에서 태어났다. 그는 필라델피아에서 철물점을 운영했는데 가게가 한창 번성하다가 기울기 시작했고 그의 건강에도 이상이 생겼다. 결국 그는 빚 때문에 감옥에 가게 되지만 그전에 이미 고무에 대한 집념을 발전시키게 된다. 나중에 굿이어는 이렇게 썼다. "그렇게 사람의 마음을 끄는 비활성 물질도 없을 것이다." 굿이어만 이렇게 흥분했던 것은 아니었다. 1830년대는 '고무 열병'이라고 할 만큼 고무에 열광한 시기였다. 남미에서 뉴욕과 보스턴까지 엄청난 양의 고무가 수입되었다. 하지만 굿이어도 매킨토시가 겪었던 것과 똑같은 문제를 겪어야 했다. 고무는 따뜻할 때는 끈적해지고 추울 때는 부서졌으며 고약한 냄새를 풍긴 것이다. 그는 이 문제를 해결할 방법을 반드시 찾겠다고 맹세했다.

구금된 기간 동안 굿이어는 헌신적인 자신의 아내에게 고무 제품 견본을 좀 가져다 달라고 부탁했다. 그리고 연구를 계속했다. 그는 고무의 끈적함을 줄여보려고 밀가루 반죽용 밀대를 이용해 땜띠약 비슷한 가루를 첨가하는 연구를 했다. 결과는 긍정적이었다. 집으로 돌아온 후 핸콕과 아내 클라리사, 그리고 딸들은 이 단단해진 고무를 이용해 장화를 만들었다. 하지만 여름이 되자 장화는 녹아버렸다. 굿이어네를 방문한 클라리사의 오빠는 그만하면 가족들이 충분히 고생하지 않았느냐고 굿이어를 나무랐다. 그는 "고무는 죽었어."라고 말했다. 굿이어는 이렇게 답했다고 전해진다. "내가 고무를 되살려놓을 겁니다."

계속된 시도와 실패, 약간의 희망을 경험한 후 정작 돌파구는 질산이라는 우연한 발견과 함께 찾아왔다. 생고무가 떨어지자 굿이어는 갖고 있던 장화를 재활용하기로 했는데 장화에는 청동이 입혀져 있었다. 굿이어는 질산으로 청동을 녹이면 깨끗한 생고무를 얻을 수 있으리라 생각했다. 그런데 실제로는 질산이 고무를 까맣게 태우면서 단단하게 만드는 것이었다. 굿이어는 장화를 더 만들어보았다. 이번에도 장화는 타들어갔다. 하지만 그는 고무가 질산에 산화되어 타는 것을 보면서 무언가 생각이 떠올랐다. 그는 곧 매사추세츠 사람인 너대니얼 헤이워드와 협력했다. 헤이워드는 생고무에 황을 섞을 때 어떤 변화가 생기는지 관찰한 사람이었다. 굿이어는 부엌에서 작업을 하다가 황을 섞은 고무를 난로 위에 떨어뜨렸다. 황과 열이 결합하는 순간 마침내 모든 속성을 두루 갖춘 물질이 만들어졌다. 마음대로 모양을 만들어낼 수 있으면서도 가공을 마치면 안정성을 갖는 물질이 만들어진 것이다. 1839년이었다.

자연에는 천연 중합체가 많이 있다. 뼈, 뿔, 조가비, 머리카락, 손톱, 나무, 단백질, 심지어 DNA도 중합체이다. 중합체란 분자들의 사슬로 구성되어 있다는 뜻이다. 천연고무에서는 중합체들이 이리저리 움직이는데, 고무가 탄성을 갖는 것은 이 때문이다. 스스로는 잘 몰랐지만 굿이어는 중합체가 교차결합 할 수 있는, 즉 삼차원적으로 서로 묶이는 방법을 발견한 것이었다. 한편 다시 영국으로 돌아가면 토머스 핸콕과 찰스 매킨토시, 그리고 또 다른 동업자인 윌리엄 브록던(그는 가황加黃, vulcanization이라는 단어를 처음 만든 것으로 알려져 있다.)이 고무를 더 안정화하기 위한 시도를 계속했다. 이들은 1842년 굿이어의 고체 고무 제품 견본을 손에 넣었다. 하지만 그들이 이 견본을 분석했을까? 굿이어는 1844년 1월에 가서야 자신의 가공 방식에 대해 영국에서 특허를 신청했다. 핸콕은 이미 1843년 12월에 특허 신청을 해놓은 상태였다. 핸콕이 영국에서는 자신의 특허가 유효하다고 주장했으므로 굿이어는 영국까지 가야 했다. 법정에서 핸콕 측은 전문가를 증인으로 불렀고 전문가는 핸콕 측이 굿이어의 제품 견본을 보기만 해서는 처리 과정을 추론할 수 없었을 것이라고 증언했다. 미국에서 굿이어의 특허는 유효했지만 영국에서의 특허 출원은 인정되지 못했고 언제나 그랬듯이 부는 아슬아슬하게 굿이어의 손을 빠져나갔다.

흥미로운 것은 굿이어의 주장을 뒷받침하는 내용이 12월 29일에 태어난 또 다른 인물인 알렉산더 파크스에 의해 나왔다는 점이다. 파크스는 1813년 버밍엄에서 태어났다. 굿이어처럼 파크스도 처음에는 금속을 가지고 작업했다. 파크스의 첫 번째 특허는 깨지기 쉬운 물체에 대한 전기 도금 처리 방법이었다. 이 방법이 얼마나 특별했던지 빅토리아 여왕의 남편 앨버트 공은 파크스의 금속 작업장을 방문해 은도금된 거미줄을 받고 몹시 기뻐했다고 한다. 핸콕과 굿이어의 특허 소송이 있은 지 2년 후 파크스는 가황 처리를 더 빠르고 값싸게 할 수 있는 고무 냉가황법을 개발했다. 핸콕의 설득으로 매킨토시컴퍼니는 냉가황법 특허를 5000파운드에 샀고 이것은 금세 엄청난 비용 개선으로 돌아왔다. 협상 과정에서 핸콕은 파크스에게 자신이 굿이어의 견본을 분석해서 제조 방법을 알아냈다고 말했다. 파크스는 후대를 위해 핸콕이 이렇게 시인한 사실을 기록으로 남겼다.

60개가 넘는 파크스의 특허 대부분은 금속에 관한 것이지만, 파크스는 "플라스틱의 아버지"로 불린다. 파크스는 콜로디온collodion을 가지고 작업을 시작했다. 콜로디온은 천연 섬유를 질산에 녹여 만드는 젤 타입의 물질로 마르고 나면 투명한 필름이 된다. 이미 의사들은 작은 상처를 봉하는 데 콜로디온을 사용하고 있었다. 매킨토시와의 거래에서 영감을 얻은 파크스는 처음에는 섬유에 콜로디온을 스며들게 해서 새로운 종류의 방수 물질을 개발할 생각이었다. 하지만 또 다른 매력적인 도전 과제가 파크스 앞에 나타났다. 당시 유럽과 아메리카에서는 당구가 열풍이었는데 서민들은 나무나 점토로 된 공을 사용했지만 부유층은 천연 중합체인 상아로 된 당구공을 선호했다. 그러나 상아는 값이 비쌌고 상아 무역으로 인해 코끼리와 상아 모두 엄청나게 희귀해진 상황이었다.

파크스는 인조 당구공을 만들겠다는 목표를 세우고 아무것도 없는 상태에서 연구를 시작했다. 처음에는 면과 나무 펄프 섬유를 질산과 황산에 녹였다. 그리고 이 반죽에 아주까리씨와 나무에서 추출한 식물성 아로마 오일, 즉 천연 나프타를 섞었다. 그 결과 반투명한 반죽이 만들어졌는데 이것을 성형한 후 질감과 색깔을 내면 상아나 뿔과 제법 비슷하게 만들 수 있었다. 마르면 단단해지고 윤이 나는 이 새로운 물질에 파크스는 파크신Parkesine이라는 이름을 붙였다. 그는 이 물질이 당구공 외에도 아주 다양한 용도로 활용될 수 있음을 알아챘다. 1862년 영국 국제박람회에서 파크스는 파크신으로 만든 제품들을 내놓아 동메달을 땄다. 칼 손잡이, 담배 파이프 자루, 목걸이 메달, 조가비 등 금속 제품이나 자연물을 모사한 것들이었다. 파크스는 파크신으로 원대한 계획을 세웠다. 당구공은 물론이고 솔, 신발 밑창, 채찍, 지팡이, 단추, 브로치, 버클, 장식품, 우산, 작업대 등 수많은 것을 만들려고 했다. 모두 오늘날에 흔히 플라스틱으로 만들어지는 것들이다. 파크신은 가죽이나 고무, 뿔보다 더 쌌기 때문에 그 상업적 잠재력은 무궁무진했다. 그럼에도 불구하고 파크신컴퍼니는 차츰 삐걱대더니 망하고 말았는데 파크스가 원가 절감을 위해 싼 원재료를 사용했기 때문이라고 전해진다. 파크스가 만든 당구공이 폭발성이 있다는 점도 문제가 되었다. 파크신은 가능성을 입증했지만 아직 가야 할 길이 멀었다. 동업자 중 한 명이 삐걱거리던 사업을 인수했고 커프스와 칼라를 생산해 그런대로 성공을 거두었다. 하지만 여기에도 문제가 있었는데 당시는 일상에서 흔히 불을 피우며 살았다는 점이었다. 파크신으로 만든 커프스와 칼라는 쉽게 불이 붙었을 뿐만 아니라 불꽃을 내며 타올랐다. 또 고무 가공 공장이나 플라스틱 공장 역시 불이 잘 나는 것으로 판명되었다.

파크스의 발명품을 돈이 되게 만든 사람은 미국인 존 웨슬리 하이엇이었다. 그는 1837년 뉴욕 주 북부에서 태어났다. 여느 19세기 발명가들처럼 하이엇 역시 대학 교육을 받지 못했고 인쇄소에서 견습 생활을 했다. 하이엇의 228개의 특허 중에 첫 번째는 가정용 칼 연마기였다. 1860년대 미국 최대의 당구 장비 회사였던 펠런앤콜렌더는 합성 물질로 된 당구공을 만드는 사람에게 만 달러라는 어마어마한 상금을 걸었다. 당시 당구의 인기가 얼마나 대단했냐면 한 신문 기사에서는 프로 당구 시합이 남북전쟁 전투보다 자주 열린다고 보도할 정도였다. 하이엇이 파크스의 콜로디온 조제법의 사용 허가를 받았는지, 파크스나 파크신을 알고 있었는지에 대해서는 역사적 설명이 나뉜다. 하이엇이 이 경연에 참가하기로 했던 당시 파크스는 나중에 불운을 맞게 되는 공장을 준비하느라 여념이 없었다. 하이엇은 1914년 응용 화학계 최고의 영예인 퍼킨 상을 받는 자리에서 자신이 파크스의 업적에 관해 몰랐다고 주장했다.

1870년대부터 1880년대 사이에 파크스의 후계자인 스필과 하이엇 사이에 격렬한 법정 다툼이 벌어졌다. 파크스는 파크신을 발명한 것으로 인정받았지만 스필은 특허권을 인정받지 못했고 곧 망했다. 그러나 하이엇과 하이엇의 형제 아이제이아는 조제법 사용을 허가받았고 아이제이아가 셀룰로이드라고 이름 붙인 자신들 버전의 파크신으로 큰 성공을 거두었다. 상금에 대해서는 기록이 분명치 않다. 펠런앤콜렌더 사는 상금을 부여하기에는 하이엇의 신물질이 파크스의 것과 너무 유사하다고 판단했는지도 모른다. 어찌 되었건 하이엇은 뉴어크에 공장을 지었는데 금방 화재가 나고 말았다. 뉴욕에 새로 지은 공장은 의치義齒, 피아노 건반, 개인 생활용품 등 제품 라인을 늘려 갔다.

매킨토시, 굿이어, 핸콕, 파크스, 하이엇 모두 시작은 나무 수액, 면섬유, 나무 가루, 뼛가루와 같은 천연 물질이었다. 여기에 화학 물질을 첨가해 새로운 것을 만들어냈고 그 결과물이 준準 합성 물질이었다. 준 합성 물질은 레이온 섬유, 셀로판, 탁구공, 고무줄, 슬리퍼 등의 제품에 사용되었다. 이런 초창기 플라스틱은 내구재를 만드는 데 쓰였고 일회용 혹은 1년쯤 사용하고 버리는 제품에는 쓰이지 않았다. 하지만 화학에 대한 관심과 선견지명이 있던 사업가들은 플라스틱이 구하기 힘든 천연 물질에 대한 인공 대용물로서 상업적 가치를 갖게 되리라는 것을 알았다. 순전히 화학 물질로만 만든 합성수지는 다음 세기가 되어서야 등장하게 된다. 19세기에서 20세기로 넘어갈 무렵 '플라스틱'이라는 용어가 사용되기 시작했다. 하지만 아직 중합체의 진짜 화학적 본성은 밝혀지지 않은 상태였다.

리오 베이클랜드는 기존의 플라스틱 선구자들과는 경우가 달랐다. 벨기에에서 태어난 베이클랜드는 대학 교육을 받은 사람이었다. 그는 최우등으로 박사 학위를 받고 나서 자신의 화학 전문 지식으로 돈을 벌어야겠다고 마음먹었다. 그래서 신혼 여행지를 미국으로 정했고 뉴욕에 있는 어느 사진 회사에 일자리를 구했다. 1893년 베이클랜드는 인공조명에서 이미지를 만들어내는 새로운 종류의 인화지를 개발했다. 그는 여기에 벨록스라는 이름을 붙인 후 이스트먼코닥 사의 조지 이스트먼에게 100만 달러에 팔았다. 그 돈이면 허드슨 강이 내려다보이는 곳에 구입한 자신의 저택에서 은퇴 생활을 즐길 수도 있었다. 하지만 그는 저택에 실험실을 꾸몄다. 베이클랜드는 셸락 대신 전선의 절연재로 쓸 수 있는 값싼 합성 소재를 개발하고 싶었다. 천연 셸락은 랙깍지진디라는 곤충의 암컷에서 나오는 수지성 분비물로서 아시아 지역 나무의 껍질에 쌓인다. 천연 셸락은 수요가 공급을 초과한 까닭에 가격이 비쌌다.

베이클랜드는 콜타르coal tar에서 증류한 약산弱酸, 즉 석탄산(지금은 페놀로 알려져 있고 석유 및 천연가스로 만든다.)에 양질의 나프타 파생 물질인 포름알데히드를 결합했다. 두 물질 모두 독성이 있는 탄화수소다. 베이클랜드는 두 물질을 촉매와 함께 섞어서 바비큐 그릴만 한 크기의 밀봉 용기에 넣고 압력을 가했다. 직원들은 이 기이한 장치를 올드페이스풀Old Faithful*이라고 불렀고 베이클랜드가 촉매인 알코올을 첨가할 때는 뒤로 물러서야 한다는 것도 알고 있었다. 역시나 몇 번의 화재가 나고 나서 올드페이스풀은 실험실에서 쫓겨나 창고로 자리를 옮겼다. 수년간의 반복된 시도와 실패 끝에 베이클랜드는 마침내 점성이 있고 성형이 가능한 수지를 만들어냈다. 베이클라이트라고 이름 붙인 이 수지는 건조되면 단단해지고 광택이 생겼다. 베이클랜드가 바랐던 그대로였다. 1909년 미국화학학회 모임 때 베이클랜드는 베이클라이트로 만든 멋진 제품들(파이프 자루, 단추, 팔찌 등)을 선보였고 이것은 선풍적인 반응을 불러일으켰다. 그가 실험을 시작한 지 거의 10년 만이었다.

베이클라이트는 전기 절연제로 사용되던 래커^{lacquer}를 정말로 대체해버렸다. 그리고 그 외 많은 것들을 대신하게 되었다. 이제 막 싹트던 자동차 업계는 베이클라이트에 매료되어 각종 꼭지, 자동차 핸들, 문손잡이 등에 이 새로운 소재를 사용했다. 토스터나 다리미, 청소기 등을 만들던 가전제품 업체들도 마찬가지였다. 아르데코 양식**의 구식 라디오처럼, 베이클라이트 펜과 인조 보석은 오늘날 수집가들에게 인기 있는 물건이다. 1920년대 초 베이클랜드의 공장은 매년 약 4000톤의 플라스틱 제품을 찍어내고 있었다. 사람들은 이제 '플라스틱의 시대'가 도래했음을 알았다. 베이클랜드는 『타임』지의 표지를 장식할 정도였다. 제품 홍보에 관해서라면 거침이 없었던 그는 스스로 베이클라이트를 "수천 가지 용도가 있는 물질"이라고 불렀다. 1960년대까지 다이얼식 전화기는 베이클라이트로 만들어졌다.

---

* 미국 옐로스톤 국립공원에 있는 간헐천의 이름. 간헐적으로 폭발한다는 뜻의 비유로 쓰이기도 한다.
** 1920~1930년대 파리를 중심으로 유행한 장식 미술 양식.

우리 집에도 두 개가 있었다. 최상급 당구공은 지금도 페놀 수지로 만들어진다. 페놀 수지는 베이클랜드가 발명한 플라스틱에 대한 통칭이다. 수집할 만한 베이클라이트가 바다에 둥둥 떠다닌다면 태평양을 횡단할 가치가 있을지도 모르겠다. 하지만 그럴 일은 없다. 베이클라이트는 고밀도 물질이라 해저에 가라앉기 때문이다.

베이클라이트와 셀룰로이드는 둘 다 플라스틱 중에서 '열경화성 수지'라고 하는 범주에 속한다. 열경화성 수지는 가공 후에는 단단해지고 열을 가해도 녹지 않고 그슬린다. 열경화성 수지가 딱딱하고 휘지 않는 이유는 수지를 구성하는 중합체 사슬이 삼차원적으로 교차 결합 되어 있기 때문이다. 요즘 열경화성 수지가 주로 사용되는 곳은 컴퓨터, 작업대, 헬멧, 안경, 유모차, 서핑보드와 같은 내구성 있는 제품들이다. 일반적으로 이런 제품들은 더 유연한 '열가소성 수지'와 구별된다. 열가소성 수지는 열을 가하면 녹기 때문에 성형을 했다가 재성형할 수도 있다. 베이클랜드가 죽기 몇 년 전인 1939년에 대형 화학 업체 유니언카바이드 사가 베이클라이트 사를 인수했다. 이때쯤 베이클랜드는 기벽을 일삼고 있었다. 혼자서 캔에 든 음식만 먹었고 타락한 자녀들과 싸우곤 했다. 그는 1970년대의 끔찍한 비극은 보지 않고 죽었다. 그 비극을 굳이 알고 싶다면 《세비지 그레이스》라는 영화를 빌려보기 바란다.

다소 놀라운 사실은 공장들이 톤 단위로 합성수지를 생산할 때까지도 중합체가 무엇인지 정확히 아는 사람은 아무도 없었다는 점이다. 초기의 중합체 선구자들은 마치 감에 의지하는 요리사처럼 시도와 실패, 우연한 발견, 기초 화학에 의존해 주먹구구식으로 작업하고 있었다. 그러나 1920년 독일의 한 화학자*가 중합체를 규명하자 플라스틱을 생각하는 방식에 혁명이 일어났다. 그 결과 중합체 화학(고분자 화학)이라는 새로운 과학이 탄생했다. 유기 화학의 개념과 배경을 이해할 수 있게 되자 합성 중합체를 만드는 것도 가능해졌다.

석유의 가공 과정에 관해 좀 더 자세히 알아보자. 우선 두 가지 경로가 있다. 하나는 석유 제품을 생산하는 과정이고 다른 하나는 석유 화학 제품을 생산하는 과정이다. 석유 1배럴이 있으면 그중 42퍼센트는 석유 제품을 만드는 데 사용될 것이다. 가솔린, 태울 수 있는 연료, 윤활유, 아스팔트 같은 것들 말이다. 이것들은 원유 중 더 무거운 부분을 가지고 만든다. 나머지 더 가벼운 부분은 개별 탄화수소 화합물로 분해cracking한다. 여기에는 기본적으로 두 가지 범주가 있는데 '유성'이라는 뜻의 올레핀과 보다 휘발성이 강한 방향족 화합물이 그것이다. 너들 또는 제품 제조용 알갱이라고 부르는 열가소성 수지의 원료는 양쪽 범주 모두에서 생산된다.

원유에서 이런 탄화수소들을 얻어내는 과정은 역공학**과 비슷하다. 예를 들어 케이크를 하나 구웠는데 완전히 망쳤다고 생각해보자. 심지어 개도 안 먹으려고 한다. 실망스럽고 가치 없는 결과물이지만 이 케이크를 굽지 않은 상태로 되돌려서 개별 재료 상태로 돌려놓을 수 있다면 뭔가 다른 것을 만들 수 있을 것이다. 석유의 분해 과정도 이와 유사하다. 원유를 실린더에 넣고 촉매와 열 또는 압력을 가하고 휘저어준다. 무거운 성분은 아래로 내려가고 가벼운 성분은

---

* 헤르만 슈타우딩거Herman Staudinger 독일의 화학자(1881~1965년). 고분자 화학을 창시한 공로로 1953년 노벨화학상을 받았다.
** 타사의 제품을 베끼기 위해 완제품을 사다가 분해해서 그 원리를 알아내는 것.

위로 올라갈 것이다. 이제 화학적으로 서로 다른 성분들이 탑 속에서 수직의 층으로 나누어진다. 탑 위쪽에 부착된 관은 나눠진 성분들을 빨아들여서 각각 정제와 가공을 위한 곳으로 보낸다. 정유소는 원유를 정제해 석유 제품을 만든다. 화학 공장은 석유의 부산물로 플라스틱이나 살충제 같은 것을 만든다.

그래서 흔히 정유 공장 바로 옆에는 화학 공장이 있고 이것들은 대개 종종 파이프라인으로 서로 연결되어 있다. 세계 20대 정유 공장 중에서 미국에 있는 것은 6개뿐이다. 미국에서 가장 큰 정유 공장이 세계에서는 6위인데 텍사스 베이타운에 있다. 인도에 있는 것이 가장 크고, 두 번째 큰 것은 베네수엘라에, 3, 4위 공장은 한국에 있다. 하지만 로스앤젤레스 국제공항과 롱비치 사이에 있는 6개 정유 공장의 처리 능력을 합치면 이들 거대 공장에도 뒤지지 않는다. 석유의 부산물로 가장 많이 나오는 것은 에틸렌이다. 그리고 그 대부분이 플라스틱이 된다. 하지만 플라스틱이 전부는 아니다. 일부 올레핀과 방향족의 경우 첨가제와 열, 촉매 등을 투입해 수많은 방식으로 가공하게 되고 그 결과 플라스틱 외의 온갖 제품이 만들어진다. 몇 가지만 예를 들어 보면 페인트, 접착제, 소독용 알코올, 파라핀 양초, 가구 광택제, 구두약, 살충제, 비료, 식품 향료, 향수, 공업용 도료, 항히스타민제, 알약의 환피, 크레용, 모발 염색제, 직물 염료, 잉크, 부동액, 마취제, 연고, 화장품, 면도 크림 등이다.

지금은 브리티시페트롤리엄이 된 아르코 정유 공장의 견학 기회를 얻은 적이 있었다. 로스앤젤레스에 있는 항구, 윌밍턴에 있는 공장이었다. 그날 내가 본 것을 한 마디로 표현하자면 수많은 탱크와 파이프, 도관導管이었다. 그들은 플러프라고 부르는 결정화한 중합체를 만든다고 했다. 꼭 가짜 눈송이처럼 생긴 것이었다. 잔류 촉매 및 기타 불순물을 제거한 후 플러프를 기계에 투입하면 너들이 되어서 나온다. 이 너들은 방방곡곡 수만 곳의 가공업자에게 보내진다. 마치 밀가루가 빵집들로 배달되듯이 말이다.

올레핀의 하나인 폴리에틸렌^{PE}은 수많은 형태를 띠고 있는데 플라스틱 중에서 압도적으로 많은 비중을 차지한다. 강력한 로비 단체이기도 한 미국화학협회의 보고서에 따르면 현재 전 세계적으로 연간 4000만 톤의 폴리에틸렌이 생산되고 있다. 1933년에 처음으로 발견된 폴리에틸렌은 우연하게도 바이오플라스틱*이었다. 최초의 발견자는 영국종합화학회사**에서 일하던 두 명의 영국 화학자 레지널드 깁슨과 에릭 포셋이다. 처음에 이들은 당밀을 힘겹게 여러 단계 가공해 에틸렌을 얻었다. 그리고 여기에 제곱인치당 12톤이라는 엄청난 압력과 고열을 가한 후 기계를 끄고 집으로 돌아갔다. 주말을 보내고 월요일에 돌아와 뚜껑을 열어 보니 겨우 몇 그램의 광택 나는 고체 찌꺼기가 남아 있었다. 두 사람은 이것이 일종의 중합체임을 알아보았다. 두 과학자는 이 과정을 재현하고 싶었으나 잘 되지 않았다. 그러다가 마침내 산소를 첨가할 생각을 하게 되었다. 산소는 도통 예측이 불가능했던 화학 반응에 촉매와 안정제로 작용했다.

영국종합화학회사는 새로 발견한 물질을 가지고 더 이상 아무것도 진행하지 않기로 했으나 깁슨은 1935년 케임브리지 학회에 폴리

---

* 바이오플라스틱^{bioplastic} 미생물이나 식물의 체내에 있는 물질을 이용해서 만드는 플라스틱.
** 오랫동안 영국 최대의 종합 화학 회사였으나 2007년 네덜란드의 아크조노벨(AkzoNobel) 사에 인수되었다.

에틸렌 견본을 전시했고 여러 사람이 그 잠재력을 알아보았다. 2차 세계 대전 기간 동안 영국은 폴리에틸렌으로 레이더의 성능을 개선했고 전선 절연에 사용했다. 하지만 거의 20년 동안 폴리에틸렌은 특수 산업 물질이었다. 나중에는 쇼핑백과 우유 통이 되어 지구 전체를 질식시키게 되는 이 물질이 초창기에는 만들기도 어렵고 가격도 비쌌다.

20세기 전반기에는 기업 간의 경쟁과 연구비 지원, 전쟁을 통해 플라스틱 개발에 불이 붙었다. 양차 대전 사이에 미국과 유럽의 화학계는 멀리 적도에서 수입해와야 하는 값비싼 천연 물질을 대체할 수 있는 새로운 합성 물질을 만드는 데 총력을 기울였다. 1933년과 1939년 사이에 미국과 유럽, 특히 독일의 화학 회사 연구소들은 투명하고 얇은 막 형태를 띠는 사란(폴리염화비닐^{PVC}로 만들어진다), 아크릴 섬유, 폴리우레탄, 루사이트, 폴리스티렌^{PS}을 발명했다. 그리고 우연히 테플론이 발명되었다.

듀폰은 오늘날 가장 오래된 다국적 화학 회사이다. 1802년 화약 제조 회사로 설립된 듀폰은 그로부터 100년 후 후세들이 경영권 다툼을 벌이면서 화학 산업에까지 사업 범위를 확장했다. 이때쯤 듀폰의 주력 제품인 질산섬유소(니트로셀룰로스)로 셀룰로이드를 만들 수 있다는 사실은 이미 잘 알려져 있었다. 1910년대에 듀폰은 셀룰로이드와 베이클라이트 모방품을 만들고 있던 회사를 인수했지만 1920년대 후반이 되어서야 비로소 델라웨어 주 윌밍턴에 있는 본사에 실험용 연구실을 설치하기로 결정했다. 그리고 학계에서 채용할 수 있는 최고의 인재들을 데려왔다. 그중 한 명이 아이오와 출신으로 하버드대학교의 젊은 강사였던 월리스 흄 캐러더스였다. 그의 첫 획기적 발명품은 네오프렌이었다. 네오프렌은 완전한 합성 고무로 현재도 서핑복이나 잠수복에 사용된다. 그다음 나온 것이 나일론이었다. 나일론은 가열 처리가 아니라 축합 반응을 통해서 만든 새로운 종류의 플라스틱이었다. "강철만큼 튼튼하고 거미줄만큼 섬세한" 실크 느낌의 이 섬유는 1937년에 특허를 얻었다. 그리고 그 다음해에 돼지털 대신 칫솔에 이용되면서 나일론은 개인 생활 용품의 일부가 되었는데 그 영향으로 멧돼지 수요가 갑자기 줄어들었을 정도였다. 나일론의 상용화는 나일론 스타킹 열풍과 함께 빠르게 진행되었다. 1941년에는 전시 물자 부족으로 나일론을 구하지 못해 아우성이었다. 나일론은 실크를 대신해 낙하산과 비행복, 로프 등에 사용되었고 전력의 중요한 일부가 되었다.

전쟁으로 인해 무겁고 잘 깨지는 유리나 희귀한 금속, 구하기 힘든 고무, 로프에 쓰는 열대 식물성 섬유 등을 대신할 새로운 물질에 대한 수요가 대량으로 발생했다. 전쟁은 새로운 물질의 완벽한 시험대가 되어주었고 정부는 화학 회사 및 제조 회사들과 엄청난 규모의 계약을 체결했다. 심지어 상업적으로 처음 생산된 볼펜(1950년에 가면 빅 사의 제품 크리스털이 된다.)은 영국 공군에서 특허권을 내준 것이었다. 고도가 높은 곳에서는 쉽게 새는 만년필보다 볼펜이 더 잘 써졌던 것이다.

대형 화학 회사라면 모두 그 회사를 대표하는 플라스틱이 있었다. 듀폰 사에는 나일론과 네오프렌이 있었고 다우케미컬 사에는 바이오플라스틱으로 시작한 또 다른 플라스틱인 폴리스티렌이 있었다. 스티렌은 열대에서 자라는 때죽나뭇과 styrax 나무에서 풍부하게 발견되는 천연 물질이다. 1830년대에 독일의 한 약제상이 스티렌을 가열

해 젤리처럼 생긴 잔류물을 얻었는데 이후 여러 화학자들이 이 물질을 다루다가 마침내 다우케미컬에서 스티렌을 탄화수소인 부타디엔과 결합했다. 그 결과 처음으로 완전한 합성 고무가 만들어졌다. 전쟁에 중요하게 쓰일 수 있는 자원이었다. 폴리스티렌의 또 다른 형태인 결정結晶 폴리스티렌은 단단하고 잘 부서지는 성질이 있다. 오늘날 빅 사의 일회용 펜, 라이터, 면도기, 패스트푸드에 딸린 포크, CD나 DVD 케이스, 냉장고에 들어가는 깔판이나 서랍 등이 바로 결정 폴리스티렌으로 된 제품들이다. 결정 폴리스티렌은 연안 바다에서 흔히 볼 수 있는 플라스틱 종류는 아니다. 밀도가 높아서 가라앉기 때문이다. 속이 빈 일회용 라이터는 주목할 만한 예외이지만 말이다.

반면 발포發泡 폴리스티렌은 무게가 거의 없기 때문에 흔히 눈에 띈다. 발포 폴리스티렌이 나온 것은 1930년대경이다. 다우케미컬의 한 화학자가 녹인 폴리스티렌을 가스와 결합해서 유연하고 절연성이 있는 물질을 만든 것이다. 진짜 스티로폼*은 1944년에 특허로 등록되었고 현재는 주로 주택 단열재와 공예품, 선박용 부양 장치나 충격 흡수기 등에 사용된다. 1950년대에 등장한 평범한 발포 폴리스티렌과 스티로폼을 혼동하지 말아야 한다. 일반 발포 폴리스티렌은 뜨거운 음료 컵이나 식당에서 사용하는 일회용 식품 포장 용기, 제품 파손 방지용 알갱이 등에 흔히 사용되었다. 발포 폴리스티렌은 무게가 가벼워서 비닐봉지처럼 쉽게 날아간다. 나도 발포 폴리스티렌을 자주 목격하고 촬영하는데 (다른 종류의 플라스틱보다 바닷물에 쉽게 부서지

---

* 스티로폼(styrofoam)은 발포 폴리스티렌의 대명사처럼 쓰이지만 원래 상표 이름이다.

기 때문에) 작은 덩어리일 때도 있지만 물고기에게 여기저기 물어뜯긴 부표나 부자처럼 큰 것들도 있다. 미국화학협회의 웹 사이트를 보면 발포 폴리스티렌으로 된 컵이나 접시, 포장 용기가 종이로 된 것들보다 탄소 발자국*을 덜 남긴다고 떠벌려놓았다. 탄소 발자국 측면에서는 그럴지도 모르지만 플라스틱 발자국은 종이 제품보다 더 오래 지속되며 더 많은 화학 물질을 포함한다.

2차 대전이 끝날 때쯤 플라스틱은 상용화된 상태였지만 아직 주류가 아니었다. 전시의 수요가 화학 산업 및 고무 산업을 억지로 키워놓았으나 전쟁이 끝나자 거품이 꺼질 위기에 처했다. 인간이 만든 이 놀라운 물질을 사용할 또 다른 방법과 새로운 시장이 빨리 발견되어야 했다.

피츠버그플레이트글래스PPG Industries는 탱크 차 한 대에 아직 액체 상태인 아크릴 유사 플라스틱을 17톤이나 보유하고 있었는데 이것이 처치 곤란이었다. 'CR-39'라는 이름으로 특허를 받은 이 물질은 가벼우면서도 튼튼해 폭격기의 연료 탱크를 만드는 데 쓰던 것이었다. 회사는 타 업계에까지 접촉 범위를 넓히며 이 새로운 물질을 사용해볼 용감한 구매자가 없나 물색했다. 그리고 마침내 횡재를 하게 되는데 구세주는 광학 렌즈 업계였다. 무거운 유리 렌즈의 문제점이 즉시 해결된 것이다. 지금까지도 많은 안경, 특히 선글라스는 CR-39로 만들어진다.

폴리에틸렌의 전환점은 1950년대 초에 찾아왔다. 필립스석유가

---

* 인간 활동이 환경에 끼치는 영향을 탄소 배출량으로 측정한 것.

오클라호마 주 바틀스빌의 본사에 연구 부서를 신설한 직후였다. 이곳에서 일하던 두 명의 화학자, J. 폴 호건과 로버트 뱅크스는 석유 정제 부산물을 가지고 가솔린 성능 향상을 위한 첨가제를 만들 수 있을지 연구 중이었다. 그들은 실험 과정에서 프로필렌에 금속 촉매를 첨가했는데 여기서 나온 뜻밖의 결과물이 결정 중합체였다. 두 사람은 비슷한 방식으로 에틸렌에 촉매를 첨가했고 역시 같은 결과를 얻었다. 금속 촉매는 말 그대로 세상을 바꿔놓았다. 특수 물질이었던 폴리에틸렌은 지금까지 생산된 그 어떤 물질보다도 많은 곳에 사용하는 물질이 되었다. 세계 대전 이전의 화학자들은 자신들의 노력이 이토록 걷잡을 수 없이 많은 불필요한 물건을 만들어내게 될 줄은 상상조차 못 했을 것이다.

필립스는 별다른 마케팅 계획도 없이 폴리에틸렌을 생산하기 시작했고 창고는 폴리에틸렌으로 가득 찼다. 필립스의 플라스틱 사업부를 구원하고 미국 문화에 폴리에틸렌을 소개한 제품은 웸오 사의 훌라후프였다. 훌라후프는 본래 호주에서 유래한, 대나무를 구부려 만든 속이 빈 고리 형태의 장난감이었다. 1958년 7월에 출시된 다음 그해 연말까지 약 400만 개가 팔려나갔다. 이후 2년간 2500만 개의 훌라후프를 판매한 웸오는 4500만 달러라는 이익을 냈다. 그리고 고밀도 폴리에틸렌으로 만든 프리스비*가 1년 만에 훌라후프를 앞질렀다. 양철로 된 파이처럼 생긴 장난감인 프리스비는 훌라후프의 유행에 비할 바는 아니었지만 꾸준히 판매되었다. 이제는 중국 기업 소유

---

* 주로 멀리 던져서 개가 물고 오도록 하는 원반 모양의 장난감.

가 된 웸오의 추산에 따르면 2010년 현재까지 프리스비는 총 2억 개가 판매되었다고 한다. 그러니까 플라스틱 시대를 열었던 주인공은 장난감이었던 셈이다. 그리고 한동안 플라스틱은 대부분 포장 용기나 일회용 제품이 아니라 소비재 혹은 산업 부품을 만드는 데 사용되었다.

처음에 플라스틱 제품은 흥미진진하고 대단해 보였다. 마치 미래 세계에서 온 것 같았고 모험으로 가득 찬 우주 시대의 시민이 된 것 같은 기분을 느끼게 했다. 나는 1955년 개장 직후의 디즈니랜드를 방문했던 일을 또렷이 기억한다. 잠자는 숲속의 공주의 성에서 멀지 않은 곳에 몬산토 사가 만든, 온통 플라스틱으로 된 미래의 집이 있었다. 정말 근사하고 청소하기도 쉬울 것 같았다! 하지만 지금 그곳에 플라스틱 집은 없다. 애너하임에 내리쬐는 햇빛의 산화 효과와 스모그 때문에 중합체가 분해되었고 회복이 불가능할 정도로 금이 갔던 것이다. 플라스틱 중합체 자체는 거의 영원히 지속되지만 플라스틱으로 만든 제품은 그리 오래가지 못한다. 많은 경우 천연 물질로 된 원래의 제품보다 수명이 짧다.

그러다 언제부터인가 플라스틱 제품은 더 이상 새롭고 근사한 것이 아니라 싸구려 가짜처럼 보이기 시작했다. 이런 현상이 이미 1960년대 말부터 나타났다는 것을 영화 《졸업》을 보면 알 수 있다. 젊은 벤저민 브래드독에게 한 친지가 플라스틱 산업에 뛰어들어보라고 권하자 모인 사람들이 모두 비웃는 장면이 그것이다. 하지만 이때까지만 해도 아직 대부분의 일회용 플라스틱 제품이 등장하기 전이었다. 음료수용 페트병, 일회용 플라스틱 접시에 담긴 전자레인지용 냉동식품, 얄팍한 플라스틱 쇼핑백 같은 것들 말이다. 하지만 우리는 이미 손을 놓은 상태였고 지니는 램프 밖으로 나온 후였다. 플라스틱은 더 이상 특별히 눈에 띄는 것이 아니게 되었고 더 많이 쓰일수록 오히려 사라져버린 것처럼 보였다.

미국화학협회에 따르면 플라스틱은 1976년 정점을 찍은 이래 줄곧 "세상에서 가장 많이 사용되는" 물질이었다. 하지만 지금 플라스틱은 장난감이나 컴퓨터 같은 소비재보다는 대부분 포장재로 사용되고 있다. 두 번째로 많이 사용되는 분야는 단열, PVC 판자, 합성 카펫과 같은 건축 자재이다. 플라스틱은 1970년대에 100억 달러의 무역 수지 흑자를 냈을 정도로 미국 경제에서 큰 비중을 차지하는 수출품이었다. 하지만 지금은 가스레인지 위에 떨어뜨린 지퍼락처럼 미국 플라스틱 산업도 위축되었다. 고삐를 죄어오는 아시아 업계 때문이다. 현재 미국은 내부 생산량보다 수입하는 플라스틱 제품이 더 많다. 그렇다고 전 세계 플라스틱 생산량이 줄어들고 있냐 하면 그것도 아니다. 현재 추산으로는 전 세계적으로 연간 3억 톤의 플라스틱 제품이 생산된다. 이것은 전 세계 연간 육류 소비량보다 1500만 톤이 더 많은, 상상을 초월하는 양이다. 특히 육류는 사람이 먹어서 소화시키지만 플라스틱은 분해 속도가 매우 느려 끊임없이 축적된다는 점을 생각해보라.

그 많은 플라스틱은 결국 다 어디로 갈까? 해양학자인 내 친구 커티스 에베스마이어는 우리가 과연 "플라스틱 스위치를 끌" 수 있겠느냐고 했다. 해가 기울어질 즈음 우리는 마지막으로 엄청난 규모의 공장들이 모여 있는 복합 단지를 둘러보았다. 석유가 화학 물질이 되고 화학 물질이 중합체가 되어 다시 전 세계의 최종 소비자에게 흘러가는 곳이었다. 이렇게 거대한 산업의 스위치를 통째로 꺼버리려면 헤라클레스라도 필요할 것이다. 일단은 사용량을 줄이는 데서부터 시작해야 한다.

03
"태평양 거대 쓰레기 지대"의 정체

1997년의 그 긴 항해에서 돌아왔던 남자는 북태평양 한가운데에서 플라스틱 조각들을 발견했음에도 해양의 플라스틱 오염에 관해서는 기본적인 것밖에 알지 못했다. 하지만 그는, 다시 말해 나는, 이제 곧 많은 것을 알게 될 예정이었다.

 늘어진 항해를 끝내고 마침내 뭍을 밟자 땅이 다 울렁거리는 것 같았지만 기분은 날아갈 듯했다. 우리는 각자 하던 일로 돌아갔다. 승선자들은 가족의 품으로 돌아갔고 나는 내가 자랐고 현재는 내 집이라고 부르는 곳으로 돌아갔다. 내 집에서는 어느 방에서고 알기타호를 볼 수 있었다. 이제 알기타호는 조용히 잠들어 있었다. 나는 뭍에서의 일상을 재개했다. 두 달간 집을 비우고 나니 챙겨야 할 일이 많았다. 마당에는 나만의 아열대 에덴동산을 만들기 시작했다. 사포딜라, 체리모야, 구아바, 바나나, 파파야 같은 열대 나무로 그늘을 만들고 훌륭한 먹거리가 될 유기농 채소와 허브를 심어놓은 수목 정원이었다. 이 모든 것이 별로 크지도 않은 정박지 공터에 꽉 들어찼다. 나는 날로 번창하고 있는 주말농장에도 들렀다. 90년대 초 폭동과 방화 사태를 겪은 후 우리가 롱비치 시내의 공터에 마련한 공간이었다. 밀린 서류 작업을 하고, 항해를 다녀온 이야기를 들려준 후, 『알갈리타 뉴스레터』에 싣기 위해 글을 하나 썼다. 나는 이 글에서 떠다니는 플라스틱 쓰레기가 "우리 바다 표면에서 가장 눈에 띄는 특징"이 될 지도 모른다고 경고했다.

　　나는 알기타호를 이끌고 대양 횡단 경주에 참여하기도 했다. 경주가 끝났을 때 알기타호는 충분한 준비운동을 끝냈고 관측선으로서의 역할을 온전히 수행할 준비가 되어 있었다. 경주를 위해 배의 무게를 줄이려고 500미터나 되는 저인망 케이블을 걷어냈었는데 다시 장착해야 했다. 경주에 시달린 결과 줄과 로프에 수리가 필요했고 돛들도 마찬가지였다. 돛은 모두 묶어서 동네의 돛 공장에 보냈다. 보험 문제도 해결해야 했다. 남태평양 항해에서 겪었던 사고 때문에 로이즈오브런던 사는 알기타호의 보험 갱신을 거절했다. 알기타호의 보험 취득을 쉽게 할 요량으로 나는 미국 해안경비대에서 부여하는 선장 자격증을 따기로 했다. 자격 요건은 엄격했지만 나는 이미 필요한 365일(1일당 최소 4시간 이상)을 모두 채운 상태였다. 그중에는 남부 캘리포니아해양연구소에서 운영하는 관측선 시와치$^{Sea\ Watch}$호에 승선한 시간도 있었는데 이 경력 덕분에 나는 100톤 면허를 따는 것도 가능했다. 그리고 그 과정에서 US파워스쿼드런스에서 운영하는 우수한 항해 교육 과정의 도움을 받아 조류와 바람, 해도, 선박의 기계 장치 등에 관해 많은 것을 배울 수 있었다. 하지만 해안경비대 자격증은 필기시험이 아주 어려웠기 때문에 오렌지코스트 지역전문대학에서 제공하는 해안경비대 훈련 수업을 듣기로 했다. 어렵사리 시험을 통과하고('해로 규칙' 부분을 두 번 응시하기는 했지만) 건강 검진과 약물 검사를 받았다. 이제 나는 찰스 무어 선장이 되었다. 미국 상선 사관이자 100톤 이하 급 증기선, 동력선, 범선의 선장으로서 승선자들의 건강과 안전을 직접적으로 책임지는 사람이 된 것이다.

하지만 계속해서 내 머릿속을 떠나지 않는 장면이 있었다. 고요한 태평양 한가운데 마치 물로 이루어진 공기 속을 떠다니는 나방들마냥 몇 킬로미터고 흩어져 있던 플라스틱 쓰레기와 조각들의 모습이었다.

내게 가끔 이런 질문을 하는 사람들이 있다. 아열대의 태평양 북동부로 돌아가서 그토록 많은 플라스틱을 발견하게 된 것은 어떤 계시가 있었던 것 아니냐고 말이다. 그렇다고는 말 못 하겠다. 그저 내가 아는 것은 일상으로 돌아와서도 그곳에서 목격했던 플라스틱 수프에 대한 생각이 옅어지지 않았다는 것이다. 그곳을 다시 한번 보러 가야겠다는 생각은 1997년 항해 당시부터 했던 것 같다. 100제곱미터당 230그램의 플라스틱이 있다는 가정하에 숫자를 끄적거려 보았던 때 말이다. 그렇게 추산을 해보니 하와이와 미국 서부 해안 사이의 태평양 북동부 500만 제곱킬로미터 이상의 지역에 600만 톤이 넘는 플라스틱 잔해가 있다는 계산이 나왔다. 상황이 그렇다면 당연히 추가적인 조사를 해야 했다. 흥미롭게도 이후 이어진 몇 가지 사건으로 인해 나는 다시 심해로 돌아가 더 면밀한 조사를 하게 된다.

나는 스스로를 과학적인 사람이라고 생각하지만 때로는 우연의 일치가 길을 인도할 때도 있는 것 같다. 나는 지역 신문에서 스티븐 와이스버그 박사가 회의를 소집한다는 기사를 읽었다. 그는 남부 캘리포니아 연안 해역의 오염을 측정하는 주립 기관의 책임자라고 소개되어 있었는데 말하자면 나와 비슷한 마음을 가진 사람이었다. 나는 신문사의 편집자에게 편지를 써야겠다고 생각했다. 와이스버그 박사가 우리 연안 해역의 건강을 지키고 있어 얼마나 다행인지 말하고 싶었다. 그리고 달력에는 회의 날짜를 표시해두었다. 이때가 1997년 가을이었으니 첫 번째 항해에서 돌아온 지 두어 달 후였다.

와이스버그가 일하는 기관은 '남부 캘리포니아 연안 해역 리서치 프로젝트'라는 곳이었는데 스쿼프^{SCCWRP}라는 친근한 이름으로 불렸다. 스쿼프는 바이트98$^{Bight'98}$이라는 연구를 위한 조사 계획을 공표했다. 바이트란 돌출된 곳 사이에 해수가 순환하는 작은 만 지역이다. 이 조사 계획의 목적은 포인트컨셉션과 푼타반다 사이 연안 해역 환경의 오염 정도를 측정해서 이전 연구의 측정치와 비교하는 것이다.

남부 캘리포니아 만은 로스앤젤레스를 기준으로 남북으로 160킬로미터에 걸쳐 있는 지역이다. 북쪽으로는 샌타바버라, 남쪽으로는 북부 바하칼리포르니아에 이른다. 이 연구는 계절별로 무려 416개 장소에서 표본을 채취하는 야심찬 계획이다. 또 이 연구는 과학을 위한 과학을 지향하지 않는다. 스쿼프의 목표는 더 엄중한 오염 규제를 통해 수질이 개선되었는지, 연안 생태계가 더 건강해졌는지를 알아내는 것이다.

매년 1억 7500만 명이 찾는 연안 지역의 공중 보건과 안전은 작은 문제가 아니다. 해수욕장 앞바다가 오염되면 지역 사업체들을 비롯해 도시 전체, 인근 일대가 타격을 입으며 주 정부의 세수가 감소한다. 이런 공감대하에서 1960년대 말 공중 보건 담당 기관과 수질 관리 기관이 합작해 만든 것이 스쿼프였다. 이때쯤에는 캘리포니아 남부로 밀려드는 인구 때문에 연안 해역이 마치 마녀가 조제한 죽음의 약처럼 생물을 죽이는 화학 물질로 가득해졌음을 아무도 부인할 수 없었다. 수질오염방지법과 환경보호국은 1972년에야 만들어지지만 캘리포니아는 언제나 남들보다 앞서가고 있었다.

그리고 레이첼 카슨의 영향 또한 무시할 수 없다. 그녀는 이미 1962년 작 『침묵의 봄』에서 살충제인 DDT의 무분별한 사용 때문에 생물들이 멸종할 수 있다고 경고했다. 로스앤젤레스 근교 해안 도시 토런스에 위치한 몬트로즈케미컬은 1947년부터 DDT를 생산하기 시작했다. 회사는 금세 미국 최대의 DDT 공급자가 되었다. 어릴 때, 심지어 엄마 뱃속에 있기 전부터 나는 DDT 모기약에 노출되었다. 우리 가족은 바하칼리포르니아로 자주 캠핑을 갔고 텐트 안에서 모기약을 뿌리곤 했던 것이다. 모기는 한 마리도 살아남지 못했지만 나는 몇 안 되는 나의 신체적 이상이 어머니가 DDT에 노출된 탓은 아닐까 의심이 가지 않을 수 없다. 미국에서는 1972년에 DDT 사용이 금지되었지만 몬트로즈케미컬은 이후로도 10년간이나 계속해서 DDT를 만들어 수출했다. 또 몬트로즈케미컬은 진정한 독극물계의 재앙이라 할 수 있는 PCB(폴리염화비페닐)도 대량으로 생산했다. PCB는 끈덕지게 사라지지 않는 합성 분자로서 수십 년간 윤활제, 절연재, 산업용 난연 장비, 건축 자재 등으로 널리 쓰이다가 1970년대 후반에 가서야 사용이 금지되었다. 몬트로즈케미컬의 추산에 따르면 1950년대 후반에서 70년대 초까지 이 회사가 이 지역 폐수로 흘려보낸 DDT의 양은 1700톤에 이른다. 폐수는 부촌인 팰로스버디스 지구 근처의 화이트

포인트에 떠올랐다. 몬트로즈케미컬은 또 최소 10톤 이상의 PCB를 방출했다. 이곳 연안 대륙붕의 광범위한 지역이 '병든 지대'가 되었고 지금도 그런 상태이며 결국 환경보호국 슈퍼펀드 지역*이 되었다.

몬트로즈케미컬은 스쿼프가 만들어진 가장 유력한 동기이긴 하지만 유일한 원인은 아니다. 스쿼프의 사명은 로스앤젤레스의 하천에서 연안 바다로 쏟아지는 생물학적, 광학적, 화학적 오염 물질의 위협을 과학적으로 수량화하고 규명하는 것이다. 그리고 그 핵심은 건전한 과학을 통해 하수 처리와 산업 폐기물 정책의 지침을 마련하는 것이다. 당초 1969년 두 기관이 합동으로 채택한 헌장은 3년간의 연구를 지원하는 내용이었지만 스쿼프의 실적이 뚜렷했기 때문에 현재까지도 스쿼프의 연구를 지원하고 있다. 스쿼프가 긴장을 늦추지 않은 덕분에 남부 캘리포니아 만은 전국에서, 그리고 전 세계에서 연구가 가장 많이 진행된 해양 지대가 되었다.

나는 파워스쿼드런들이 입는 흰색 셔츠에 해군 견장을 하고 바이트98 회의에 참석했다. 아는 사람이 별로 없지만 이 흰색 셔츠와 남색 바지가 US파워스쿼드런스라는 100년 가까이 된 비영리 단체의 공식 복장이다. 미국 해안경비대 예비대와 협력 관계에 있는 US파워스쿼드런스는 항해 안전과 관련된 교육 및 훈련을 제공하며 나 역시 요청이 있을 때는 기쁘게 훈련 의무를 수행하고 있다. 회의에서는 나도 토론 중에 몇 마디 말을 보탰고 후에 스티브 와이스버그로부터 연락을 받았다. 나는 해양 관측선 알기타와 함께 바이트98의 수질 표본

---

* 미국 연방 차원에서 운영하는 환경 대응 특별기금법에서 지정한 지역.

수집 작업에 기꺼이 참여하기로 했다. 우리는 표본 수집에 협력하는 21개 기관 중 하나가 되었다. 알기타호와 내가 맡은 임무는 표본 수집 설비가 부족한 국경 남쪽의 멕시코 과학자들을 돕는 일이었다. 또 나는 스페인어를 쓰는 바하칼리포르니아 자치대학교의 협력단을 위한 통역 일도 겸했다.

조사는 순조롭게 진행되어 고무적인 성과를 냈다. 하지만 내 입장에서 가장 큰 성과는 와이스버그와 그의 똑똑한 동료들의 세상에 입문하게 된 일이었다.(와이스버그는 과학적 환경 감시와 정책을 연계하는 데 능통한 사람이었다.) 나는 조사 작업을 좋아하기도 했지만 정책 연계가 중요하다는 사실도 알고 있었다. 나는 그토록 많은 플라스틱 쓰레기를 목격한 태평양 한가운데로 다시 가보는 것을 진지하게 고려했다. 해양오염방지협약MARPOL의 부속서5가 발효된 지도 이미 10년이 지난 상황이었다. 그런데도 왜 그렇게 많은 플라스틱 쓰레기가 그 먼 곳에 있는 걸까? 내가 직접 나서서 그 쓰레기의 양을 측정하면 안 될 이유가 있을까?

결정에 앞서 나는 코스타메사에 있는 스쿠프 사무실에 들르기로 했다. 대양 한가운데 있는 쓰레기 지대로 2주간의 항해를 떠난다는 것은 쉬운 일이 아니었다. 미국 서부 해안에서 1600킬로미터나 떨어진 곳으로 가는 것이니 말이다. 정말로 간다면 절대적으로 과학적인 조사여야 했다. 그동안 내가 했던 해양 감시 작업은 계약을 맺고 하는 일이었고 감시 지역은 연안에 국한되었다. 나는 와이스버그 팀이 대양 한가운데서 실시할 조사 계획도 세울 수 있을지 알 수 없었다. 캔자스와 하와이가 다른 것만큼이나 대양 조사와 연안 해역 조사는 서로 다르다. 나는 스쿠프가 화학적, 생물학적 수질 문제뿐만 아니라 해양 쓰레기 및 해변 쓰레기에 관해서도 연구한 적이 있음을 알고 있었다. 와이스버그는 자신의 팀이 1990년대 초에 실시했던 연구에 관해 들려주었다. 당초의 연구 설계는 해변 모래사장에 있는 담배꽁초를 수량화하는 것이었다. 하지만 조사 결과 담배꽁초보다 플라스틱 조각이 훨씬 더 많이 발견되었다. 그중 다수는 너들이라고 알려진, 완전한 구형의 아주 작은 알갱이들이었다. 알갱이들이 해변 전체에 흩어져 있었다. 스큅프는 연안 해저도 조사했는데 거기서도 역시 플라스틱 쓰레기가 발견되었고 분명 연관이 있어 보였다.

회의에 가는 길에 나는 1997년 첫 항해 때 날마다 받아보았던 기상 정보 팩스를 갖고 갔다. 해양대기청 포인트라이스 기상 관측소에서 발행한 기상 경보 내용이 담겨 있는 자료로 나 혼자서도 이미 열심히 들여다본 적이 있었다. 북태평양 중에서도 왜 하필 사람들이 찾지 않는 이 조용하고 광범위한 지역에 그토록 많은 플라스틱 쓰레기가 몰리게 되었는지 단서를 찾을 수 있을까 해서였다. 해도를 살피며 인상적이었던 것은 이 잔잔한 지대가 항상 존재한다는 점이었다. 조금씩 움직이기도 하지만 고기압이 결코 사라지지 않는 지대였다. 주변으로는 바람과 해류가 소용돌이쳤지만 고기압은 차분하고 안정적으로 유지되었다. 마치 그랜드센트럴 역 한가운데 부처님이 앉아 있는 것 같았다.

와이스버그 팀의 통계 전문가 몰리 리캐스터와 와이스버그, 나는 회의실에 함께 자리를 잡았다. 나는 기상 정보 팩스를 바닥에 모두 펼쳐놓았다. 북태평양 고기압 현상이 잘 드러날 수 있게 팩스를 순차적으로 배열했다. 하와이와 미국 서부 해안의 중간쯤에 위치한 이 지대를 중심으로 고기압이 어떻게 상주하고 비켜 가는지 볼 수 있게 했다. 나는 이 안정적인 해양 고기압 지대와 이상한 해양 쓰레기 장 사이에 어떤 연관이 있을 것 같다고 말했다. 정말이지 해양학자들이 10년이 넘도록 찾아 헤매던 어떤 것을 내가 '발견했다'는 사실은 추호도 몰랐다. 해양학자들은 그것을 환류^{gyre}라고 불렀다. 잠시 후 내가 처음으로 듣게 된 단어였다. 하지만 상관없었다. 아무려나 그들이 찾던 것이 그것이었다. 환류는 거의 고정된 기후처럼 보이는 뚜렷한 특징을 가진 대기 현상의 한 종류였다.

내가 와이스버그와 리캐스터에게 질문한 것은 간단했다. 어떻게 해야 그토록 광범하고 아무런 물리적 경계도 없는 지역(텍사스 넓이의 두 배)에서 엄밀한 과학적 표본을 채취할 것인가? 이 작업은 우리가 남부 캘리포니아 만에서 표본을 수집하던 것과는 매우 달랐다. 남부 캘리포니아 만에서는 이어지는 뭍의 지형을 보고 자연스럽게 연안 해역을 정의할 수 있었다. 하지만 멀리 떨어진 대양 한가운데라면 완전히 다른 이야기가 된다. 원양에서는 하나의 수역도 서로 맞물린 기압 체계들과 해류들에 의해 느슨하게 묶인 많은 부분으로 나뉘질 수 있으며, 절대적으로 고정된 것은 아무것도 없다. 연안 해역은 뭍의 지형에 의해 크게 좌우된다. 하지만 원양의 해수는 해류에 좌우된다. 바다 한가운데의 해류는 주로 기압이나 바람, 온도, 염도, 달의 위치, 지구 자전에 의한 코리올리 효과*와 같은 변덕스런 여러 변수에 의해 좌우된다. 기압 체계가 움직이기 때문에 고기압도 움직일 수 있고 마

---

* 코리올리^{Coriolis} 효과 1828년 프랑스의 물리학자 코리올리가 발견한 현상. 자전 중인 지구에서 물체가 운동할 때 북반구와 남반구에서 각각 진행 방향의 오른쪽과 왼쪽으로 전향력이 작용해 휘어지게 된다. 태풍이 북반구에서는 오른쪽으로 휘고 남반구에서는 왼쪽으로 휘는 것이 대표적인 예이다.

치 컴퓨터 화면의 커서처럼 동서남북으로 이리저리 끌려갈 수 있다. 해류도를 비롯해 태평양 한가운데에 관한 다른 물리적 정보들은 별 쓸모가 없을 것이다. 우리는 대기 정보를 이용해 우리의 조사 지역, 즉 쓰레기 지역을 공략해야 할 것이다. 따라서 가장 큰 난관은 움직이는 목표물을 상대로 과학적으로 엄밀한 무작위 표본을 추출하는 일이었다. 나는 와이스버그와 리캐스터에게 연안 해역에서 지층을 물리적 지표로 사용하듯이 이 고기압 지대를 지층처럼 생각할 수도 있겠다고 말했다. 그렇다면 그 층 내에 무작위로 선을 그어서 표본을 수집할 수 있을지도 모른다고 설명했다. 이렇게 해서 우리는 북태평양 아열대 환류의 플라스틱 내용물 조사를 위한 무작위 수색 방식을 개발하게 되었다. 당시 결정의 의미는 이제야 알게 되었지만 말이다.

리캐스터는 임의적 수색 경로들의 길이와 수색 경로 사이의 간격을 보여주는 지도를 만들었다. 우리가 표시한 위치들은 위스콘신 주만 한 범위 내에 있었다. 우리는 동에서 서로, 또 북에서 남으로 선을 그었다. 끊임없이 움직이는 지역에서 납득할 만하고 대표성 있는 표본을 얻을 수 있도록 말이다. 이 계획에 따르면 우리는 고기압 지대의 중심인 무풍대로 가서 거기서부터 표본 작업을 시작해야 했다.

나는 이전에도 유사한 조사가 있었음을 알게 되었다. 스크립 도서관에 있는 1984년 기록에서 찾아낸 것인데 알래스카에 기반을 둔 연구자들, R. H. 데이, D. G. 쇼, S. E. 이그넬이 실시한 조사였다. 그들은 왜 그렇게 많은 버려진 어구漁具와 플라스틱 쓰레기가 알래스카 일부 해안에 와서 쌓이는지 알아내려고 했다. 그들은 아시아와 하와이 사이 북서 태평양에 있는 어느 일본 조업선에 속한 쓰레기를 찾았고 부표를 설치해 물에 떠다니는 쓰레기를 수집했다. 그들은 내가 가려고 하는 태평양 동부에 대해서는 많은 조사를 하지 않았다. 이들은 자신들의 발견 내용을 과학 학술지에 발표했지만 뉴스거리가 되지 못했다. 나로서는 놀라울 따름이었다. 마치 투명한 공기 방울 속에 갇힌 양, 과학의 메시지는 밖으로 들리지 않았다.

나는 알갈리타 재단 이사회에 안건을 냈다. 이사회는 대양 한가운데로 탐사를 떠나는 것이 재단의 사명에 이바지한다고 만장일치로 동의했으며 상당히 중요한 연구 결과를 충분히 낼 수 있을 것으로 전망했다.

승인이 떨어졌다. 연구 계획도 있었다. 이제 필요한 것은 함께 갈 탑승 팀이었다. 나는 조류학자이며 『캘리포니아의 희귀 새』의 저자인 롭 해밀턴을 떠올렸다. 그는 새에 관한 자신의 열정을 컨설팅 사업으로 성공적으로 연계시킨 인물이었다. 환경에 관한 공통의 관심사 덕분에 나는 여기저기서 그를 목격했고 그의 깊이 있는 지식에 감탄했다. 어쩌면 그는 늘 보는 캘리포니아딱새나 선인장굴뚝새보다는 바닷새를 관찰할 기회에 감사할지도 몰랐다. 나는 바닷새들이 플라스틱을 먹는다는 사실을 알고 있었다. 하지만 마음이 더 움직였던 것은 내가 조류를 다루는 사람들과 함께 일하기를 좋아했기 때문이었다. 조류를 연구하는 사람들은 특출한 관찰력이 있었다.

바로 우리 집 길 건너에 사는 마이크 베이커는 은퇴한 고속도로 순찰대원이었다. 그는 또한 환경 운동가이면서 컨그레셔널 컵Congressional Cup에 참가한 경험이 있는 항해자이기도 했다. 베이커라면 일등 항해사의 역할을 수행하며 탑승 팀에게 더 없이 큰 도움이 될 것이다. 그는 인명 구조대 대장으로 명성을 날렸던 존 바스를 추천했다. 존 바스는 헌팅턴 해변의 초임 구조대원들이 모래사장의 자그마한 플라스틱 비비 탄들을 보고 '너들'이라는 단어를 만들어냈을 당시 그 자리에 있었던 사람이다.(스쿼프는 해변 쓰레기 조사를 실시하다가 이런 사실을 알아냈다.) 그때가 1970년대였다. 초임 구조대원들이 인명 구조술 테스트를 받기 위해 자기 차례를 기다리며 해변에 앉아 있었다. 무심코 모래에서 플라스틱 알갱이들을 골라내다가 그들 중 한 명이 그것을 '너들'이라고 불렀다. 귀에 쏙 들어오는 이름이었다. 바스는 그 너들의 출처와 용도에 관해 자신들이 어떤 이론을 내놨었는지 나중에 내게 들려주었다. 그중에는 아주 그럴듯하고 기발한 생각도 있었다. 예컨대 화물선의 선원들이 무거운 물체를 쉽게 옮기려고 갑판 위에 너들을 뿌려놓았다는 이론도 있었다.(그 너들 때문에 선원들이 미끄러질 수도 있다는 점은 고려하지 않았다.) 나중에는 선원들이 해변으로 향하는 해류와 파도를 알려고 항구에 너들을 마구 뿌렸다는 이론까지 나왔다. 너들에 관한 진실은 한참 후에나 알려졌다. 너들이 중앙 집중식 화학 공장에서 한 번에 수조 개씩 만들어지는 기본 합성수지, 즉 '제품 제조용 알갱이'라는 사실 말이다. 이 알갱이들은 전 세계 구석구석 사람이 있는 곳이라면 어디로든 운반되어 수만 곳의 가공 업체에 넘겨졌다. 너들은 공업용 제품이었고 해변에 물놀이를 온 사람들의 눈에 띄거나 심해 한가운데서 떴다 가라앉았다 하는 모습이 발견되어서는 안 되었다. 하지만 너들은 유통 과정에서 쉽게 유출되어 돌아다녔고 결국 수십 억 개의 너들의 종착역은 물길이나 바다였다.

1999년 1월 또 한 번의 우연의 일치가 있었다. 나는 하와이에 사는 낯선 남자로부터 한 통의 전화를 받았다. 그는 와이마날로에 사는 제임스 마커스라고 했다. 와이마날로는 다이아몬드헤드 반대편에 있는 목가풍의 해안 마을이다. 그는 호놀룰루 해안경비대에서 내 전화번호를 얻었다고 했다. 아직 알갈리타 재단을 설립하기 전인 1990년대 초에 나는 롱비치 해안경비대의 해양안전사무국과 함께 일한 적이 있었다. 어쩌다 보니 마커스와 나는 전화로 30분이나 이야기를 나누었다. 마커스는 매우 영적인 남자였다. 그는 매일 아름다운 해안에서 명상을 한다고 했고 하와이라는 곳을 신성하게 여겼다. 몇 달 전 마커스는 자신이 가부좌를 틀고 앉아 있는 곳이 온통 플라스틱 천지라는 사실을 알게 되었다. 그는 이 알갱이들에 관해 메모를 하기 시작했다. 이 알갱이들은 주기적으로 나타났다. 어떤 날은 무시할 수 있을 정도의 양이었고 어떤 날은 넘쳐났다. 마커스는 화가 치밀었다. 누군가 이 깨끗하고 완벽한 해안에, 혹은 연안 바다에 고의적으로 이것들을 내다버리고 있다고 생각한 것이다. 마커스는 커다란 주머니에 표본을 모아서 호놀룰루 해안경비대 초소에 가져갔다. 해안경비대는 영해에서 일어나는 해양 오염에 관한 신고가 있을 경우 그것을 조사하도록 법으로 정해져 있다. 미국의 모든 해변으로부터 200해리까지의 바다가 그 범위에 포함된다. 하지만 중요한 사안들이 따로 있었고 해안경비대는 마커스가 발견한 것이 위험하지 않다고 여긴 것이 분명했다. 해안경비대는 내 연락처를 알려주었다. 나는 마커스에게 그가 수집한 플라스틱을 보내달라고 부탁했다. 택배 상자에서 지퍼락 봉지를 꺼내보니 마치 재활용 공정에서 갈린 것처럼 보이는 색색의 플라스틱 부스러기가 나왔다. 나는 지난번 항해에서 보았던 것을 떠올려보았다. 당시 갑판 위에 앉아 있던 나로서는 이런 부스러기들은 잘 보이지 않았을 것이다. 어찌 되었건 나는 마커스가 발견한 플라스틱 부스러기가 컨테이너선에서 유출되었을 것이라고 잠정적으로 결론을 내렸다. 바다를 지나던 컨테이너선에 재가공을 위해 잘게 갈아놓은 재활용 플라스틱이 들어 있었다고 말이다. 내가 틀렸음이 증명되는 데는 얼마 걸리지 않았다.

이밖에도 우연의 일치가 더 있었다. 1999년 4월 『로스앤젤레스 타임스』지는 표지에 커티스 에베스마이어에 관한 기사를 실었다. 에베스마이어는 시애틀을 중심으로 활동하는 해양학자였다. 그는 해변의 수집가들과 함께 비공식 네트워크를 운영했는데 수집가들이 표류물을 발견하면 에베스마이어에게 알려주어 해류도 작성을 도왔다. 내게 이 기사를 가져온 사람은 알갈리타 재단의 이사장인 빌 윌슨이었다. 윌슨은 에베스마이어가 아마 해양 플라스틱 쓰레기에 관해 박사 학위를 가진 유일한 사람일 것이라며 훌륭한 연구 동료가 될 것이라고 했다. 나는 당시 재단의 교육 책임자로 있던 수전 조스크에게 에베스마이어와의 연락을 부탁했다. 놀랄 만한 열정에 못지않게 효율성까지 겸비한 조스크는 내가 미처 말을 끝내고 돌아서기도 전에 에베스마이어를 전화로 연결해주었다.

에베스마이어와 이야기를 나누어보니 아주 즐거웠을 뿐 아니라 깨닫게 되는 바도 있었다. 에베스마이어는 1996년에 해변수집가및해양학자국제협회라는 비영리 조직을 창설했고 『해변 수집가 경보』라는 비정기 소식지를 발행했다. 먼 곳에 사는 해변 수집가 회원들이 해변에서 혹시 나이키 운동화나 목욕용 장난감 같은 것을 발견하면 에베스마이어에게 알려주었다. 목욕용 장난감 중에는 1992년 컨테이너 유출 사고로 유명한 노란색 고무(실은 PVC) 오리도 있었다. 이 오리를 비롯해 개구리, 거북이, 비버 등 많은 동물 장난감들이 프렌들리플로티Friendly Floatee라는 브랜드로 출시되었는데 이것들은 모두 멀리 떨어진 해안에서 발견되는 것으로 유명했다. 에베스마이어와 컴퓨터 전문가인 그의 친구 제임스 잉그러햄은 신발이나 목욕용 장난감 등을 수거한 위치 정보를 이용해 자신들의 걸작품을 개선하고 있었다. 그 걸작품이란 바로 표층 해류 시뮬레이터OSCURS라고 부르는 컴퓨터화된 해류 모델이었다.

　이렇게 해서 에베스마이어와 나는 활발하게 서신을 교환하게 되었고 이후 모든 것이 바뀌었다. 나는 에베스마이어에게 1997년 항해 때 내가 목격했던 내용을 들려주었다. 하와이와 미국 서부 해안 사이의 고기압 지대에 떠다니는 플라스틱이 350만 톤은 될 것 같다고 했다. 알고 보니 에베스마이어는 오히려 나보다 몇 발 앞서 있었다. 표층 해류 시뮬레이터를 토대로 이 지역에 쓰레기가 축적된 지대가 있을 것이라고 이미 예상했던 것이다. 어찌 되었건 나는 혼자서 조사하고 고민하다가 같은 생각을 가진 사람을 만나서 크게 안도했다. 심지어 에베스마이어는 내가 조사하려고 계획한 이 지역 바다에 이름도 붙여놓았다. 그는 이 지역을 '태평양 거대 쓰레기 지대'라고 부르고 있었다. 에베스마이어가 이 이름에 대해 저작권을 설정하지 않은 것이 아쉬울 뿐이다. 이 당시 에베스마이어에게는 이것이 이론적 장소에 불과했고 그는 실제로 표류물들이 그곳에 모이고 있다는 증거를 보고 싶어 했다.

　에베스마이어는 제임스 마커스가 와이마날로 해변에서 발견한 플라스틱에 높은 관심을 보였고 표본을 좀 보여 달라고 했다. 나는 내가 보관 중이던 표본의 절반을 포장해 에베스마이어에게 보내며 내 나름의 이론을 들려주었다. 그것들이 하와이에서 본토의 재가공업자에게 가는 길에 유출된 갈려진 재활용 플라스틱이 아니겠냐는 내용이었다. 에베스마이어는 한 가지 점에는 동의하면서도 다른 부분에 대해서는 조심스레 다른 의견을 피력했다. 그는 1999년 7월 29일 내게 보낸 편지에 이렇게 썼다. "추산하신, 태평양 고기압대 부근을 돌아다니는 쓰레기의 양에 깜짝 놀랐습니다. 그리고 보내주신 제임스 마커스 씨의 플라스틱을 면밀히 조사해봤습니다. 60그램, 982조각이더군요. 제 생각에는 무어 선장님이 본 것[내가 북태평양 고기압 지대에서 보았던 쓰레기]과 제임스 씨가 보내온 것이 서로 연결되어 있는 것 같습니다. 제가 한동안 생각해온 이론적 모형에 따르면 말이에요."

나는 기상 정보 팩스들을 자세히 살펴보았기 때문에 고정되어 있으면서도 유동적인 고기압 지대라는 개념에 이미 익숙했다. 하지만 에베스마이어는 내가 조사하려고 하는 위스콘신 주만 한 크기의 지역은 대규모 순환 해류에 의해 형성된 미 대륙의 두 배만 한 크기의 더 큰 환류의 동쪽 눈에 불과하다고 설명했다. 게다가 이 눈은 이론상으로는 하와이와 일본 남서부 사이에 또 다른 쌍둥이 쓰레기 지대를 갖고 있었다. 이뿐만이 아니었다. 두 개의 눈 모두가 북태평양 중위도 지역을 아우르는 광범위한 순환류 내에서 소용돌이친다. 이 순환류를 구성하는 해류는 미국 서부 해안을 따라 남쪽으로, 적도 위에서 서쪽으로, 일본과 한국을 지나 북쪽으로, 그다음에는 다시 동쪽으로 흘러 알래스카 만을 훑고 미국 서부 해안으로 돌아온다. 에베스마이어 덕분에 나는 유레카를 외치고 싶을 정도였다.

에베스마이어의 설명처럼 해양 쓰레기는 이들 쌍둥이 소용돌이의 중심에 갇히는 경향이 있다. 이 소용돌이들은 말하자면 거대한 양변기 같은 것이라고 생각하면 되는데 단, 이들 하위 환류의 중심부가 주변보다 살짝 높은지, 혹은 낮은지에 관해서는 논란이 있다. 그리고 동서 환류 사이에는 '수렴대'라고 부르는 상당히 큰 지역이 있다. 바로 뒤섞인 표류물을 포함한 채 해류들이 서로 만나는 곳이다. 엘니뇨 기간에는(1997년도 엘니뇨였다.) 이 수렴대가 남쪽으로, 즉 적도 쪽으로 이동하여 말 그대로 하와이를 집어삼킨다.

새로이 알게 된 것은 이것이었다. 에베스마이어는 이 수렴대가 마커스가 발견한 플라스틱 알갱이들을 '뱉어냈다'고 생각했다. 바닷물이 주기적으로 하와이 해변에서 걸러져 플라스틱을 뱉어두고 감으로써 제임스 마커스 같은 이들을 공포에 휩싸이게 한다는 것이다.

에베스마이어는 자외선과 바닷물의 화학 작용이 플라스틱 쓰레기를 알갱이로 부순다고 주장했는데 나는 갸우뚱했다. 나는 이 플라스틱 쪼가리들이 육지에서 이미 쓰레기로 시작되었을 가능성이 크다고 생각했다. 열과 빛에 노출되어 약해진 후에 바다로 휩쓸려나가 파도에 의해 쪼개지고 특히 해안에 닿으면서 많이 부서졌다고 말이다. 우리는 이 문제를 뒤로 미뤄두었다. 하지만 나도 마커스가 와이마날로 모래사장에서 발견한 플라스틱이 내가 2년 전에 항해했던 그 지역, 즉 플라스틱으로 오염되어 있던 그 바다에서 왔다는 에베스마이어의 생각에는 수긍이 갔다. 에베스마이어는 내가 목격한 눈에 보이는 플라스틱 조각이나 덩어리들이 빙산의 일각에 불과하다는 흥미로운 주장을 내놓았다. 에베스마이어는 맨눈으로 볼 수 있는 것보다 '미세' 조각의 수가 훨씬 더 많다고, 심지어 전체 무게도 더 많이 나갈 것이라고 믿었다. 그는 표본 수집 계획에 관해 몇 가지 수정안을 내놓았는데 특히 내가 생각했던 것보다 훨씬 더 촘촘한 그물을 사용하자고 했다.

이렇게 해서 나는 마커스가 발견한 플라스틱 알갱이들이 어떻게 그곳에 도달했는지 알게 되었다. 하지만 여전히 알 수 없었던 것은 대체 그것들의 출처가 어디인가 하는 점이었다. 또 눈에 거슬리는 전형적인 '진보'의 이면이라는 점 외에 그런 것이 실제로 무슨 문제가 될까 하는 생각도 들었다. 그물이나 판자, 노끈처럼 뒤엉켜 있는 플라스틱 조각들은 분명 야생 동물들을 위협하고 있었다. 하지만 이렇게 작은 조각들이 무슨 영향을 미친다는 것인지 나는 그 함의에 관해 좀 더 알아보고 싶었다. 1997년의 첫 항해 때 내가 본 것은 전체 그림으로 치면 겨우 조그만 점 하나에 불과한 것 같았다. 육지와 바다 여기저기에 잠깐 쓰고 버린 플라스틱이 어떤 모습으로 실재하는지 그 거대한 초상화가 서서히 모습을 드러내고 있었다. 플라스틱이 어디서 오고 어떤 영향을 미치고 있는지, 미스터리 속으로 더 깊이 파고들면 해답이 나타날까? 최소한 단서라도?

에베스마이어는 태평양 한가운데를 조사해보겠다는 내 계획을 열렬히 지지해주었다. 특히 1998년 10월 '기상학적 폭탄'으로 발생했던 유출 사태를 조사해보라고 했다. 태평양 중심부에 휘몰아친 거대 폭풍이 컨테이너선 세 척을 강타하여 짐으로 가득 찬 컨테이너 411개가 물에 빠진 사건이었다. 그 컨테이너들 속에 뭐가 있었는지는 알려지지 않았는데, 국제법상 해운 회사들은 컨테이너 유실에 관해 보고할 의무가 없기 때문이다. 에베스마이어는 내가 환류에 가 있는 8월 말쯤이면 유출된 표류 쓰레기가 환류에 도달할 것이라고 예측했다.

이렇게 해서 네 명의 탑승 팀이 결정되었고 네 명도 그럭저럭 괜찮았지만 다섯 명이라면 더 이상적이었다. 나는 에베스마이어에게 다섯 번째 팀원이 되어달라고 부탁했으나 그는 자신은 해안 감시에 노력을 쏟는 편이 나을 것 같다고 했다. 에베스마이어는 스티브 매클라우드를 추천했다. 매클라우드는 오리건 해안에 살고 있는 예술가로서 소설가 어슐러 K. 르 귄의 환상적인 책 표지를 그린 사람이다. 그는 해변 수집가 네트워크의 핵심 멤버였고 표류물 수집가들 사이에서는 전설적인 인물이었다. 그는 1990년 일어났던 컨테이너 유출 사고 몇 년 후에 해안에 떠밀려온 나이키 운동화 수십 켤레를 찾아 짝을 맞추었다. 매클라우드는 유능한 갑판원이자 타고난 조사 요원이 되어줄 것이 분명했다.

탑승 팀이 모두 정해졌다. 하지만 아직 찾아야 하는 것이 있었다. 바로 미세 플라스틱을 걸러낼 수 있을 만큼 촘촘한 저인망이었다. 에베스마이어는 환류에 가장 많은 것이 아마 미세 플라스틱일 것이라고 예측했다. 에베스마이어는 내가 현재 보유 중인 약 1.3센티미터 망으로는 필요한 것들을 제대로 걸러내지 못할 것이라고 했다. 그물 틈으로 빠져나가버릴 그것들이야말로 플라스틱 오염에 관해 완전히 새로운 차원의 이야기를 들려줄 텐데 말이다. 당초 나는 칫솔이나 병뚜껑, 플라스틱 부표 같은 것들을 건지게 될 줄 알았다. 1997년 내가 목격했던 플라스틱 조각들은 1.3센티미터보다 커보였다. 그러니 알기타호의 갑판에서도 보였던 것이다. 보이지 않는 플라스틱 알갱이가 바다 표면을 담요처럼 덮고 있다면 이야기는 완전히 달라진다. 초등학교 3학년 때 처음으로 현미경을 들여다보고 느꼈던 기분이 다시 생각났다. 깨끗해 보이는 연못의 물 한 방울 속에 맨눈으로는 볼 수 없는, 편모가 달린 조그만 생물체가 바글바글했다. 그때 나는 깜짝 놀라 눈을 떼지 못하면서도 이상한 불안감을 느꼈다.

04
바다, 지구의 쓰레기통

알기타호의 갑판 위에 파란색 깨진 플라스틱 통 하나가 놓여 있다. 통에는 동네 꼬마들이 보물찾기 할 때나 쓸 법한 잡동사니들이 넘친다. 칫솔, 장난감 자동차, 고무 샌들, 빗, 병뚜껑, 아이스크림용 막대, 쇼핑백. 모두 플라스틱으로 된 것들이다. 하지만 이것들은 짠물에서 수년간, 어쩌면 수십 년간 닳고 바랬다. 대부분 여기저기 뜯겨나가 마치 개가 씹어놓은 것처럼 보인다. 절대로 발견될 수 없을 것 같은 곳이 아니었다면 별일 아닌 것처럼 보였을 것이다. 하지만 이곳은 태평양 바다 한가운데, 호놀룰루에서 북쪽으로 1000킬로미터가 떨어진 곳이다. 나는 벌써 두 시간째 태평양 한가운데에 생긴 쓰레기의 이랑을 따라 노를 저으며 이것들을 건져 올리고 있다. 이랑이란 본래 바람의 작용으로 생기는 자연스러운 현상이고 바다 표면에서 거품의 띠처럼 보인다. 하지만 이제는 부자연스러운 쓰레기의 띠를 이룰 때가 많다. 그 속에서는 어선에서 나온 다른 물건, 예를 들어 그물, 노끈 뭉치, 부서진 부표, 표백제 통 같은 것들이 항상 눈에 띈다. 나는 마치 마트에서 카트에 식료품들을 던져 넣듯이 빠르고 쉽게 알기타의 소형 보트를 채워나갔다. 적도 무풍대에서 둥둥 떠다니는 플라스틱 조각들을 처음 보았던 1997년 항해 이후 12년만이었다. 이곳의 쓰레기는 계속해서 늘어나고 있었다.

이곳은 1997년 내가 횡단했던 지역과는 멀리 떨어진, 겉으로는 깨끗해 보이는 곳이다. 하지만 이랑은 물속에 가라앉아 여기저기 흩어져 있던 표류물들을 긁어모아 다시 수면 위로 드러내고 있었다. 우리는 이곳 바다에 패러슈트 앵커(닻의 종류)를 내리고 손님이 타고 올 수상 비행기를 사흘째 기다리고 있었다. 이곳을 택한 이유는 그나마 비행기가 올 수 있는 지점이었기 때문이다. 며칠간 계속된 바람과 파도 때문에 비행기가 착륙할 수 있는 지점이 줄어들었던 것이다. 어찌 되었건 우리는 이런 좌표 지점에서 손님들이 물에 뜬 쓰레기를 얼마나 많이 볼 수 있을지 의문스러웠다. 지난 이틀간 나는 모터보트를 타고 범위를 넓혀가며 알기타호 주변을 뱅뱅 돌았지만 플라스틱은 겨우 몇 개를 발견했을 뿐이었다. 하지만 사흘째, 바람이 잦아들더니 뜻하지 않게도 이랑이 나타났다. 마치 태평양 거대 쓰레기 지대로 알려진 이곳에 울타리나 경계선 따위는 없다는 것을 증명이라도 하려는 듯이. 잔잔한 수면 아래 광범위하게 표층 쓰레기가 흩어져 있었고, 바람이 수면을 훑고 지나가면서 숨겨져 있던 플라스틱 쓰레기들을 들춰냈다. 손님들은 아직도 이리저리 방향을 바꾸는 작은 너울들 때문에 착륙하지 못하고 있었다. 하지만 비행기가 비스듬히 하강하며 호놀룰루 쪽으로 다시 방향을 트는 순간, 열을 지어 춤추고 있는 쓰레기들이 나타났다. 손님들은 모두 믿게 되었다.

나는 바다의 움직이는 표층, 즉 해양학자들이 수표 생물층이라고 부르는 것을 숙련된 눈으로 볼 수 있게 되었다. 내가 목격하는 것들은 인간에 관해서 내가 알고 싶은 것보다 더 많은 것을 알려주었다. 이곳의 물건들 중 많은 것들이 한때는 음식이나 음료, 상품을 담았던 포장재로 전혀 손상되지 않은 상태였다. 출처를 알 수 있는 것들 중 다수가 아시아에서 왔다. 더 큰 물건들은 그물, 부표, 노끈, 궤짝처럼 고기잡이배에서 나온 표류물로 보였다. 어업이 얼마나 부주의한 산업인지를 보여주는 증거다. 조각나버린 수없이 많은 파편들은 출처를 알 길이 없었다.

내가 처음으로 환류를 횡단하면서 플라스틱 수프를 목격했던 것이 불가피한 일이었음을 지금은 나도 이해한다. 고대로부터 인류는 바다나 물길의 존재 이유가 우리가 버린 폐기물을 눈에 띄지 않는 곳으로 보내기 위한 것이라고 믿어왔다. 집요한 믿음이었다. 우리는 바다의 수용 한도가 무한하다고 믿었다. 문명의 배출물은 언제나 물과 밀접한 관련을 가졌다. sewer(하수도)라는 단어도 '물길'이라는 뜻의 앵글로노르만어인 sewere와 '연못으로 흘러들어가는 수로'라는 뜻의 고대 프랑스어인 sewiere에 그 뿌리를 두고 있다. 우리는 언제나 물을 자연이 선사한 만능 청소부라고 생각했다.

바다는 마치 우주처럼 끝이 없어 보인다. 여기서 통계 자료를 좀 보자. 지구 표면(5억 1300만 제곱킬로미터)의 67.7퍼센트(3억 5900만 제곱킬로미터)는 평균 3.2킬로미터의 깊이를 갖는 바닷물로 덮여 있다. 따라서 육지를 전혀 보지 않고 몇 주 동안 바다를 항해하는 것도 가능하다. 지구 상 모든 육지를 다 모아도 태평양 하나에 다 들어갈 수 있다. 바다에는 13해 3600경 리터의 물이 있다. 이것은 13억 3600만

리터가 1조 개 있는 것이며 이만큼의 물이 항상 움직이고 있다는 이야기다. 저명한 해양학자 실비아 얼은 지구를 땅Earth이 아니라 바다 Ocean라고 불러야 한다고 했다.

하지만 나는 어떤 면에서는 바다가 줄어들고 있다고 느낀다. 과학은 우리가 바다를 얼마나 약화시킬 수 있는지 보여주었다. 캐나다 그레이트뱅크스에서는 10년간 보호법을 실시했지만 대구의 개체군이 되살아나지 않았다. 화석 연료를 마구 태운 결과 바닷물은 50년 전보다 30퍼센트 더 산성화되었고 그 결과 구조적으로 광범위한 스트레스를 유발하고 있다. 금지된 지 오래된 합성 화학 물질과 살충제가 아직도 범고래나 돌고래, 바닷새 같은 먹이사슬의 정점에 있는 포식자들의 세포 조직에서 발견된다. 70억 인구의 절반이 해안이나 해안 근처에 살고 있다. 나머지 사람들도 대부분 바다로 통하는 물길 주변에 산다. 바다는 어디서나 내리막길을 걷고 있다는 것을 기억하자. 부자든 가난하든 거의 모든 사람이 온갖 용도로 플라스틱을 사용한다. 바다에 쓰레기를 투척하는 것은 고의일 수도 있고 무심코 저지르는 일일 수도 있지만 거의 언제나 막을 수 있는 일이다. 허리케인이나 쓰나미는 육지의 쓰레기를 바다로 쓸어가는 무시무시한 자연적 힘이지만(2011년 3월 일본 북부에서 발생한 쓰나미 동영상을 보면 너무도 분명하다.) 그렇게 자연의 힘이 닿을 수 있는 곳에 플라스틱을 놓아둔 사람은 바로 우리이다.

이제 장면을 바꿔 2003년 11월 바람이 거세게 불던 날로 가보자. 나는 콘크리트 난간에 기대 비로 불어난 도시의 강물이 성난 기세로 흐르는 모습을 보고 있었다. '대체 어떻게 해야 시속 50킬로미터로 세차게 흐르는 급류에서 그물을 끌면서 크레인을 쓰러뜨리지

앉을 수 있을까?' 보통 같으면 아무 문제없을 크레인이었지만 잘못하다간 우리가 해양 쓰레기가 될지도 몰랐다. 캘리포니아 주는 도시의 하천에서 바다로 휩쓸려가는 플라스틱 쓰레기의 양이 얼마나 되는지 알아볼 필요가 있다는 점에 동의했다. 캘리포니아 주 수자원관리위원회는 승인된 수질 오염 방지 대책 기금을 우리 연구에 지원해주기로 했다. 우리는 하천 유속이 느려지는 보통의 건조한 날씨 때 표본을 채취할 것이다. 그리고 상당량의 비가 내린 후 24시간 내에 표본 채취 구역에 다시 도착할 수 있도록 만반의 태세를 갖추고 있을 것이다. 1300만 명의 인구와 수천 곳의 잠재적 오염 유발 기업을 가진 하천 유역에서 도시가 강으로 더 많은 쓰레기를 배출하는 시기가 그때이기 때문이다. 원래 캘리포니아 남부 하천들은 구불구불했다. 하지만 1938년 쏟아진 폭우로 재앙에 가까운 홍수를 겪었다. 100명 이상이 사망하고 6000가구의 집이 파괴된 참사에 당시 급성장 중이던 로스앤젤레스는 무릎을 꿇을 수밖에 없었고, 그에 대한 대응으로 육군 공병단은 콘크리트를 쏟아부으며 로스앤젤레스 및 샌가브리엘 하천 정비 작업을 시작했다. 하천의 가장 넓은 곳은 큰 트럭 네 대가 나란히 수월하게 지날 수 있을 정도였다. 도로가에 설치한 빗물 배수관은 쓰레기를 잔뜩 포함한 빗물을 이들 하천으로 연결했다.

다양한 입 크기와 망 크기를 가진 그물을 사용하면 놀랄 만한 결과를 얻을 수도 있을 것 같았다. 우리는 강의 너비만 한 큰 그물 한 개를 사용하는 대신 구역에 따라 서로 다른 종류의 그물을 사용하기로 했다. 캘리포니아 주는 깨끗한 물이 아닌 경우에 한해 일일 최대 총부하량에 한계를 정해두었다. 즉 하나의 물길이 수영이나 낚시, 항해와 같은 유익한 용도를 해치지 않는 한도에서 흡수할 수 있는 화학 물질, 금속, 영양분, 생물학적 오염 물질의 최대량을 정해둔 것이다. 이런 허용 가능 수준은 자연 상태에서의 각 물질의 농도와 유사해야 한다. 쓰레기의 경우는 자연 상태에서의 수준이라는 것이 없으므로 일일 최대 총부하량은 '0'이다. 주 정부가 내린 정의에 따르면 쓰레기란 인간이 만든 5밀리미터 이상의 모든 입자이다. 그 말은 산탄 크기 이하의 잔해는 엄밀히 말해 쓰레기가 아니라는 뜻이다. 하지만 우리가 우려하는 것은 그런 작은 물질들이야말로 잠재적으로 바다의 먹이사슬에 가장 해롭다는 점이다. 우리는 해변이나 연안 해역에서 많이 수집되는 미세 플라스틱이라고 부르는 것들이 도시에서 유출되었을 것이라고 의심하고 있으며 그것을 증명할 것이다. 문제의 발원지를 찾으면 유출을 멈출 수 있을지도 모른다.

우리가 로스앤젤레스라는 대도시의 하류에서 조사한 결과를 보면 바다로 가는 플라스틱의 주요 원천이 하천이라고 지목할 만한 강력한 근거가 있다. 단순히 해변에 놀러온 사람들이 유출했거나, 과거 또는 현재의 선박에서 버렸거나, 어선에서 나왔다는 설명으로는 충분치 않은 그 이상의 무언가가 있다. 물론 하천 그 자체는 죄가 없다. 인간은 하천 유역에 도시를 건설하고 하천이 바다로 빠지는 곳에서는 연안 도시가 발달한다. 하천은 담수와 먹거리를 제공하고 농작물에 물을 대주며 에너지를 만드는 데 쓰이기도 한다. 상선을 띄우고 바지선을 운반한다. 종종 범람하는 일이 있기는 하지만 하천이 이토록 많은 유용한 일들을 해주었음에도 우리는 계속해서 그 속에 더러운 것들을 던져 넣었다. 산업혁명 이전에는 그것들이 대부분 생물학적 쓰레기였다. 그리고 그 결과 콜레라와 장티푸스 같은 치명적인 질병이 주기적으로 발발했지만 19세기 중반이 될 때까지도 오염된 물과 전염병 사이의 관계는 밝혀지지 않고 있었다. 우리의 배설물과 폐기물을 관리하는 데는 상당한 재간이 필요했고 그래서 종종 단점이 있는 해결책이 제시되었다.

산업혁명기의 주물 공장, 직물 공장, 제품 제조 공장, 도축장 등은 모두 강가에 들어섰다. 유독한 배출물이 아무런 제재 없이 흘러나왔고 그런 모습은 버젓이 사람들의 눈에 띄었다. 이에 관한 초기 연구는 개혁가 에드윈 채드윅이 1839년에 실시한 조사였다. 그는 영국의 노동자 아홉 명 중 여덟 명이 노령이나 폭력 같은 자연적 원인이 아니라 비위생적 환경이나 오염된 식수로 인한 질병으로 사망하고 있음을 알아냈다. 미국 내 산업화된 지역에서도 사정은 마찬가지였다. 특히 가난한 이주민들이 모여 사는 지역이 그랬다. 19세기까지도 대부분의 가정은 분뇨를 포함한 쓰레기와 음식 찌꺼기를 길거리에 내다버렸다. 그러면 거리를 돌아다니는 돼지들이 열심히 먹어치우는 식이었고 이 방식도 그런대로 기능을 했다. 하지만 뉴욕에서는 돼지에 노역을 하는 말들까지 더해져 하루 0.5톤의 배설물이 거리에 쏟아졌다. 뉴욕은 '후각적 재앙'의 도시가 되었다. 아직까지 자동차나 전기가 없었던 도시민들은 재와 배설물, 동물 사체(1880년 뉴욕 거리에서 끌어낸 말이 1만 5000필이었다.)로 골머리를 썩여야 했다. 내용이 아니라 양으로만 따진다면 당시 1인당 쓰레기 생성량은 매년 680킬로그램으로 오늘날 우리와 견줄 수준이었다. 하지만 당시는 지금보다 인구가 적었고 쓰레기에 독성이 있다 해도 천연 물질이거나 자연 분해되는 것이었다.

위생 안전을 제공하려는 노력은 간헐적으로 진행되었는데, 주로 위기에 의해 촉발되는 식이었다. 즉 콜레라가 발생한다거나 상업에 위협이 되거나 영향력 있는 사람이 문제를 느끼면 노력이 재개되었다. 뉴욕 시에서는 강과 바다에 쓰레기를 투기하는 것이 일상이었다. 마침내 이것이 금지된 것은 한때 유명했던 뉴욕의 굴 양식장이 파괴되고 해안가에 부동산을 소유한 부자들이 동물 사체를 비롯한 쓰레기가 계속해서 자신의 해변에 밀려오면 가만히 있지 않겠다고 정치적 위협을 가한 후였다. 하지만 뉴욕의 새로운 하수 시스템은 인간의 오물을 계속해서 근해로 쓸어 보냈다.

1899년 의회는 하천및항구법을 통과시킴으로써 운항이 가능한 수로에 쓰레기 투기를 금지했다. 체서피크와 같은 일부 수로에서는 쓰레기로 물길이 막혀 선적이 방해를 받았던 것이다. 하지만 그 의도는 상업을 원활하게 만드는 것이었지 강의 생태계를 보호하려는 것은 아니었다. 생태계라는 개념이 발명되려면 아직 더 기다려야 했다. 대부분의 대도시가 20세기까지도 여전히 근처 바다에 유기물 쓰레기를 버리고 있었다. 1918년 뉴욕의학아카데미 소위원회는 맨해튼이 "완전히 하수에 둘러싸인 땅덩어리"가 되었다고 선언했다. 하지만 여전히 항의의 대상은 위생이나 더러운 바다 표면 혹은 해변, 악취 등 인간에게 미치는 영향에 초점이 맞춰졌다. 심지어 물고기가 죽어도 미시건 호수에서 그랬던 것처럼 인간의 식량이 감소한다는 것 때문에 경각심을 가졌을 뿐, 호수의 생태계가 악화된 것은 문제가 아니었다. 1934년에 와서야 비로소 의회는 연안 쓰레기 투기를 금지하는 법률을 제정했으나 시에서 수거하는 쓰레기에만 해당되는 이야기일 뿐이었다. 이 법률은 공업적 또는 상업적 쓰레기에는 면제권을 주었고 이것은 전후 본격적으로 화학의 시대가 도래했을 때 하천과 연안 해역이 더 심하게 오염되는 결과를 초래했다.

1962년 레이첼 카슨이 쓴 『침묵의 봄』은 독자들에게 완전히 새로운 종류의 위험에 대한 인식을 일깨웠다. 바로 살충제 DDT와 같은, 인간이 만든 화학 물질의 위험이었다. 1969년 쿠야호가 강(오하이오의 기름과 화학 물질, 하수로 오염된 상태였다.)에 열세 번째로 화재가 발생하자 대중은 전과는 다르게 반응할 준비가 되어 있었다. 1868년부터 시작된, 그 이전의 열두 번의 화재도 기록에 남아 있지만 이 정도로 공중의 분노를 불러오지는 않았다.

쿠야호가 강은 중요한 물길이 아니었고 길이도 겨우 50킬로미터 정도에 불과했다. 하지만 쿠야호가 강은 애크론 시를 포함한 산업의 온상지들을 통과해 클리블랜드에 있는 이리 호에서 끝났다. 1856년 존 D. 록펠러는 자신의 첫 번째 정유 공장을 쿠야호가 강가에 세웠다. 그리고 이후 BF굿리치*, 제강소 등 다른 오염 업체들이 그 뒤를 따랐다. 오랫동안 생물이 살지 않았던 이 강에 마지막으로 불이 난 것은 다리 위를 지나던 철로의 화물 열차에서 튄 스파크 때문이었다. 이 사건은 『타임』지의 표지를 장식했고 1970년 환경보호국의 창설과 1972년 수질오염방지법이 통과되는 데 결정적 역할을 한 것으로 널리 알려져 있다. 당시 대통령이었던 리처드 닉슨은 업계의 결사적인 반대에도 불구하고 이 법안에 서명했다. 당시 업계는 법안이 통과되면 생산 비용의 상승으로 일자리가 줄고 소비자 가격이 올라갈 것이라고 경고했다. 하지만 그것은 틀린 이야기였다.

규제 장치가 마련되었음에도 법률의 허점과 느슨한 집행, 지저

---

*타이어로 유명한 굿리치는 애크론 시에서 고무 회사로 시작했다.

분한 정치 때문에 법률 위반이 계속되었고 오염은 심화되었다. 뉴욕과 뉴저지는 1960년대 중반 이후에도 계속해서 하수 찌꺼기를 19킬로미터 떨어진 앞바다에 내다버렸다. 이때는 이미 연구에 의해 유독성 금속과 유해한 박테리아가 해양 환경을 망가뜨리고 있다는 사실이 알려진 후였다. 1988년이 되어 이미 700만 톤의 하수 찌꺼기를 버린 후에야 환경보호국은 이런 관행을 금지했다. 그리고 그에 대한 해결책은 찌꺼기를 160킬로미터 떨어진 곳에 버리는 것이었다. 불과 얼마 전인 1987년까지만 해도 1000곳 이상의 대형 산업 시설과 거의 600곳의 하수 처리장이 강 하구나 연안 해역에 쓰레기를 그대로 내다버렸다. 1988년 동부 해안선 지대에 내린 큰비는 새로운 재앙을 가져왔다. 수용 한계를 넘어선 하수 처리장이 범람했고 해안선은 한 번도 보지 못한 수준으로 오염되었다. 뉴저지에서 뉴잉글랜드까지 해변 곳곳에 플라스틱 쓰레기가 널려 있었다. 그중에는 1960년대에 획기적 발명품이라고 소개되었던 일회용 주사기, 기저귀, 분홍색 플라스틱 탐폰 용기 등도 있었다. 박테리아와 기타 오염 물질의 독성으로 인해 수많은 해변이 폐쇄되었다. 해변의 지역 경제는 수십 억 달러의 손실을 보았으며 이는 1988년 해양투기금지법의 제정으로 이어지게 된다. 하지만 해양투기금지법도, 수질오염방지법도 수질 오염을 근절하지는 못했다. 환경 단체들이 법률 집행을 강제하도록 여러 소송을 제기하면서 성과가 나타나기는 했지만 말이다.

어느 개별 주체가, 예컨대 화학 공장이 오염을 일으킨다면 그곳을 점點 오염원이라고 부른다. 수질 관리 기관들은 이런 형태의 오염 유발자에 대응할 수 있는 설비를 잘 갖추고 있다. 감시와 모니터링, 집행을 강화하면 효과가 나타난다. 하지만 지금 하천으로부터 바다로 들어가는 것들은 대부분 비#점 오염원에서 유발되는 것으로 개별 오염 유발자를 추적할 수 없다. 그것들은 해변, 길가, 공원, 자동차, 야구장에서 나온 것들이다. 쓰레기차 뒤에서 떨어지거나 불도저가 그날의 쓰레기를 흙이나 '대용 일일 복토재'로 덮어버리기 전 매립지에서 나온 것들이다. 패스트푸드점 밖이나 골목에 놓인 쓰레기통이 넘쳐서 생긴 것이다. 온갖 모양과 크기와 색깔의 플라스틱이 바람과 물을 타고 폐기물 처리 과정에서 누출되어 바다로 간다.

다시 워드로우 가의 다리 위다. 아래에는 비로 불어난 로스앤젤레스 강이 흐르고 있었다. 우리는 수집 그물을 가장 안전하고 영리하게 떨어뜨리는 방법은 아래쪽에 추를 달고 위쪽에는 부자를 달아 수동으로 강 한가운데에 내리는 것이라고 결론 내렸다. 그물이 강 하류로 밀려가면 우리는 그물 아래위를 시멘트로 된 강둑 쪽으로 끌어당길 것이다. 우리는 구명조끼를 입고 자전거 도로를 따라 난 금속 난간에 우리 몸을 묶어둘 것이다. 다리 밑은 물길이 험할 뿐만 아니라 물속이 잘 보이지 않는다. 하지만 바다로 가는 쓰레기 덩어리들이 드러나는 곳이기도 하다. 우리는 혹시나 커다란 물건이 우리 쪽으로 내려오면 무전기로 연락을 받을 수 있게 망볼 사람을 상류에 배치했다. 통나무나 소파 같은 것이 떠내려 올지도 모르니 말이다. 우리가 서 있는 곳 아래에는 플라스틱병뿐만 아니라 나뭇가지, 커다란 컵, 쇼핑 카트까지 소용돌이치고 있었다. 마치 시멘트 바닥 위에 모래톱이 생긴 것 같았다. 우리는 촘촘한 망으로 된 그물을 강 한가운데에 떨어뜨리고 강둑 쪽으로 잡아당기기 시작했다. 물길을 거슬러 힘을 쓰자 그물은 금세 쓰레기로 가득 찼다. 그물을 강가로 끌고 나가 둑 위에 올려놓고 내용물인 쓰레기를 용기에 쏟아부었다. 이런 식으로 최대한 빨리 표본 세 개를 수집해 얼른 근처의 실험실로 보내 분석해야 했다.

플라스틱은 마치 육상선수 같다. 종종걸음을 치다가, 하늘을 날고, 헤엄도 친다. 여권 없이도 국경을 건너 어디든 간다. 말 그대로 불법 체류자다. 플라스틱은 챔피언 급의 내구성을 가졌다. 종이처럼 물에 녹지도 않고 금속처럼 부식되지도 않는다. 태평양 거대 쓰레기 지대에 맞닥뜨리기 전 나는 주 정부를 도와 캘리포니아 남부 연안 해역의 화학 물질과 영양분, 생물학적 오염을 감시했다. 처리를 거치지 않은 빗물이나 처리가 덜 된 하수에서 생기는 이런 눈에 보이지 않는 오염 물질들은 연안의 중독된 연체동물이나 생물이 살지 않는 해역, 죽어버린 켈프 서식지, 수영하기에 안전하지 않은 바다에서 발견되고 있었다. 눈에 보이는 것들은, 즉 플라스틱으로 된 가방, 병, 컵, 빨대, 테이크아웃 용기, 샌들, 공, 풍선, 조각난 쓰레기들은 나중에서야 문제가 되었다. 그것들이 이미 바다를 다 집어삼킨 후에 말이다.

토르 헤위에르달*은 콘티키호의 항해 후 거의 20년 만에 새로운 탐험에 나섰다. 그는 파피루스 갈대로 만든 15미터짜리 뗏목에 이집트의 태양신인 라^{Ra} 1호라는 이름을 붙이고 1969년 5월 모로코의 항구를 출발했다. 헤위에르달은 갈대로 만든 고대 선박이 콜럼버스보다 훨씬 먼저 대서양을 건너 신세계로 갔을 수도 있다는 사실을 보여주고 싶었다. 헤위에르달과 동료들은 위태위태한 뗏목이 가라앉지 않게 하려고 애쓰다가 자신들을 공격하고 있는 물체가 타르 덩어리

---

* 노르웨이의 인류학자이자 탐험가였던 헤위에르달은 고대 잉카의 뗏목을 본따 만든 콘티키호를 타고 페루를 출발해 폴리네시아까지 항해했다.

라는 사실을 발견했다. 인간이 만든 물건들이 뗏목 옆으로 둥둥 떠가는 것도 목격되었다. 헤위에르달은 이렇게 썼다. "탐험대 식구들은 모두 그 심각한 오염 상태를 주시하지 않을 수 없었다." 이런 사실을 알게 된 유엔은 헤위에르달에게 다음 해로 계획된 라 2호 항해에서는 일일 오염 일지를 작성해달라고 부탁했다.(라 1호는 바베이도스를 목전에 둔 위치에서 침몰하고 말았다.) 헤위에르달 일행은 금속 캔과 유리병뿐만 아니라 기름 유출로 생긴 타르 덩어리와 플라스틱 용기, 로프 등도 일지에 기록했다. 헤위에르달은 유엔에 이렇게 전했다.

이 보고서의 목적은 오로지 대서양이 심각하게 오염되고 있다는 것과, 계속해서 전 세계가 바다를 인간이 만든 사라지지 않는 쓰레기를 버리는 국제 쓰레기장으로 무분별하게 사용한다면, 동식물의 생산성 및 생존 그 자체에 돌이킬 수 없는 영향을 주게 될지 모른다는 우려스러운 상황에 대한 주의를 환기하는 것입니다.

이 보고서는 1970년 유엔 국제해사기구에 제출되었다. 3년 후 국제해사기구는 해양오염방지협약이라고 알려진 '선박으로 인한 오염 방지 국제 협약'을 비준했다. 국제 조약, 특히나 상업에 영향을 끼치는 조약이 흔히 그렇듯이 이 새로운 협약은 더딘 행보를 보이며 발효되는 데까지 또다시 10년이라는 세월을 보낸다. 헤위에르달의 증언도 물론 도움이 되었으나 해양오염방지협약이 비준되는 데 결정적 자극이 된 것은 1967년 발생한 유조선 토리캐니언호 난파 사고였다. 미국에서 만들어진 미국 소유의 선박이었으나 브리티시페트롤리엄에서 전세를 냈던 이 배는 초대형 유조선이 좌초된 첫 번째 사례였다. 배가 싣고 있던 12만 톤의 쿠웨이트산 원유는 영국의 콘월 해안선의 190킬로미터, 프랑스 해안선의 80킬로미터를 뒤덮었다. 추산으로 약 1만 5000마리의 바닷새와 헤아릴 수 없이 많은 해안 생물이 죽임을 당했다. 그래서 해양오염방지협약의 첫 번째 규정인 부속서1은 석유 수송에 제동을 걸었다. 부속서 2, 3, 4, 6은 각각 화학 물질, 포장된 제품, 하수, 대기 오염을 다룬다. 플라스틱을 포함한 해양 쓰레기 투기를 금지한 부속서5는 1988년 발효되었다. 이즈음은 플라스틱이 경쟁자인 유리, 종이, 금속을 모두 정복한 시기였다. 플라스틱의 생산은 이미 철강 생산을 추월했고 플라스틱 산업의 성장률은 다른 모든 산업을 뛰어넘었다. 1988년의 마지막 날까지 플라스틱과 그 어떤 종류의 쓰레기도 바다에 버리는 것이 합법이었다. 심지어 현재까지도 엄밀히 말하면 비준하지 않은 국가들 사이에서는 이 규정의 준수 여부가 선택 사항이다. 2002년 출판된 중요한 해양 오염 리뷰 연구에서 뉴질랜드의 연구자 호세 데릭은 해양오염방지협약이 아직도 "광범위하게 무시되고" 있고, 선박들은 연간 650만 톤의 플라스틱을 버리고 있는 것으로 추산된다고 했다.

국제법상 개별 국가는 해안에서 200해리 떨어진 바다까지 법률적 권리를 가진다. 이 범위 밖의 바다는 그 누구에게도 속하지 않으며, 우리 모두에게 속한다. '공해의 자유'라는 법적 개념은 국제법상 가장 먼저 생겨난 원칙 중 하나이다. 17세기 네덜란드의 박학다식한 법학자 휘호 흐로티위스가 이런 아이디어를 생각해낸 것은 유럽과 향료 제도 사이에서 이뤄지던 네덜란드의 자유분방한 무역을 정당화하기 위해서였다. 흐로티위스가 남긴 유산은 400년 이상 지속되었고 해상 운송권과 어업권에 관해 논란이 일 때마다 들먹여졌다. 해양 보존

대책을 요구하는 법률은 석유 산업처럼 20세기적 현상이다. 토리캐니언 참사와 해양오염방지협약이 생기기 수년 전에도 이미 선박의 석유 유출로 인한 오염이 인근 어업에 심각한 타격을 주었고 국제적 규제 시도가 몇 차례 있었다. 하지만 오염을 규제하는 법률들이 확고하게 자리를 잡고 있는 지금까지도 이 '자유'라는 인식은 사라지지 않고 있다. 법적으로는 더 이상 그렇지 않더라도, 바다를 오가는 사람들의 마음속에서는 여전한 것 같다. 뭘 내다버리더라도 아무도 모를 장소가 지구 상에 아직 남아 있다는 인식은 좀처럼 사라지지 않는다.

'선진'국들도 해양 오염을 통제할 수 없다면, 인프라와 정부 기능이 취약한 심각하게 오염된 국가들에서는 상황이 더 나쁠 것이 뻔하다. 방글라데시와 같은 나라는 해양오염방지협약에 가입되어 있지만 그것을 시행할 수단이 부족하다. 외국 선박이 자국 영해에 쓰레기를 투기하는 것을 막을 방도가 없는 것이다. 그래도 최소한 방글라데시는 비닐봉지를 금지하는 조치를 취했다. 개발이 가장 더딘 국가들조차 국제 상업의 윤활제인 플라스틱에 푹 빠져 있다. 때로는 문자 그대로 '푹 빠져 있는' 경우도 많다. 그들은 적절한 쓰레기 처리 체계가 없기 때문이다. 싸구려 물건들은 플라스틱으로 만들어진다. 신발과 장비도 플라스틱으로 만들어지고 제품과 음식은 플라스틱 용기에 들어 있다. 무역 소식지들은 식품 가공업이 성장했다고 광고한다. 그 주요 동인은 인도나 중국과 같은 '신흥 시장'에서 플라스틱 포장이 증가한 탓이다. 자바 주민 80퍼센트에게 식수를 공급하는 인도네시아의 시타럼 강 유역은 둥둥 떠다니는 플라스틱 쓰레기로 두텁게 덮여 있다. 어부들은 모두 손을 놓았다. 물고기가 사라졌기 때문이다. 이제 그들은 물에 반쯤 잠겨 있는 플라스틱들을 헤집고 다니며 재활용 업자에게 팔 수 있는 것을 찾는 신세가 되었다. 이런 처지는 인도와 필리핀, 중국의 아이들도 마찬가지다. 더러운 물속에 몸을 담그고 폴리에틸렌을 찾아다닌다.

아버지의 12미터짜리 케치를 타고 처음으로 대양을 횡단했던 1961년, 나의 가장 큰 소망은 커다란 버들붕어를 낚아 올려 가족들에게 성찬을 선물하는 것이었다. 이제 막 10대에 접어들었던 그때에도 장애물 하나 없이 망망히 펼쳐진 아름다운 푸른 바다는 내게 감동을 주었다. 잡일을 마치고 나면 나는 뱃머리에 앉아 한없이 깨끗한 바다의 수면을 지켜보며 무슨 일인가 벌어지길 기다렸다. 우리가 파도의 물마루 위로 뛰어오르면 갑판은 저 아래로 뚝 떨어졌다. 수면은 때로 상어 지느러미의 은색 실루엣에 부딪혀 갈라지기도 하고 물고기 떼의 출현에 어지러이 흩어지기도 했다. 배가 지나간 자리에 날치가 솟아오를 때도 있었고 운이 좋으면 돌고래가 다가와 인사를 건넸다. 무생물로는 통나무나 일본식 유리 부자를 볼 수 있었다. 그러면 나중에 현관에 걸어놓을 요량으로 파도에 흔들리는 부자를 낚아채려 애쓰기도 했다. 결국 나는 내 물고기, 마히마히를 잡았다. 쓰레기라고는 티끌 한 점 보지 못했다.

자연 그대로의 완벽한 깨끗함이야말로 바다만이 가진 고유한 상징이었지만 이제 인공 쓰레기(80~90퍼센트는 플라스틱이다.)는 그런 우리의 상상 가능성조차 박살내버렸다. 이제 바다 표면에서 가장 흔히 볼 수 있는 것이 인공 쓰레기이다. 다랑어 한 마리가 뛰어오르는 것을 보기도 전에, 바다 어느 지점에 있느냐에 따라 수십 개의 풍선이나 부표, 병들이 물에 떠다니는 모습을 먼저 보게 될 것이다. 쓰레기는 자연스러운 바다 풍경을 대체했으며 바다 표면에 영구적인 플라스틱 발자국을 남기고 있다. 레이첼 카슨은 1951년 『우리를 둘러싼 바다』에 이렇게 썼다. "바다의 얼굴은 항상 바뀌는 중이다. 색깔과 빛이 지나가고, 그림자가 움직이며, 햇빛에 반짝이고, 황혼이 질 때면 신비로워진다." 카슨이 살아 있었다면 플라스틱으로 곰보 자국이 난 지금의 바다를 보고 뭐라고 썼을지 궁금하다. 1951년은 『우리를 둘러싼 바다』와 『콘티키』가 논픽션 부문 베스트셀러 10위 안에 든 해였다. 또한 필립스석유의 화학자 J. 폴 호건과 로버트 뱅크스가 새로운 촉매 요법을 개발해 고밀도 폴리에틸렌과 폴리프로필렌을 상업적으로 대량 생산하기 시작한 해이기도 하다. 플라스틱 전염병이 다가오고 있었다.

1975년 미국과학아카데미는 매년 선박으로부터 바다에 버려지는 쓰레기의 양이 640만 톤에 이른다고 추산했다. 그리고 그중에 3분의 1은 미국 선박이 버린 것이었다. 6000명의 선원을 태운 항공모함이 6개월간 바다에서 만들어내는 쓰레기는 1300톤이 넘었다. 1980년대 해군의 자체 보고서에 의하면 선상에서 만들어지는 폐기물 중 아마도 12퍼센트는 플라스틱이었다. 그 말은 해양오염방지협약 부속서 5가 발효되기 전에 배 한 대가 한 번의 여행에서 버린 플라스틱이 140톤 이상이었다는 뜻이다. 스스로 인정하듯이 해군은 전 세계 바다에 2000톤 이상의 플라스틱을 추가했다. 그중 대부분은 부스러진 모습으로 여전히 그 자리에 있을 것이다.(미 해군은 역사상 최악의 해양 오염원일지도 모른다. 자체 계산만으로도 신경가스와 겨자가스 약 3만 톤, 화학폭탄과 지뢰, 로켓 40만 개, 방사선 폐기물 500톤 이상을 바다에 몰래 유기했다. 배에서 던져버리기도 했고 침몰시킬 배 안에 쑤셔 넣기도 했다.)

1982년 『해양 오염 회보』에는 연방정부의 자금 지원을 받은 한 연구의 추산 결과가 실렸다. 이에 따르면 매일 상선에서 바다로 버려지는 플라스틱 용기의 개수는 63만 9000개에 이른다. 바다에서 가장 육중한 배는 초대형 유조선과 컨테이너선이지만 이들 배에 탑승하는 선원은 10명에서 20명 정도로 소수다. 그러나 격랑을 만나면 컨테이너선은 화물로 가득한 컨테이너를 유실하기 쉽다. 선적 기술이 개선되기 전인 1990년대의 경우 그렇게 잃어버리는 컨테이너의 수가 한 해 동안 1만 개에 달했다. 이런 사고성 분실은 보고할 의무조차 없다. 반면 전 세계적으로 300대 정도가 운행 중인 유람선의 경우 3000명에서 5000명 정도의 승객과 선원을 태운다. 연간이면 1400만 명이 넘는 승객이다. 일반적인 유람선은 일주일의 여행 동안 50톤의 고형 쓰레기를 만들어낸다. 그 속에는 플라스틱도 들어 있다. 1990년대에는 유람선들의 해양오염방지협약 부속서5 위반이 빈발했지만 이후 이런 상황을 깨끗하게 개선했다. 지금 원양 여객선들은 수집한 쓰레기의 대부분을 소각하거나 압축, 분쇄, 재활용한다. 일부 해군 함정은 플라스틱 압축 장비까지 갖추고 있어서 다 쓴 플라스틱은 기계에 넣어 피자 모양의 디스크로 만들어 쌓아둔 후 나중에 처리한다. 하지만 정말로 쓰레기 해양 투기가 멈췄을까? 바다 한가운데서 건져 올린 플라스틱의 연대를 기술적으로 추적할 수 있다면 그 여부를 알 수 있는 열쇠가 되겠지만 아직까지 그런 방법은 나타나지 않고 있다.

  해양오염방지협약으로 쓰레기 해양 투기가 근절되었다고 정말로 믿는 사람은 아무도 없다. 물론 도움은 되었지만 말이다. 내가 하는 일의 특성상 사람들은 내게 와서 자신들이 겪은 이야기를 전해주곤 한다. 전직 선원 한 사람은 자신이 탔던 해군 함정에서 90년대에도 해양 투기가 일어나고 있었다고 말했다. 상선의 승무원 한 명은 매일 컨테이너선의 해양 투기를 목격한다고 익명으로 전해왔다. 그는 일자리를 잃게 될까 봐 공개적으로 말하기를 두려워했다. 나는 리처드 필립스의 『선장의 의무』에 나오는 일화에 깜짝 놀랐다. 리처드 필립스는 상선의 선장으로서 2009년 소말리아 해적에게 인질로 붙잡혔으나 노련하게 상황을 헤쳐 나왔던 사람이다. 그의 구조 작전에는 미국 해군이 개입했다. 어두운 밤이었고 모두가 안절부절못하고 있었다. 필립스는 인질로 붙잡힌 채 해적들의 소형 보트에 타고 있었다. 갑자기 풍덩풍덩하는 소리가 해적들과 필립스의 귀에 들렸다. 물 위로 검은 색 덩어리가 둥둥 뜬 채 옆으로 지나갔다. 해적들은 그게 무슨 잠행 술책이라고 생각했고 무전기에 대고 이렇게 외쳐댔다. "움직이지 마! 움직이지 마!" 하지만 필립스는 그게 쓰레기라는 것을 알고 있었다. 필립스는 이렇게 썼다. "상선은 바다에 플라스틱을 버릴 수 없지만 해군은 할 수 있다. 해군도 그것을 확인해주었다. 해군은 해적들에게 그냥 떠내려 보내는 쓰레기일 뿐이라고 말했다." 정말로 해군이 규제 예외 대상이라면 나로서는 듣도 보도 못한 원칙이고 유감스러운 이야기이다. 풍문으로는 해군 순양함이 지나간 자리에 플라스틱 컵과 풍선, 로프, 쓰레기 봉지 등이 잔뜩 나타난다고 한다.

대형 미국 선박들은 항해 전후에 각각 떠날 때 싣고 간 물건과 돌아올 때 가져온 물건을 미국 해안경비대에 보고해야 한다. 하지만 인력 부족으로 실제 확인하는 경우는 드물다. 그러면 이런 규정들은 도움이 되고 있는 걸까? 이에 대한 답을 알려주는 연구 결과는 없다. 하지만 나의 첫 북태평양 고기압 지대 항해 이후 우리가 조사한 바로는 충분한 역할을 하고 있지 못하며 실상 턱없이 미흡한 수준이다. 오래된 습관은 버리기가 힘들다. 먼바다에서 쓰레기 투기 금지법을 시행한다는 것은 몽상이다. 대부분의 항구에서 배들이 쓰레기를 버리려면 처리 비용을 내야 한다. 결코 인센티브는 아닌 셈이다. 더구나 모든 항구가 선박 쓰레기를 수거할 수 있는 설비를 갖추고 있는 것도 아니다. 그러니 로테르담 항의 '언제든, 어떤 쓰레기든' 운동은 반가운 예외일 수밖에 없고 유럽의 다른 항구들에서도 인기를 얻어 가는 것 같다. 해양오염방지협약 부속서5의 규제 아래에서도 '사고성' 유실은 아무 문제가 없다. 그러면 우리는 바다가 떠안고 있는 플라스틱의 양에 관해 얼마나 알까? 최악의 쓰레기 투기자가 누구인지는 알고 있을까? 두 질문 모두 누구나 추측만 할 뿐이다. 유엔환경계획UNEP은 널리 보고된 다양한 추정치를 제시한 후 이 추측 게임에서 손을 뗐다. 가장 최근인 2009년에 나온 추정치는 바다가 떠안고 있는 플라스틱이 6억 1500만 톤이라고 계산했다. 지금은 사용하지 않지만 이전에 유엔환경계획과 해양환경전문가그룹GESAMP이 제시한 추정치는 매일 바다에 유입되는 플라스틱 조각이 500만 개이며 바다 1제곱킬로미터당 1만 3000개의 플라스틱 조각이 있다고 봤다. 이런 수치들은 위험을 알리는 데는 도움이 되었지만 과학적으로 뒷받침되지는 못했다. 유엔환경계획이 매년 발행하는 『UNEP 연간 보고서』의 2011년 판에는 처음으로 '바다의 플라스틱 쓰레기' 절이 생겼다. 이 보고서는 쟁점들을 잘 묘사하고 알갈리타 재단의 연구 성과도 인정하고 있으나 정량적 추정치가 나오지 않는 점이 눈에 띈다. 보고서는 이렇게 인정한다. "바다에 유입된 플라스틱 기타 쓰레기의 양과 출처를 정량화하는 것은 어렵다." 나아가 조심스럽게 이렇게 이야기한다. "평가에 사용할 수 있는 포괄적 환경 지표가 없다." 다시 말해 우리는 문제를 묘사할 수는 있으나 이를 측정하는 데는 매우 서툴다.

우리가 거의 눈치도 채지 못하는 사이 플라스틱의 시대는 우리 옆에 와 있었다. 바다에서 플라스틱 쓰레기를 발견하게 되자 우리도 무언가가 변하고 있음을 깨닫지 않을 수 없었다. 플라스틱이 만들어지고 사용되는 장소로부터 가장 멀리 떨어진, 그토록 깨끗한 환경에 플라스틱 쓰레기가 있다는 사실은 우리의 눈을 뜨이게 했다. 한동안 우리는 플라스틱 문제를 그리 개의치 않았다. 그때까지만 해도 플라스틱이 별반 해롭지 않은 비활성 물질이라고 생각했던 것이다. 플라스틱은 크게 해로울 것 없는, 그저 보기 흉한 것에 지나지 않았다. 이제 우리는 더 많은 사실을 알고 있다. 그러나 내게는 플라스틱 쓰레기의 다양한 해악과 잠재적 유독성에 관해 알기 전에도, 그 멀고 먼 엉뚱한 곳에서 플라스틱 쓰레기를 봤다는 사실 자체가 심각하게 잘못된 일로 보였다.

다시 도심 하천 프로젝트로 돌아가 보자. 우리는 사흘치 표본을 트럭에 싣고 바다연구소로 가서 표본 분석을 시작했다. 힘겹게 진행된 작업이었지만 그보다 더 힘들었던 것은 결과가 너무나 충격적이었던 점이다. 표본 수집을 진행한 사흘 동안 우리가 '순간적으로' 건져 올린 내용물로 추론해보면 로스앤젤레스 강과 샌가브리엘 강이 바다에 방출한 플라스틱은 23억 조각 이상이라는 계산이 나왔다. 무게로 따지면 대략 30톤이다. 그러니 이제 우리는 매일 육지에서 바다로 이동하는 플라스틱 조각이 500만 개라는, 유엔의 추정치를 정중히 거부하는 바이다. 바다에 얼마나 많은 플라스틱이 떠다니는지 우리가 알아야 하는가? 그것이 육지에서 나온 것인지 바다에서 유래한 것인지 우리가 알 필요가 있는가? 물론이다. 하지만 우리에게는 기준선이 되어줄 수치가 필요하다. 그래야 쓰레기 투기 금지법이 제대로 작동하고 있는지 알 수 있을 테니 말이다. 이것이 바로 내가 그동안 해온 일이다. 우리는 쓰레기의 출처 또한 명확히 알아내야 한다. 그래야만 플라스틱 쓰레기의 유입을 중단시키기 위해 어디에 노력을 집중해야 할지 알 수 있고 원하는 성과를 얻을 수 있다. 우리는 모래 위에 선을 긋고 플라스틱에게 이렇게 말해야 한다. "여기까지야. 더는 안 돼."

05

플랑크톤보다 플라스틱이 많다

최후의 순간이 다가왔다. 태평양 환류로 떠나는 첫 번째 공식 탐사는 1999년 8월 15일로 예정되어 있었고 이제 벌써 7월이었다. 나의 온 관심은 에베스마이어의 충고에 따라 아주 잘게 쪼개진 플라스틱 조각까지 건질 수 있는 그물망을 찾아내는 데 집중되어 있었다. 큰 덩어리뿐 아니라 그런 작은 조각들까지 수집해야 환류 속에 무엇이 있는지 전체 그림이 완성될 것이다.

처음에는 플랑크톤을 수집할 때 쓰는 다양한 고리형 그물을 생각했다. 그러다가 바이트98 연구에 참여하고 있는 MBC응용환경과학의 척 미첼과 상의해보는 게 좋겠다는 생각이 들었다. 그는 코스타메사에 있는 자신의 연구소에 들러 저인망 장비를 살펴보라고 했다. 그곳에 가보니 내가 드디어 제대로 찾아왔음을 알 수 있었다. 척의 현장 답사용 창고는 온갖 종류와 방식의 해양 표본 수집 장비로 빽빽했다. 나로서는 듣도 보도 못했던 것들이었다. 나는 에베스마이어의 충고에 관해 들려주고 척과 의견을 나누었다. 어떻게 하면 그 먼 곳에서 맨눈으로는 거의 보이지도 않는 미세 플라스틱 조각들을 건져 올릴 것인가 하는 문제였다. 척은 일반적인 고리형 플랑크톤 수집 그물은 내게 맞지 않을 것이라며 다른 장비 하나를 보여주었다. 척이 훨씬 나을 것이라며 보여준 장비는 가오리망이라고 부르는 것이었다. 보통은 수표층에서 물고기의 알이나 유생을 거둬들일 때 사용하는 도구라고 했다. 그는 과학적 표본 수집이 목적이라면 '하늘과 바다가 만나는 곳'에서는 이 그물의 수집 능력이 훨씬 나을 것이라고 했다. 게다가 이 그물을 사용하면 단위 면적당 건져낸 내용물을 수량화하기도 쉬웠다. 그물이 수표를 향해 일관되게 입을 벌리고 있도록 디자인되어 있기 때문이다. 일관성과 통제성은 연구자들이 가장 좋아하는 것이다. 가오리망은 가로 90센티미터, 세로 15센티미터의 넓은 입을 가졌다. 그리고 안정성을 가질 수 있도록 가오리처럼 두 개의 날개가 있다. 180센티미터 길이의 그물망은 끝이 바람 자루처럼 생겼고, 수집용 주머니는 0.33밀리미터 크기의 미세한 그물망이어서 마치 무명으로 만든 것처럼 보였다. 자루 쪽 끝에 붙어 있는 수집용 주머니는 분리가 가능해서 표본을 저장용 병으로 쏟아붓기 쉬웠다.

처음 시도하는 일이었다. 이제껏 플라스틱을 수집하려고 가오리망을 사용한 사람은 없었다. 우리는 두 선체 사이에 1.2센티미터 그물망도 여전히 설치해둘 것이다. 그리고 수면 아래는 오터 트롤^{otter trawl}로 보강할 것이다. 여기서 오터란 껴안아주고 싶은 그 해양 포유류*

---

* 본래 otter는 수달이라는 뜻이다.

를 가리키는 용어가 아니고 그물이 입구를 벌리고 있게 도와주는 바깥outer 널빤지를 뱃사람들이 일컫는 말이다. 보통 오터 트롤에는 5밀리미터짜리 수집망을 사용한다. 후추알만 한 5밀리미터 그물로도 제임스 마커스가 하와이 해안에서 수집했던 표본의 절반 정도는 걸러낼 수 있을 것이다. 하지만 우리는 그 안에 0.33밀리미터 그물망을 덧대서 가오리망 못지않게 만들었다. 거기다 수면 아래에 더 큰 쓰레기 덩어리가 있는지 감지할 수 있게 측면 감시용 수중 음파 탐지기도 구비했다. 큰 쓰레기를 건져서 자세히 살펴보면 육지 어디에서 왔는지 알 수 있을까 해서였다.

척은 우리 프로젝트가 흥미롭다며 그물을 그냥 빌려주었다. 멋진 친구였다. 사실 알갈리타 재단의 원칙 중 하나는 목적에 필요한 일은 꼭 하지만 알뜰하게 한다는 것이다. 그래서 자원봉사자와 기증 물품을 적극 활용한다. 이번 탐사의 전체 예산이 3350달러였고 그중 가장 큰 단일 지출 항목은 디젤 연료였다. 3주짜리 항해치고는 정말 잘 아낀 것이었다. 환류까지 가는 데 일주일, 조사 작업에 일주일, 돌아오는데 일주일이 걸릴 것이다.

친구, 가족, 동료, 지역 언론 등 스무 명 남짓의 응원단이 부두에 모여 우리를 환송해주었다. 8월 중순의 햇빛이 쨍쨍한 일요일 아침이었다. 우리는 샌타바버라까지 160킬로미터를 올라가서 연료를 채우고 유기농 채소를 몇 궤짝 받았다. 나중에 탑승 팀에 합류하게 되는 크리스 톰슨이 준비한 것이었다. 그는 섬싱굿Something Good이라는 상표로 판매되는 존기븐스 농장에서 유기농 채소를 재배했다. 그를 통해 우리는 샌타바버라의 지역 언론도 더 많이 만나게 되었다. 당시 이 항해에 관해서 우리 자신과 남들이 했던 이야기를 나중에 찾아 읽어보니 아주 재미있었다. 그때까지만 해도 그 먼 곳에 나가서 무엇을 발견하게 될지 아무도 짐작조차 못 했기 때문이다. 나는 《롱비치 프레스-텔레그램》과의 인터뷰에서 이렇게 말했다. "우리가 지금 바다를 플라스틱으로 채우고 있다는 걸 사람들이 알아야 합니다. (…) 몇 년 전만 해도 그런 쓰레기는 전혀 보지 못했어요. 그런데 이제는 바다에서 제일 눈에 띄는 게 쓰레기입니다." 나는 우리 목표가 바다를 사람과 해양 생물이 '헤엄칠 수 있는 곳'으로 만드는 것이라고 했다. 우리는 에베스마이어가 장난감, 신발, 하키 글러브 등이 있을 것이라고 예상했다는 이야기와 최근의 폭풍으로 화물 컨테이너 400개가 태평양 북부 가운데에 떨어졌다는 이야기를 했다. 지난 10년간 장남감과 운동 장비 수백 개가 미국 서부 해안으로 휩쓸려왔지만 유실된 물건은 수만 개였고 아무도 찾지 못했다. 컴퓨터화된 해류 모델인 표층 해류 시뮬레이터에 따르면 그중 많은 부분이 결국 태평양 거대 쓰레기 지대로 흘러들었을 것이다.

이제까지 내가 보고 알게 된 바에 의하면 바다는 큰 관심이 필요한 상황이었다. 어쩌면 패러다임의 전환이 필요했다. 이것은 과학적으로 증명될 것이고 만약 우리 가설이 증명된다면 결코 은폐되는 일은 없을 것이라고 나는 스스로 다짐했다. 우리는 그 어떤 것에도 준비되어 있었을 뿐만 아니라 다소 놀라운 일이 일어나기를 바라고 있었다.

캘리포니아 남부와 중부 사이의 자연적 경계인 포인트컨셉션을 지날 때는 파도가 거칠었다. 이 거대한 곳은 샌타바버라 북부에서 바다 쪽으로 48킬로미터 정도 튀어나와 있고 남부 캘리포니아 만의 북쪽 경계를 이룬다. 우리 중 먼바다에 나가본 사람은 한 명(내 이웃인

마이크 베이커)뿐이었고 거친 바람과 파도에 모두들 나가떨어졌다. 알기타호의 구급실은 멀미약이 잘 구비되어 있었는데 그중에서도 최고는 벨라도나과에 속하는 식물에서 추출한 붙이는 진통제와 믿어도 좋은 드라마민 알약이었다. 필요한 사람들에게 약을 나누어주었다. 항해 첫날부터 우리를 깜짝 놀라게 한 일이 벌어졌다. 우리는 종일 바다에서 미사일을 피하느라 진땀을 빼야 했다. 미군 전함이 이 지역에서 훈련을 하고 있었던 것이다. 해군은 포격 지대에서 어선들을 몰아내는 중이었다. 전문 낚시꾼들이 다 쫓겨났으니까 여기서 낚시를 하면 잘 잡히겠다는 생각이 들었다. 아니나 다를까 낚싯줄을 내렸더니 몇 분 만에 뭔가 묵직한 게 걸려들었다. 십여 분 간 씨름한 끝에 우리는 11킬로그램짜리 날개다랑어를 낚아 올렸다. 녀석도 우리처럼 환류를 향해 서쪽으로 가고 있었다. 역풍을 안고 이리저리 며칠을 항해한 후에 처음으로 고요한 날씨를 만났다. 800킬로미터 정도를 온 후였다. 우리는 연습 삼아 저인망 작업을 해보기로 했다. 태평양 중심부 환류까지는 아직 반밖에 오지 못했으니 기껏해야 플랑크톤밖에 잡히지 않을 줄 알았다. 예상은 빗나갔다. 많은 양의 플라스틱 부스러기와 입자가 걸려들었다. 공식적인 표본 양식은 아니지만 우리는 이 시범 작업도 일지에 기록하고 내용물을 보관했다가 나중에 데이터베이스에 포함시키기로 했다. 정신이 번쩍 드는 발견이었다. 우리 안에서 목적의식과 분개심이 서서히 커지고 있었다.

 승선자 중 예술가인 스티브 매클라우드는 해변 수집가다운 예리한 눈과 강인한 집중력을 가진 점이 아주 인상적이었다. 매클라우드는 히말라야의 요가 수행자 같은 인내심으로 한 번에 몇 시간씩 뱃머리에 서 있곤 했고 시야에 들어온 부유물들은 모두 도표에 그려 넣었다. 그 덕분에 우리는 그물이 닿지 않는 곳에 있거나, 배를 세우고 소형 보트를 내리기에는 망설여지는 쓰레기들에 관해서도 훌륭한 기록을 확보할 수 있었다. 매클라우드는 에베스마이어의 표류물 조사 연구에서도 정보 센터 운영이라는 중요한 역할을 수행했다. 이 정보 센터는 1990년 한자캐리어호 컨테이너 유출 사고에서 분실된 나이키 에어조던 운동화들을 회수해 짝을 맞추는 작업을 했다. 그러면서도 매클라우드는 예술가로서 생계를 이어가는 보기 드문 재주도 갖고 있었다. 그의 그림은 대부분 바다의 풍경을 주제로 했는데 쓸쓸하면서도 선명한 색채로 호평을 받았다. 그는 해변에서 찾아낸 인공적 표류물과 자연 속의 아이템을 결합해 예술 작품으로 재탄생시키는 특별한 재주가 있었다. 영광스럽게도 나는 그에게서 건조 처리한 대형 켈프에 월장석으로 머리 장식을 한 지팡이를 선물 받았다. 내 지팡이는 박달나무로 만든 것만큼이나 튼튼해서 처음 보는 사람들은 아무도 이 지팡이가 무엇으로 만들어졌는지 알아맞히지 못할 정도였다. 나는 이것을 '자연의 플라스틱'이라고 부른다. 스티브의 예술적 재능은 이후에도 우리에게 많은 도움이 되었다. 그는 알갈리타 재단 기금 모금 행사에 표류물로 만든 예술품 여러 점을 기증해주었고 그것들은 영화배우 에드 애스너를 통해 경매에서 최고 입찰자에게 팔렸다.

매클라우드는 비유에도 일가견이 있었다. 그는 수없이 많은 플라스틱 부스러기가 바다의 표층에 떠 있는 모습이 마치 야간 경계를 설 때 보게 되는 별들이 수놓아진 밤하늘을 연상시킨다고 했다. 경쟁하듯 반짝이는 문명의 불빛도, 오리건 해안의 안개도 아득히 멀어진 이곳은 구름 한 점 없이 맑다. 밝은 색조를 띤 이 플라스틱 조각들 중 다수가 결국 해안에서 발견될 것이다. 얄궂게도 스티브가 장식물이라고 부르는 이 플라스틱들은 그가 가꾸는 해변을 장식하게 될 것이다. 위풍당당한 숲이 천박하고 무미건조한 크리스마스 장식이나 매다는 신세로 전락하는 것만큼 안타까운 일이라고 스티브는 말했다. 스티브의 말을 듣고 있으니 우리 모두에게 슬픔이 엄습해왔다. 우리 아이들은 플라스틱 모래가 없는 해변이나 플라스틱 부스러기가 없는 바다를 알지 못할지도 모른다.

    항구를 출발한 지 8일 만에 표본을 채취할 곳에 도착했다. 아열대 고기압의 중심에 가까운 곳이었다. 바람이 시속 18킬로미터 아래로 떨어졌고 우리는 가오리망을 설치하고 공식적인 첫 표본 수집을 시작했다. 중앙 환류의 동쪽 끝 지점으로 육지로부터 1300킬로미터가량 떨어진 곳이었다. 그물은 수면을 훑으면서 깔때기처럼 쓰레기들을 섬세한 여과망 쪽으로 통과시켰다. 교묘한 장비였고 성능도 놀라웠다. 5.6킬로미터 정도를 훑은 다음 뭐가 걸렸는지 보려고 그물을 끌어올렸다. 가오리망이 좁아지는 부분에 붙어 있는 것들을 조심스럽게 아래로 씻어 내렸다. 그물 끝은 1리터 크기의 망사 수집 주머니였다. 수집 주머니는 검정색 플라스틱 튜브에 고정되어 있고 튜브는 다시 그물의 열린 끝 안쪽에 고정되어 있었다. 초조하게 수집 주머니를 떼어내는 동안 모두들 뭐가 들었나 엿보려고 모여들었다. 그런 것을 보게 될 것이라고 정말로 우리가 예상했는지는 모르겠다. 그렇게 많은 징후가 있었음에도 말이다. 플랑크톤은 무슨 젤라틴 덩어리처럼 보였다. 녹고 있는 젤라토 아이스크림에 박힌 과일 조각들처럼 플랑크톤이 플라스틱 부스러기 여기저기에 수놓아져 있었다. 심지어 플라스틱 조각이 플랑크톤의 양보다 더 많아 보였다. 나중에 실험실에서 표본 분석을 해봐야 확실히 알겠지만 말이다.

5장 | 플랑크톤보다 플라스틱이 많다

그건 그렇고 플랑크톤Plankton이라는 말은 그리스어 플랑크토스 planktos에 뿌리를 두고 있다. 유영 혹은 방랑이라는 뜻이다. 플랑크톤은 현미경으로 보아야 하는 것부터 맨눈으로 볼 수 있는 것까지 식물성과 동물성 등 잡다하게 모든 것을 포함하는 단어이다. 일부 이동성 플랑크톤 유기체들은 매일 심해에서 수면까지 바다 속을 수직으로 이동하기도 하지만, 대부분 이런 기본적인 형태의 생명체들은 해류나 바람이 데려다주는 대로 떠밀려 가게 마련이다. 이런 점에서는 플라스틱 쓰레기와 상당히 유사하다.

조류 연구자인 롭 해밀턴은 자신의 목록에 원양의 조류 종들을 추가해나가고 있었다. 새로운 조류 종을 목격했을 때 기록하고 묘사해두는 목록이었는데 조류학자라면 누구나 이런 목록을 갖고 있었다. 사실 어떻게 보면 롭 해밀턴이 조류 친구들을 꾀어 들인 것 같기도 했다. 며칠째 검은발앨버트로스 한 놈이 급강하해서 들렸다 가는 것이다. 11일째에는 베어드도요새 한 마리가 나타나 우리를 즐겁게 해주기도 했다. 하지만 이 날의 끝은 슬프게 막을 내렸다. 캘리포니아 해안으로부터 1600킬로미터를 왔고 표본 수집도 절반 정도를 마친 지점에서 탈진한 어린 베어드도요새 한 마리가 배 근처의 물 위로 추락한 것이다. 베어드도요새는 보통 늦여름에 북아메리카 중부 지역으로 이동하는 종이다. 롭은 그물을 가지고 그 불쌍한 새를 가까스로 건져내더니 패딩을 깐 상자에 조심스럽게 눕혔다. 설탕물을 찾던 롭은 주방으로 뛰어갔다. 우리는 물에서 건져낸 부자에 무임승차 중이던 싱싱한 홍합도 떼어내 새에게 내밀었다. 하지만 어린 새를 살려보려던 우리의 노력은 무위로 돌아갔다. 도요새는 축 늘어졌다. 우리는 죽은 새를 얼려서 박물관에 기증하기로 했다. 결국 이 도요새는 로스앤젤레스 자연사박물관에 영면하게 된다. 우리가 지금 아는 것을 그때도 알았더라면 차라리 그 새를 부검해 혹시 플라스틱을 먹지는 않았는지 살폈을 것이다.

한편 양 선체 사이에 설치해둔 오터 트롤과 그물은 생각만큼 대형 플라스틱을 많이 건지지 못했다. 특히 선미의 수영 계단에 걸어둔 그물은 아주 실망이었다. 애초 계획처럼 그것에만 의존하지 않은 것이 다행이었다. 오터 트롤을 사용한 것은 수면 아래의 더 낮은 층에서 표본을 수집하기 위해서였는데 오터 트롤이 주로 건져 올린 것은 바닷말로 뒤덮인 짧은 모노필라멘트 섬유였다. 바닷말이 가진 약간의 무게 때문에 쓰레기 조각이 물 아래로 끌려들어간 것이 분명했다. 우리는 또 한 가지 교훈을 얻었다. 이곳 먼바다의 플라스틱은 주로 수표층에 존재한다는 사실이다.

우리의 표본 수집 계획에 따르면 그물 작업을 할 거리와 각 작업 장소 사이의 간격은 무작위였다. 몰리 리캐스터는 우리에게 미리 지침을 주었다. 다음번 가오리망 작업을 할 장소로 이동하다가 바람과 바다가 고요해진 상태를 다시 경험했다. 무풍지대였다. 이는 우리가 환류의 오른쪽 눈 중심에 가까워졌다는 것을 의미했다. 완벽한 조건을 만난 우리는 허겁지겁 세 가지 그물을 동시에 설치했다. 가오리망, 오터 트롤 그리고 수표에서 큰 쓰레기들(예컨대 병뚜껑이나 그물, 로프 조각, 플라스틱 봉지 등)을 잡기 위한 1.2센티미터 망이었다. 세 그물은 각각 서로의 표본 수집에 영향을 주지 않도록 설치했다. 그물을 끄는 속도를 시속 2.7~5.5킬로미터 사이로 유지하려면 엔진 회전수를 올려야 했다. 작업을 마치고 보니 세 그물이 모두 쓰레기를 건졌지만 10미터 아래에 설치된 오터 트롤에 낚인 쓰레기양이 가장 적다는 사실을 알게 되었다. 놀랄 일도 아니었다. 물에 뜨는 플라스틱 유형은 바다 상층에서 돌아다녔고 고요한 바다에서는 거의 수면 가까이까지 올라왔다. 반면 바닷말로 덮인 낚싯줄에서 보았듯이 밀도가 높고 생물로 덮인 플라스틱은 더 낮은 층으로 가라앉았다. 또 한 번 가장 많은 쓰레기를 건진 것은 가오리망이었다.

표본을 볼 때마다 경악의 연속이었다. 표본마다 특징이 있어 보였다. 그리고 그때마다 전원이 가오리망의 뱃속 내용물에 놀라고 동요했다. 플라스틱이 없는 표본이 없었다. 가오리망은 효과적이면서도 재현 가능한 표본 수집법이 되어주었다. 물에 떠 있거나 해수면에 가까운 것은 무엇이든 건져냈다. 플라스틱, 플랑크톤, 플랑크톤을 먹는 여과 섭식 동물, 작은 물고기에 이상한 페인트 쪼가리도 있었고 나중에 표본 덩어리에서는 타르까지 추출되었다.

표본 수집 마지막 날에는 물에 가라앉은 채 살짝살짝 수면 위로 고개만 내밀어 우리를 훔쳐보고 있는 커다란 표류물을 발견했다. 우리는 위치를 표시할 부표를 던져놓은 후 소형 보트를 내려 수거에 나섰다. 이번 것이야말로 최악의 싹쓸이 쇼핑이었다. 그리고 바다에 관한 또 하나의 교훈을 배웠다. 표류물은 완전히 뒤엉켜 있었다. 동떨어지고 이질적이지만 한편으로는 비슷한 물건들이 아무것도 없어 보이는 드넓은 바다 한가운데서 서로를 찾아낸 모양이었다. 바다는 그것들을 서로 엮어서 기괴한 형상을 만들어냈다. 우리는 이 이상한 덩어리 근처에 이르러 다이빙을 했다. 물에서 너울대며 손을 내미는 로프와 그물들을 떨쳐내고 있자니 공상 과학 소설에 나오는 괴물이 따로 없었다. 온갖 갈고리와 끈을 동원해 배 위로 겨우 끌어올린 후 정체가 무엇인지 해체해보았다. 얼룩덜룩한 것들의 대부분은 폴리프로필렌으로 된 어망과 노끈이었다. 우리는 이 끔찍한 놈에게 '폴리 P' 라는 이름을 붙여주었다. 투지가 넘치고 물개처럼 날렵한 전직 인명 구조대장 존 바스는 물에 들어가 터질 듯이 팽팽해진 트럭 타이어와 테두리를 알기타의 선체로 밀어 올렸고 우리는 매달려서 끌어올렸다. 고약하게 더러운 것으로 보아 이 환류에 오랫동안 머문 것이 분명했다. 타이어 고무 위에는 거위목따개비가 수염처럼 나 있었고 쇠로 된 테두리는 바닷말로 덮여 있었다.

우리는 지독한 쓰레기들을 많이 수집했다. 그물과 로프 더미는 물론이고 화학 물질이 들었던 드럼통, 물러진 표백제 병, 일본식 그물 부자 여러 개, 신발창을 오려내고 남은 발포 고무 시트, 조리용 사워크림 통도 있었다. 우리는 각각의 수거 위치와 처음에 수거한 그대로의 무게 그리고 표면을 깨끗이 긁어낸 후의 무게를 적었다. 이렇게 하면 '히치하이커'라고도 부르는 부착 생물의 양을 알 수 있기 때문이다. 부착 군집은 보통 오염된 배의 선체와 관련되어 있다. 이런 배들은 이 항구 저 항구로 떠돌아다니며 현지 바다에 외래종의 씨를 뿌리기도 하고 때로는 파괴적인 침입종을 퍼뜨리기도 한다. 해양 과학계에서는 이것들을 고착 생물이라고 하는데 '고착'이란 붙어 있다는 뜻이다. 이 생물들은 이른 유생기에 정착할 대상을 찾아내지 못하면 죽게 된다. 그런데 이것들이 플라스틱 표류물을 좋아하는 것 같았다. 이 이동식 가옥이 부서지지 않는다면 누구나 예상할 수 있듯 이 불청객 이민자들은 이전에 가보지 못한 새로운 환경에도 손쉽게 도착할 것이다. 이 생물들이 적어도 수면 아래서는 표류물을 태양의 자외선으로부터 보호하는 것처럼 보이는 점도 눈에 띄었다. 말하자면 신종 공생 관계였다. 생물들은 플라스틱 한쪽을 수면 아래로 끌어당겼고 플라스틱이 부서지는 시간을 늦추고 있었다.

그물을 끌고, 쓰레기를 발견, 회수, 분류하며 며칠을 보내고 나니, 지금 우리가 태평양 중앙의 환류에서 목격하고 있는 것이 정말로 무엇인지 감이 오기 시작했다. 상황은 우리 예상보다 나빴다. 땅 위에서는 병이며 포장지며 매일 사용하는 그 모든 싸구려 플라스틱이 외딴 지역의 매립지로 향할 것이라고 생각하기에 마음이 놓인다. 하지만 우리는 불완전한(혹은 아예 없기도 한) 수거 체계로부터 도망친 탈주범들을 이곳 바다 한가운데서 무더기로 발견하고 있었다. 국제해양오염방지법은 그 집행력에 결함이 있는 것이 분명했다. 걷잡을 수 없는 이 모든 플라스틱 쓰레기들은 마치 문명이 감춰놓은 추잡한 비밀처럼 보였다. 우리가 아무리 감독하고 숨기고 관리해도 이것들은 우리를 비웃기나 하듯 있어서는 안 될 곳에 가 있다.

우리는 물속에서도 상당한 시간을 보냈다. 돌고래랑 헤엄치는 것처럼 유쾌한 시간은 아니었다. 그물로 표본을 끌어올리고 나면 우리는 사전에 정해놓은 지침에 따라 오리발과 스노클, 마스크를 착용하고 바다로 뛰어들었다. 그리고 물속 어딘가에 떠다니는 플라스틱은 없는지 눈으로 확인했다. 보통 한 번 물에 들어갔다 나오면(섭씨 23도의 물에 15분가량) 떠다니는 플라스틱 섬유를 한 줌은 줄 수 있었다. 물에 서식하는, 육안으로는 거의 보이지 않는 생물들과 함께 미세한 플라스틱 입자들이 해류를 따라 흘러가는 것도 보였다. 미세 플라스틱들은 정말 플랑크톤과 비슷했다. 플랑크톤을 먹고 사는 생물들에게는 나쁜 소식이었다. 안타까운 것은 이 항해 때는 수중 카메라가 없어서 우리가 찾은 것을 기록할 수 없었다는 점이다. 이후의 탐사에서는 이 점을 개선했다.

살파류salps라고 알려진 좀 더 큰 부유 생물도 눈에 들어오기 시작했다. 살파류는 기본적으로 투명한 젤리로 만들어진 소화 기관에 불과하다. 하지만 놀라운 것은 이것들 역시 우리처럼 척삭동물이라는 사실이다. 즉, 원시적 형태이긴 해도 척추가 있다. 남쪽 바다에서는 살파류가 줄을 이루거나 평면을 만들어 서식하기 때문에 흡사 환상적인 벌집과 같은 모습을 띤다. 살파 군집이 수 제곱킬로미터까지 이어져 바다 표면을 마치 젤리로 된, 어른거리는 평원처럼 만들었다는 보고도 있다. 또 살파류가 탄소 순환에서 매우 중요하고 유익한 역할을 한다는 사실도 지금은 알려져 있다. 또한 이런 피낭동물은 수표층에서 펌프질을 해 앞으로 나아가며 바닷말이나 규조류, 식물성 플랑크톤, 작은 동물성 플랑크톤, 다른 생물이 남긴 잡다한 음식, 심지어 박테리아까지 마구잡이로 빨아들인 후 소화되고 남은 것을 배설한다. 투명하다시피 한 생물이 배설물을 내놓는 모습을 보면 신기하다. 그런데 우리가 만난 많은 살파류가 안팎으로 플라스틱을 내보이고 있었다. 투명한 조직 속에 화려한 색상의 플라스틱 조각이 박혀 있었다. 분명 살파류처럼 움직이고 있긴 한데 색동옷을 입은 모습이었다. 두루마리 화장지 속의 마분지만 한, 상당히 큰 표본이 가오리망에 걸렸다. 플라스틱 조각이 점점이 박혀 있었다. 우리가 모르는 방식으로 플라스틱이 이런 열대의 생물들에게 어떤 영향을 주고 있는 것은 아닌지 의심할 수밖에 없었다. 뿐만 아니라 이것들을 먹고 사는 먹이사슬의 더 높은 곳에 있는 생물들도 걱정되었다. 어쩌면 작은 플라스틱들은 자신을 꿀꺽 삼키는 놈들을 그냥 관통해버리는지도 몰랐다. 나중에 보니 그런 것 같았다. 이곳 생물의 섭식을 조사해도 흥미롭겠다는 생각이 들었다.

탐사 내내 우리는 노트북 컴퓨터와 프린터를 이용해 선상 소식지를 발행했다. 돌아가면 알갈리타 재단 직원들이 바로 배포할 수 있게 하기 위해서였다. 이번 항해에 관해 이전에 썼던 글들을 읽다 보니 내가 플라스틱 조각을 죄다 너들이라고 부르고 있어 유감스러웠다. 너들이라는 용어는 제조 전의 알갱이에만 써야 하기 때문이다. 먼바다 서식지에 너들이 흔할 리는 없다. 예를 들면 이런 식이었다. "여러분, 수백만 제곱킬로미터의 태평양이, 가장 먼 곳에서 가장 깨끗해야 할 그 바다의 표층수가 너들 수프가 되고 말았습니다! 태평양 고기압 지대 아무 데서고 물에 한번 뛰어들어 보십시오. 너들이 둥둥 떠가는 것을 목격하게 될 것입니다. 배를 타고 가도 떠가는 너들이 보일 것이며, 그물을 던진다면 수천 개의 너들을 건질 것입니다. 플라스틱을 알게 된 지 겨우 50여 년 만에 태평양 어디를 가나 분해된 플라스틱을 볼 수 있게 되었습니다. 아무 영양가도 없는 플라스틱이 플랑크톤의 구성 부분이 되었습니다." 또 플라스틱을 "생물학적으로 비활성"이라고 언급한 것도 있었다. 지금은 그렇지 않다는 것을 안다. 이제 곧 플라스틱이 다양한 수준에서 생물에 영향을 준다는 것을 알게 될 것이다. 당시에는 널리 통용되던 가정이 지금은 순진한 생각으로 보인다. 그러나 옛날의 믿음은 아직도 바뀌지 않고 있다.

플라스틱에 **생분해되지 않는**다는 표현을 자주 쓴다. 이 말은 살아 있는 유기체에 의해 소화되지 않는다는 뜻이다. 하지만 현재 연구 결과에 따르면 특정 조건하에서 특정 미생물은 플라스틱을 아주 천천히 생분해할 수 있다. 환류에서 플라스틱 덩어리에 둥지를 튼 고착 생물들은 플라스틱에 팬 자국을 만든 것으로 보였다. 하지만 이것이 기계적인 손상인지 생물학적 소화인지는 아직 알 수 없다. 내가 환경

분해 enviro-degradation라고 부르는 것이 더 빨리 작용했다. 환류에서 발견한 플라스틱 파편들은 대부분 노출에 의해 부서져 있었다. 플라스틱은 지속성이라는 측면에서 희한한 중간적 위치를 차지한다. 플라스틱 제품은 유리나 강철, 돌 같은 물질에 비하면 물리적으로 쉽게 부서진다. 햇빛이나 기계적 스트레스, 산화성 물질에 노출될 때는 특히 더 그렇다. 하지만 생물 조직에 비하면 플라스틱이 훨씬 더 강하다. 우리가 죽으면 세포도 함께 죽는다. 기꺼이 조력하려는 많은 유기체의 도움을 받아 메탄이나 황화수소를 내뿜으며 복잡한 변형을 통해 결국 흙으로 돌아간다. 하지만 플라스틱은 점점 더 작은 조각으로 나누어질 뿐, 플라스틱 분자는 여전히 작은 중합체 섬유로 남아 있다. 이것들은 극히 작은 크기의 독립체로서 수백 년, 어쩌면 수천 년을 더 살아간다. 플라스틱이 지구에 알려진 지 얼마 되지 않았기 때문에 그것이 앞으로 얼마나 더 지속될지, 그 결과가 무엇일지 우리가 아직 모르는 것뿐이다.

기억을 더듬어 보면 나는 제임스 마커스가 와이마날로 해변에서 수집한 플라스틱 조각을 보고 그것들이 재활용 업자에게 보내기 위해 누군가 갈아놓은 것이라고 생각했다. 그래서 이번 항해에 나서기 전에는 플라스틱의 부패에 관해 열심히 공부했다. 에베스마이어는 내게 이 분야의 선구적 연구자인 앤서니 앤드래디 박사의 조사 결과를 읽어보라고 추천했다. 이곳 환류에 나와 보니 앤드래디의 연구가 발견한 바로 그것을 내가 지금 목격하고 있음을 알 수 있었다. 플라스틱은 뱀파이어들처럼 햇빛에 잘 대처하지 못한다. 자외선은 중합체 사슬을 끊어서 플라스틱을 부서뜨린다. 자동차 대시보드의 비닐이 몇 년간 햇빛에 노출되고 나면 갈라지는 것도 이 때문이다. 그리고 바댓물은 이 약화된 플라스틱에서 화학 첨가제를 침출한다. 첨가제는 플라스틱의 내구성과 유연성을 높이기 위해 추가되었던 화학 물질이다. 앤드래디는 전문가로서 수년간의 연구 끝에, 현시점에서 플라스틱의 지속성에 관한 모든 추정은 억측에 불과하다고 선언했다.

나는 항해를 떠나기 전까지 환류의 플라스틱이 단지 자외선 노출 때문에 부서진다는 에베스마이어의 믿음에 대해 의문을 가지고 있었다. 하지만 이번 여행을 끝내고 나서 에베스마이어와 나는 수많은 시나리오가 있다는 데 의견을 함께했다. 환류에 있는 플라스틱 중 일부는 아마 육지에서부터 분해가 시작되었고 해안의 파도는 그 분쇄를 도왔을 것이다. 하지만 내게는 다른 이론도 있었다. 많은 플라스틱 쓰레기에 이빨 자국이 나 있는 것으로 보아, 나는 플라스틱 파편 중 상당수가 배고픈 물고기들이 뜯어먹은 후 배설한 것이라고 확신했다.

에베스마이어는 언젠가 편지에서 도발적인 계산 결과 하나를 보여주었다. 그의 추산에 따르면 1리터짜리 페트병 하나는 1만 2500개의 작은 알갱이(제임스 마커스가 와이마날로 해변에서 찾아낸 표본의 크기)로 쪼개지므로, 페트병이 30개 있으면 지구의 해안선 37만 2000마일 전체에 1마일마다 플라스틱 알갱이 하나씩을 뿌릴 수 있다. 지금 우리가 이 환류에서 목격하고 있는 것은 50년간 지속적으로 누적된 플라스틱 퇴적물이다. 말하자면 플라스틱 쓰레기의 해양 역사 박물관을 보고 있는 셈이다. 그러나 우리는 파편들로부터 정작 필요로 하는 정보를 어떻게 뽑아내야 하는지는 아직 모른다. 바로 파편들의 출처 말이다. 통제된 조사라면 플라스틱 부패의 메커니즘이 드러나겠지만 환류에서 건져낸 플라스틱 파편 한 병으로는 알 수 있는 것이 별로 없다. 변수가 너무 많기 때문이다. 아직 플라스틱은 우리가 읽을 수 있는 DNA 암호를 갖고 있는 것도 아니고 똑같은 종류의 플라스틱이 세계 곳곳에서 쓰인다. 환류야말로 플라스틱의 용광로인 것이다. 다만 우리가 확실히 아는 것은 플라스틱 쓰레기가 이 먼 곳에 모이고 있고 그것들이 수표에 사는 자연의 주민들에게 경쟁자가 되고 있다는 사실이다.

맑은 하늘과 따뜻하고 고요한 바다 덕분에 5일간 정신없이 표본 수집을 한 후 하루 동안 행복하게 휴식을 취할 수 있었다. 우리는 일광욕도 하고 바다에 뛰어들어 재미로 스노클링을 하기도 했다. 플라스틱 파편들이 여전히 득실거리긴 했지만 말이다. 머리 위로는 열대의 새 몇 마리가 느릿느릿 활공했다. 휴식 다음 날에는 온난 전선이 고기압을 밀치고 들어와서 더 이상의 표본 수집 기회는 사라져버렸다. 우리는 이 따뜻한 공기에 올라타 샌타바버라로 돌아가는 길을 잡았다. 엔진을 돌릴 필요도 없었다. 바람의 도움으로 우리는 예정보다 이틀 먼저, 연료도 아끼면서 항구에 도착했다. 1997년 엘니뇨에 시달리며 하와이에서 돌아오던 때와는 정반대였다. 돌아와서는 언론과 만났다. 예술가이자 해변 수집가인 매클라우드는 샌타바버라 신문에 이렇게 이야기했다. "쓰레기를 끊임없이 지나치는 지역이 있었습니다. 안타까운 일입니다."

롱비치로 돌아와 가장 먼저 한 일은 에베스마이어에게 연락한 것이었다. 이번 탐사에 대해 에베스마이어는 우리만큼이나 흥분했었다. 나는 배를 댄 지 하루도 안 되어서 그에게 전화를 걸었다. 에베스마이어는 대뜸 "이쪽으로 와요."라고 했다. 나는 '안 갈 이유 없지.'라고 생각했다. 낭비할 시간이 없었다. 깨진 부표 위에서 다 자란 굴을 발견했기 때문이다. 에베스마이어는 그것을 잘 보존해서 가져다준다면 출처가 어디인지 확인해줄 사람이 있다고 했다. 말하자면 CSI 스타일의 쓰레기 과학 수사였다.

일할 때 쓰는 내 트럭은 이런 장거리 운행에는 적합하지 않았다. 나는 어머니께 91년형 베이지색 캐딜락 쿠페 드빌을 빌렸다. 9월 22일에 출발했으니 돌아온 지 채 2주가 안 된 시점이었다. 뒷좌석과 트렁크에 플라스틱 방수포를 깔고 쓰레기 더미를 실었다. 이 중 어떤 것은 에베스마이어가 조사하는 컨테이너 유출 사고의 표류물일지도 몰랐다.

놀러가는 것이 아니었다. 나는 주간州間 고속도로 5번을 타고 중서부라고 해도 좋을 캘리포니아 중부의 평평한 농업 지대를 통과했다. 오리건 주 경계에 가까운 마운트섀스타 근방에 이르자 길은 오르막을 탔다. 캐딜락이 과열되기 시작했다. 이 차가 제너럴모터스 차량이라는 사실이 떠올랐다. 제너럴모터스는 '계획적 진부화'라는 개념을 만들어냈다고 지목되는 회사이다. 나는 커다란 폴리에틸렌 통을 꺼내 물을 채우고 15분마다 차를 세워 과열된 엔진을 식혔다. 마침내 캐딜락 대리점이 있을 만큼 큰 도시에 도착했다. 서비스 부서의 이야기로는 알루미늄이 틀어져서 수리가 불가능한 엔진 헤드만 교체하는 것보다 차라리 엔진 전체를 교체하는 게 더 싸게 칠 것이라고 했다. 나는 캐딜락을 그곳에 맡겨두고 대여 차량에 올랐다. 정비 팀은 오래된 엔진을 수리된 새 엔진으로 바꿔놓겠다고 했다.

롱비치를 떠난 지 이틀 만에 시애틀에 도착했다. 피곤한 육로 여행이었다. 하지만 시애틀은 실망시키지 않을 만큼 멋진 곳이었다. 바로 뒤에는 웅장한 레이니어 산이 흐릿하게 보였고 반짝이는 퓨젓 만

이 길게 뻗어 있었다. 나는 목재 골조로 된 에베스마이어의 집 근처에 차를 세웠다. 앞마당에 벚나무가 있는 집이었다. 에베스마이어는 밖으로 나와 나를 반갑게 맞으며 가져온 쓰레기들은 앞마당 잔디에 내려두면 어떻겠냐고 했다. 나는 먼 길을 무사히 여행한 굴과 깨진 플라스틱 부표를 그에게 내밀었다. 나와 함께 많은 일을 겪은 쌍각조개였다.

에베스마이어는 우리가 환류에서 가져온 쓰레기들 중 자신이 아는 한, 컨테이너 유출 사고에서 나온 것은 하나도 없어 보인다고 했다. 배구공은 1년 전인 1998년 10월의 '기상학적 폭탄'에서 나왔다고 하기에는 너무 낡았고 나머지 것들도 상업적인 어업 활동에서 나온 것이 많았다. 고무 오리나 개구리, 거북이, 비버도 없었고 하키 글러브나 에어조던 운동화도 없었다. 동쪽 환류는 형언할 수 없을 만큼 넓었고 우리가 특정 종류의 물건을 회수할 가능성은 모래밭에서 바늘 찾기였다. 육지에 비유한다면 텍사스 주 두 배 크기만 한 순환고속도로를 골프 카트로 돌면서 텍사스 사람이 흘린 20달러짜리 지폐를 찾는 일이었던 것이다. 하지만 원양은 고정된 고속도로가 아니므로 길을 인도해줄 지형지물도 없었다. 그리고 잊어서는 안 될 것이 우리가 환류에 나가 있는 시간 중 절반은 밤이라는 사실이다. 환류의 신비는 이런 것이다. 그곳에서 특정 물건을 찾고 싶더라도, 심지어 컴퓨터 모델이 그 물체는 거기 있을 것이라고 예측해주더라도 그곳에 가면 아마 찾지 못할 것이라는 점이다. 대신 엉뚱한 다른 물건들을 많이 찾게 될 것이다. 흥분과 두려움을 동시에 불러일으키는 이상한 힘을 가진 물건들 말이다. 마치 무슨 호러 쇼처럼.

이날 나는 에베스마이어가 내가 생각했던 것과는 아주 다른 일을 하는 사람이라는 사실을 알았다. 나는 언제나 에베스마이어가 박사 학위를 가진 대학 교수라고만 생각하고 있었다. 하지만 그의 실험실을 보기 위해 지하실에 내려갔다가 그렇지 않다는 것을 알게 되었다. 내가 보게 된 것은 표류물들의 지하 묘지였다. 에베스마이어는 주로 낚시 도구함에 정리되어 있는 자신의 수집품을 보여주었다. 나는 전형적인 해양 과학 연구실을 보게 되길 바라던 참이었다. 우리가 환류에서 힘들게 수집한 표본을 처리하고 분석하는 일이 시급했기 때문이다. 하지만 에베스마이어가 들려준 그의 전문 분야는 해양 석유 굴착용 기반 시설 건설, 안전 관리 및 기름 유출 관리였다. 그는 전 세계 석유 회사 및 컨설팅 회사들에서 수임을 받아 일했고 현재는 가끔 컨설팅을 한다고 했다. 에베스마이어가 열정을 바치는 대상은 해변 수집이었다. 그는 지역 모임에서 해변 수집가들과 만나거나, 전국의 표류물 애호가들이 모여 수집품을 비교, 공유하고 팔거나 교환하는 연례 모임에 가는 것을 좋아했다. 대부분의 해변 수집가들이 그렇듯이 에베스마이어는 일본식 유리 부자의 감정가로서 멋진 수집품들을 보유하고 있었다.

에베스마이어는 또 다른 표류물 전문가인 스티브 이그넬에게 연락하기로 했다. 이그넬이라면 나도 해양 쓰레기 연구 자료에서 이름을 본 적이 있었다. 스티브 이그넬과 로버트 데이, 데이비드 쇼, 이렇게 알래스카를 본거지로 하는 세 사람의 과학자는 1980년대에 연구를 시행했다. 나는 표본 분석 방식도 맞춰보고 정보를 교환할 수 있을까 해서 그들의 자료를 찾아보았던 적이 있다. 자료를 다시 찾아본 에베스마이어는 해양오염방지협약 부속서5가 있음에도 불구하고 바닷속 플라스틱이 점점 더 늘어나고 있다고 확신했다. 우리 결과물을 이전의 조사 결과와 비교해볼 생각에 에베스마이어는 안절부절못했다. 에베스마이어가 이그넬과 통화하는 것을 듣고 있는데 그가 의기소침해지는 것이 느껴졌다. 에베스마이어는 전화를 끊더니 이그넬이 한 말을 들려주었다. "벌써 우리도 해본 일입니다." 그걸로 끝이었다. 이그넬 팀은 1984년부터 1988년 사이에 태평양에서 플라스틱을 발견해 측정했고 그 조사 결과를 1990년에 발표했다. 하지만 그로부터 10년 이상이 지난 시점에 우리는 그들과는 다른 지역을 더 나은 장비를 가지고 조사했다. 나는 이그넬이 흥미를 보이지 않는 이유를 이해할 수 없었지만 어쩔 도리가 없었다. 에베스마이어의 식탁에 앉아, 환류에 있는 이 많은 쓰레기들이 어디서 오고 어디로 가는지, 또 어떻게 하면 그 흐름을 멈출 수 있을지 알아낼 다른 방법들에 관해 의논했다.

집으로 돌아오는 차 안에서 나는 속으로 좌절감이 스멀스멀 올라오는 것을 느꼈다. 이그넬, 데이, 쇼는 벌써 10년도 더 전에 한국의 동해와 북태평양에 상당한 쓰레기가 있다는 사실을 발견했지만 바뀐 것은 아무것도 없었다. 세상 사람은 다 몰라도 나는 알고 있었어야 했다. 해양 조사 재단을 만들고, 수질을 조사하고, 연안 습지를 청소한 사람이라면, 하와이 해안에서 플라스틱 조각이 발견되었을 때 해안경비대가 알려줄 사람이라면 알았어야 했다. 바다가 플라스틱으로 채워지고 있다는 사실을 남들도 이미 알고 있으리라는 것을 말이다. 하지만 나는 알지 못했다. 어찌 된 노릇인지 내게는 그런 이야기가 전해지지 않았다. 그 순간 나는 깨달았다. 태평양에서, 혹은 지구 상 모든 바다에서 상영되고 있는, 인간이 만든 이 호러 쇼를 끝내려면 또 하나의 십자군 전쟁이 필요하리라는 것을 말이다. 과학에 뿌리를 두고 있지만 열정으로 추진될 캠페인이 필요했다. 하지만 아직 나는 최악의 상황은 알지 못한 채였다.

일회용 시대의 개막

변화의 바람이 우리 집 부엌에 불어닥친 것은 1950년대 말이었다. 우유 배달부가 그 전조였다. 폴은 빳빳한 흰색 유니폼에 스포티한 모자를 쓰고 매주 쇠로 된 운반차를 끌고 나타났다. 운반차 안에서는 1리터짜리 우유병들과 닥스훈트 종인 우리 집 애완견 피펄리에게 줄 양고기 뼈가 서로 부딪혀 쨍그랑쨍그랑 소리를 냈다. 우리는 모두 폴을 좋아했고 특히나 보통은 쉽지 않은 고객인 피펄리도 폴을 반겼다. 폴은 우리가 씻어둔 지난번 병을 다시 운반차에 싣고 다음 집으로 향했다. 그 병들은 우리 집에서 30킬로미터 정도 떨어진 낙농장에 도착해 소독과 재주입 과정을 거친 후 트럭에 실려 다시 배달되었다. 한번 상상해보라. 지나고 보니 이런 식의 모델은 지루할 만치 정상적인 것이 아니라 혁신적이고 친환경적인 것으로 보인다.

어느 날 우유 배달부가 왔는데 우유 2리터가 그림이 그려진 종이 곽에 들어 있었다. 뭔가 약간 이상하게 보였는데, 다소 흥분되게 새롭

달까 뭐 그런 느낌이었다. 우리는 곧 적응되었다. 그런데 폴은 이 종이 곽이 자신에게 파멸을 불러오고 있다는 것을 알았을까? 자신이 머지않아 회수용 병이나 지역 낙농장, 위에 크림이 뜨는 호르몬 없는 우유와 함께 완전히 사라질 멸종 위기의 종이라는 사실을 말이다.

초창기 우유 곽은 파라핀 왁스로 방수 처리를 했는데 이 파라핀 왁스가 석유 제품이었다. 학교에 다니는 아이들은 손톱으로 우유 곽이나 주스 곽에 있는 왁스를 긁어내곤 했다. 1970년대가 되자 폴리에틸렌을 입힌 보드지가 주류가 되었다. 이제 벌집나방 wax worm은 볼 일이 없었다. 고밀도 폴리에틸렌 통이 나온 것은 1964년이었다. 이로써 우유 배달부는 운명이 다했다. 드물게 시골에 있는 드라이브 스루 drive-through '우유 헛간'을 제외하면, 우유는 이제 버리면 될 통에 담긴 채 아주 먼 곳에서 조달되어 오는 슈퍼마켓 제품이 되었다. 하나씩 하나씩 소리도 없이 동네 식료품점, 빵집, 정육점이 문을 닫았다. 번쩍번쩍 광택이 나도록 깨끗한 슈퍼마켓 체인이 광활한 주차장을 끼고 들어서면서였다. 슈퍼마켓에 가면 종이 곽에 든 우유, 플라스틱 봉지에 든 빵, 미리 잘라서 스티로폼 받침에 올려놓은 고기들이 가격도 더 저렴했고 어쩐지 더 위생적으로 보였다.

일회용 시대에 만약 생일이 있다면 1955년 8월 1일일 것이다. 같은 해에 텔레비전 보유자 수가 의미 있는 한계점(전체 가구 중 65퍼센트)을 넘어섰고 '소비 지상주의'가 경주용 차처럼 달려 나가기 시작했다. 그리고 8월 1일에 판매 부수 1200만에 그보다 훨씬 많은 독자를 보유한 『라이프』지에 기사 하나가 실렸다. 기사의 제목은 "쓰고 버리는 생활: 수십 종의 일회용 가정용품이 청소의 번거로움을 없애다"였다. 기사에는 피터 스택폴이 찍은, 이제는 아이콘이 되어버린 사진 한 장이 함께 실렸는데 "공중으로 흩어지는 물건들"을 보여줬다. 공중에는 알루미늄 접시, 칸 접시, 종이 냅킨, 종이컵("맥주와 칵테일에 쓰는"), 수저와 포크, 심지어 전후 베이비 붐에 일조했다는 일회용 기저귀까지 뒤섞여 있었다. 이 소모품들 아래에는 홈드레스를 입은 여성 한 명과, 주름 잡힌 원피스에 에나멜 구두를 신은 여자아이, 흰색 티셔츠에 구겨진 작업복 바지를 입은 남자가 서 있었다. 어울리지 않는 세 사람은 위쪽을 바라보고 있는데 앞에는 철조망으로 된 쓰레기통이 놓여 있고 그 쓰레기통 속으로, 혹은 밖으로 물건들이 날아간다. 궤도는 중요하지 않다. 이 사진을 보면 향후 환경미화원들을 괴롭히게 될 쓰레기 사태의 때 이른 조짐이 분명히 드러난다. 더 나쁜 것은 바다에 미치게 될 영향이지만 말이다.

의미심장하게도 기사에서는 플라스틱이 전혀 언급되지 않았다. 날아가는 물건들은 종이나 금속 제품이다. 플라스틱은 여전히 특수 물질로서 아직은 일회용이라는 말과 동일시되기 전이었다. 1950년대 중반이면 보통 가정에는 베이클라이트로 만든 다이얼식 전화기와 서빙 접시 정도가 있었다. 이 짧은 기사는 이렇게 주장했다. "공중으로 흩어지고 있는 이 물건들을 씻는 데 40시간이 걸린다. 물론 그 어떤 주부도 그런 수고를 하지는 않겠지만 말이다. 이것들은 모두 사용 후 내다버리는 제품이다." 정말 파렴치한 과대광고지만 그렇게 믿기로 한 것은 우리 자신이었다. 쓰레기통이 있으면 엄마는 다른 일을 할 수 있을 것이고, 싱크대에서 해방될 것이며, 엄마에게 좋은 일은 가족 모두에게 좋은 일이니까 말이다. 말하자면 1950년대식 여성 해방이었던 셈이다.

쓰고 버리는 직물이나 냄비 받침, 개밥 그릇, 사냥 미끼로 쓰는 일회용 거위나 오리 등이 아직 유행하지 않는다고 슬퍼할 필요는 없다. 판도라의 플라스틱 상자에는 아직도 쏟아져 나올 것이 많기 때문이다. 일회용 펜, 라이터, 면도기, 주사기, 장갑, 탐폰 용기, 도관, 쇼핑백도 있었고 식품이나 약, 제품을 담는 병, 그릇, 통, 쟁반, 튜브, 진열대용 투명 플라스틱 포장도 나와야 했다. 포장지, 주머니, 포장용 완충재, 뽁뽁이도 출현을 기다렸고, 패스트푸드점과 편의점은 끝없이 합성수지 냄새를 내뿜게 될 예정이었다. 그나마 여기까지는 컴퓨터 같은 플라스틱성 제품은 아직 포함하지도 않은 것이다. 컴퓨터는 1년에 1억 8000만 대 정도가 버려지지만 적어도 3년 이상 사용하는 물건이므로 내구재로 분류된다.

이제 뭔가 고장 나면 우리는 주저 없이 내다버린다. 고장 난 토스터를 마지막으로 고쳐본 게 대체 언제인가? 새것을 사는 편이 더 싸다. 2006년 스티브 잡스는 자신의 추종자들에게 수백 달러나 하는 아이팟을 매년 새로 사라고 재촉했고 애플의 주주들은 환호성을 질렀다. 옛날 것도 여전히 잘 작동했다. 이제 플라스틱 통에 포장된 3억 개의 아이팟(과 다른 몇몇 제품들)이 팔려나가고 잡스의 사업적 성공은 전설이 되었다. 하지만 나는 좀처럼 좋아할 수가 없다. 수많은 유독성 금속뿐만 아니라 점점 줄어드는 자원인 구리와 석유가 들어가는 이런 전자 제품들에서 혁신과 일회성이 손잡고 있는 이유는 단 하나다. 이윤 때문이다.

20세기 중반 미국에 관한 다른 측면을 한번 살펴보자. 『라이프』지가 쓰고 버리는 생활 방식을 공표한 즈음의 새로운 생활 방식에 관해서 말이다. 아직은 전후 시대였다. 도시나 시골에 살던 사람들은 주택 건설 붐으로 생겨난 교외 지역으로 이사했다. 베이비 붐이 시작되었다. 1950년대에는 아버지 혼자 버는 돈으로 온 가족을 부양할 수 있었다. 갈증이 나면 커다란 유리잔에 우유나 주스, 물을 부어 마셨다. 더운 여름날 어머니는 종이 곽에 들어 있는 쿨에이드를 물에 타서 휘휘 저었다. 특별한 날에는 콜라나 세븐업, 오렌지 크러시, 진저에일을 내놓았고 이것들이 들어 있는 병을 다시 가져가면 환불받을 수 있었다. 개인위생 용품은(예컨대 "영화배우 다섯 명 중 네 명이 쓰는" 샴푸, "살짝 두드리기만 하면" 되는 남성용 포마드) 유리병이나 알루미늄 튜브에 들어 있었다. 하지만 아직 헤어 컨디셔너는 나오기 전이었다. 우리가 매일 샴푸와 함께 쓰는, 중합체가 잔뜩 들어 있는 그 기발한 제품 말이다. 화장실의 배수구를 따라 내려간 헤어 컨디셔너는 이제 호수와 바다의 동식물 서식지를 계면활성제로 뒤덮으려 하고 있다. 사실 1950년대 중반 평범한 여성들은 집에서 머리를 하기보다는 일주일에 한 번 미용실에 들렀다. 패스트푸드점과 주유소의 편의점이 이제 막 하나둘 생겨날 때였다. 1950년 주택의 평균 넓이는 93제곱미터였고 거주자 수는 3.37명이었다. 지금으로 따지면 겨우 속옷이나 들어갈 법한 크기의 옷장에 그 사람들의 옷이며 신발이 모두 들어가고도 남았다. 오늘날 주택의 평균 넓이는 당시의 두 배가 넘고 거주자 수는 그보다 한 명이 적다. 자연은 진공 상태를 싫어하는 까닭에 대부분의 공간이 플라스틱 물건으로 가득 찼다. 물건들이 넘쳐나서 쓰레기통으로, 자선 바자회로, 임대 창고로 향했다. 창고 임대업이란 1950년대에는 있지도 않았던 사업이다.

이 모든 물건들은 과연 어디서 왔을까? 필요가 발명의 어머니라면, 전쟁은 풍요의 어머니였다. 1941년 군대가 징발을 시작하자 미국

산업계는 전대미문의 전쟁 기계로 재편되었다. 전쟁은 1945년에 끝났다. 갑자기 정부 수주 계약이 씨가 말랐고 공장들은 생산할 준비가 잔뜩 되어 있었던 반면 국내 시장은 위축되어 있었다. 미국인들에게는 변화가 필요했다. 십여 년 전 대공황은 절약을 강요했고 2차 대전은 다시금 애국적 희생을 요구했다. 포스터나 극장의 상영 전 뉴스는 집에서도 '승리'를 이어가자고 광고했다. 직접 채소를 키우고, 나눠 먹고, 고기와 버터 사용량을 줄이고 새 옷이나 신발을 사기보다는 고쳐 쓰자고 했다. 꼭 필요한 것만 빼고 금속 제품은 모두 모금 운동에 내놓자고 했다. 이것을 재활용해서 전쟁에 쓸 비행기와 탱크, 지프, 총을 만들 수 있도록 말이다.

하지만 플라스틱에 관해서만큼은 이런 이야기를 하는 사람이 없었다. 절약과 검소에서 풍요와 낭비로의 커다란 이행이 시작된 것이다. 분쟁이 아직 끝나지 않았던 시절에는 신약성서나 벤저민 프랭클린의 『가난한 리처드의 달력』 같은 고무적 글들이 절약과 간소함을 설교했고, 그에 따라 대다수 사람들의 삶은 고상해질 수 있었다. 그러나 1830년대에 미국을 여행했던 알렉시스 드 토크빌은 자신이 본 것에 관해 다음과 같이 썼다. "미국인들의 국민성을 깊이 파고들어 보면 세상 모든 것의 가치를 다음의 질문을 통해 구한다는 것을 알 수 있다. '이것으로 얼마나 많은 돈을 벌 수 있을 것인가?'" 토크빌은 미국인들이 이런 특징을 갖는 이유가 사회적 경계나 세속적 성공의 가능성이 유동적이기 때문이라고 보았다. 산업혁명이 중산층이라는 것을 낳긴 했지만 19세기 말까지도 진짜 번영을 누리는 사람들은 자원이나 생산을 통제하는 이들이었다. 세기가 바뀌자 경제학자 소스타인 베블런은 과시적 소비라는 용어를 만들어냈다. 자신의 지위를 나타내기 위해 소비를 결정하는 '좋은 시대의 신흥 갑부들'을 표현한 말이었다.

공황과 전쟁을 겪은 미국에서 '낭비하지 않으면 모자라지도 않는다.'는 식의 윤리적 잣대는 이제 사라져야 했다. 쓰고 버리면 되는 물건들이 줄줄이 슈퍼마켓으로 진격해 들어왔다. 매디슨 가*는 이런 일을 수행하는 데 익숙했다. 1924년 킴벌리클라크 사는 앞서가는 광고 전문가 앨버트 래스커를 고용했다. 그리고 진정한 의미에서 최초의 일회용 제품이라고 할 수 있는 코텍스 패드(일회용 생리대)의 판촉을 맡겼다. 래스커는 이런 말을 한 것으로 유명하다. "내가 제일 광고하고 싶은 제품은 한 번만 쓰는 것들입니다!" 현대적인 일회용 제품의 효시는 아마 남성용 종이 칼라와 커프스였을 것이다. 이것들이 보편적으로 사용된 것은 남북전쟁 기간에 종이 가격이 낮아지면서부터였다. 종이 칼라와 커프스는 여성들에게 요긴했다. 당시 여성들은 탈부착 되는 남성용 칼라와 커프스를 빨고 표백하고 풀 먹이고 다림질하지 않더라도 할 일이 많았다.

종이 옷깃이 나온 것이 편의성 때문이었다면 두루마리 화장지 사용을 촉진한 것은 위생이었다. 19세기 말이 되자 공중화장실에 종이 수건과 종이컵이 나타나기 시작했다. 학교 등 공공장소에서 여럿이 함께 쓰는 유리그릇이나 국자를 대신해 1909년에 종이컵이 도입되었다. 종이컵의 개발로 마케팅 및 과학도 함께 진보했다. 1907년에 나온 한 연구는 여러 사람이 물건을 함께 쓰면 세균도 공유하게 됨을

---

*미국 광고업의 중심지.

보여주었다. 가장 많이 팔린 것은 헬스컵이었는데 1919년부터는 딕시컵으로 이름을 바꿨다. 기술과 일회성은 긴밀하게 얽혀 있었다. 종이컵, 종이 곽, 종이 봉지, 유리병, 금속 캔 등을 대량 생산할 수 있는 설비가 나타난 것은 1900년 전후였다. 앞서 보았듯이 몇몇 초창기 플라스틱, 특히 베이클라이트와 셀룰로이드는 2차 대전 이전 라디오나 전화기, 필름 같은 내구재를 만드는 데 사용되었다. 선견지명이 있었던 한 경제학자는 1920년대에 다음과 같은 글을 남겼다. "사실 천연 제품의 가능성에는 분명 한계가 있지만 화학적으로 제조한 제품의 가능성은, 최소한 이론상으로는 한계가 없다."

소비 지상주의는 1차 대전 후 미국에서 이미 뜨거운 주제였다. 1933년 허버트 후버는 경제학자 로버트 린드에게 1929년의 공황을 설명할 수 있는 보고서를 써달라고 의뢰했다. 보고서의 제목은 「사람들의 소비에 영향을 주는 요소들」이었다. 린드는 1929년 대공황 이전에 마케팅 전문가들이 소비 촉진을 위해 인간의 취약점을 파고드는 "효과적인 예술"을 발전시켰다고 썼다. 마케팅 전문가들은 "불안정한 직장, 사회적 불안, 단조로움, 외로움, 결혼 실패, 기타 긴장 상황 등을 (…) 기회로 보았다. 점점 더 많은 상품을 개인의 심리적 완충제의 지위로 끌어올렸다. 사람들이 그런 불안에 노출되는 곳마다 기민한 장사꾼이 만병통치약을 들고 서 있었다." 말하자면 린드는 기분 전환용 쇼핑을 설명하고 있었던 것이다.

현대적 마케팅의 아버지는 20세기 전체에 걸쳐 긴 삶*과 경력을

---

* 1891년에 태어나 1995년에 사망했으니 100세를 넘겨 살았다.

영위했던 에드워드 버네이스이다. 지그문트 프로이트의 조카이자 이반 파블로프의 제자였던 버네이스는 두 사람에게 배운 것을 활용해 오늘날까지도 사용되는 강력한 대중 설득 무기를 만들어냈다. 그의 표현을 빌자면 마케팅의 목적은 '동의의 공학engineering of consent'을 달성하는 것이다. 동의의 공학이란 욕구를 만들어내고 그 욕구를 필요로 바꾸는 작업을 뜻한다. 하지만 이는 모두 선한 목적을 위한 것이었다. 1차 대전 후의 공급 과잉 상황에서 소비자의 지출은 경제적 안정과 번영으로 가는 길로 보였다. 그리고 이런 이론은 맞아들어갔다. 1929년 10월 25일까지는 말이다.

공황기에 전환점이 될 사건이 일어났다. 유포된 논문 한 편이 극심한 경기 침체를 벗어날 방법을 제시했는데 계속해서 교체해야 하는 제품을 더 많이 생산하자는 내용이었다. 바로 일회용 제품을 의미했다. 20세기 중반 사회 평론가 밴스 패커드는 세련된 광고, 계획적 진부화, 새로운 것과 출세에 대한 끊임없는 동경이 소비 지상주의가 만연하게 된 원인이라고 비난했다. 오늘날 소비 지상주의는 꼭 필요한 것을 초과해 물건을 산다는 뜻으로 자리 잡았고, 나아가 한때 미국의 번영을 이끌었지만 다른 한편으로 미국의 영혼을 위태롭게 만들었다고 여겨지기도 한다. 허버트 마르쿠제는 1964년에 쓴 글에서 다음과 같은 것이 기정사실이라고 했다. "사람들은 자신이 가진 상품에 따라 스스로를 인식한다. 자신의 자동차, 오디오, 큰 집, 주방 설비에서 자신의 영혼을 찾는다." 우리는 사회적 지위를 살 수 있다. 돈을 쓰며 번영을 누릴 수 있다. 심지어 "물질의 제국"으로부터 정체성을 빚어낼 수도 있다.

물론 우리 문화를 바꿔놓은 가장 큰 소비재는 자동차였다. 합성 고무 타이어를 생산하던 미국의 50개 공장은 2차 대전이 끝나자 즉시 국내 시장에 맞춰 설비를 재편했다. 실제로 타이어 업계는 제너럴모터스 및 석유 회사들과 작당하여 미국의 거의 모든 지역에서 기존의 대량 수송 체계를 몰아내는 데 힘을 보탰다. 그렇게 해서 오늘날 연간 10억 개 규모에 달하는 타이어 시장을 방어한 것이다. 그리고 뒤이어서는 앞서 보았던 것처럼 단단한 플라스틱 재질의 내구재로 대표되는 전후 플라스틱 제품의 첫 번째 물결이 일어났다. 훌라후프, 포마이카 작업대, 비닐 레코드판 같은 것들이었다.

그다음 나타난 것은 미국의 주간州間 고속도로 체계였다. 그때까지 최대 규모의 공공사업이자 드와이트 D. 아이젠하워 대통령이 특별히 아꼈던 사업이다. 2차 대전 때 연합군 사령관이었던 아이젠하워는 독일의 아우토반을 극찬했다. 아우토반은 이동성을 높였을 뿐만 아니라 군용 차량과 장비에도 도움이 되었다. 아이젠하워는 1953년 대통령에 취임하자 주간 고속도로 건설을 국정의 최우선 과제로 삼았다. 대통령의 재촉과 자동차 업계의 로비에 힘입어 의회는 1956년 연방지원고속도로법을 통과시켰다. 새로 생기는 도로 덕분에 미국은 군비 체계를 개선했을 뿐 아니라 경제 또한 전에 없는 활황을 누리게 되었다.

대공황이 오기 훨씬 전부터 미국의 업계는 중앙 집중형 대량 생산과 포장 식품, 브랜드 전략, 광고 등의 이점을 깨닫고 있었다. 1920년대에 이미 하인즈와 캠벨스는 캔에 든 수프와 소스를 생산하고 있었다. 퀘이커와 필스버리는 봉지에 든 귀리와 밀가루를, 콜게이트와 P&G는 치약과 비누를 생산했다. 옷과 기타 상품이 소개된 상품 안내서도 인기가 있었다. 생활의 기본적 필요를 집이나 동네를 중심으로 충족시켰던 수백 년 된 생산 방식은 지금 우리의 것과 비슷한 생활양식에 의해 밀려나고 있었다.

그러나 낙농업처럼 그동안 지역별로 전개된 산업 분야가 대대적 통합을 이루게 된 결정적 계기는 새로운 주간 고속도로 체계의 출현이었다. 주간 고속도로로 인해 철도 체계는 내리막길을 걷게 된 반면 트럭 운송업이 호황을 누렸다. 1940년대에는 2300개의 농업 협동조합이 인근 시장에 우유를 공급했다. 2002년에는 196개만이 남아 있었고 미국 낙농품 생산의 거의 절반을 단 다섯 개 회사가 책임졌다. (도시화와 젖소 유전학의 발전, 가공 과정 개선, 냉장 트럭 등도 이를 부추겼다.) 코네티컷의 옛날식 낙농장인 웨이즈의 웹 사이트를 방문해보면 다음과 같은 설명이 나온다. "슈퍼마켓은 집집마다 우유를 배달하던 기존 유통 방식을 몰아낸 후 일방향의 용기 사용을 강요했다. 자가 상표를 부착한 우유가 곽에 담겨 판매되었고, 재사용이 가능한 병에 든 타사의 우유는 거절했다." 재사용할 수 있는 회수용 병은 이윤을 창출하지 못했다. 동네 빵집들도 비슷한 변화를 겪었다. 오래전 우리 동네에는 헬름스 베이커리의 트럭이 일주일마다 찾아왔다. 갓 구워낸 빵과 따뜻한 도넛 냄새로 사람들을 불러 모아 나무 상자에 들어 있는 빵들 중에 원하는 것을 왁스 입힌 종이나 종이봉투에 넣어 건넸다. 하지만 1960년대 중반 이후 이 트럭을 다시 볼 수 없었다. 대신에 그즈음 슈퍼마켓에서는 하얗고 값싼 원더 브레드("열두 가지 방식으로 튼튼한 몸을")를 팔았다. 풍선 그림이 그려진 플라스틱 포장에 담겨 중서부 지역에서부터 트럭을 타고 온 빵이었다.

다른 제품에 비해 식품은 대량 생산하고 유통하기가 어려웠다. 식품 생산이 중앙 집중화된 것은 부패라는 문제가 극복된 이후였다.

1889년 회전식 자동 병 제조기가 특허를 획득한 이후 음식과 음료의 보존 용기로 유리가 널리 쓰이게 되었다. 1960년대 말까지 대부분의 액상 제품이나 식품, 그 외 것들은 유리병에 포장되었다. 유리는 아직도 잼이나 양념, 고급 음료와 같은 프리미엄 식품에 선호되는 물질이다.

통조림 캔은 프랑스에서 발명되었다. 나폴레옹이 군대를 위해 음식을 보존할 수 있는 방법을 찾는 사람에게 1만 2000프랑의 상금을 내걸었던 것이다. 마분지 상자가 도입된 것은 1906년 켈로그가 콘플레이크라는 참신한 신제품을 선보이면서였다. 켈로그는 왁스 입힌 종이로 안을 대서 신선함을 보존했다. 1950년대에는 알루미늄 은박지 포장이 흔해졌고 1960년에는 알루미늄 캔이 슈퍼마켓 선반에 나타났다.

그다음에 등장한 것이 플라스틱이었다. 기록상 최초의 상업적 플라스틱 통은 스토페트 방취제를 발명한 줄스 몽테니에 박사가 1947년에 디자인한, 꾹 누를 수 있는 PVC 병이었다. 스토페트는 최초의 스프레이 방취제였을 뿐만 아니라 당시 인기 있는 게임 쇼였던 《왓츠 마이 라인What's My Line?》을 후원하는 제품으로 인기가 높았다. 몽테니에는 특허 출원서에서 자신의 발명품을 '일체형 액체 용기 겸 분무기'라고 불렀다. 그가 시카고의 플락스코퍼레이션(이후 몬산토 사에 흡수되었다가 분리되었다.)과 함께 개발한 이 용기는 공기 취입 성형 기법*으로 대량 생산이 가능하다는 사실을 보여주었다. 몽테니에 박

---

*가운데에 공기를 불어 넣어서 형태를 만드는 플라스틱 성형 기법.

사의 풍부한 아이디어 덕분에 분무식 전신 파우더와 피네스 샴푸도 잇따라 선을 보였는데 모두 PVC 플라스틱에 담겼고 텔레비전 광고를 탔다.

하지만 세상을 뒤덮게 될 것은 플라스틱 필름*이었다. 플라스틱 필름은 저렴하고 가벼운 비투과성 물질로 부패하기 쉬운 식품을 먼 곳까지 신선하고 경제적으로 배달할 수 있는 방법을 제공했다. 플라스틱 포장 덕분에 이제 음식과 음료를 해당 지역에서 생산하지 않아도 되었다. 그리고 이것은 곧 썩지 않는 쓰레기의 시대를 열게 된다.

플라스틱 필름은 다우케미컬에서 우연히 발견했는데(시험용 튜브에 남아 있었다.) 곧 군대 장비의 습기 차단재로 그 용도를 찾게 된다. 하지만 이 초기 플라스틱 필름은 녹색에 악취까지 나서 화학적 출처를 의심하게 만들었다. 1953년 식품 포장재로 승인을 얻기까지는 개량이 필요했다. 지금은 폴리에틸렌 필름이 단일 품목으로는 가장 많이 사용되는 플라스틱 형태이다. 전 세계적으로 매년 8000만 톤의 폴리에틸렌이 생산되는 것으로 추정되며 그 대부분은 제품 포장에 이용된다. 플라스틱을 가장 많이 사용하는 분야는 단연 포장 부문이다. 포장 부문은 전체 합성수지 생산량의 3분의 1을 소비하고 있고 이 수치는 앞서 보았던 소비자 제품이나 산업용 제품, 건설 자재 등의 2위 그룹과는 큰 차이가 난다.

그렇다면 플라스틱과 일회용이라는 말이 동의어처럼 되어버린 것은 언제일까? 한때는 플라스틱이 오래 쓰는 소비재에 사용될 만큼 특

---

*필름처럼 얇은 막 형태의 플라스틱.

별한 물질이었다고 앞서 이야기했다. 그다음에 나타난 것이 빅 사였다. 프랑스 기업인 빅 사는 상업적으로 생산된 첫 번째 볼펜인 아르헨티나의 바이로에 관한 권리를 취득했다. 빅 사의 개발자들은 잉크가 방울지지 않게 하는 방법을 터득한 후, 압력을 균일하게 하기 위해 끝에 작은 구멍이 있는 투명 폴리스티렌 실린더를 사용했다. 유럽과 기타 해외 시장을 휩쓴 빅 사는 1958년 미국의 펜 회사 워터맨을 사들였다. 빅 사의 펜은 페이퍼메이트의 볼펜보다 가격이 저렴했고 똑같이 잘 써졌다. 미국에서는 페이퍼메이트 사가 여전히 1위이고 빅이 2위이지만 그 외 대부분의 나라에서는 빅이 1위다. 2005년 빅 사는 1000억 번째 빅 크리스털 펜을 생산했다. 빅 사의 펜은 매일 전 세계 160개국에서 1400만 개가 판매된다. 우리 그물망에는 빅의 펜이 걸리지 않았는데 폴리스티렌은 단단해서 보통 가라앉기 때문이다. 해저에는 수백만 개의 빅 펜이 잠들어 있을 가능성이 크다.

펠트펜*은 우리 그물에 걸리곤 한다. 펠트펜은 속이 빈 튜브처럼 물에 잘 뜨기 때문이다. 사실 일회용 라이터도 마찬가지다. 빅 라이터는 1973년에 출시되었는데 질레트 사의 크리켓 다음인, 두 번째로 출시된 라이터였다. 하지만 빅 라이터가 크리켓의 반값이었으므로 질레트는 1984년 이 분야에서 손을 뗐다. 현재 빅 사의 주요 경쟁자는 저렴한 중국산 복제품이다. 복제품들은 도매로 사면 개당 25센트 이하에 살 수 있다. 빅 사는 미국에서만 연간 2억 5000만 개의 라이터를 판매하며 자기네 제품이 세계에서 가장 많이 팔리는 일회용

---

*심이 펠트 등의 천으로 된 펜. 형광펜, 마커 등이 있다.

플라스틱 바다 Plastic Ocean

라이터라고 주장한다. 3000번까지 켤 수 있다는 빅 라이터와 그 복제품들은 레이산앨버트로스의 치명적인 주식이 되고 있다. 빅 사의 대변인은 외딴섬에 사는 레이산앨버트로스 새끼의 뱃속에서 일회용 라이터가 발견되었다는 사실에 회사는 "경악을 금할 수 없다."고 말했으나, 그 라이터들 중 빅 사에서 만든 것은 거의 없다고 주장했다. 언젠가는 밝혀질 것이다. 일본의 한 연구자는 전 세계 해변에서 일회용 플라스틱 라이터를 수거할 경우 알려달라고 도움을 요청했다. 라이터 몸통에 있는 상표를 통해 출처를 추적하려는 것이다. 라이터는 어선에서도 많이 사용되지만 멀리 떨어진 해변에서 수거되는 양으로 볼 때 육지에서 유래한 것도 있어 보인다. 일회용 면도기를 포함한 빅 사의 각 제품은 겨우 5에서 6그램 정도의 플라스틱을 포함하고 있다. 플라스틱 수지 알갱이 200~300개만 녹이면 만들 수 있는 양이다. 하지만 연간 수십 억 개의 제품을 만든다면 그 양은 엄청나다. 50억 개의 라이터, 펜, 면도기는 3000만 톤의 플라스틱을 의미하고 그것들은 이 글을 읽는 당신이나 당신의 자녀들보다 오랫동안 살아남을 것이다. 시장은 계속 보관하며 쓰는 물건을 원하지 않는다. 상품과 소유물 사이에는 차이가 있다. 상품은 닳아질 때까지만 사용하는 덧없는 것이고 소유물은 보관하고 사용하고 소중히 여기는 것이다. 한때는 소유물이었던 많은 것들이 이제는 상품이 되었다. 펜이나 면도기, 지포 라이터, 몽블랑 펜은 한때 모두가 갖고 싶어 하고 의미 있는 선물이었지만 이제는 아니다.

　　쓰고 버리는 생활 방식에서 매우 중요한 것이 계획적 진부화이다. 헨리 포드가 T모델 자동차를 내구성 있게 만든 것은 순진한 발상이었다. 그는 자동차 시장이 무한히 열려 있고 영원히 자기 것일 줄 알았던 것이다. 그러나 그다음에 출현한 제너럴모터스는 포드와 완전히 다른 철학을 갖고 있었다. 제너럴모터스는 새롭고 번드르르한 것을 좋아하는 미국인들의 취향에 맞춰 매년 새로운 모델, 완전히 새로운 라인을 만들었다. 1950년대가 되자 회사들은 어두운 선택을 내리기 시작했다. 고의적으로 자동차를 내구성 있게 설계하지 않았으며, 판매를 촉진하기 위해 날개를 추가하거나 빼고 몸체를 높이거나 낮추었다. 뒤이어 다른 제품군들도 이런 행태를 따라 했다. 전구, 배터리, 아이팟 등 열거할 수도 없을 만큼 많은 제품들이 부서지기 전에 일정 기간 동안만 지속되도록 만들어졌다.

일회성은 쓰레기를 만들어냈다. 흉물스러운 쓰레기 더미가 생겨났다. 플라스틱 업계가 앵무새처럼 하는 말이 있다. 플라스틱 쓰레기는 '공공의 문제'라는 것이다. 그들은 이 전략으로 플라스틱 오염을 플라스틱이라는 물질 자체나 그것을 만드는 업계와 분리시키는 데 성공했다. 다큐멘터리 제작자이자 작가인 헤더 로저스는 일회용 용기 사용 초창기에 있었던 사건을 폭로했다. 1953년 버몬트 주 의회에 의석이 있던 농부들은 판매점에 반환해도 대금을 돌려받지 못하는 유리 음료수병 생산을 금지하는 법안을 통과시켰다. 운전자들이 길가 들판에 마구 던져댄 병들이 가축의 사료에 섞여들어 치명적인 결과를 가져왔기 때문이었다. 몇 달 후 주요 캔 및 유리병 제조사들은 비영리 단체 하나를 결성했고 코카콜라나 딕시, 전국제조사연합 등으로부터 지원을 얻어냈는데 그 단체의 이름이 '미국을 아름답게'였다.

든든한 자금줄로 뒷받침되고 미디어에 정통한 이 단체는 캠페인을 벌였다. '쓰레기 벌레litterbug가 되지 말자.'는 문구가 전국 방방곡곡에 내걸렸다. 쓰레기 벌레라는 단어는 지르박jitterbug이라는 춤이 한창 유행했던 1947년에 생겨났는데 뉴욕 시 지하철 전체에 이 에티켓 포스터가 붙지 않은 곳이 없었다. 쓰레기 벌레는 산불 방지 포스터에 나오는 곰처럼 어느 이미지로 대표되지는 않았으나 언제나 듣는 사람으로 하여금 혐오감을 유발했다. 이 캠페인의 숨은 의도는 화제를 바꿔서 비난의 대상을 딴 데로 돌리는 데 있었다. 다시 말해 한 번 쓰고 버리는 새 용기가 진짜 문제가 아니라는 것이다. 진짜 문제는 이 새로운 일회용 용기를 책임감 있게 버리지 않는 파렴치한 이들이라는 것이다. 이제 쓰레기를 함부로 버리는 행동은 극장에서 줄담배를 피우는 것보다 더 나쁜 일이 되었고, 쓰레기장이 아니면 골목길밖에 갈 데가 없을 병들을 1년에 수백만 개씩 생산하는 것보다 훨씬 더 나쁜 행동이 되었다. 버몬트 주의 일회용 병 금지법은 1957년에 폐지되었다. '미국을 아름답게'는 이후에도 여러 가지 노력을 했다. 인디언인 줄 알았으나 시칠리아 이민자의 아들로 밝혀진 아이언 아이스 코디를 영입해 캠페인을 벌이기도 했고, 1963년에는 로널드 레이건이 해설을 맡은 '교육용' 영화를 제작하기도 했다. 삼나무를 보고 "하나를 봤으면 다 본 거나 마찬가지"*라고 했던 레이건은 나지막이 이렇게 읊조린다. "사람들이 경솔하게 버렸을 때만 〔쓰레기는〕 쓰레기가 됩니다."

'미국을 아름답게'가 벌였던 캠페인은 아마도 그린워싱**의 최초 사례일 것이다. 환경 오염 산업은 환경 수호자 역할을 맡을 사람을 정하고 새로운 기준의 '조작된 동의'를 정의했다. 아니나 다를까

---

*숲 보존 운동에 반대했던 레이건이 큰 삼나무 숲은 필요하지 않다는 의미로 했던 말.
**그린워싱green washing 기업 등이 거짓으로 친환경적인 척하는 행태.

1965년이 되자 전국적으로 쓰레기 위기가 발생했고 '1965년 연방고형폐기물처리법'이 통과되었다. 위생적 쓰레기 매립지(캘리포니아 주 프레스노의 공공사업국장이 1937년에 제시한 개념)를 갖고 있지 않은 자치단체는 새로 설치해야 했다. 이로부터 10년도 지나지 않아 새로운 쓰레기 추세(유독하고 '위험한' 물질들)로 보아 추가적인 조치가 필요함이 분명해졌다. 1976년 의회는 자원보존및회수법을 통과시켰다. 쓰레기를 만들어내는 자들, 다시 말해 제조사들은 책임에서 벗어났다. 소비자 및 납세자들, 즉 당신과 내가 계산서를 지불하게 되었다. 상품 가격 인상이나 수송 서비스, 세금을 보조받는 쓰레기 수거 사업 등을 통해서 말이다. 캘리포니아 주만 해도 오직 플라스틱을 매립하는 데 연간 7억 5000만 달러의 세금을 쏟아붓고 있다.

    놀랄 것도 없이 알갈리타 재단을 운영하는 우리도 '업계'와 작은 충돌들이 있다. 좋은 일도 있고 나쁜 일도 있고 재미난 일도 있다. 우리는 캘리포니아 주 수자원관리위원회의 기금 보조를 받는 사업 때문에 자문위원회와 웹 사이트를 설치해야 했다. 자문위원회에는 업계와 주 정부, 환경 단체의 이해관계자가 포함되어 있었다. 우리 사업은 자연환경에서 플라스틱 쓰레기의 실제 규모를 파악하는 데 초점을 맞추었기 때문에 웹 사이트 주소를 plasticdebris.org로 결정했다. 업계 대표자들은 플라스틱plastic이라는 단어와 쓰레기debris라는 단어를 연결시키지 말아달라고 호소했다. 그들은 쓰레기에는 다른 물질들도 있을 수 있는 데 유독 플라스틱만 지목하는 것이 공정하지 못하다고 생각했다. 엄밀히 말하면 맞는 이야기이지만 북태평양 환류나 연안 지역 바다에서 우리가 찾아낸 바로는 자연물이 아닌 쓰레기 중에서 90퍼센트 이상이 플라스틱이었다.

우리는 수자원관리위원회의 승인을 얻어서 plasticdebris.org의 등록 절차를 시작했다. 그런데 정말 놀랍게도 우리가 사용하려는 이 웹 사이트 주소가 이미 등록되어 있는 것이었다. 우리 웹 관리자가 조사를 해보니 이 주소가 성이 크레브스라는 사람의 명의로 등록되어 있었다. 이럴 수가! 우연인지 몰라도 크레브스라는 이름은 미국플라스틱협회의 고위 경영자 이름이기도 했다. 플라스틱 산업을 위한 로비 단체로 얼마 후 미국화학협회에 흡수된 단체 말이다. 우리 자문위원회에 있는 업계 측 위원이 미국플라스틱협회를 설득했고 이 웹 사이트는 지금도 운영되고 있으며 사람들이 꾸준히 방문하고 있다.

한 시대를 정의하는 물질이 재사용되지 못하는 현상은 역사상 처음 있는 일이다. 자동차에 쓰인 강철은 재활용해서 새로운 차를 만드는 데 쓸 수 있다. 우유병은 소독하거나 재활용해서 '새' 우유병으로 사용할 수 있다. 하지만 플라스틱 우유병은 이렇게 할 수 없다. 법에 저촉되기 때문이다. 폴리에틸렌은 녹는점이 너무 낮아서 제대로 살균이 되었는지 확신할 수 없다. 플라스틱은 단순히 '버릴 수도 있는 것'이 아니라 버려져야 하고 아니면 플라스틱 잡동사니 같은 질 낮은 제품으로 다운사이클링^{downcycling}되어야 한다. 물론 이것들도 별로 오래가지는 못하지만 말이다. 하와이에서 플라스틱으로 야외 탁상이나 판자 길을 만들어본 결과 강렬한 아열대의 태양 아래서 플라스틱은 맥을 추지 못했다. 며칠도 안 되어서 플라스틱은 과다한 열로 휘어져버렸고 플라스틱 판자 길은 시멘트로 교체되었다.

매년 우리 앞에 수만 개의 새로운 혁신적 제품들, 즉 새로운 음식, 음료, 장비들이 나타날 때마다 우리가 한 가지만 더 생각해본다면 어떨까? 그 물건들 중에, 그리고 그 포장재 중 얼마나 많은 것이 결국 바다로 가게 될 것인가? 나는 이 질문에 답하기 위해 인생의 많은 부분을 바쳤다. 명확한 답은 없겠지만 많은 것이 달라졌을 것이라고 확신한다. 우리가 어떤 물건을 만들거나 구매할 때 결말이 어떻게 될지를 먼저 생각하는 것이 예외가 아니라 원칙이 된다면 어떨까? 그렇게 계획성을 가진다면 아무 가치 없고 쉽게 버려지는 플라스틱이라는 물질도 새로운 길을 걷게 될 것이다. 플라스틱을 만들고 버리기 위해 이 지구가 추가적으로 부담해야 하는 비용은 너무나 커서 아무도 생각조차 해보지 않는다. 그래서 우리는 마음속으로 플라스틱 제품(쓰고 버리는 제품, 포장지와 봉지, 병, 튜브 등)을 더욱 평가절하하며 불안감을 덜어낸다. 마지막 목적지가 없기에 그 모든 것은 그냥 쓰레기가 된다. 쓰레기는 아무 가치가 없다.

이런 것을 염두에 두고 시민 과학자로서의 나의 탐험으로 돌아가 보자. 가치 없는 쓰레기 몇 통과 불쌍한 바다 표면에서 긁어모은 쓰레기 조각들을 챙겨 항구로 돌아온 나는 분석을 기다리고 있었다.

07

피해를 보여줘야 한다

우리는 폭 90센티미터, 깊이 15센티미터의 그물로 거의 160킬로미터에 이르는 바다 표면을 훑었다. 문자 그대로 냄새나고 더러운 플라스틱 쓰레기 1톤을 배 위로 끌어올려 무게를 달고 무슨 전리품인 양 항구로 가지고 돌아왔다. 우리가 바다를 위해 좋은 일을 한 것이면 좋겠다. 하지만 가장 중요한 것은 얌전히 정량 분석을 기다리고 있는 표본들이었다. 보통은 1리터짜리 병에 담겨 있지만 그물망에 걸린 탄산음료 병 같은 대형 플라스틱은 몇 개의 큰 통에 담겨 있었다. 각 병은 단단히 봉해졌고 안에는 내용물이 잠길 정도의 소독용 알코올(이소프로필알코올)과 바닷물이 들어 있었다. 말하자면 플라스틱 조각과 플랑크톤 조직이 걸쭉하게 섞인, 바다에서 가져온 죽이었다. 이런 파편들은 맨눈으로는 잘 보이지 않았다. 그러니 대형 선박을 탄 채로는 볼 수 없는 것이다. 병을 살짝 흔들자 표본병은 마치 색색의 플라스틱 눈이 내리는 장식용 유리 공 같았다.

항구로 돌아와서 마이크 베이커와 나는 알기타호의 선미 쪽 갑판 위에 환류에서 가져온 쓰레기를 요령껏 전시했다. 지역 신문사에서 사진을 찍을 수 있게 말이다. 기자들은 못 믿겠다는 표정으로 기겁했다. 헤드라인 중 하나는 태평양 한가운데의 "상상을 초월하는 플라스틱 실태"였다. 나중에 우리는 그 끔찍한 플라스틱을 길 건너 우리 집으로 가져왔다. 그리고 뒷마당 테라스의 그늘진 한쪽 구석에 방수포를 깔고 쌓아두었다. 며칠 후에는 캐딜락을 타고 시애틀에 가서 에베스마이어를 만날 것이다. 표본병은 코스타메사에 있는 척 미첼의 연구소로 갈 것이다. 미세한 가오리망을 빌려주었던 사람 말이다. 그가 일하는 MBC응용환경과학은 해양 건강 진단 서비스를 통째로 제공하는 회사이다. 그는 인심 좋게도 해부 현미경과 전자 계량기 같은 중요한 분석 장비들을 우리가 이용할 수 있게 해주었다.

우리는 몰리 리캐스터와 커티스 에베스마이어가 만든 수집 계획을 준수했지만 결국 표본은 12개가 아니라 11개밖에 수집하지 못했다. 닷새 동안 표본 수집을 한 후에 하루를 쉬고 이틀 일찍 돌아왔으니 표본이 하나쯤 부족한 것은 감수할 만한 일이었다. 리캐스터는 이 정도로는 전체 연구의 완성도에 영향을 주지 못할 것이라고 우리를 안심시켰다.

시애틀에 얼른 다녀온 뒤에도 아직 9월이었다. 어머니는 내가 무사히 돌아왔고 캐딜락도 더없이 상태가 좋으니 기뻐했다. 이 탐사를 함께 계획하고 실행하고 지원했던 우리 모두는 11개의 병이 세상을 뒤흔들 것이라고 생각하고 있었다. 스티브 이그넬의 "벌써 우리도 해본 일입니다."라는 말이 계속 들리는 듯했다. 그리고 그것이 바로 내가 알갈리타 재단을 설립한 이유였다. 오염 물질이 무엇이든 간에 문제를 발견하는 것과 현실을 개선하는 것 사이의 간격을 줄이는 일 말이다. 이그넬 팀의 활동 뒤에는 아무 일도 일어나지 않았다. 아무것도 바뀌지 않았던 이유는 아무도 충분히 분노하지 않았기 때문이다. 그들의 발견은 그저 과학 학술지나 학회에 발표하는 것으로 끝이 났고 뒤따른 조치는, 설사 있다고 하더라도, 이상하리만치 무력했다. 아마도 대부분의 사람들이 몰랐기 때문일 것이다.

대단치는 않지만 한 가지에 집중하고 있고, 누구의 구속도 받지 않는 우리의 작은 독립 재단은 '스스로' 과학을 받아들였고 우리의 사명을 발전시킬 수 있는 것은 무엇이든 지원했다. 그리고 우리의 사명은 환경 상태를 진단하는 것이었다. 내 관점에서 보면 우리가 하는 일은 기관이나 학계에서 취하는 방식이라기보다는 사업적 모델을 따랐다. 우리는 상업적 목표가 있는 기업 후원의 영향에서 자유로웠고 기관들처럼 무관심하지도 않았다. 우리는 어떠한 이익 동기도 없었고 오직 바다를 지키겠다는 철학적 신념이 있을 뿐이었다. 강력한 과학적, 기술적, 경제적 '진보'가 만들어내는 끈질긴 플라스틱 찌꺼기로부터 바다를 지키는 것 말이다.

하지만 알갈리타 재단은 자신의 의제를 갖고 있었으므로 확고한 과학적 근거를 확보해야 한다는 사실을 예리하게 인식하고 있었다. 진단을 수행했으니 이제 바다 한가운데에서 왜, 그리고 어떻게 이런 플라스틱 무덤이 생겼는지를 더 잘 이해할 수 있을 것이다. 그러고 나면 해결책을 찾기 위해 행동에 나설 것이다. 만약 플라스틱의 출처를 식별할 수 있다면 해결책은 스스로 나타날 것이다. 하지만 우리는 마냥 순진하지는 않았다. 이런 어려움 앞에서 나는 오히려 오기가 생겼다. 우리 생각대로 결과가 나온다면 우리는 소란을 일으켜서 사람들이 알게 만들 것이다. 좋은 사람들은 행동하겠다고 마음을 고쳐먹게 될 것이고 결국에는 (언제일지는 아무도 모르지만) 바다의 플라스틱 축적량이 줄어들 것이다. 물론 모든 것은 과학에 입각해서 진행될 것이다.

스쿼프의 스티브 와이스버그가 시간을 내어 내 설명을 들어주었다. 나는 와이스버그에게 플라스틱 수프가 들어 있는 병을 하나 보여주었다. "와우, 파급력이 엄청나겠는데요." 그의 말이었다. 우리는 생각이 같았다. 이것은 놀라운 발견이고, 분석을 해보면 원양 한가운데서도 플라스틱 오염이 일어나고 있다는 것이 드러날 것이며, 그 결과를 동료 평가를 거치는 과학 학술지에 게재할 수 있을 것이다. 그곳에서 목격하고 수집한 것들에 대해 내가 이토록 크게 분노하는 것은 그것이 추하고 잘못된 일이기 때문이다. 그렇지만 나의 분노가 평균적인 사람들보다 훨씬 더 과민하다는 것도 나는 기꺼이 인정할 수 있다. 항해자들 중에서 티 없이 깨끗했던 북동부 태평양의 옛 모습과 더럽혀진 오늘날의 모습을 모두 목격한 사람은 많지 않다. 그리고 인간이 얼마나 낭비적이고 환경을 오염시키고 있는지에 관해 나만큼 절실히 느끼는 사람도 드물 것이다. 바다의 미관을 망쳐놓은 것만으로도 나쁜 일이지만 그것이 상징하는 도덕적 실패 역시 마찬가지로 강력한 경고이다.

스쿼프는 지원금이 줄어들어 힘든 상황이었다. 직원을 줄여야 할 처지이니 그들에게는 고통스런 일이었다. 하지만 이것이 알갈리타 재단에는 기회가 되었다. 우리는 숙련된 실험실 기술자이지만 일자리가 위태롭게 된 앤 젤러스를 붙잡았다. 이제 알갈리타 재단에도 첫 생물학자 연구원이 생긴 것이다. 당시의 조사부터 시작해서 지금까지 그녀는 수백만 개의 플라스틱 조각을 처리했다. 기네스북에 관련 분야가 있다면 당연히 그녀 차지가 될 것이다. 나 자신도 과학적 작업에 문외한은 아니었다. 나는 과학을 쉽게 접할 수 있는 환경에서 자랐고 과학적 과정이 어떤 식으로 작동하는지 알았다. 앞서 언급했듯이 내 아버지는 공업용 화학을 전공한 화학자였고 핸콕 화학 회사의 수장이었다. 아버지는 재미 삼아 석유 정제 과정의 부산물인 황을 가지고 하와이의 전통 조각상 만드는 법을 고안하기도 했다. 나 역시 화학을 전공했고 실험실에서 일하는 법을 알고 있었다. 강력한 증거를 기반으로 상식적인 범위 안에서 합리적인 가정을 내놓고 싶다 하더라도, 열정이 개입되거나 선을 넘는 행위를 해서는 안 되었다.

예술의 경지라고 할 수 있는 척 미첼의 연구실에서 젤러스와 나는 작업을 시작했다. 우리의 목표는 환류에 있는 미세 플라스틱의 양을 알아내는 것뿐만 아니라 수표층에 있는 전반적인 내용물의 개요를 작성하는 것이었다. 우리가 아는 한 이런 일을 시도했던 사람은 없었다. 탐사 당시 우리는 11개의 표본을 독성이 높은 포르말린에 담갔다가 담수에 헹군 후 다시 독성이 덜한 70퍼센트 소독용 알코올에 담가두었다. 이제는 그 표본을 처리하기 쉽게 쪼갰다. 그리고 쪼개진 부분들을 깨끗한 바닷물이 든 실험용 접시에 담갔다. 해부 현미경으로 분류 작업을 할 때까지 표본은 그 상태로 보관되었다. 대부분의 플라스틱은 물에 떴지만 무거운 플랑크톤성 조직은 가라앉았고 그 덕분에 작업이 조금 더 수월했다.

우리는 스테인리스강으로 된 핀셋과 작은 숟가락을 사용해서 조심조심 윗부분의 플라스틱층과 바닥의 무거운 조각들을 제거하고 생물학적인 것들만 남겼다. 각 부분을 현미경으로 관찰했더니 약간의 교차 오염이 있었다. 그래서 우리는 플라스틱에서 미세한 플랑크톤 조직을 제거했고, 플랑크톤에서는 미세 플라스틱을 제거했으며, 대부분 생물체에서 나와 그물에 딸려 들어간 관련 없는 물질들(깃털, 오징어 눈, 물고기 알, 바닷말, 약간의 타르 조각)에서 플랑크톤을 분리했다. 이것들은 모두 번호를 붙여 따로 보관했다. 우리는 플라스틱 그룹과 플랑크톤 그룹을 순차적으로 특수 오븐에 넣어 섭씨 65도 정도에서 24시간 동안 건조시켰다. 나는 생물학적 조직을 처리하는 이런 절차에 관해 척 미첼에게 물었다. 건조를 한다고 해도 플라스틱은 별로 변화를 겪지 않겠지만 생물 조직은 부피와 무게가 확연히 줄 것이다. 미첼은 이것이 표준적인 절차라고 내게 확인해주었다. 건조 후 남은 것이 유기체의 영양가*인 생물량^{biomass}으로 간주되었다. 하지만 미첼은 종이 수건으로 플랑크톤의 습기만 닦아내고 무게를 재서 '닦아낸 습윤 중량'도 측정할 수 있다고 알려주었다. 닦아낸 습윤 중량과 건조 중량을 비교하면 플랑크톤이 보유한 영양가가 없는 수분의 중량을 알 수 있었다.

    우리는 플라스틱을 나누고 분류할 때 의식적으로 데이와 쇼, 이그넬의 방식을 빌렸다. 논쟁이 벌어지고 있는 과학 분야에서 비표준적 방식을 사용하면 다툼의 씨앗이 되는 경우가 많았기 때문이다. 그래서 보통 지질 표본을 측정할 때 사용하는 6단계 눈금의 타일러 스크린**을 샀다. 먼저 탄산음료 병을 포함한 큰 플라스틱 조각들을 분리한 후 무게를 재고 크기를 측정했다. 더 작은 플라스틱 조각들을 스크린에 통과시켰다. 여기서 가장 큰 것들은 체커 게임의 말로 쓰는

---
* 영양 가치. 영양소 1그램을 완전히 연소했을 때 발생하는 열량으로 표시한다.
** 내용물을 크기별로 걸러내는 데 사용하는 눈금 크기가 다양한 체 모양의 분류 기구.

장난감만 했고 가장 작은 것은 모래알 크기였다. 세부 분류를 계속했다. 같은 크기에 속하는 플라스틱들은 먼저 항목에 따라 나누고 다음에는 색상에 따라 구분했다. 이그넬 팀이 이전에 했던 방식이었다. 우리는 더 자세하게 구분할 수 있도록 플라스틱 항목을 늘렸는데 혹시나 출처를 알아낼 수 있을까 하는 바람에서였다. 플라스틱 조각은 매우 다양했다. 스티로폼 및 다른 종류의 폼 조각들이 있었고, 너들이라고 하는 알갱이들, 폴리프로필렌 종류, 폴리에틸렌 종류, 그물 조각 등이 있었으며 식별 가능한 분류 중 가장 많았던 얇은 플라스틱 필름 종류가 있었다.

나는 플랑크톤 전문가를 고용해 표본 속에 채취된 다양한 플랑크톤 생물을 구분하고 숫자를 셌는데, 나중에 가서 이 분류 자료는 필요하지 않았다. 개별 플랑크톤을 세는 과정에서 충격적인 결과가 나왔다. 표본 하나에서 플라스틱 부스러기의 수가 플랑크톤 수보다 많았던 것이다. 이렇게 되면 고형 플라스틱과 건조된 플랑크톤을 가지고 무게를 비교한 것에 대해 이의를 제기할 사람들을 누그러뜨릴 수 있을 것이다.

분류 작업에는 몇 달이 걸렸다. 그리고 그 결과는 중앙 환류에 말도 안 되게 많은 플라스틱이 있음을 나타냈고 우리가 상상할 수 있었던 것보다도 훨씬 충격적인 내용이었다. 이제 우리 재단의 이사가 된, 매우 적극적인 수전 조스크는 언론 공개를 준비하고 팩스 기계 옆에서 대기했다. 나는 모든 절차를 알려준 스티브 와이스버그와 먼저 검토하자고 했다. 사람들에게 충격을 던져주고 싶었지만 한편으로는 최고의 신뢰성을 가지고 싶었다. 타이밍이 중요했다. 칼을 빼드는 것이 시기상조일지도 모른다는 생각이 들었다. 와이스버그에게 연락을 하니 그는 동료 평가를 거쳐 인증을 받은 후 공표하는 게 좋겠다고 단호히 말했다. 결과를 못 믿어서가 아니라 처리 과정의 함정을 알고 있기 때문에 한 말이었다. 지금 우리가 가진 것은 '입증되지 않은 주장'이었다. 그래서 조스크는 팩스를 보류했고 우리는 우리에게 어떤 선택지가 있을까 궁리했다. 그런데 얼마 지나지 않아 선택지가 절로 나타났다. 우리는 다가오는 행사에서 해양 과학계와 함께 우리가 가져온 바닷물을 시험해 보기로 했다.

2000년 2월이었다. 나는 30년 전 졸업을 목전에 두고 떠났던 캘리포니아대학교 샌디에이고캠퍼스의 신축 프라이스센터의 문을 열고 들어섰다. 유리와 시멘트, 강철로 요새처럼 버티고 선 이 건물의 전신은 학생회관이었다. 그곳에서 나와 동지들은 다양한 항의 시위를 조직했다. 그때는 버거킹이나 서브웨이, 팬더익스프레스가 음식을 제공하진 않았다. 그때는 이곳에서 학생들이 음식을 던지며 장난을 치기도 했었는데 이제는 그런 일이 없겠구나 하는 생각이 들었다.

유칼립투스 그늘이 드리운 캠퍼스를 걷자니 향수가 밀려왔지만 과격했던 60년대에 학교를 떠난 것에 대해서는 일말의 후회도 들지 않았다. 그때도 학교는 네이팜탄의 제조사인 다우케미컬을 홍보하는 취업 박람회를 열었다. 당시 나는 화염을 내뿜는 이 '인명 살상' 무기의 핵심 원료가 폴리스티렌 너들이라고 배웠다. 지금 내 서류 가방 속에는 내가 북동 아열대 환류에서 발견한 내용의 요약본과 각종 그래프가 들어 있다. 나는 '해양학, 과학의 구조'라는 제목의 이틀짜리 학술 회의에 참석하는 길이다. 이 행사의 공동 후원사는 미국 해군과 스크립스해양학연구소, H. 존 하인즈 3세 과학·경제·환경연구소였다. 많은 저명한 해양 과학자들이 이곳에 모일 것이다. 나는 이 '폭발성' 데이터를 가지고 기관의 지원이나 나아가 연구 협력자를 얻을 수 있기를 바랐다. 발표자 중 몇몇이 유망한 후보로 보였다. 한 명은 에드워드 골드버그 박사였는데 그는 해양 화학 분야의 거두였을 뿐만 아니라 바다가 플라스틱으로 몸살을 앓고 있을 것이라고 일찌감치 예측한 사람이었다. 1994년에 그는 『해양 오염 회보』에 "다이아몬드와 플라스틱은 영원한가?"라는 제목의 사설을 썼다. 이 글에서 그는 해양 과학자들에게 플라스틱이 해저를 뒤덮어 숨 막히게 만들어서 탄소 격리를 저해할 수 있다고 경고했다. 이것은 기후 변화에 관한 뜨거운 이슈로 남아 있다. 이제 그는 나이가 들어 명예 교수로 있었지만 국제홍합감시단을 설립한 사람으로서 해양 보호 운동가들 사이에서는 존경의 대상이었다. 국제홍합감시단은 지역별 홍합 서식지를 자료화하여 연안 수역의 독성을 진단하는 프로그램이었다. 홍합은 육지로 따지면 탄광에 있는 카나리아 같은 것이다. 또 한 명의 후보는 '리키'라고 통하는 리처드 그리그였다. 그는 서핑 대회 챔피언으로서 스탠포드대학교를 졸업하고 스크립스 연구소를 거쳐 현재 하와이대학교의 교수로 있었다. 그의 전문 분야는 산호초였지만 그가 유명해진 것은 1965년 아직 대학원생일 때 수중 76미터 아래의 시랩II*에서 우주 비행사 스콧 카펜터와 함께 45일간 살았기 때문이었다. 그리그와 골드버그 모두 강연 중이었다.

  나는 쉬는 시간에 두 사람에게 각각 다가가서 알갈리타 재단이

---

* **시랩II** Sealab II 1960년대 미국 해군의 해저 거주 시설 겸 실험실. 잠수가 인간에게 미치는 영향, 격리 상태에서 인간의 심리 변화 등을 연구했다.

하고 있는 일을 이야기했다. 그들은 처음 듣는 이야기였다. 나는 이런 경우를 대비해 준비해갔던 그래프 몇 장을 꺼냈다. 나는 이것이 우리가 북동 태평양 환류 한가운데서 발견한 것이라고 이야기했다. 우리 표본에서는 미세 플라스틱 조각의 무게가 플랑크톤보다 평균 여섯 배나 무거웠다. 표본 하나는 개수에서도 플라스틱 조각이 플랑크톤보다 앞섰다. 바다 한가운데서 폭 90센티미터로 130킬로미터를 훑어서 나온 플라스틱 부스러기, 덩어리, 알갱이가 모두 2만 7484개였다. 통계 전문가인 몰리 리캐스터와 셸리 무어가 계산한 바로는 우리가 표본을 수집한 조사 범위인 약 16만 2000제곱킬로미터(위스콘신 주 크기이다.)에 2.6제곱킬로미터당 1.2킬로그램의 플라스틱 입자가 있는 셈이었다. 제곱킬로미터당 평균 33만 4271개였다. 이것은 북태평양 아열대 환류라는 한정된 구역의 바다 안에 미세한 플라스틱 조각이 84.3톤 있다는 이야기였다. 그리고 이 계산은 큰 플라스틱과 대형 플라스틱, 그물, 궤짝, 부자, 표백제 통, 신발, 칫솔, 기타 우리가 배로 끌어 올리거나 목격하고 일지에 기록한 것들은 포함하지 않은 수치였다.

나는 그리그와 골드버그에게 우리가 항구로 가져온 큰 쓰레기들을 건조시키고 무게를 단 다음 저장해놓은 상태라고 말했다. 목격했지만 회수할 수 없었던 플라스틱 쓰레기는 자세한 설명과 대략적인 무게를 기록해두었다. 우리가 만났던 것 중에서 가장 컸던 것은 엉켜서 덩어리가 되어 있는 유령 그물ghost net이었다. 우리는 그 무게가 대략 1톤 정도라고 추정했지만 회수할 도리가 없었다. 우리가 수집하거나 바다에서 적어둔 대형 플라스틱은 우리 추정으로 2톤이 넘었다. 작은 것들은 1.4킬로그램 미만이었다. 건조시킨 플랑크톤은 모두 합쳐 230그램이었다. 사실상 거의 모든 플라스틱 파편이 이전에는 멀쩡한 물건이었겠으나 이제는 분해된 조각이었다. 잘 알려져 있는 제조 전 알갱이, 즉 너들은 거의 없었다. 이 말은 우리가 수거한 대부분의 플라스틱이(즉 확인 불가능한 플라스틱 조각들이) 잃어버리거나 버린 물건에서 유래했다는 뜻이다. 이 조각들이 바로 어망, 궤짝, 병뚜껑, 사워크림 통, 탄산음료 병, 기타 환류에서 떠다니는 무수한 물체들의 미래 모습인 것이다. 이 물건들이 분해되면 파편의 개수가 비약적으로 증가할 것이라고 예상하는 것이 합당하다.

나는 우리 표본을 데이, 쇼, 이그넬의 표본과 비교했다. 그들의 조사로부터 10년, 해양오염방지협약 부속서5가 시행된 지 10년이 지나는 동안 바다 한가운데 가장 오염된 지역의 플라스틱 쓰레기는 세 배 이상 증가해 있었다. 이런 속도라면 플라스틱이 바다 표면을 뒤덮는 데는 100년도 걸리지 않을지 모른다. 나는 그리그와 골드버그에게 언젠가는 중앙 환류가 사실상 떠다니는 플라스틱 모래 해변이 될 수도 있다고 했다. 우리는 공상 과학 영화에 나올 법한 재앙을 슬로 모션으로 기록하고 있는 것이 아니다. 여기에 공상은 하나도 없기 때문이다.

그리그와 골드버그의 반응은 내가 처음 보는 반응이었지만 동시에 곧 익숙해질 반응이기도 했다. 그들은 분노하지 않았다. 흥분하지도 않았다. 골드버그는 내가 독립적인 과학 활동을 한 것을 칭찬하며 계속 연락하자고 했다. 나는 그에게 데이터 복사본을 주었지만 그로부터 다시 연락을 받지는 못했다. 그는 2008년 80대의 나이에 세상을 떠났다. 그리그의 대답은 충격적이었지만 되돌아보면 정말 소중한 말이었다는 것을 나중에야 알게 되었다. 그는 내게 피해를 보여줘야 한다고 했다.

　나는 그리그에게 플랑크톤의 양이 미세 플라스틱에 맞먹는다는 점을 지적했다. 그렇다면 플랑크톤을 먹는 여과 섭식 동물들이 플라스틱을 먹지 않기는 어려울 것이 분명했다. 하지만 그리그는 증명해야 한다고 했다. 그리고 심지어 여과 섭식 동물들이 플라스틱을 먹고 있다 하더라도, 그래서 어떤 피해가 생겼다는 말인가? 나는 인공 합성 물질이 먹이사슬에 들어갈 가능성이 매우 높다고 했다. 그게 어떻게 좋을 수 있겠는가? 그렇지만 그리그는 유엔처럼 영해에 속하지 않는 해양 문제를 다루는 국제기구는 바다가 플라스틱으로 가득 찬다 하더라도 신경 쓰지 않는다고 했다. 그들은 피해의 확고한 증거가 있어야만 정책 변경을 고려할 것이라고 했다.

　내 생각이 짧았다. 나는 태평양 한가운데에 쓰레기 지대가 있다는 사실만으로도 피해가 증명될 줄 알았다. 바다에 플라스틱이란, 동네 수영장에 상어가 있는 것만큼이나 어이없는 일이다. 플라스틱은 침입종과 같다. 일단 정착하면 사라지지 않는다. 바다는 어느 정도까지는 오염 물질, 심지어 석유까지도 흡수할 수 있다. 하지만 석유에 촉매가 더해져서 합성 스티로폼, 플라스틱이 된다면 소멸되지 않는다. 축적될 뿐이다. 그런 것들이 지구에 매년 3억 톤씩 증가하고 있다. 그중 바다에 이르는 비율이 5퍼센트밖에 안 되더라도, 아니 1퍼센트, 혹은 0.5퍼센트밖에 안 되더라도 그것은 엄청난 양이다.

　큰 덩어리들은 잘게 쪼개져서 섭취하기 쉬운 크기가 된다. 우리는 물어뜯긴 자국이 있는 물건들을 많이 회수했다. 서서히 퍼지는 이 쓰레기들은 인간이 스스로 가장 하찮게 여기는 물질을 가지고 지구의 가장 깨끗한 환경을 훼손했다는 뜻이다.

그럼에도 불구하고 환류에 대한 나의 조사는 과학계의 주목을 끌 만한 폭탄선언은 아니었다. 이것은 첫 단추에 불과했다. 내가 해야 할 일은 이제 시작이었다.

나는 다소 기가 죽어서 롱비치로 돌아왔지만 결연한 마음만은 조금도 줄어들지 않았다. 무엇보다 『해양 오염 회보』에 제출할 과학 논문의 초고를 이제 겨우 쓰기 시작한 상태였다. 영국에서 나오는 이 회보는 권위 있으면서도 생생한 과학 학술지였다. 동료 평가를 거쳐 공표되는 것이야말로 과학적 공신력의 기준이다. 그리고 박사나 정부 연구원, 대학원생이 아닌 사람의 이름이 과학 학술지에 실린다는 것은 드문 일이다. 나는 스티브 와이스버그와 스쿼프의 통계 전문가인 몰리 리캐스터, 셸리 무어에게 공동 저자로서 함께 이름을 올려달라고 부탁했다. 결과에 관해서는 내가 모두 정리를 할 것이지만 이들의 감수는 매우 중요했다. 이들은 조사 계획에서부터 실질적 도움을 제공했을 뿐만 아니라 이들의 지위 및 학위가 논문의 위치를 격상시켜 줄 것이었다. 하지만 먼저 그들에게 리키 그리그가 했던 이야기를 전하고 우리가 어떻게 피해를 증명할 것인지를 의논해야 했다.

나는 초고를 가지고 스티브 와이스버그를 만났다. 그리고 학술회의에서 겪은 일을 들려주었다. 그는 다른 이들의 반응에 놀라지 않았다. 돌이켜보면 그 역시도 나의 순진함에 어이없어 했다. 그에게 논문의 대략적인 개요를 보여주자 그는 내게 스쿼프 도서관에 가보라며 숙제를 하나 주었다. 과학 학술지들을 읽고 논문 형식을 익히라고 했다. 이것은 알갈리타 재단의 소식지에 기사를 쓰는 것과는 달랐다. 엄격한 형식을 고수해야 했다. 개요, 도입, 방법론, 결과, 논의, 결론 말이다. 관련 있는 다른 연구 결과를 인용해야 하고 마지막에는 그것들의 목록을 써야 한다. 그리고 발견한 사실을 과장하지 않도록 극히 조심해야 한다.

하지만 내가 자리를 뜨기 전에 와이스버그는 피해 문제에 접근할 아이디어 하나를 내놓았다. 그동안 내 목표는 북태평양 중앙 환류에 있는 플라스틱 물질 및 비플라스틱 물질에 대한 기준을 제공하는 것이었다. 하지만 와이스버그는 데이터는 인상적이지만 그저 그곳에서 1제곱킬로미터당 X만큼의 플라스틱을 찾았노라고 보여주는 것만으로는 충분하지 않다고 했다. 그 결과가 해양오염방지협약 부속서5가 발효된 후에 플라스틱의 양이 '증가하고 있다'는 사실을 보여주더라도 말이다. 사람들은 "안타까운 일이네요."라고 말한 후 다시는 생각조차 안 할 수도 있다. 왜냐하면 문제가 우리 눈에서, 그리고 우리 마음에서 너무나 먼 곳에서 일어나기 때문이다. 그게 '눈에 확 띄게' 하려면 '맥락'이 필요하다고 와이스버그는 말했다. 와이스버그는 나를 '중간자'라고 불렀다. 내가 하는 것은 정식 과학 작업이지만 그래도 나는 외부인이고 나만의 계획이 있기 때문이다. 그의 말은 타당성이 있었다. 와이스버그는 이렇게 말했다. 그 길로 가보라고. 당신은 플라스틱 숫자도, 플랑크톤 숫자도 갖고 있다. 두 가지를 비교하고 연구 방향을 여과 섭식 동물의 플라스틱 섭식 가능성으로 잡아보라. 먹이사슬에서 플랑크톤의 바로 위에 있으면서 플랑크톤을 먹고 사는 그 작은 생물들 말이다.

당시에는 뭐 그렇게 대단한 이야기로 들리지 않았다. 하지만 되돌아보면 나는 그전까지 이렇게 직접적인 비교를 하겠다는 생각을 해본 적이 없었다. 와이스버그의 이야기에 귀를 기울이는 동안 할 일이 명확해졌다. 먼바다에 있는 플라스틱 쓰레기가 얼마나 추하고 잘못된 일인지가 전부가 아니었다. 플라스틱의 존재를 증명하고 측정할 기준 수치를 마련하는 것으로는 충분치 않았다. 중요한 것은 플라스틱이 그곳에서 무슨 일인가를 벌이고 있고 그것이 매우 건강하지 못할 가능성이 높은 해로운 일이라는 아이디어에 신빙성을 부여하는 것이었다. 와이스버그의 제안에 따른다면 우리 연구는 이전처럼 평가의 수준에 그치지 않고 커다란 충격을 일으킬 것이다. 육지 그 어느 곳에서도 이 정도의 플라스틱을 발견할 수는 없다. 유타 주의 먼 사막에서 폭 90센티미터로 130킬로미터를 뒤진다고 하더라도 말이다. 고속도로 부근이나 사람이 사는 곳이라면 가능할 수도 있다. 하지만 북태평양 중앙 한가운데에, 유타 사막보다 훨씬 더 먼 곳에, 야생의 해양 한가운데에 플라스틱이 있다. 가장 가까운 인적으로부터 1600킬로미터가 떨어진 곳에 말이다. 육지에서는 이렇게까지 사람이 없는 것이 가능하지도 않다. 만약 환류에서 11개의 표본을 채취했던 것과 똑같은 방법으로 유타의 사막을 훑는다면 아마 우리 표본 1개만큼의 플라스틱도 찾지 못할 것이다. 그러니 와이스버그의 조언대로 플라스틱과 플랑크톤을 비교한다면 우리 데이터에 큰 힘이 실릴 것이다. 그리고 우리는 이미 플라스틱 대 동물성 플랑크톤의 비율이 6대 1임을 보여주는 경악할 만한 분석 결과를 갖고 있었다. 중앙 환류는 빈貧 영양 지역이라는(즉 영양가가 부족하고 해양 생물이 빈약하다는) 오명에도 불구하고 불모지는 아니다. 표본 수집 결과 우리는 튜브형 여과 섭식 동물, 살파류 등 많은 동물성 플랑크톤을 잡았다. 이것들은 펌프질을 해서 수직으로 움직이며 뭐가 되었건 앞에 놓인 작은 것은 죄다 먹는다. 그게 플랑크톤이든, 플라스틱이든 말이다. 이런 생물들은 바다 먹이사슬에서 하위 단계에 속한다. 지구 상의 먹을 수 있는 모든 것들 중에서 거의 0단계라고 보면 된다. 플랑크톤과 플라스틱이 둘 다 들어 있는 병 속의 표본을 쳐다보기만 해도 플라스틱 문제가 단지 바닷새의 섭식이나 그물 엉킴 사고 등의 위험을 넘어선다는 것이 명명백백하다.(아직 '증명'되지는 않았더라도 말이다.) 나는 이런 사실조차 이미 잘 연구되어 있다는 것을 곧 알게 되었다. 수표층의 바닷물을 뷔페라고 하면, 아무리 작은 생물에게도 주 요리는 플라스틱 조각일 것이다. 그 생물에게도 우리에게 그런 것만큼이나 플라스틱은 생활의 일부인 것이다. 그리고 그 작은 생물들은 잡아먹힌다. 그리고 그걸 잡아먹은 놈들도 다시 잡아먹히는 것이다.

우리는 플라스틱이 마치 '생물'인 양 생각할 것이다. 그렇게 되면 과학적으로 방어할 수 있는 방식으로, 먹이사슬과 인간의 플라스틱 쓰레기를 연결시킬 수 있을 것이다. 섭식 자체를 주장할 수는 없다. 섭식은 우리의 연구 범위를 넘어서기 때문이다. 하지만 섭식 '가능성'은 말할 수 있다. 우리는 표본 중에서 우리가 잡은 커다란 살파인 큰살파Thetys vagina를 언급할 것이다. 그렇다. 이 이름이 맞다.* 이게 바로 손바닥만 한 크기의 끈적이는 튜브로 된 투명한 해파리다. 폴리프로필렌 낚싯줄에서 나온 플라스틱 파편과 조각을 안팎으로 잔뜩 붙이고 다니는, 오염된 행렬 속의 작고 슬픈 부표 같은 생물 말이다.

그래서 이제 논문 작성은 피해, 혹은 피해를 줄 가능성이 그 중

---

*vagina는 여성의 생식기를 뜻하는 영어 단어다.

심이 되었다. 기대에 부응하는 작품을 만들어내야 한다는 생각에 나는 불안한 마음이 들었다. 하지만 스쿼프 도서관의 초청 손님이 되는 것은 기뻤다. 며칠간 그곳은 사실상 내 집이 될 것이다. 나는 이 논문을 쓸 방법을 알아낼 것이고 플라스틱 오염으로 유발된 피해를 최대한 수집할 것이다. (수년간 환경 관련 사업을 하면서도) 해양 쓰레기 문제에 관해 내가 별로 들은 바가 없었다는 점을 고려할 때 그곳에 그토록 많은 자료가 있다는 것이 놀라울 따름이었다.

1960년대 레이산앨버트로스 연구부터가 시작이었다. 그다음에는 북방물개, 바다거북, 앨버트로스 이외의 수많은 바닷새, 해양 포유류도 있었다. 야생 동물 영향 연구에 있어서 중요한 해는 1987년이었다. 그 다음해에 해양오염방지협약 부속서5(바다와 바다로 가는 물길에 플라스틱 및 기타 쓰레기를 버리지 못하도록 금지했다.)가 시행된 것도 우연이 아닐 것이다. 1997년에는 해양포유류위원회의 생물학자인 데이비드 라이스트가 플라스틱 섭취 혹은 그물 엉킴 사고의 희생물로 확인된 해양 생물 253종의 목록을 작성했다. 나는 항해에 나서기 전에 커티스 에베스마이어가 추천했던 연구 결과도 살펴보았다. 그것은 노스캐롤라이나의 재료공학자 앤서니 앤드래디가 1989년 발표한 것이었다. 그의 논문은 해양 환경에서 부서지는 플라스틱에 관해 깊이 파고든 첫 번째 연구였다. 셸리 무어가 1994년 마이애미에서 열렸던 해양대기청 주관 제3회 국제해양쓰레기회의의 회의록을 스쿼프로 보내줄 것을 관련 기관에 요청했다. 그래서 운 좋게도 이 놀랍고도 두려운 자료를 입수할 수 있었고 나는 기꺼운 마음으로 종일 자료 전체를 복사했다.

문헌을 살펴보며 알게 된 것은 과학이라는 것이 결코 깔끔하게 확정되는 것이 아니고 모호할 수도 있다는 점이었다. '과학적으로 증명된' 결과들도 논란에서 자유로운 경우는 드물었다. 학술지의 편집자에게 보내는 편지라든가, 재해석, 편향, 반증, 절차에 대한 반박, 정치, 재현 실패 등으로 말이다. 그리고 어떤 사실의 발견과 그에 따른 효과적 조치 사이에는 엄청난 간극이 있었다.

'피해'의 기준은 정말 높았다. 버려진 그물이나 낚싯줄로 인한 유령 낚시 ghost fishing가 바다 생물을 엉켜 죽게 하거나 익사시키는 피해에 대해서는 논란이 거의 없었다. 하지만 오염물의 섭식으로 인한 피해 문제는 그렇게 명확하지 않았다. 여러 연구에 의하면 플라스틱을 먹는 바닷새들은 소화 안 되는 음식을 피한 바닷새들에 비해 여위고 먹이잡이에도 미숙하다. 많은 동물들이 특별히 좋아하는 플라스틱 색깔이 있다. 두말할 것 없이 자연의 먹이와 닮은 색상이다. 레이산앨버트로스는 빨간색 일회용 라이터와 병뚜껑을 좋아하는 것으로 나타났다. 아마도 앨버트로스가 가장 좋아하는 먹잇감인 오징어와 닮았기 때문일 것이다.

하지만 이들 연구 중 어떤 것을 보아도 일회용 라이터 생산을 줄이자거나, 라이터를 소화되는 물질로 만들자거나, 빨간색을 제외한 다른 색상으로 만들자는 요구는 없었다. 또는 목줄 법*처럼 플라스틱 병뚜껑을 캔 음료나 캔 맥주의 잡아당기는 뚜껑같이 병에 붙어 있게 만들어야 한다는 요구도 없었다. 1990년대 말 하와이 북서부의 미드웨이 섬에서 주로 서식하던 레이산앨버트로스 새끼들이 매년 10만

---

*개를 집 밖으로 데리고 나올 때는 줄을 묶어야 한다는 법률.

마리 이상씩 죽어나갔다. 죽은 새들의 사체가 썩으면 그 복강에서 어김없이 플라스틱 물질이 나왔다. 레이산앨버트로스 새끼들은 파리 목숨이었지만 뱃속에 들어 있던 것은 영원했다. 그러나 그 어떤 연구도 새끼들이 플라스틱으로 인해 죽었다고 단정하지 못했다. 다른 치명적 요소들을 배제할 수 없었기 때문이다. 예컨대 오래된 군대 시설에서 나온 납이라든가, 어미 새가 먹이를 물어다주지 못했다든가 하는 요소 말이다. 다른 모든 변수가 제거되지 않는 한, 피해를 증명할 가능성은 희박했다. 게다가 그 피해가 인간에 대한 것도 아니고, 특별한 위협도 아니고, 멸종 위기의 동물에 대한 것도 아니라면 과연 사람들이 특별한 조치를 취해야 한다고 생각할까? 특히나 조치를 취하는 데 경제적 비용까지 소요된다면 말이다.

하지만 내가 눈치챈 사실이 하나 있었다. 대부분의 연구가 물개나 바닷새, 거북이, 고래목(돌고래와 고래)처럼 소위 정점 포식자라고 하는 동물들에게 집중되어 있다는 점이었다. 그래서 바다 먹이사슬의 윗부분에 있는 동물들이 바다 플라스틱 쓰레기와 깊은 관련이 있다는 사실은 잘 알려져 있다. 하지만 먹이사슬의 아래쪽은 연구의 미개척지였다.

이렇게 해서 내 연구 개요의 첫 줄이 만들어졌다. "바닷물의 표층에서 떠다니는 플라스틱과 플랑크톤의 상대 빈도와 양을 측정하여 먼바다의 여과 섭식 동물들이 플라스틱 입자를 섭식할 가능성을 평가했다." 우리 논문의 첫 번째 단락은 다음과 같이 다소 대담한 주장으로 시작했다. "해양 쓰레기는 단순한 미관상의 문제가 아니다. 쓰레기에 몸이 끼거나 쓰레기를 섭식함으로써 해양 생물은 위험에 처한다." 우리의 연구 결과는 표류물들이 먼바다의 소용돌이에 축적된다는 해양학 이론을 인증하는 것으로 보였다. 머지않아 쓰레기 지대라고 알려지게 되는 지역에 말이다. 이런 현상의 생물학적 결과에 관해서는 추가적인 조사가 필요했다.

    바다의 플라스틱 쓰레기에 분개하고 그것을 연구한 사람은 내가 처음이 아니었다. 그런데도 다른 사람들이 이런 내 목소리를 들어줄 것인가? 신뢰성을 알 수 없는 외부인이자 과학이라는 엄밀한 분야에서 입지도 없는 내 목소리를 말이다. 스티브 와이스버그의 경우는 과학을 통해 정책 입안자들에게 도움을 줌으로써 구체적인 개선을 만들고 있다는 것이 내 눈에도 분명히 보였다. 만약 와이스버그가 연단에 올라 우리가 오염 실태를 바꾸지 않는다면 생태계가 붕괴할 것이라고 주장한다면 그는 사람들의 신뢰를 잃고 직장까지 잃을 것이다. 나에게는 이런 제약이 없었다. 하지만 박사 학위와 수십 개의 논문으로만 얻을 수 있는 권위 또한 없었다. 심지어 나는 학사 학위조차 없는 사람이었다. 그러니 이런 모험적 과학은 세 가지 목표를 달성해야 했다. 내 목소리를 들어주도록 나의 과학적 진실성이 입증되어야 했다. 한때는 티 없이 깨끗했던 해양 환경에 커다란 플라스틱 쓰레기뿐만이 아니라 작은 쓰레기들이 만연하고 있고 그것들이 먹이사슬에 개입될 수 있음을 보여주어야 했다. 그리고 지금 내 마음속에 품고 있는 캠페인 혹은 십자군 전쟁을 추진해야 했다. 눈에서 멀어지면 마음에서도 멀어진다. 나는 잊힌 바다 한가운데 있는 쓰레기를 발등에 떨어진 불로 만들기로 했다. 아니 최소한 그렇게 될 수 있게 최대한의 노력을 기울여 보기로 했다. 피해의 증거가 필요한가? 그러면 피해를 보여주리라. 단순히 바다에 생긴 피해가 아니라 지구에, 우리 몸에, 우리 영혼에 생긴 피해를.

08
플라스틱 자본주의

그리고 인간은 플라스틱 봉지를 만들었다. 양철 캔과 알루미늄 캔, 셀로판 포장지, 종이 접시를 만들었다. 이것은 좋은 일이었다. 자동차를 타고 가 한곳에서 모든 음식을 살 수 있었고 먹기 좋은 음식들을 냉장고에 저장해둘 수 있었고 더 이상 쓸모없어진 것은 버리면 되었다. 그리고 얼마 지나지 않아 지구는 플라스틱 봉지와 알루미늄 캔, 종이 접시, 일회용 병으로 뒤덮였다. 앉거나 걸을 곳이 없어지자 인간은 고개를 가로저으며 외쳤다. "왜 이렇게 엉망진창인 거야."

_아트 부크월드Art Buchwald, 1970년

늦여름 어느 날 해양보호단에서 주관하는 연례 국제해안정화의 날이었다. 해양보호단은 해변 쓰레기 문제를 전 지구적 문제로 부상시킨 야심찬 비영리 단체였다. 곧 보겠지만 해양보호단은 사람들이 해변에 버리고 가는 물건의 종류를 요약해서 보여주는 통계 자료를 제공하고 있다. 그리고 사람들이 덜 찾는 해변을 찾아가서 바다가 해안에 남기고 가는 것을 지속적으로 확인한다. 정화의 날은 항상 9월 말로 정해지는데 이때가 사람들이 일터나 학교로 돌아가고 나서 해안에 쓰레기가 가장 많은 시기이기 때문이다. 또한 겨울이 오기 전이어야 여름 동안 해변에 남은 쓰레기가 겨울의 파도나 폭풍에 바닷물 속으로 휩쓸리지 않도록 막을 수 있다.

지금 서 있는 곳은 백만 달러를 호가하는 집들이 늘어선 넓은 백사장이다. 주말이면 가족 단위의 나들이객이나 비치발리볼을 하는 사람들로 붐비는 곳이다. 모래 위에 눈에 띄는 쓰레기는 별로 없지만 해안선은 언제나처럼 너들과 플라스틱 조각으로 반짝거린다. 이런 생각이 든다. 이 많은 자원봉사자들이 뭘 청소하면 좋을까? 나는 작은 실험을 통해서 아이들에게 과학이 재미날 수도 있다는 것(그리고 유익할 수 있다는 것)을 보여주기로 결심했다. 나는 청소를 하려고 온 여섯 명의 아이들에게 오직 병뚜껑만 모으도록 지시했다. 재활용 플라스틱 쇼핑백을 나눠주고 찾아낸 뚜껑 하나당 5센트를 주겠다고 약속했다. 나는 총 20달러 정도를 쓰게 될 것이라고 짐작했다. 아이들이 아마 400개 정도는 찾을 수 있을 테니 말이다. 하지만 아이들은 오늘 안에 몇 달러를 벌어보겠다고 작정했고 경쟁적으로 혈안이 되어 병뚜껑을 찾아 헤맸다. 1시간 30분 뒤 아이들이 가져온 것에 나는 거의 60달러를 지출했다. 겨우 300미터 정도의 깨끗해 보이는 넓은 해변에서 아이들은 거의 1100개의 병뚜껑을 주워왔다. 모두 다 병과 분리된 상태였다. 태평양 한가운데서 표층 해수의 수색 작업을 하며 그곳에 있을 것이라고 예상했던 것보다 10배나 많은 플라스틱을 찾아냈던 것과 비슷했다. 환불받을 수 있는 병을 챙겨서 자리를 뜬 책임 있는 시민들은(캘리포니아는 빈병회수법*을 시행하고 있다.) 필요 없는 병뚜껑은 버리고 갔다. 내가 원양에서 발견하는 온전한 물건들 중에서 가장 많은 것이 폴리프로필렌으로 된 병뚜껑이다. 죽은 레이산앨버트로스 새끼들의 뱃속에서 가장 많이 발견되는 것도 병뚜껑이다.

병뚜껑들은 뚜껑과 마개라는 포장 부문에 속한다. 한때는 뚜껑이 그렇게 많지 않았다. 뚜껑은 대부분 유리병에 든 음료나 음식의 금속 뚜껑이었다. 하지만 지금은 매년 정말 많은 병뚜껑이 만들어진다. 포장 업계의 실태를 알고 싶다면 비즈니스 전문지만 한 것이 없다. 요즘은 이런 것들을 온라인에서도 이용 가능하다. 2011년 초 푸드프로덕션데일리닷컴은 새로운 시장 분석 보고서를 발표했는데 "2014년이면 뚜껑과 마개 시장이 400억 달러에 도달할 것"으로 예상된다고 했다. 그리고 이들 중 거의 전부 또는 많은 부분이 값싼 노동력을 가진 국가에서 제로 비용에 가깝게 생산될 것이다. 나는 엔세나다의 바하칼리포르니아에 있는 알코아 병뚜껑 공장 밖에서 너들 수를 측정한 후 경영진을 만나서 시찰을 할 수 있게 해달라고 요청했지만 거절당했다. 합리적으로 추산해보면 매년 1조 개의 병뚜껑과 마개가 새로 만들어지고 있다고 봐도 무방하다.

클리블랜드에 위치한 '선도적 국제 비즈니스 리서치 회사'인 프리도니아그룹은 병뚜껑과 마개에 관한 연구를 실시했다. 『포천』지가 선정한 500대 기업 중 90퍼센트가 프리도니아의 조사 결과를 이용하

---

*제품 가격에 병의 보증금을 포함했다가 회수 시 돌려주도록 하는 법률.

며 보통 개별 연구당 수천 달러 정도의 돈을 지불한다. 위 보고서의 핵심은 아시아태평양 지역, 특히 중국이 성장을 견인할 것이고 북아메리카의 성장은 미미한 수준으로 주로 의약품이나 음식의 마개와 뚜껑에 한정될 것이며 음료 뚜껑은 여기에 해당되지 않는다고 했다. 내가 보기에 이것은 고무적인 결과다. 전체 성장률 4.6퍼센트는 2003년에서 2009년 사이의 6.3퍼센트보다 낮은 것이다. 전체 성장이 느려지고 있다는 것은 좋은 일이다. 하지만 중요한 것은 플라스틱 뚜껑과 마개에 대한 수요가 증가하고 금속 뚜껑이나 마개에 대한 수요는 줄고 있다는 사실이다. 이 보고서는 그 이유가 "유리로 된 병이나 용기가 줄어드는 대신 플라스틱 포장이 늘어나고 있기 때문"이라고 했다. 유리병이나 용기는 보통 금속 뚜껑을 갖고 있으니 말이다.

플라스틱 뚜껑과 마개가 늘고 있다. 플라스틱 용기와 병도 늘고 있다. 중국에서 플라스틱이 증가하고 있다. 중국은 쓰레기 처리 과정을 잘 갖춘 곳도 있지만 처리라는 것 자체가 아예 없는 곳도 있다. 좋은 소식 하나는 미국과 유럽에서 병에 든 생수 시장이 둔화되고 있다는 점이다. '환경적 염려' 때문이다. 식품 및 의약품, 건강 보조제 시장은 해양을 오염할 가능성이 덜하다. 물론 나는 로스앤젤레스 강에서 (속이 빈) 비아그라 통을 발견한 적도 있지만 말이다. 어찌 되었건 이것들은 좀처럼 재활용되지 않기 때문에 줄어드는 석유 자원을 무분별하게 낭비하는 행태이다.

병뚜껑은 지표가 되는 물건이다. 많은 경우 병뚜껑은 한 번 쓰고 버리는 휴대용 음료수 병에 사용된다. 비틀즈 시절에는 한 번만 사용하는, 병에 든 생수라는 것을 환각 속에서라면 몰라도 실제로 살 수는 없었다. 아니, 플라스틱에 든, 한 번만 사용하는 음료라는 것 자체가 없었다. 하지만 지금은 병에 든 생수가 매년 500억 개씩 만들어진다. 1970년에는 플라스틱 쇼핑백이 하나도 없었지만 2011년에는 5000억 개가 사용되었다. 1조 개라고 말하는 사람도 있다.

플라스틱 제품은 경제 성장의 원인이자 결과이다. 플라스틱 산업은 화학 산업과 함께 미국 제조업 상위 5개 분야에 속하는 산업이다.(2000년대 초 정점을 찍은 후 해외 조달과 자동화로 30퍼센트가 감소한 것인데도 그렇다.) 전 세계적으로 보면 플라스틱과 밀접한 관련을 가지면서도 더 큰 산업이 포장 산업인데 규모 면에서 포장 산업은 식품 산업과 에너지 산업 다음으로 세 번째로 큰 산업이다. 다른 거대 산업과 비교할 때 포장 산업은 은밀한 측면이 있다. 포장재를 만드는 회사는 대중을 상대로 광고하는 일도 없고, 하인즈나 P&G 같은 대기업들은 대부분 사내에서 포장재를 디자인한다. 최종 소비자 역시 일반 소비자가 아닌 소매상인데 소비자는 포장 속에 든 제품을 사는 것이지 포장재를 사는 것이 아니다. 물론 대부분의 경우 포장이 무의미하지는 않지만 말이다. 제품을 담는 것 외에도 손님이 제품을 사도록 유인하는 것이 포장재의 중요한 역할이다.

농산물을 제외한 우리가 구매하는 대부분의 제품은 포장되어 있거나 용기에 들어 있거나 아니면 둘 다이다. 병에 든 화장품이나 봉지에 든 시리얼이 다시 박스에 들어 있는 것처럼 말이다. 플라스틱은 포장에 사용되는 재료 중 53퍼센트를 차지한다. 무게로 따지면 종이가 더 많긴 하다. 미국에서 매립되는 쓰레기의 3분의 1은 포장재이고 총 8300만 톤으로 빈 화물차 690만 대에 해당하는 무게다. 환경보호국에 따르면 이는 고형 폐기물 중 비중이 가장 큰 분야에 해당한다. 포장은 과학이다. 미시건주립대학교는 포장재 전문 자율학교를 운영하고 있는데 소비재 대기업들로부터 받은 지원금이 넘쳐난다. 로체스터공과대학교는 미국항공우주국의 지원을 받아 장비와 공급품을 우주로 보낼 때 포장재로 사용할 고급 중합체 소재 연구를 진행 중이다.

미국에서 쓰레기 생성량이 1960년 1인당 1.2킬로그램에서 2008년 2.0킬로그램으로 증가한 이유는 물어볼 것도 없다. 1960년 도시의 고형 폐기물 총계는 8800만 톤이었다. 2008년에는 2억 5000만 톤이며, 환경보호국이 보고한 재활용률이 30퍼센트라는 점도 감안해야 한다. 플라스틱의 재활용률은 지역에 따라 격차가 크지만 평균 13.2퍼센트 정도에 불과하다. 플라스틱은 포장재 중에서 가장 재활용이 안 되는 물질인 것이다. 재활용률이 가장 높은 것은 종이와 마분지(65.5퍼센트)이고 그다음은 강철과 알루미늄(50퍼센트 이상), 유리(31.3퍼센트) 순이다. 1960년에 플라스틱은 무게로 따질 때 전체 쓰레기 중 0.5퍼센트 미만이었다. 1980년 이 수치는 4.5퍼센트까지 올랐고 2008년에는 12퍼센트를 차지했다. 더 의미 있는 수치인 부피에 관해서는 환경보호국에서 수치를 내놓지 않고 있다. 하지만 캘리포니아 주 정부 자료에서 단서를 얻을 수 있는데 이에 따르면 매립되는 물질 중 플라스틱은 부피로 따질 때 2위에 해당한다. 생분해성 쓰레기의 퇴비화 노력이 지속된다면 플라스틱이 1위로 올라갈 것이다.

포장전문가협회에 따르면 포장은 "담고, 보호하고, 보존하고, 운반하고, 정보를 주고, 파는 것"이다. 어떤 전문가들은 내용물의 양을 조절하는 일이 포장의 중요한 측면이 되었다고 말한다. 포장과 폐기에 들어가는 수조 달러의 돈은 누가 지불할까? 소비자와 납세자다. 이득은 누가 볼까? 제조사, 투자자 그리고 점차 민영화되는 지역 쓰레기 처리업자다. 비즈니스 용어로 말해 포장은 소비자가 지불하는 '외부화된' 비용이다. 미국 최대 쓰레기 처리 회사인 웨이스트매니지먼트는 『포천』 500대 기업 중 196위에 올라 있다. 이 회사는 거의 모든 주에 위치하고 있는 매립지를 포함해 210억 달러의 자산을 소유하고 있고 2010년 10억 달러의 이익을 냈다. 눈치챘는지 모르겠지만 쓰레기도 상품화된 것이다. 웨이스트매니지먼트 같은 회사는 우리 경제 체계에서 아주 중요한 역할을 하고 있다. 쓰레기를 즉각 가져가지 않는다면, 그래서 각 가정이 쓰레기를 직접 묻어야 하거나 쓰레기로 우리의 길거리가 가득 찬다면 우리는 아마 쓰고 버리는 방식을 바꿀지도 모른다. 하지만 눈에서 멀어지면 마음에서도 멀어진다고, 쓰레기가 금방 치워지기 때문에 소비하는 방식이 그대로 지켜지고 유지되는 것이며 동시에 이윤까지도 활발히 만들어내고 있다.

앞에서 2차 세계 대전이 사상 유례없는 생산 기구를 만들어냈고 그 생산력이 전쟁과 대공황 이후의 소비자 수요를 훨씬 앞질렀다는 점을 살펴보았다. 그래서 업계의 마케팅 담당자들은 절약하며 꿈쩍하지 않고 있는 미국인들을 흔들어 깨워서 물건을 사고 돈을 쓰는 것이 정당하다고 생각할 이유를 만들어내야 했다. 그들이 생각해낸 신의 한 수는 제품 라인의 확장이었다. 핵심 제품을 다양한 버전으로 끝도 없이 확대하는 것이다. 치약, 샴푸, 시리얼, 캔 수프 가릴 것 없이 온갖 제품이 슈퍼마켓의 선반에 꽉꽉 들어차기 시작했다. 대부분은 지루한 옛날 제품을 개선해서 변화를 준 제품이었다. 그리고 이들 제품은 모두 반짝반짝 빛을 내는 환한 색상의 포장에 담겨 있었다. 텔레비전이 빠르게 부상함에 따라 마케팅 담당자들은 참신한 것에 대한 새로운 욕구를 심어줄 수 있는 강력한 도구를 갖게 되었다. 건강, 위생, 육아에 대한 새로운 기준이 만들어졌고 아름다움과 치장에 대한 기준도 새로 생겼다. 그리고 미국인들에게 사회적 성공에 대한 열망을 부추겼다.

전통 있는 브랜드인 웰치스의 포도 주스를 예로 들어보자. 1950년대에 웰치스는 제품 라인에 포도 젤리와 탄산이 든 포도 주스를 추가했다. 탄산 주스는 흰색과 보라색 두 가지로 만들었다. 1950년 하우디두디가 그려진 수집용 텀블러에 젤리가 담겨 판매되었고 1955년에 미키마우스클럽이 그려진 주스, 2002년에는 포켓몬 젤리가 나왔다. 2003년이 되자 일회용 폴리프로필렌 병과 웰치토 포장지에 든 주스가 나왔다. 젤리는 '짜 먹는' 플라스틱 용기에 든 음식이 되었고 이로써 2002년 매출이 50퍼센트나 증가했다. 하지만 이게 다가 아니었다. 가공한 과일 간식과 생과일(메탄을 소비하는 플라스틱 필름에 담긴 포도)이 출시를 기다리고 있었다. '웰빙 운동'을 타고 유기농 주스, 혼합 슈퍼 과일superfruit, 섬유질 또는 칼슘 강화 주스 등이 도입되었다. 현재 웰치스는 35개국에서 400여 가지의 제품을 판매한다. 튼실하고 자랑스러운 미국 기업인 웰치스는 1869년에 만들어졌다. 당시 뉴저지의 의사였던 토머스 브램웰 웰치가 교회에서 사용할 무발효 와인을 저온 살균해 병에 담는 방법을 발견했다. 이 제품은 결국 출시되지 못했지만 웰치의 아들은 교회 밖에 주스 시장이라는 견고한 시장이 있다는 사실을 발견했다. 켈로그가 후레이크를 팔 때 건강에 좋다는 점을 적극적으로 광고했던 것처럼 말이다. 1956년 이후 웰치스는 농장주의 협동조합 형태로 운영되었는데 시절이 좋을 때나 나쁠 때나 잘 살아남을 수 있었다. 계속해서 제품 라인을 늘려갔고 아이들과 건강이 판매의 핵심 요소라는 사실을 이해한 덕분이었다.

1950년대가 되자 『라이프』지의 '쓰고 버리는 생활' 사진에 나오는 것 같은 일회용 제품들이 출시되었다. 기업들은 일회용 제품이 편리하고, 시간을 절약하고, 위생적이라고 광고했고 일회용 제품 시장은 탄탄대로를 걸었다. 1페니를 아끼는 것보다 시간을 아끼는 쪽으로 가치가 이동한 것이다. 일회용 제품들 덕분에 공장들은 쉴 새 없이 돌아갔고, 노동자들은 계속해서 일했고, 이윤이 증가했고, 가정은 새로운 풍요와 활동성을 누렸다. 20세기 중반에는 미국의 어느 신문을 펼쳐보아도 소비에트연방 사람들이 빵을 사기 위해서 줄을 서고 가게의 선반이 텅 비어 있는 사진이 실려 있었다. 자유 시장 자본주의는 풍요와, 무시무시한 공산주의는 결핍과 연결되었다. 1950년대와 1960년대 사이에 미국의 GNP는 거의 70퍼센트가 증가했다. 인구 증가, 제조업, 건축 붐, 한국전쟁과 냉전으로 인한 국방비 지출, 억눌려 있던 소비자 수요의 해방 등이 모두 경제를 살찌웠던 것이다. 1960년대 후반이 되자 여성들이 일터로 몰려갔다. 시간이 더 부족해졌고 편리함의 가치는 더 높아졌다. 빠르게 식사를 해결하려는 사람들이 늘었고 일회용 용기에 담긴 음식도 많아졌다. 테이크아웃 식품만 그런 것이 아니라 완성 식품이나 냉동식품도 일회용 용기에 담겨서 먹기 전에 데우기만 하면 되었다.

패스트푸드가 새로운 현상은 아니다. 고대 로마에서도 빵이나 와인을 파는 노점상들이 있었다. 중세의 순례자들은 성지로 가는 길에 파이와 번bun빵을 가져갔다. 영국인들은 1800년대 후반부터 피시앤칩스*를 테이크아웃으로 즐겼고, 패스트푸드점 화이트캐슬이 주변 지역에 슬라이더** 제국을 건설하기 시작한 것은 1921년이었다. 하지만 옛날의 즉석 음식은 스티로폼 용기에 담겨 폴리스티렌 포크와 함께 나오지 않았고, 폴리에틸렌을 입힌 종이컵에 음료를 따라 마시지도, 종이컵에 폴리프로필렌 플라스틱 빨대를 꽂아 먹지도 않았다. 플라스틱 빨대는 해안에서 연례 청소를 할 때 수백만 개씩 회수되곤 한다. 1950년대에 스완슨이나 뱅킷에서 만든 텔레비전 디너[***], 팟파이 같은 간편식이 처음 도입되었을 때는 뭔가 이국적인 느낌을 주었다. 간편식은 기껏해야 진짜 음식의 유사품에 불과했지만 그래도 이상하게 뭔가 특별한 느낌이 있었다. 알뜰했던 내 어머니는 칸막이가 되어 있는 알루미늄 접시와 파이 받침을 씻어서 선반에 쌓아두곤 했지만 결국은 그럴 필요가 없다는 것을 깨닫고 그런 수고를 그만두었다. 가정의 냉동실에는 다른 종류의 냉동식품도 눈에 띄기 시작했고 (감자튀김, 생선 튀김, 냉동 피자 같은 것들) 갑자기 차고에 관 크기만 한 별도의 냉동고가 돌아가기 시작했다.

    그때까지는 가치라는 것이 아직 양과 관련되어 있었다. 시리얼을 사도 작은 포장보다 큰 상자에 들어 있는 것을 사면 같은 돈으로 더 많이 살 수 있었다. 하지만 이제는 그렇지 않다. 워싱턴 주 벨뷰에 위치한 식품 산업 컨설팅 회사인 하트먼그룹의 조사에 따르면 우리는 전례 없이 시간을 돈과 동일하게 취급한다. 음식을 준비하느라 들인 시간은 이제 낭비된 시간으로 간주된다. 신선 식품으로 직접 요리하는 음식은 식도락가의 영역이 되어가고 있다. 게다가 우리는 가족 단위의 저녁 식사에서도 해방되었다. 하트먼 보고서는 우리의 식습

---

[*] 튀긴 생선과 감자튀김을 함께 내놓는 영국 고유의 음식.
[**] 화이트캐슬에서 만든 밑면이 네모난 햄버거의 이름.
[***] 일회용 칸 접시에 한 끼 식사가 모두 담겨 있고 전자레인지에 데우기만 하면 되는 음식.

관에서 '파편화'가 늘어나고 있다고 언급한다. 가족 간에도 개인의 취향이나 일정을 존중하게 되었고 텔레비전이나 컴퓨터 앞에서 혼자 식사하는 경우도 늘어났다. 집에서 먹는 식사는 개인의 선호를 반영해 선택하는 식당처럼 되었다. 가구의 크기는 점점 작아지고 있고 인구 통계에서 가장 빠르게 성장하고 있는 것은 1인 가구다. 1980년대에도 냉동식품 칸에 가면 스토우퍼나 콘아그라의 헬시초이스 같은 '고급 요리'가 전자레인지용 플라스틱 접시에 담겨 진열되어 있었다. 하지만 한 가족이 먹기에 이런 간편식들은 예산을 초과했다. 그런데 이제는 알아서 영양가가 맞춰져 있는 이런 식사들이 혼자 사는 사람들이나 다이어트를 하는 사람들에게 합리적인 선택이 되었다.

식품 산업은 언제나 '부가 가치 있는 제품'이라는 황금오리를 찾고 있었다. 말하자면 연금술처럼 말이다. 곡류, 설탕, 지방 같은 평범한 싸구려 재료들에다가, 식이섬유를 살짝 추가하고, 미네랄 몇 가지를 강화한 다음, 한데 모아 반짝거리는 포장재에 담아 삶을 바꿔줄 유익한 음식이라고 주장하는 것이다. 음식을 (에너지 바나 치킨코르동블루처럼) 복합품으로 만들어내면 이익률이 엄청나다. 그리고 쓰레기도 엄청나다. 또한 식품 산업은 언제나 최신의 '과학적' 발견(귀리 시리얼! 칼슘! 비타민D! 트랜스지방 제로!)을 받아들여서 새로운 제품 라인을 만들고 특수 포장을 한다.

태평양 한가운데서 나는 사회학도 연구하게 되었다. 나는 상하지 않을 만큼 최대한 많은 신선 식품을 배에 실었고 저녁에는 행복한 마음으로 승선자들을 위해 양질의 저녁 식사를 준비했다. 그러면 다함께 둘러앉아 저녁을 즐겼다. 하지만 최근 나는 젊은 사람들이 종종 이 식사에 끼지 않는 것을 알게 되었다. 그들은 하루 종일 내키는 대로 간식으로 끼니를 때웠다. 여기는 오렌지, 저기는 머핀이 널려 있고 저녁에 DVD를 보며 팝콘을 씹었다. 엄청나게 많은 팝콘이 프로판 버너 위에서 탁탁 소리를 냈다. 포장 봉지에 사용된 유독한 기름 막에 관해 알게 되기 전까지는 전자레인지에 같이 돌렸고 말이다. 나는 소위 Y세대라고 하는 사람들이 다른 패러다임 속에서 성장했다는 것을 깨달았다. 그들은 양 부모가 모두 일을 하고 가족 구성원들은 각자 식사를 해결하는 환경에서 성장했다. 나는 이런 경향들이 1950년대부터 시작된 문화에서 하나의 전환점을 만들었다고 생각한다. 골목 귀퉁이마다 세븐일레븐이 들어서고 주유소에 갑자기 편의점이 생기던 때가 기억났다. 이상하게 느껴지지만 세븐일레븐은 세계에서 가장 큰 프랜차이즈 기업이다. 맥도날드보다 크고 18개국에 3만 6000개의 매장을 갖고 있다. 세븐일레븐의 성공은 사람들이 사는 방식을 그대로 보여주는데 간식에서 간식으로 허겁지겁 식사를 해결하는 모습이 그것이다.

이제 미국 경제는 클 만큼 컸다고 이야기한다. 전체 식음료 관련 부문의 성장률은 2000년 이전에 비한다면 보잘것없는 수준이다. 하지만 세계 어딘가에서는 상황이 다르다. 예컨대 인도는 앞으로 올라갈 일밖에 없다. 해외 투자자들이 줄을 잇고 있고 그들 중 다수는 식품 가공업을 성장시키고 있다. 푸드프로덕션데일리닷컴에 따르면 식품 가공업은 향후 5년간 두 배로 성장할 것으로 예상된다. 가공 식품이 늘어난다는 것은 식품 포장이 늘어난다는 뜻이다. 그리고 그 대부분은 플라스틱이다. 세계 인구는 곧 70억 명에 도달할 텐데* 그들 모두가 먹어야 한다. 이것은 하나의 도전이기도 하지만 식품 업계에는 비할 데 없는 기회이기도 하다.

슈퍼마켓이나 그릇 할인점, 심지어 천연 식품점을 돌아다니는 것조차 폴리에틸렌과 그 유사품의 세상에 들어서는 것이다. 농산물 매장에 있는 과일과 채소 중에서 적어도 반은 미리 포장이 되어 있거나 폴리에틸렌 필름에 싸여 있다. 어떤 필름은 과일이나 채소에서 방출되는 에틸렌 가스를 흡수하도록 만들어서 내용물의 유통 기한을 늘리는 것도 있는데 정말이지 아이러니가 아닐 수 없다. 나머지는 두루마리로 형태로 걸려 있는 투명한 폴리에틸렌 봉지를 한 장씩 찢어서 담도록 되어 있다. 이 봉지야말로 1966년에 도입된 획기적인 제품이었는데 이보다 10년이나 더 지난 후에야 손잡이가 있는 비닐봉지가 종이봉투를 밀어내게 된다. 플라스틱 포장을 피할 수 없는 장소로는 빵집, 정육점, 유제품 매장, 음료 매장, 약국(많은 의약품이 중합체로 코팅되어 있는데 특히 지연 방출형 제제[**]가 그렇다.)을 비롯해 개인위생 용품과 청소 용품도 마찬가지이다. 냉동식품 코너에 가면 종이 포장이 플라스틱을 따라잡는 것처럼 보이지만 자세히 보면 그렇지 않다. 습기 저항을 위해서 종이에 폴리에틸렌을 입혀두었기 때문이다. 캔 제품도 대부분 안쪽에 에폭시 중합체에 쓰이는 비스페놀A가 입혀져 있다. 상자에 든 아침 식사 대용 시리얼은 예외라고 생각할지 모르지만 전형적인 고밀도 폴리에틸렌 또는 글라신이 상자에 입혀져 있다. 글라신은 고압축된 형태의 얇은 종이로 보통 왁스, 즉 파라핀이 주입된다. 즉 폴리에틸렌과 똑같이 석유에서 나온 제품이다.

폴리에틸렌 필름의 용도는 식품 분야보다 훨씬 넓다. 농업에서

---

[*] 2011년에 70억 명을 돌파했다.
[**] 약효가 나타나는 시간을 인위적으로 통제하는 약품.

는 온실 덮개, 그늘 가리개, 잡초 방지 매트, 검거나 투명한 플라스틱 작물 덮개 등에 사용된다. 운송업에서는 장비를 보호하고 적하물을 감싼다. 건축에서는 습기 차단재로 쓰이고 수영장이나 수십만 제곱미터의 매립지에도 사용된다. 저밀도 폴리에틸렌이 상업적으로 가장 먼저 사용된 분야 중 하나는 세탁소에서 집으로 의류를 가져올 때 옷에 씌우는 비닐이다. 그리고 이로 인해 많은 아이들이 질식사하는 의도치 않은 비극적 결과가 나타났다. 1959년 미국 보건부 조사는 6개월간 61명의 아이가 질식사한 것을 밝혀냈고 이에 따라 『미국의사협회지』의 독성학 위원회가 조사에 나섰다. 그 결과 드라이클리닝용 봉지를 아기 침대의 방수 깔개로 다시 사용했을 때 사고가 자주 일어난 것으로 밝혀졌다. 매우 적극적인 공공 건강 캠페인이 시작되었고 효과도 있었다. 지금은 소비자공공안전위원회에서 지속적으로 질식사 사고의 통계를 내고 있다. 이 봉지는 지금도 해마다 평균 25명의 목숨을 앗아가고 있는데 전형적인 경우는 유아가 침대에서 기어 나와 옷이 들어 있는 비닐봉지 속으로 들어가는 것이다. 조심하기 바란다.

  바다의 오염 물질은 육지에서의 플라스틱 사용 방식을 반영한다. 우리 표본에는 폴리에틸렌 필름 조각이 압도적으로 많았다. 그 어떤 플라스틱 종류보다 폴리필름이 많이 돌아다니는 이유는 명백하다. 플라스틱 필름은, 특히나 매우 가벼운 대부분의 쇼핑백은 작은 돛과 같아서 바람이 불기만을 기다리고 있는 것이나 다름없다. 그리고 많은 경우 쓰레기 수집 과정에서 유실이 발생한다. 뚜껑이 없거나 쓰레기가 넘치는 공공 쓰레기통은 (그리고 때로는 쓰레기차나 매립지 역시) 사실상 플라스틱 쓰레기 살포기나 마찬가지다. 앞서 이야기했듯이 1950년대에 나는 호기심 많은 아버지를 따라 쓰레기장을 방문하곤 했다. 당시에는 쓰레기들이 그 장소에 가만히 있었다. 지금은 쓰레기장에 가보면 플라스틱이 마구 춤을 춘다. 재즈 무용수처럼 손가락을 펼치고 펄럭이기도 하고 철책으로 된 울타리에 가서 들러붙기도 하고 담을 넘어 인근 시골로 굴러가기도 한다. 그리고 앞으로 보겠지만 이로 인해 해양 생물뿐만 아니라 육지의 생물들도 고통을 겪는다.

캘리포니아 주는 2010년에 초경량 쇼핑백을 금지하는 법안을 거의 통과시킬 뻔했지만 미국화학협회의 맹렬한 반대로 무산되었다. 주 상원 의원들에게 로비를 펼친 결과였다. 캘리포니아 주의 고속도로 관리를 맡고 있는 캘트랜스 사는 길에서 비닐봉지를 치우는 데만 매년 1600만 달러를 쓴다. 캘리포니아 주가 내놓은 수치를 보면 캘리포니아 주에서 쓰이는 일회용 봉지는 연간 190억 개이고 그중 재활용되는 것은 5퍼센트에 불과하다. 방글라데시의 어느 연구에서 밝혀진 내용을 보면 매일 930만 개의 봉지가 거리로 날려가서 빗물 배수관을 막고, 몬순 홍수를 악화시키고, 치명적인 수인성 질병을 창궐하게 만든다. 방글라데시는 얇은 플라스틱 봉지를 2002년에 금지했다. 그리고 이런 봉지는 뭄바이, 중국, 남아공, 에리트레아, 르완다, 소말리아, 탄자니아, 케냐, 우간다에서도 금지되어 있다. 지금의 여론은 플라스틱 폐기물의 두 대표작, 얇은 플라스틱 쇼핑백과 일회용 생수병에 반대하는 쪽으로 흐르고 있고, 또 이미 지겹도록 이 두 가지에 대한 공격이 진행되었지만 여기서 여전히 언급하지 않을 수가 없다. 아직도 너무나 많이 사용되고 있기 때문이다.

유용한 것에서 골칫거리로 일회용 생수만큼 순식간에 전락한 제품도 드물다. 아이러니컬하게도 병에 든 생수의 기원은 건강에 대한 염려였던 것 같다. 1972년 환경보호국 보고서는 일부 지역 수돗물의 안전에 문제가 있는 것을 발견했다. 환경 단체들이 이 문제를 걸고 넘어졌고 병에 든 물이 더 안전하다는 메시지를 전했다. 당시에는 병에 든 물이 대부분 4리터들이 병에 담겨 있거나 19리터짜리 유리병 또는 폴리카보네이트 정수기 통에 담겨 있었다. 1980년대 초 체력 단련 운동이 유행하면서 수분을 통한 신체 정화 개념이 도입되었다. 바쁜 하루를 보내는 동안 하루 여덟 잔의 물을 마신다는 게 문제가 되었는데 이를 해결한 것이 1리터짜리 에비앙 생수였다. 미용 잡지는 이런 시류에 편승해 지속적인 수분 섭취가 촉촉하고 영원히 젊은 피부를 만들어준다고 약속했다. 유럽, 특히 프랑스에서는 식당에 가면 항상 병에 든 생수를 팔았다. '탄산가스'가 있거나 없는 것 두 가지로 말이다. 세련된 유럽 문화가 미국의 주류 문화로 흘러들었고 병에 든 생수도 자연히 받아들여졌다. 물의 비용이란 극히 미미한 것이었으므로 음료 회사와 합성수지 공급자들은 금세 시류에 편승했다.

생수 시장은 기하급수적으로 성장했다. 1985년 한 해 동안 미국인들이 마신 병에 든 물의 양은 한 사람당 평균 20리터였다. 불과 5년 후인 1990년에는 거의 두 배인 35리터가 되었다. 1990년대 중반에는 코카콜라와 펩시도 더사니와 아쿠아피나를 가지고 이 시장에 뛰어들었다. 2000년이 되자 수치는 다시 두 배로 뛰어 67리터가 되었다. 그리고 2000년에서 2006년 사이에 또 한 번 비약적으로 늘어나서 미국인의 연간 병에 든 물 소비량은 104리터가 되었다. 그리고 그 물은 10억 개 이상의 플라스틱병에 담겨 판매되었다. 깨끗하고 순수한 물이라는 아이디어는 처음에는 좋아 보였다. 하지만 이 병들이 곳곳에서 엄청난 숫자로 넘쳐나자 이내 좋지 않은 아이디어로 보이기 시작했다. 상점이 없는 길거리, 하천, 해변, 바다에도 플라스틱병들이 넘쳐났다. 재활용 플라스틱 수거함이 있는 공공장소는 아직도 형편없이 적다. 추산으로는 페트병의 3분의 1이 재활용되고 수거된 병들 중 다수는 섬유로 재가공하기 위해 중국으로 보내진다.(미국에서 중국으로 수출하는 품목도 있다!) 이제 언론은 병에 든 물의 수질과 비윤리적인 추출 행태에 의문을 제기하는 등 반격에 나서고 있다. 병에 든 생수 소비는 2007년에 한 사람당 110리터로 정점을 찍었다. 지난 2년간 소비율은 몇 퍼센트가 감소했다. 그리고 더 큰 수수께끼는 재활용률도 함께 떨어졌다는 점이다. 하지만 지구 상 다른 곳에서는, 특히나 개발도상국에서는 생수 시장이 계속해서 커지고 있다. 그리고 거기에는 일부 지역의 수질이 열악하다는 이유도 적잖은 원인이 되고 있다.

이 뒤죽박죽인 세상에서는 투자자들을 기쁘게 만드는 것은 환경 운동가들을 눈물 흘리게 만든다. 미시건주립대학교에 있는 미국 내 유일한 포장재 전문 학교의 웹 사이트에 들어 가보면 코카콜라에 대한 설명이 마치 조지 오웰의 책을 읽는 듯 화려하게 전개된다. 그리고 그 옆에는 이 학교가 코카콜라로부터 보다 '지속 가능한' 용기 개발을 위해 40만 달러의 보조금을 받았다는 글귀도 있다.

코카콜라 사는 세계 최대의 음료 회사로서 450개 이상의 눈부신 브랜드로 소비자들에게 청량감을 선사하고 있다. 이 회사의 제품 목록에는 세계 최고의 브랜드 가치를 인정받는 코카콜라 외에도 10억 달러 이상의 가치를 가진 브랜드가 12개가 더 있는데 이에 포함되는 것으로는 다이어트콜라, 환타, 스프라이트, 코카콜라제로, 비타민워터, 파워에이드, 미닛메이드, 조지아커피 등이 있다. 전 세계적으로 코카콜라는 탄산음료, 주스, 과일 희석 음료, 즉석 차와 커피 분야에서 1위를 차지하는 공급자이다. 세계 최대의 음료 유통 시스템을 통해 200개국 이상의 소비자들이 코카콜라의 음료를 즐기고 있으며 하루 평균 15억 개의 음료가 판매되고 있다. 코카콜라는 지속 가능한 사회를 만들기 위해 부단히 노력하고 있으며, 환경 보호와 자원 보존 및 해당 지역의 경제 발전을 돕기 위해 앞장서고 있다.

워낙에 든든한 주머니를 가진 코카콜라는 미시건대학교의 프로그램만 후원하는 것이 아니라 전국재활용연합, 해양보호단, 유엔 산하 글로벌워터챌린지도 후원한다. 코카콜라의 웹 사이트에는 '책임', '협력', '파트너십', '수원 보호'와 같은 번드르르한 친환경 용어들이 번쩍인다. 이럴 때 쓰는 단어가 바로 그린워싱이다. 하지만 이렇게 장황한 친환경 선전에도 불구하고 코카콜라 역시 압박을 받고 있다. 사회적으로 책임 있는 투자자들이 음료 캔에 계속해서 비스페놀A를 사용하는 문제에 대해 해명할 것을 요구하고 있는 것이다. 하지만 코카콜라는 이상하리만치 우둔한 방식으로 고집스럽게 반응하지 않고 있다.

또 다른 좋은 소식과 나쁜 소식이 있다. 리서치 회사 프리도니아는 2013년 전 세계 외식 업계의 일회용품 수요가 연간 4.8퍼센트 증가할 것으로 예측했다. 이 시장은 연간 486억 달러에 달하는 규모이며 제품들은 대부분 사용 후 재활용이 불가능하다. 미국이 압도적으로 큰 사용자이지만 미국에서의 시장 성장은 크지 않을 전망이다. 병뚜껑이나 마개와 마찬가지로 진짜 성장은 중국과 기타 개발도상국들에서 일어날 것이다. 경제 성장이란 더 많이 일하고 더 적게 쉰다는 뜻이므로, 돈보다 편리함에 더 큰 가치가 부여될 것이다. 프리도니아의 표현에 따르면 "퀵서비스 식당 산업의 발전"이 그런 편리함을 제공할 것이다. 테이크아웃 음식 가판대가 이런 일회용품의 주요 사용자이다. 프리도니아는 '압력'을 가해야 고가의(즉 시장 가치가 더 큰) 생분해성 일회용품이 더 널리 사용되고 폴리스티렌을 몰아낼 수 있을 것이라고 의견을 밝혔다. 물론 폴리스티렌은 단단한 것(플라스틱 포크, 숟가락, 나이프)과 발포성(단열되는 햄버거 포장지, 뜨거운 음료 컵) 모두를 말한다. 고무적인 소식 하나는 한국의 스타벅스가 재사용 가능한 머그 컵 사용률 목표를 30퍼센트로 잡고 있다는 점이다. 이 지점에서 퇴비가 될 수 있는 일회용품, 즉 생분해성 일회용품과 관련해 우리가 제기해야 할 질문이 있다. 그것들은 과연 퇴비가 될까?

대형 기업들의 친환경 노력이 부족하다고 비난하는 것이 잘못되었다고 생각하는 사람도 있을 수 있다. 대형 기업들이 더 친환경적인 생활 방식을 선도해왔다고 생각하는 사람도 있을지 모른다. 누구든 친환경 노력만 하면 격려를 받지만 실은 어떤 기업이 자신들의 제품 소비를 줄여달라고 애원하지 않는 이상, 그들의 노력은 진짜가 아니다. 그리고 이런 일은 결코 벌어지지 않는다. 1970년 코카콜라는 처음으로 탄산음료에 플라스틱병을 사용했다. 지금 그들은 매일 전 세계적으로 15억 개의 음료를 배달한다고 자랑한다. 그 대부분은 플라스틱병에 들어 있다. 그 어떤 음식, 음료, 소비자 제품을 파는 주식회사도 다윈의 명제에 따르면 성장하든지 죽든지 둘 중 하나다. 그들이 점점 친환경 색채를 띠는 것은 위장술에 불과하다.

1990년 맥도널드는 오존층을 파괴하는 프레온 가스로 제조되는 발포 폴리스티렌 용기의 사용을 중단한다고 대대적으로 보도했다.

하지만 맥도널드는 여전히 단단한 폴리스티렌 식기들을 사용하고 있고 소스 통이며 플라스틱 빨대도 모두 사용한다. 그리고 독성은 조금 덜하지만 폴리스티렌 폼도 여전히 사용한다. 그러고 보면 맥도널드는 싸구려 음식을 내놓으면서도 녹색을 황금으로 바꿀 줄 아는 영리한 기업이다. 맥도널드의 웹 사이트에 들어가 보면 재활용 섬유를 포함한 새로운 포장재와 재활용 및 퇴비화 노력에 관해 홍보하고 있다. 일부 지역에서는 튀김 기름을 재활용해서 배달 차량의 디젤 엔진에 사용한다. 맥도널드 음식 포장재의 전체 무게는 반으로 줄었다. 이것은 고무적인 일이지만 사회적 압력과 마케팅 측면의 이점이 없다면 일어나지 않았을 일이다.

나는 요즘 맥도널드가 음식을 어떻게 내놓는지 직접 보려고 동네 맥도널드에 들렀다. 커피 컵을 보니 종이로 싸진 발포 폴리스티렌이다. 꾹 눌러서 닫는 뚜껑도 재활용이 안 되는 폴리스티렌이고 포크와 나이프도 마찬가지다. 아이스크림은 돔형의 뚜껑을 가진 투명한 폴리프로필렌 컵에 담겨 나온다. 이 컵은 재활용할 수 있지만 내 생각에 몇 개나 재활용할까 싶다. 가게에는 플라스틱과 종이, 퇴비화가 가능한 쓰레기를 구분해서 버리는 쓰레기통이 없다. 직원은 아침 식사용 맥머핀이 여전히 발포 폴리스티렌 용기에 담겨서 나오지만 '좋은' 종류의 용기라고 안심시킨다. 맥도널드는 229개국 3만 6000개의 식당에서 매일 4700만 명의 손님을 받는다고 자랑한다. 맥도널드는 여전히 지구 상의 플라스틱층을 (그리고 고객들의 지방층을) 두껍게 하는 데 제 몫을 다하고 있다.

인터넷 비즈니스 잡지에서 포장 관련 경향을 찾아보면 몇 가지가 눈에 띈다. 지속 가능성은 항상 목록에서 제일 위에 위치한다. 나는 이 단어가 우려스럽다. 듣기에는 좋은 말이지만 기업들은 지속 가능성의 정의를 느슨하게 보는 경향이 있기 때문이다. 심지어 제품이 그렇지 못하다는 것을 숨기려고 이 단어를 사용하는 경우도 많다. 지속가능한포장연합은 윌리엄 맥도너와 미하엘 브라운가르트가 설립한 환경 단체인 그린블루의 분과이다. 이 두 사람은 잘 알려져 있다시피 『요람에서 요람으로』의 저자이자 C2C$^{Cradle\ to\ Cradle}$라는 개념을 만들어냈다. 이 책은 그 어떤 제품에도 독성이 없고, 모든 제품이 업사이클*으로 디자인된 새로운 제품의 지구에 대한 청사진을 그린다. 지속가능한포장연합의 구성원 명단은 매우 인상적이다. 창단 회원에 속하는 9개 기업 중에는 아베다·에스티로더, 다우케미컬, 카길(네이처웍스를 소유한 기업이다!), 나이키, 스타벅스, 유니레버도 있다. 유니레버는 영국과 네덜란드에 본사가 있고 매출액이 500억 달러가 넘는 대기업이다. 유니레버의 브랜드 목록에는 립톤, 베르톨리, 크노르, 폰즈, 벤앤제리스, 슬림패스트 등이 포함된다. 유비레버는 최근 인도 여성을 위해 페어앤러블리라는 화이트닝 크림을 출시했는데 직업과 연애 전망을 밝게 해주는 제품이라고 광고하고 있다. 유니레버는 하루 1억 5000만 개의 제품을 판매한다고 주장한다. 1년이면 550억 개의 포장된 제품이 팔린다는 이야기다. 지속가능한포장연합의 또 다른 회원사로는 클로록스, 마이크로소프트, 브리스톨마이어스스큅, 월마트, 타깃 등이 있다. 그리고 못 들어봤을 수도 있지만 세계 최대의 포장재 업체인 멜버른 소재의 암코어와 위스콘신 소재의 베미스

---

* 재활용을 통해서 제품 가치가 오히려 증가하는 것을 말한다.

도 지속가능한포장연합의 회원사다. 베미스는 1859년 미국 중서부에서 기계로 곡물용 포대를 만드는 회사로 시작했다. 현재는 13개국에서 81개 공장을 운영하며 연 매출이 약 50억 달러에 달한다. 포장재 회사는 병이나 박스, 주머니를 제공하는 회사가 아니다. 그들은 '솔루션'을 제공한다. 언제나. 이 회사들을 포함해 많은 회사들이 자사의 웹 사이트에 지속가능한포장연합의 로고를 그려둔다. 지속가능한포장연합이 만들어낸 지속 가능한 포장재란 다음과 같다.

- 수명 주기 동안 계속해서 개인과 사회에 이롭고, 안전하고, 건강하다.
- 성능과 가격 모두 시장의 기준을 만족시킨다.
- 재생 가능 에너지를 사용해 공급되고 제조되고 운반되고 재활용된다.
- 재생 혹은 재활용이 가능한 원재료 사용을 최적화한다.
- 청정 생산 기술과 성공 사례를 통해 제조된다.
- 가능한 모든 폐기 시나리오를 고려해서 건강한 물질로 만들어진다.
- 재료와 에너지를 최적화하도록 물리적으로 설계된다.
- 생물학적으로, 그리고 산업적으로 닫힌 순환 구조$^{closed-loop\ cycle}$ 내에서 효과적으로 회수되고 활용된다.

실적에 민감할 뿐 아니라 수익이 약속되지 않는 이상 투자가 불가능한 주식 공개 기업들에게 이것은 정말로 어려운 주문이다. 물론 이런 기준들은 기업이 연합의 도움을 받으며 지향하는 바를 의미할 뿐, 지키지 못한다고 해서 쫓겨나는 것은 아니다. 대형 다국적 기업들이 이런 노선을 채택하고 또 실제로 이 연합의 많은 아이디어를 시행한다면 좋은 일이다. 예컨대 월마트는 자신들의 '지속 가능성 지표'의 일환으로 공급 업체들에게 포장 폐기물을 줄이기 위한 검사 항목과 목표를 주었다. 대부분의 대형 기업들은 친환경 이미지를 높이기 위해 애쓰는 직원을 두고 있다. 그 어느 회사 웹 사이트도 지속 가능한이라는 단어를 빼놓지 않는다는 데 내가 쓰레기 지대에서 가져온 귀한 칫솔 하나를 걸 수도 있다. 그리고 기묘한 운명의 장난이지만 친환경 정책을 편다는 것은 이윤이 증가한다는 것을 의미할 때도 많다. 다음은 유니레버의 최고 경영자인 폴 폴먼이 2010년 11월 성장과 환경적 충격을 '분리'하겠다며 야심차게 밝힌 계획이다.

우리는 이미 지속 가능성 문제에 대처하는 것이 지속 가능한 성장을 위한 새로운 기회임을 느끼고 있습니다. 사람들이 우리 브랜드를 선호하게 되고, 소매업자들과 관계를 맺고, 혁신을 유도하고, 시장을 키우며, 많은 경우 비용을 절약하게 되기 때문입니다.

유니레버의 의도와 노력은 좋았노라고 인정하면서도 폴먼의 말을 분석하면 이렇게 해석할 수 있다. "투자자 분들! 이 지속 가능성이라는 게 마케팅계의 노다지라고요! 우리가 지속 가능성을 추구한다고 하면 고객들은 우리를 더 좋아하고 우리 제품을 더 사가요. 혁신! 그럼요! [혁신도 귀가 번쩍 뜨이는 단어죠.] 그리고 제일 좋은 점은 이건데, 원자재나 에너지, 물을 덜 사용해서 더 얇은 포장재와 용기를 만들면 (그리고 공정을 수정해 자동화해서 가능한 한 인력도 덜 사용하면) 비용도 줄고 수익률도 올라간다고요."

또 하나 인기 있는 유행어는 이해득실이다. 기업 지속 가능성의 이해득실이란 이런 뜻이다. 실적에 도움이 된다면 기업은 이미지를 개선하기 위해 친환경 정책을 펼 것이다. 지속가능한포장연합의 최종 목표를 지나치게 밀어붙이고 있다면, 조심하라. 생산자책임재활용제도(제조사가 포장재를 수거하는 제도)는 기업 지속 가능성 정책에서 매우 민감한 사안이다. 다음은 포장 전문 잡지인 『패키징 다이제스트』가 주최한 원탁회의에서 P&G의 포장 담당 최고 책임자가 발언한 내용이다.

> 생산자책임재활용제도에 관해서 (…) 공급 사슬과 가치 사슬 위에 놓여 있는 모든 주체는 누구나 각자 맡은 역할이 있습니다. 그저 기업들에게 포장 폐기물 비용을 부담하라고 하는 것만으로는 소비자에게 올바른 행동을 끌어낼 수 없을 것입니다. 우리에게 정말 필요한 일은 소비자들이 그저 매립지에 물건을 갖다 버리는 것이 아니라 재활용하고 싶어 하도록 유도할 수 있는 메커니즘을 강화하는 일입니다. 반드시 전체적인 접근이 필요합니다.

그러니까 P&G가 만들어낸 쓰레기는 '공공의 문제'라는 것이다. 부모처럼 자상한 기업들이 대중을 구슬려 "올바른 행동(재활용)"을 하게 만들어야 한다는 것이다. 말하자면 엄한 사랑이 필요하다는 주장이다. 하지만 여기에는 문제가 있다. 퇴비화나 재활용 가능성, 그리고 퇴비화 또는 재활용이 가능할 수도 있고 아닐 수도 있는 바이오플라스틱 등의 새로운 선택안에 관해 소비자들이 할 수 있는 게 무엇인가? 미니애폴리스에 있는 글로벌 컨설팅 회사 아이코노컬쳐의 포장 담당 부사장 데이비드 루텐버거는 『피엘 바이어』에서 이 문제에 관해 다음과 같이 언급했다. "소비자들은 아직도 종이와 플라스틱 사이에서 갈팡질팡하고 있습니다. 그런데 우리는 분해 가능성이니, 퇴비화 가능성이니 하는 주장들을 몽땅 소비자들에게 내던지고 있습니다." 이런 혼란의 결과는 뭐가 될까? 더 많은 플라스틱이 매립지로, 길거리로, 해변으로, 도시의 하천과 바다로 흘러갈 것이다. 그리고 바다에서는 차갑고 물에 젖은 상태 때문에 분해되는 데 애를 먹을 것이다.

업계의 일부 사람들은 지속 가능성이 그저 소비자의 지나가는 변덕이려니 생각하거나 또는 그러기를 바랐을 것이다. 냉동 제과 회사 사라리의 포장 혁신 및 개발 담당 이사는 다음과 같이 말한 것으로 자주 인용되었다. "많은 사람들이 지속 가능성은 무선 인식^{RFID} 방식(주로 월마트에서 재고 관리를 위해 사용했던 기술)의 길을 가거나 경기 후퇴와 함께 없어질 것이라고 생각했다." 영국의 비즈니스 잡지 『패키징 뉴스』는 "네버엔딩 스토리"라는 제목의 최신 기사에서 다음과 같이 투덜거렸다. "지속 가능성은 사라지지 않을 주제이다. 수년간 제조사나 소매업자를 통해 새로운 각도에서의 이야기들이 끊임없이 쏟아져 나왔다." 하지만 (프리도니아의 조사 결과에 따르면) 플라스틱이 가장 재활용이 힘들고 환경에 문제를 일으키는 포장재라면 왜 기업들은 포장재를 개발하는 데 연구 개발비를 투자하지 않는가? 그리고 왜 사용 후 제품 처리 문제가 악화되도록 놓아두는가?

대답은 간단하다. 유리는 플라스틱과 동등한 보호 벽을 제공하지만 플라스틱보다 무겁고 깨진다. 종이는 마른 재료 혹은 얼린 재료에만 사용할 수 있고 얼린 재료에 사용하는 종이는 보통 폴리에틸렌으로 감싸게 된다. 또한 종이는 불투명하다.(셀로판은 플라스틱과 종이의 중간쯤 되는 물질이라고 할 수 있다. 생분해되는 천연 섬유를 화학적으로 처리해서 만드니까 말이다.) 금속은 비용이 많이 들고 상대적으로 희소하다. 플라스틱은 싸고 놀라우리만치 응용 가능성이 크다. 플라스틱이 없다면 지구도, 그리고 경제도 다른 모습을 띠게 될 것이다.

프리도니아의 예측에 따르면 플라스틱 포장재에 대한 전 세계 수요는 2009년 4900만 톤에서 2014년 5620만 톤으로 20퍼센트 정도 성장할 것이라고 한다. 입이 떡 벌어질 만큼 큰 숫자다. 그리고 성장을 견인하는 일부 요인은 새로운 기술이 될 것이다. 바로 유통기한을 늘려주거나 다시 봉인할 수 있거나 전자레인지 사용성을 높여주는 특수처리 플라스틱들 말이다. 플라스틱이 가진 이런 다재다능한 면모가 종이나 기타 다른 선택안들보다 우월하다는 점은 인정할 수밖에 없다. 하지만 이제 한 가지 재료로 포장재를 만드는 경우는 거의 없다. 대형 전자 제품의 경우 단단한 골판지 상자 속에(같은 무게라면 플라스틱보다 골판지가 튼튼하다.) 스티로폼 틀이 있고 그 안에 폴리에틸렌 필름으로 감싼 제품이 들어 있다. 금속을 얇게 입힌 플라스틱 필름은 새로 생긴 기발한 골칫거리다. 그중 해변에서 자주 보는 것이 과자나 에너지 바 등의 봉지를 찢으면서 생긴 작고 길쭉한 조각 쓰레기들이다.

바쁘게 돌아가는 현대인의 생활은 우리 모두를 위선자로 만든다. 나라 안에서 식품을 이 지역에서 저 지역으로 배송할 때는 가벼운 무게와 신선함만이 문제가 되는 것이 아니라 부패나 식품 안전도 중요하다. 유럽 플라스틱 업계에 따르면 플라스틱 포장 덕분에 생산에서 소비까지 부패로 인한 손실은 5퍼센트에 불과하다고 한다. 개발도상국에서는 이 비율이 50퍼센트에 이른다. 전통적으로 완전히 생분해되는 식물성 재료의 포장을 사용하고 폐기물을 처리할 인프라가 부족한 국민들에게 위생이라는 명목으로 플라스틱이 빠르게 소개되고 있는 것은 슬픈 일이다. 동아시아에 있는 강들은 마치 환류에서나 상상할 법한 쓰레기 섬처럼 보인다. 개발이 덜 된 지역에 계속해서 일회용 플라스틱이 흘러들어간다면 신화로만 여겨졌던 바다의 플라스틱 섬이 정말로 생기고도 남을 것이다. 나도 참석했던 브뤼셀에서 열린 유럽연합 집행위원회의 해양 쓰레기 워크숍에서 유엔환경프로그램의 데이비드 오스본이 발언을 했다. 그는 플라스틱 포장재 문제가 미국의 담배 문제와 비슷한 양상을 띠고 있다고 말했다. 야생에 플라스틱 쓰레기를 버려서 생기는 위협으로 질식, 굶주림, 폐색을 꼽을 수 있다면서 말이다.

가짜 친환경 제품의 수작을 뽑으라고 한다면 아마도 스웨덴에서 만들어진 테트라팩일 것이다. 불과 최근까지도 테트라팩은 세계 최대의 포장재 업체였다.(2010년 암코어가 알캔의 지분 절반을 매입함으로써 이 분야 최대 업체가 되었다.) 테트라팩을 개발한 루벤 라우싱(1983년에 사망했다.)은 스웨덴 최대 갑부였고, 테트라팩은 지금도 여전히 틈새시장 상품으로서 인상적인 제품이다. 여러 가지 형태가 있는 이 용기는 어떻게 보면 재료 공학의 기적이다. 말하자면 궁극의 하이브리드 제품이기 때문이다. 저밀도 폴리에틸렌, 종이, 알루미늄 등을 여섯 겹으로 매우 얇게 겹쳐 만든 이 포장재는 과산화수소 증기 속에서 살균하고 건조시켜서 자르고 접는다. 여기에 살짝 살균한 음료(우유나 기타 음료의 경우 쉽게 상할 수 있다.)를 초고온살균법으로 '바닥에서부터' 채워 넣는다. 회사는 초고온살균법이 병원균만 죽이고 영양소는 보존한다고 주장한다. 직사각형의 곽은 낭비하는 공간 없이 배송 상자에 담을 수 있고(수프 캔이나 와인 병은 이렇지 못하다.) 가볍고 공기가 통하지 않게 밀폐되며 불투명해서 내용물이 보호된다. 이 방식을 사용하면 제품을 1년도 넘게 보관할 수 있다. 자연 식품 상점에 가보면 (친환경 관련 인지 부조화로 가득한 희한한 장소다.) 다양한 종류의 비非유 제품(콩, 쌀, 아몬드, 귀리 제품)이나 유기농 수프 등이 테트라팩에 담겨 있다. 빨대가 붙어 있는 '네모난 주스 통'도 테트라팩이며 해변 청소를 할 때 흔히 수거하는 물건이고, 거기에 붙은 뜯어내는 작은 빨대 역시 마찬가지이다. 이제는 와인 시장도 테트라팩을 적극 사용하기 시작했는데 해변에 가보면 돌려서 여는 그 플라스틱 뚜껑이 여기저기 널려 있다. 이런 용기들이 매년 220억 개씩 생산된다.

  테트라팩의 마케팅 자료를 보면 지속 가능성에 관해 호들갑을 떤다. 종이 재료는 특별히 관리된 숲에서 가능할 때마다 가져온다. 테트라팩의 포장 제품 대 포장 원재료 비율은 업계 최고인 96퍼센트이고 페트병보다 우수하며 재활용도 가능하다. 그렇다. 테트라팩은 주스 곽을 펄프로 만들어 재료들을 서로 분리한 후 종이를 휴지로 재활용할 수 있는 기술도 가지고 있다. 하지만 이 기술을 쉽게 사용할 수 없다는 점이 문제다. 미국 내에서 그런 설비를 보유한 곳은 플로리다밖에 없다. 지속 가능성에 관한 테트라팩의 최근 '트위터 회담'에서 참석자 중 한 명은 테트라팩 제품 중 몇 퍼센트가 재활용되는지 물었다. 회담의 취지가 무색하게도 이 데이터를 알려줄 수 없다는 답변이 돌아왔다. 다른 자료를 보면 재활용률이 유럽에서 30퍼센트, 미국에서는 10퍼센트 초반대인 것으로 나타난다. 이 보도에 따르면 미국 25개 주에서만 테트라팩을 재활용할 수 있고, 캐나다는 상황이 좀 더 낫다고 한다. 긍정적으로 보면 테트라팩의 음료 용기들은 다른 경쟁 용기들보다 매립지에서 공간을 덜 차지한다. 하지만 아무리 그렇다 하더라도 토론토의 어느 환경 운동가가 칼럼에 썼듯이 "대체 누가 테트라팩을 친환경적이라고 말할 수 있는가?" 그는 테트라팩에 담긴 와인을 언급하며 진정으로 친환경적인 유일한 해법은 기존의 와인 병을 씻어서 다시 쓰는 방법뿐이라고 말했다.

특히 이들 포장재가 지구에 위험을 초래할 수 있는 것은 이것들이 바다로 떠내려가 물을 머금은 후 해저에 가라앉는 경향이 있기 때문이다. 해저는 환경을 안정시켜 주고 생물들에게 반드시 필요한 가스 교환이 자연적으로 일어나는 서식지인데 현재 위태로운 상황에 처해 있다.

포장재에 재활용 물질을 조금이라도 포함한 회사는 이것이 친환경적이라고 홍보한다. 하지만 종이, 금속, 유리와 같이 재활용하기 쉬운 물질에 제품을 항상 포장해왔던 운 좋은 회사들도 그렇기는 마찬가지다. 프리도니아그룹은 친환경 포장재 시장이 성장 중이고 곧 417억 달러 규모가 될 것이라고 전망한다. 하지만 **친환경 포장**이라는 단어의 정의가 너무 넓어서 "사실상 모든 기업이 친환경으로 간주될 수 있는 포장재를 사용한다."고 덧붙인다. 어찌 되었거나 틀림없는 사실은 이것이다. 플라스틱은 승승장구하고 있고 2014년이 되면 포장재로서의 최고 지위를 종이로부터 넘겨받을 것으로 예측된다. 어느 회사가 딸기잼 병을 얇은 플라스틱으로 바꾸려 한다면 그들은 우리가 그 새로운 포장이 지속 가능하다고 믿고 죄책감 없이 구매하기를 바랄 것이다. 하지만 다국적 거대 기업이 아니라 지구를 살리고 싶은 사람이라면, 그저 포장된 제품을 덜 사도록 하라. 컴퓨터 같은 물건들을 작동이 되는 한 오래 사용하고, 음식은 최대한 지역 농산물

시장에서 사거나 직접 재배하라. 그리고 생선을 덜 먹도록 하라. 어선들은 아직도 바다에 너무 많은 것들을 버리고 있을 뿐만 아니라 고기를 너무 잘 잡기 때문이다.

때로는 전문가들조차 서로 말이 다른 것처럼 보이기도 한다. 어떤 이들은 석유 가격이 상승할 것이라고 경고하며 "많은 소비자들이 플라스틱이 환경에 미치는 영향을 의심한다."는 사실을 인정한다. 리서치 회사인 비전게인도 여기에 동의하는 것 같다. 런던에 있는 이 회사는 대담하게도 종이가 환경에 분명 더 나은 만큼 플라스틱의 우세를 점치는 견해가 과대평가된 것일 수도 있다고 주장한다. 그러나 전문가들 사이에 설령 합의가 이뤄지지 않더라도 가장 중요한 현실은 바뀌지 않는다. '용도를 다한 이후'에 관한 계획 없이, 수치화조차 못할 분량의 플라스틱을 찍어낸다면 생태학적 아비규환이 닥칠 것이라는 점이다.

최신 경향 보고서나 기업 웹 사이트가 지속 가능성 못지않게 항상 들먹이는 단어가 하나 더 있다. 바로 혁신이다. 언제나 새로운 유독한 플라스틱 쓰레기가 나타나지 않을까 노심초사하는 나로서는 (그리고 직접 과일을 키우고 있고 믹서기도 있는 사람으로서) 아래와 같은 획기적 제품을 발견했을 때 두려움과 반가움을 동시에 느꼈다.

소비자들은 새로운 스무디 트렌드를 받아들이는 중이다. (…) 농산물을 직접 구매하는 많은 소비자들이 스무디를 더 자주 만들어 먹고 싶어 하지만 집에서 만들기가 쉽지 않았다. 이에 델몬트 사는 믹서에 넣기만 하면 되는 새로운 과일 스무디 제품을 선보였다. 이 제품은 덩어리 과일과 퓌레를 제품 하나에 모두 담았다. 소비자들은 얼음만 추가한 후 갈아서 즐기면 된다.

　천연 과일 음료인 스무디는 건강에 관심이 많았던 1960년대 히피들이 발명했다. 프랜차이즈 제국이 이를 놓치지 않고 영입했고 이제는 플라스틱 통에 담겨 슈퍼마켓에 진열되어 있다. 정말이지 혁신이자 해법이라고 할 만하다. 플라스틱에 포장된 가공 식품이 더 늘어난다는 사실만 제외하면 말이다.

　우리는 우리 경제의 건강 상태를 '혁신'에 의지하면서 혁신은 언제나 좋은 것이라고 생각한다. 하지만 혁신으로 인해 2009년 한 해에만 2만 6893가지의 새로운 포장 식품과 제품이 나타났다는 것을 생각한다면 이제는 속도를 늦춰야 한다. 그리고 이 모든 새로운 개선의 결과가 어떤 판도라의 상자가 될지 생각해보아야 한다. 우리는 혁신을 위한 혁신을 이제 그만 좀 추구해야 한다. 그리고 우리가 받아들이는 혁신에 관해 윤리적이고 생태학적으로 생각해보아야 한다. 가장 새롭고 근사하고 편리한 것들을 추구하느라 지구를 쓰레기장으로 만들어도 될 것인가? 내 생각으로는 물건을 하나 살 때마다 그것을 윤리적 선택으로 여겨야 한다. 쇼핑 바구니에 들어가는 모든 물건의 처음부터 끝까지 수명 주기가 그 선택의 고려 대상이 되어야 한다.

09

우리의 과학은
점잖지 않다

나는 환류 탐사에서 나온 데이터가 마치 똑딱거리는 시한폭탄처럼 느껴졌다. 하루가 지날 때마다 '오늘 하루 동안 몇 명의 사람들이, 아니 어쩌면 많은 사람들이 자신의 바다가 플라스틱 수프로 변하고 있다는 사실을 알 수도 있었는데……'라는 안타까움이 밀려왔다. 사람들이 제대로 알고 있었다면 플라스틱을 달리 보았을지도 모르고, 플라스틱을 좀 더 조심스럽게 다루고, 다른 선택을 내렸을지도 모른다. 하지만 알리는 데에도 절차라는 것이 있음은 부인할 수 없는 사실이었다. 우리 데이터가 획득할 과학적 신뢰성과 권위가 핵심이었다. 그래서 2000년 봄에도 여전히 나는 내 첫 번째 과학 논문의 초안을 작업하고 있었다. 그리고 동료들과 바하칼리포르니아에서 진행하던 프로젝트를 마무리했다. 우리는 태평양 동부의 귀신고래가 새끼를 낳는 석호들을 비교했다. 한 곳은 소금 추출 작업 때문에 방해를 받았고 다른 곳은 훼손되지 않은 상태였다. 우리는 멕시코 정부와 미쓰비

시가 미개발 석호에 대규모 염전을 건설하려던 계획을 폐기한다는 발표에 기뻐했다. 그즈음 놓쳐서는 안 될 정도로 중요해 보이는 회의가 열릴 것이라는 소문이 돌았다. 우리의 메시지를 전하고 제도권 내의 해양 쓰레기 전문가들과 교류할 수 있는 기회였다. 어쩌면 그중에는 크게 흥미를 느끼고 북태평양 중부 바다에 떠다니는 수십 억 개의 플라스틱 쓰레기의 영향을 조사하는 데 도움을 줄 사람이 있을지도 몰랐다.

행사의 이름은 '폐廢어구와 해양 환경에 관한 제4회 국제해양쓰레기회의'였다. 행사는 마이애미에서 열렸던 제3회 회의 이후 6년 만인 2000년 8월에 호놀룰루에서 열리기로 되어 있었다. 마이애미 회의 후에 나온 책이 제임스 코와 도널드 로저스가 편집한 『해양 쓰레기』였다. 일반 독자들에게는 다소 딱딱한 제목으로 들릴 수도 있지만 한동안 내게는 이 책이 성서나 다름없었다. 나는 회의의 참석자 명단에서 제임스 코는 물론이고 해양 쓰레기 분야의 여러 '스타'들이 있는 것을 보았다. 이렇게 좋은 기회를 놓칠 수는 없었다. 더구나 우리는 피해에 관한 더 확고한 내용을 수중에 가지고 있었다. 우리가 가진 것은 증거가 아니라고 해도 최소한 잘 정의된 전후 사정이라고는 할 수 있었다. 포스터를 제출할 수 있는 기한이 지나버렸지만 연구 개요를 제출할 수 있는 시간은 남아 있었다. 그렇게 되면 우리가 연구한 주제가 회의 문헌에 실릴 것이다. 수전 조스크는 자신과 나를 참가자 명단에 등록했다. 하지만 심란했다. 포스터 제출 기한을 놓쳐버린 것이 못내 아쉬웠다. 우리 연구는 특히나 시각적으로 제시된다면 완벽하게 힘을 발휘했을 것이기 때문이었다. 하지만 그렇다고 단념할 수는 없었다. 나는 게릴라 전술을 시행할 계획을 짰다.

그리고 호놀룰루로 가는 또 다른 항해를 위해 탑승자 모집에 나섰다. 모집 대상에는 서프라이더 활동가이면서 환경 연구를 전공한 에미코 코바야시와 바하칼리포르니아 자치대학교의 해양 과학 대학원생인 하비에르 산티아고 아코스타도 포함되었다. 바이트98 연구와 최근의 석호 프로젝트에서 하비에르와 함께 일하면서 그가 알기타호에서 매우 유능한 사람임을 알 수 있었다. 우리는 7월 20일 출항했다. 회의는 8월 9일에 시작했다. 첫 번째 항해를 함께했던 베테랑 두 명이 추가로 탑승했다. 캘리포니아 고속도로 순찰대원이었던 내 이웃 마이크 베이커와 조류학자 롭 해밀턴이었다.

4000킬로미터 거리인 이번 항해에서 우리는 평범한 항로를 택했다. 바하칼리포르니아의 정서쪽에서 불어오는 동풍인 무역풍을 타고 남서쪽으로 곧장 향하기로 했다. 회의 일정에 맞춰 도착할 수 있는 효율적인 계획이었다. 쓰레기가 떠다니고 바람이 약한 고기압 지대는 우회할 것이다. 우리는 빠르게 나아갔다. 코바야시는 뱃멀미로 한동안 열외였으나 며칠이 지나자 회복했다.

우리는 때로 과학 연구를 하고 싶은 마음을 주체하지 못하고 가는 동안 무작위로 수색망을 내렸다. 플라스틱이 없는 표본은 단 하나도 없었다. 상기하자면 그곳은 수렴대로부터 한참 남쪽으로 떨어진 곳이었다. 예상치 못한 이 수색 작업 덕분에 태평양 거대 쓰레기 지대로 가는 쓰레기의 경로에 관한 단서를 얻을지도 몰랐다. 나중에 이 표본들을 분석해서 점점 늘어나고 있는 우리 데이터베이스에 추가할 생각이었다. 지난번처럼 플랑크톤의 개체 수를 일일이 세지 않고, 플랑크톤 덩어리와 플라스틱을 대조해 절차를 간소화하기로 했다. 나중에 표본을 분석한 결과 항해 당시 우리가 예상했던 것보다 플라스틱 대 플랑크톤의 비율이 높았지만, 환류보다 낮을 것이라는 생각은 적중했다. 매번 수색을 끝내고 그물을 끌어올릴 때마다 그리고 다이빙을 할 때마다 우리는 플라스틱이 도처에 없는 곳이 없음을 눈으로 확인했다. 나는 탑승 팀원들에게 수족관용 그물을 주고 바다를 훑어 눈에 보이는 표본을 가져오도록 했다. 합성수지 조각들은 언제나 물속에서 눈송이처럼 팔랑였다. 나는 노트를 하나 꺼냈다. 그리고 다이빙을 할 때마다 수족관 그물을 사용해서 수표면 아래에 있는 플라스틱 파편들을 건져냈다. 나는 그 플라스틱 부스러기들을 아버지가 1940년대에 쓰던 노트에 테이프로 고정시키고 각각의 표본을 건져낸 위치와 상태를 기록했다. 떠다니는 포장 끈이나 궤짝, 낚싯줄, 비누 곽이나 데오도란트 병 등 갑판에서 관찰한 내용을 항해 일지에 적었다.

수전 조스크는 로스앤젤레스에서 비행기로 날아와 호놀룰루에서 우리를 만났다. 팀원들은 흩어져 호놀룰루에서 긴장을 풀었다. 다음날 조스크와 나는 하와이컨벤션센터에서 만나 등록 절차를 밟았다. 아무도 내 겨드랑이 아래 끼어 있는 허가 안 된 묵직한 포스터를 의심하지 않았다. 우리는 대강당 밖에 있는 전시 구역으로 갔다. 다른 사람들이 전시물을 설치 중이었다. 아직 과학 회의에 못 가본 독자들을 위해 설명을 하자면 이것도 중학교 때 하는 과학전람회와 별반 다를 게 없다. 다만 전에는 슬라이드 몇 장과 함께 발표하던 것을 이제는 모두 파워포인트를 이용해 발표한다는 점이 다를 뿐이다. 행사가 열리기 몇 달 전 주최 측에서는 공식 프로그램으로 고려할 만한 조사 논문을 제출하라고 요청한다. 일정 중에 비집고 들어갈 틈을 못 찾은 참가자들은 자신의 연구 결과를 그래픽으로 표현할 수 있는 포스터 전시에 초청받는다. 그러면 행사 휴식 시간에 참석자들이 이 전시 구역을 누비고 다닌다. 포스터 전시자들은 보통 질문에 답해주기 위해서 포스터 옆에 서서 전단을 나눠주기도 하고 사람들과 교류를 맺기도 한다.

과학 포스터들은 간단한 경우도 있고 복잡할 때도 있는데 보통은 글과 그래프, 이미지 세 가지가 조합되어 있다. 우리 것도 비슷한 형태였다. 출항하기 몇 주 전에 누가 우리 집을 방문했다면 식탁 위에 허리를 구부리고 손에 풀을 들고 옆에 종이칼을 놓아둔 채로 우리 데이터에서 나온 그래프와 표를 종이판에 붙이고 있는 내 모습을 발견했을 것이다. 나는 우리 연구 개요를 조금 더 다채롭게 표현해서 인쇄한 다음 판 중앙에 붙였다. 또 수색 작업에서 나온 플라스틱 조각들을 크기별로 분류해놓은 플라스틱 페트리 접시도 판에 부착했다. 나는 어떤 경우든 말로 하는 것보다 보여주는 것이 좋다는 사실을 알고 있었다. 이렇게 하면 사람들은 그래프 및 도표에 요약된 자료와 실제 상황을 연결시킬 수 있을 것이다. 그리고 그 성과는 꽤 좋았다고 생각한다.

전시장에서 포스터들은 삼각대나 긴 테이블 위에 설치되었는데 모두 합해 열다섯 개쯤 되어 보였다. 우리는 비어 있는 삼각대를 차지했고 눈치를 보는 대신 당당한 척 하기로 했다. 포스터 전시자들이 늦거나 나타나지 않는 경우가 자주 있었고 이번 행사도 그런 것 같았다. 우리는 다른 포스터들 사이에 몇 미터 빈 공간을 발견하고는 그곳에 우리 것을 나란히 전시했다. 설치를 하면서도 무서운 주최 측 요원이 나와서 우리 포스터와 자신들의 명단을 비교하고 경비를 부르는 것은 아닐까 조금 걱정했지만 이곳은 하와이였다. 아무도 배척하지 않는 알로하의 땅이었다. 잠입 계획은 성공한 것 같았다. 우리가 그럴듯해 보였을 수도 있고 그저 주최 측이 너무 바빠서 확인하지 못했을 수도 있지만 아마도 둘 다일 것이다. 조스크는 내 논문 개요의 초안과 데이터 그래프들, 알갈리타 재단에 관한 정보, 신문 기사 내용 등으로 채워진 전단 꾸러미를 준비했다. 과학의 문이란 철옹성처럼 견고할 수도 있지만 『로스앤젤레스 타임스』지를 포함한 샌타바버라에서 샌디에이고까지의 지역 언론들은 태평양 거대 쓰레기 지대로 알려진 곳에 관한 이야기와 나의 모험을 기사로 다뤄주었다. 누군가는 얼마든지 그렇게 알릴 수 있는데 왜 과학적 신뢰성을 걱정하느냐고 물을지도 모른다. 거기에는 충분한 이유가 있다. 정책을 결정하는 것은 과학이다(언제나 최선의 과학인 것은 아니지만). 과학과 함께 강력한 여론까지 보태진다면 정책 변화를 더 강하게 추진할 수 있다. 정책이 피해를 주고 있다거나 실효성이 없다는 사실을 증명할 수 있다면 법률을 이용해 변화를 꾀할 수 있다. 무연 휘발유와 페인트, 담배, DDT나 PCB 같은 유독 화학 물질과 관련해서 우리가 이미 목격한 것처럼 말이다.

전시 및 포스터 위원회의 공동 의장인 케이시 쿠진스가 우리에게 다가왔다. 하지만 정말이지 운이 좋았다. 그녀는 우리에게 혹시라도 남아 있던 두려움까지 말끔히 없애주었다. 우리를 쫓아내는 대신 그녀는 즉시 우리 편이 되어주었다. 그녀가 일찌감치 방문해준 덕분에 우리는 회의 내내 모두가 우리 편이 될 것이라는 생각을 할 정도였다. 당시 쿠진스는 회의를 후원하는 해양대기청의 분과인 수산청에서 일하는 야생 생물학자였다. 그녀는 호놀룰루에서 북서쪽으로 1900킬로미터 정도 떨어진 미드웨이 섬에서 시간을 보냈다. 그곳은 바로 레이산앨버트로스 새끼들이 1년에 수만 마리씩 죽어나가는 곳이었다. 아무것도 모르는 어미 새들이 바다에서 음식이 아니라 플라스틱을 실수로 가져다 먹이기 때문이었다. 정책적으로 번식기에는 새들이 둥지를 트는 그곳에 출입이 금지되었다. 그 말은 쌓여 있는 플라스틱 쓰레기를 치울 수 없다는 뜻이다. 앨버트로스만 플라스틱 쓰레기를 그 먼 곳으로 물어가는 것이 아니라, 에베스마이어가 이야기했듯이 쓰레기가 들어 있는 환류가 플라스틱 쓰레기를 뱉어내기도 한다. 미드웨이 섬과 여러 생태학적으로 중요한 땅들이 속한 그 먼 군도에서 플라스틱 쓰레기는 외래 침입자였다. 영겁의 세월 동안 깨끗한 자연 그대로였던 곳에 말이다. 쿠진스는 앨버트로스 둥지 안에 있는 플라스틱과 새들의 알 껍질이 얇아지는 문제 사이에 분명한 관련이 있음을 보여주는 증거를 직접 보았노라고 했다. 유해성에 관한 이 의혹은 흥미로우면서도 걱정을 불러일으켰다. 이제 막 시작된, 확고한 내 직감을 뒷받침했기 때문이다. 플라스틱이 일으킬 수 있는 피해가 온전히 밝혀지려면 아직 한참 멀었다는 직감 말이다. 이렇게 큰 회의를 운영하느라 생긴 스트레스 때문이기도 했겠지만 쿠진스는 자신의 슬픔과 좌절을 이야기하며 울음을 터뜨렸다. 몇 년 후 그녀는 아이다호로 이주해서 미국야생생물보호청에서 서식지 보호 업무를 하고 있었다. 놀랍지 않은 일이었다.

    나는 내가 읽었던 논문들의 저자 몇 명을 만났다. 내가 그토록 동경하던 전문가들과 마침내 만나 교류하는 것은 깊은 만족감을 주는 경험이었다. 샌디에이고 학술 회의에서 내가 배웠던 교훈이 피해를 보여주어야 한다는 점이었다면, 이번 행사에서 얻은 교훈은 폐어구들이 잔뜩 널린 곳에서는 크기가 중요하다는 사실이었다. 사람들에게 미세 플라스틱은 말 그대로 미세한 걱정거리로밖에 보이지 않는 모양이었다. 사람들은 커다란 플라스틱 그물 뭉치와 모노필라멘트 낚싯줄, 부자, 부표 같은 것들만 걱정했다. 그것은 아마도 해양대기청의 해양 쓰레기 부문이 난파선과 그로 인한 생태계 문제에 대응하는 대응복원실 산하에 있기 때문일 것이다. 나는 마치 잠수 기구를 타고 새로운 수중 지형을 탐사하며 밖을 내다보는 기분이었다. 그리고 이곳에서는 플라스틱으로 만들어진 폐그물이나 어구에 비할 때 플라스틱이라는 물질 자체가 훨씬 덜 중요한 관심사였다. 나는 두 가지가 어떻게 분리될 수 있는지 이해할 수 없었다. '해양 쓰레기'(바다와 5대호에 버려지거나 떠다니는 인간이 만든 고형 물질이라고 정의된다.)는 1960년대에 플라스틱 어구가 나타나기 전에는 문제시되지도 않았다. 버려진 플라스틱 어구가 환경적 재앙이 되고 국제 회의의 중심 주제가 된 것은 플라스틱이 가진 특별한 내구성과 부력 때문이다.

또 나는 '운동가'라는 단어를 신중하게 사용해야 함을 알게 되었다. 문제를 연구하는 과학자들과 해결을 촉구하는 사람들 사이에는 뚜렷한 선이 그어져 있었다. 좌절을 맛본 지구 온난화 관련 과학자들이 이 구별을 무너뜨리고 있지만 이들의 경고에 대한 정치계의 반응 때문에 과학자들의 적극적 활동이 오명을 뒤집어쓸 위험에 처해 있다. 케이시 쿠진스 같은 몇몇 과학자들과는 적극적 활동을 통해 유대를 형성할 수 있지만, 다른 과학자들의 경우 지극히 사무적인 반응을 보이거나 아예 외면할 수도 있다. 몇몇 적극적인 과학자들조차 문제를 다소 개인적인 시각으로 접근하는 것 같았다. 이런 모습을 보니 플라스틱 쓰레기 문제가 왜 정부 기관이나 학계 밖에서는 큰 관심을 불러일으키지 못하는지 그 이유를 조금은 알 것 같았다. 나는 실제로 이들 연구자들 중 다수가 어떤 소명 의식을 갖고 있음을 발견했다.

하지만 '전문가'들은 절제된 표현을 사용한다. 이 회의에 참석한 사람들에게는 어업, 운송업 및 그것을 규제하는 정부 기관이라는 좁은 한도 내에서 정책을 바꾸는 것이 최종 목표인 것 같았다. 물론 이것도 필요하지만 먼바다에서 발견하는 우산 손잡이며 음료수 통, 라이터, 신발, 축구공은 어떻게 할 것인가? 이것들은 소비자 제품이다. 나는 문제의 많은 부분이 어선이 아니라 육지에서 비롯되었으며 이것들 또한 폐그물 못지않게 심각한 문제일 수 있다고 생각한다. 또 먼바다에 있는 많은 것들은 그물이나 부자, 낚싯줄이 수십 억 개 혹은 수조 개로 쪼개진 작은 조각들이다. 철거되지 않아 버려진 대형 폐어구들의 미래임이 분명한 이들 미세 플라스틱은 어떤 영향을 끼칠 것인가?

내게 큰 도움이 되었던 책 『해양 쓰레기』의 편집자 제임스 코가 속한 모임과 함께 점심을 먹었다. 하지만 바다의 플라스틱 파편에 관한 내 이야기는, 좋게 말해서 아무 관심도 끌지 못했다. 플라스틱 쓰레기 연구계의 스타 중에서는 앤서니 앤드래디 박사가 단연 눈에 띄었다. 그가 우리 전시를 찾았을 때 나는 그가 누구인지 몰랐는데(그저 재미난 억양을 가진 자그마한 남자라고 생각했다.) 스스로를 소개하는 이름을 듣고 뛰어오를 듯이 기뻤다. 스리랑카 사람인 앤서니 앤드래디 박사는 플라스틱이 어떻게 분해되는가에 관한 획기적 연구와 『플라스틱과 환경』이라는 최고의 교과서를 편집한 이력 덕분에 이 분야에서 모르는 사람이 없을 만큼 유명한 인물이었다. 그는 노스캐롤라이나에 있는 세계적인 연구 개발 회사인 리서치트라이앵글과 함께 이곳에 참석했다. 처음에 그는 우리가 그린피스와 관련된 플라스틱 반대 운동가들로서 모든 플라스틱의 금지를 원하는 사람들이라고 생각하는 게 분명했다. 나는 그에게 모든 플라스틱을 금지하는 것은 우리 목표가 아니라는 점을 분명히 하고 우리가 함께 일할 방법은 없을지 이야기를 나누었다. 나는 그에게 대장은 그이고 우리는 그의 명령을 기다리는 병사일 뿐이라고 했다. 바다를 청소하기 위해서는 플라스틱 파편의 본래 모습과 그것들이 바다에 얼마나 있었는지를 알아야 했다. 그리고 그것들이 어디서 왔는지를 알아야 쓰레기가 유입되는 것을 근본적으로 막을 수 있었다. 미세 플라스틱은 특히나 이런 것들을 밝혀내기가 어려웠다. 대부분 오래전에 버려진 물건이 수년간, 혹은 수십 년간 부서진 결과물일 것이기 때문이다. 우리는 육지에서 나온 비율과 선박에서 나온 비율을 알아야 했다. 회의의 지배적인 분위기는 대부분의 해양 쓰레기가 배에서 나온 것이라고 보는 것 같았지만 이때까지도 쓰레기의 출처 문제는 연구자들을 힘들게 하고 있었다. 앤드래디는 가장 최신 표본인 우리 것을 분석해보겠다고 제안했고 나는 한 달 후 그에게 봉투 하나 분량의 표본을 보냈다. 그는 우리 생각이 맞았음을 확인해주었다. 표본의 입자들은 폴리에틸렌과 폴리프로필렌이 분해된 것이었다. 하지만 그 사실 외에는 그것이 원래 무엇이었는지, 어디서 왔는지 아무도 알 수 없었다.

나는 에베스마이어의 동료이자 쓰레기 지대를 예견한 표층 해류 시뮬레이터의 개발자인 제임스 잉그러햄의 강연에 참석했다. 1970년대에 그는 동남아시아에서 베링 해에 이르는 북태평양에 부표를 '심어서' 12년간 그것들을 추적했다. 부표들이 전체 북태평양 환류를 두 번 돌 수 있는 시간이었다. 그 부표들은 대부분 북태평양의 두 지역으로 이동했는데 하나는 내가 전문가가 된 북동 아열대 환류 지역이었고 다른 하나는 하와이와 일본 사이에 그에 상응하는 지역이었다.

그가 이룬 중요한 성과는 폐어구의 위치를 찾고 제거하려는 노력이 이 지역들에 집중되어야 함을 발견했다는 것이다. 버려진 그물들 때문에 수만 마리의 북방물개가 죽어가고 있다는 이야기가 있었다. 또 하와이 북부의 섬세한 산호초 지역에서 34톤에 이르는 그물을 치우는 일이 쉽지 않을 것이라는 의견도 있었다. 대부분의 항구에서는 어부들이 자신의 장비와 쓰레기를 책임지고 처리할 만한 인센티브가 거의 없었다. 수거 체계는 취약하거나 아예 없었고 폐기에는 비용이 들었다. 지켜보는 사람이 없는 망망대해에서 생계를 유지하는 어부들로서는 뭘 어디에 버리든 다들 신경 쓰지 않았다. 해양오염방지협약 부속서5는 이빨 빠진 호랑이였다. 타이완의 한 연구자는 타이완의 모든 어부들이 물고기를 잡을 수 있는 만큼 잡은 후에 자기네 그물을 바다에 버린다는 사실을 시원하게 인정했다. 그물을 둘 공간에 고기를 실을 수 있으니 그 편이 더 이익이었다. 논의된 주제들은 모두 놀라운 이야기였으나 커다란 어구가 결국에는 수십 억 개의 작은 조각으로 부서질 수밖에 없다는 사실을 언급하는 사람은 없었다. 그리고 그 미세한 플라스틱 조각이 먹이사슬의 하단에 있는 여과 섭식 동물의 밥이 될 가능성에 대해서 언급하는 사람도 없었다.

마지막에는 '대책' 워크숍이 예정되어 있었다. 나는 그룹D의 산업 부문을 선택했다. 이 워크숍은 규모가 좀 더 작아서 내 말에 더 귀를 기울여줄 수도 있다고 생각했다. 또 어차피 내가 이야기하고 싶은 주제도 산업에 관계된 것이었다. 나는 쓰레기 문제 대처에 관한 큰 구상을 제시할 계획이었다.

주최 측은 이번 회의를 통해 지구를 개선할 방법을 담은 인상적인 문헌을 만들고자 했고, 커다란 종이 판 위에 화이트보드와 쪽지를 미리 준비해놓았다. 여기에 항목이 하나씩 추가되기 시작했다. 내가 본 문구들은 이런 것이었다. 더 많은 연구가 필요하다. 지금 지원이 필요하다. 기관 간의 협력. 최첨단 모니터링. 인지 제고. 교육. 나는 내 주장을 펼쳤다. 일어서서 우리가 플라스틱 업계와 직접 협력해야 한다고 제안했다. 어찌 되었건 문제를 일으키고 있는 것은 그들이 만든 플라스틱이 아닌가. 그러니 그것을 고칠 방법에 관한 논의에도 당연히 그들이 참여해야 하지 않겠는가. 그리고 일부는, 금전적으로도 책임을 져야 하지 않겠는가.

사람들은 모두 나를 쳐다봤고 진행자는 중요한 것을 우선해야 한다면서 내 제안을 목록에 적기를 거부했다. 그들은 플라스틱 업계가 '논외'라고 했다. 나는 "뭐라고요?"라고 답했다. 이 시간의 주제가 산업 아닌가? 그리고 이 토론에서 말하는 산업이란 당연히 플라스틱 산업 아닌가? 그들은 아니라고 했다. 어업이라고 했다. 그러더니 참가자들에게 스티커를 나눠주고 적혀 있는 목록 중에서 중요하다고 생각하는 것에 스티커를 붙여서 순위를 매길 수 있게 해달라고 했다. 나는 무슨 보이스카우트 모임에 나온 기분이었다. 나는 스티커를 내 이마에 붙였다. 내가 하려는 이야기는 중요한 것이었다. 사람들은 다시 나를 쳐다봤다. 아무도 문제의 핵심을 건드리고 싶지 않은 모양이었다. 바다에 있는 모든 쓰레기의 재료는 플라스틱이었다. 육중한 저인망이며, 몇 킬로미터에 걸친 낚싯줄이며, 부자, 부표가 그랬고 어부들이 배 밖으로 던져버리는 표백제 통, 야광 봉, 플라스틱 궤짝, 화학 약품이 들었던 빈 플라스틱 드럼통도 그랬다. 이 드럼통은 물고기를 끌어 모으는 신기한 속성이 있어서 '물고기 유인 장치'라고 알려져 있었다. 내 제안은 커다란 판 위에 펜으로 적히지도 않았고 추천 사항을 담은 출판물에도 포함되지 않았다. 그리고 나는 플라스틱이 '처리' 문제, 즉 '공공의 문제'를 일으킬 뿐 재료 자체의 문제가 아니라는 소리를 이후로도 계속 듣게 된다. 다시 말해 모든 잘못은 우리에게 있으며 어부들이 쓰레기 벌레라는 소리였다. 나는 혐오감을 느끼며 다른 토론장으로 갔다. 하지만 그곳은 회의가 거의 끝나고 있었다.

몇 달 후에 나는 토론 내용과 전시된 포스터, 제시된 추천 사항이 담긴 회의록을 받았다. 이후의 계획을 요약하는 부분에는 훌륭한 아이디어와 장애물, 시행 비용 등이 넘쳐났다. 하지만 여전히 내가 보기에는 여러 기관과 이해관계자들 사이에 책임과 의무가 너무 얕게 흩어져 있었다. 그러니 지난 세 차례의 회의도 해양 쓰레기 문제를 막지 못한 것이었다. 다음 회의 때가 되면 바다에 더 많은 플라스틱이 있을 것이 너무나 분명했다. 그리고 작은 해양 생물들이 그것을 먹고 아직 과학적으로 증명되지는 않았더라도 심각한 위험에 처할 것이다. 나는 95퍼센트가 플라스틱으로 구성된 폐어구와 바다 한가운데 있는 이상한 플라스틱 조각들을 연관시킨 내용은 보지 못했다. 그리고 폐어구 문제에 제한적으로 대처하는 것으로 바다가 더 깨끗해질 것이라는 의견에도 동의할 수 없었다. 제멋대로인 어업 국가들과 교묘한 어부들의 퇴행적 태도로 볼 때, 그리고 원양에서 법 집행이 어려운 점을 감안하면 폐어구 문제는 최소한 당분간은 개선이 미미할 것이기 때문이다.

회의록에는 포스터에 관한 부분도 있었는데 주제별로 분류하여 설명 문구와 함께 정리되어 있었다. 공식 주제는 세 가지로 각각 '모니터링, 집행, 제거'와 '바다에 대한 책임의식, 교육, 원조', '쓰레기 예방과 법적 문제들'이었다. 포스터 부분의 끄트머리에 네 번째이자 마지막 주제가 있었는데 우리 포스터 하나만 달랑 있었다. '기타'. 그렇다. 나는 또 교훈을 얻었다. 하지만 나는 그 어느 때보다 결연해졌다. 그리고 우리가 '대화'에 조금이나마 끼어들었다는 데서 위안을 찾았다. 비록 그들에게는 우리가 불청객으로 비춰졌더라도 말이다. 그리고 무엇보다 우리는 값을 매길 수 없을 만큼 소중한 사람들 몇몇을 알게 되었다.

11년 후인 2011년 3월, 세월은 흘렀지만 역사는 반복되었다. 해양대기청은 제5회 국제해양쓰레기회의를 호놀룰루에서 개최했다. 이번 테마는 '대책'이었다. 제1회 회의가 열린 것이 1984년이었다. 나는 마침내 대책을 논의한다는 것을 알고 기뻤다. 지난 27년간 바다의 플라스틱 쓰레기는 기하급수적으로 성장했기 때문이다. 이번에는 알갈리타 재단도 포스터 제출 기한을 맞출 수 있었고 실은 포스터와 파워포인트로 무장한 과학자를 여섯 명이나 파견했다. 나와 나의 10번의 환류 탐사에 관해서는 시민 과학계에 이미 잘 알려져 있었다. 우리는 접이식 휴대용 알루미늄 가오리망의 주문도 받았다. 알갈리타 재단의 기술자이자 헬리아크 용접의 달인인 마커스 에릭슨이 설계한 것이었다. 앤서니 앤드래디가 개발한 현장용 플라스틱 확인 장비도 마찬가지였다. 앤드래디와 나는 바로 이곳에서 11년 전에 만났다.

하지만 여전히 바뀌지 않은 것들도 있었다. 많은 사람이 모인 총회에서 유럽연합과 유엔 및 기타 여러 기관에서 나온 대표들, 심지어 코카콜라 대표자까지도 이 분야 판도를 바꿔놓은 알갈리타 재단의 노력에 대해 인정했다. 하지만 여전히 해양대기청에서는 나를 좋아하지 않았고 지나가는 말로도 언급하지 않았다. 아마 그때 그 스티커

사건의 유감이 아직도 남아 있는 모양이었다. 한국에서 온 다큐멘터리 제작진 한 명이 나를 계속 따라다녔다.* 그리고 알고 보니 나는 모금 행사나 쓰레기 활용 예술전 개막식 등 여러 소소한 행사의 '존경받는 초청자'였다. 2000년과는 현저히 달랐고 그때보다 재미있었다. 하지만 2000년 회의에서는 겨우 실금 정도에 불과했던 골이 더 깊어지기도 했다. 2000년에 비해 두 배인 400명이 참석한 이 회의에 대해 로즈 새비지는 놀랍고도 딱 맞는 관찰을 내놓았다. 그녀는 홀로 배를 타고 세계를 돌아다니는 용감한 영국 여성이었는데, 회의 후 자신의 블로그에 이렇게 썼다. "나는 지금까지 플라스틱 오염에 관한 논란은 기후변화보다 줄어들었다고 생각했다. 하지만 협력보다 분열을 조장하는 인간의 능력에는 한계가 없어 보인다."

회의 후원사 중에는 코카콜라와 미국화학협회도 포함되어 있었다. 그들은 닫힌 문 뒤에 있는 테이블에 자기 자리를 보유하고 있었다. 그곳에서는 정부 기관에서 나온 관료들이 '결과 지향적인' 호놀룰루 전략의 초안을 짜고 있었다. 쓰레기 없는 바다를 만들기 위한 방법을 담은 계획이었다. 그런데 믿기지 않지만 흘러나온 말에 의하면 이 문서에서 '플라스틱'이라는 단어가 빠질 것이라고 했다. 이것이 사실로 드러나자 플라스틱오염연합의 설립자이면서 알갈리타 재단의 강력한 아군인 다이애나 코헨이 반대자들을 결집해 성과를 거두었다. 하와이대학교 마노아캠퍼스의 니콜라이 막시멘코(그는 2011년 일본 쓰나미로 몰려온 쓰레기의 분포도를 만들고 있었다.)를 비롯해 보통은 잘 나

---

*KBS 환경스페셜에서 2011년 《플라스틱, 바다를 점령하다》라는 제목으로 방영되었다.

서지 않는 학계에서도 문제를 제기했고 평소 발언력 있는 리처드 톰슨(그는 플리머스대학교의 교수이자 미세 쓰레기 연구자로서 잘 알려져 있다.) 같은 이들도 나섰다. 그들은 정부가 업계에 맞서서 책임질 자들(플라스틱 제조자들)에게 책임을 부과해야 한다고 압박했다. 더 이상 자원봉사 청소단이나 세금으로 운영되는 정부 기관, 시민 단체에 책임을 돌리지 말라고 했다. 회의 문서에서 출처를 통제하는 전략에는 전혀 초점이 맞춰지지 않은 점이 눈에 띄었다. 그것이 업계의 실적에 영향을 주기 때문이다. 그리고 내가 카우아이에서 온 기자에게 말했듯이, 의도는 좋을지 몰라도 단지 환류를 청소하는 데 중점을 둘 뿐인 온갖 창의적인 전략들이 펼쳐질 예정이었다. 마치 수도꼭지는 잠그지 않은 채 욕조에서 물을 퍼내는 것처럼 말이다.

북태평양 중앙 환류, 북위 38.56도, 서경 142.37도, 2000년 9월 7일 목요일 정오경. 우리는 4회 국제해양쓰레기회의를 끝내고 호놀룰루에서 미국 서부 해안으로 돌아가는 길이었다. 하늘은 맑고 바다는 조용했다. 새로운 승선자들이 있었다. 한 명은 미국 해안경비대의 몇 안 되는 해양학자 중 한 명인 대니얼 화이팅 중령이었다. 은퇴한 그는 이제 해안경비대에서 해보지 못한 '진짜' 과학을 하게 되어 기쁘다고 했다. 이번 항해는 그가 고등학교를 졸업하고 입대하면서부터 꿈꾸어왔던 종류의 모험이었다. 그는 우리의 연구 방법을 '또라이 gonzo 과학'이라고 이름 붙인 사람이기도 했다. 또 한 명의 승선자는 미국고래학회에서 자원봉사로 고래 감시 일을 하고 있는 토니 니콜스였다. 그는 나를 '쓰레기 복수자'로 임명했다. 집으로 돌아가는 항해에는 하비에르 산티아고 아코스타도 재합류했다. 또 1999년 항해 때 신선한 유기농 채소들을 몇 궤짝 건네주어 멋진 식사를 하게 해주었던, 샌타바버라의 유기농 농장주 크리스 톰슨도 합류했다. 톰슨은 지구에 대한 걱정이 지대했지만 먼바다에 나와 본 경험이 거의 없었다. 그는 항해술은 부족한 대신 기운을 북돋우며 모두를 다독이고 응원했다.

바다에서 13일째 되던 날이었다. 우리는 카우아이 북쪽의 아름다운 바위 해안에 있는 하날레이 만에 닻을 내렸다. 돌아가는 이번 항해에서 우리는 다시 환류에 빠져들었다. 바람이 시속 9킬로미터로 불고 수면은 유리처럼 조용했다. 우리는 버려진 그물을 크레인으로 끌어올려 사진을 찍었다. 하지만 갑판 위로 끌어올리기에는 따개비류가 너무 많이 붙어 있었다. 항해 일지에 "엄청난 쓰레기를 수거함"이라고 썼다. 다음으로 눈에 띈 것은 우리가 아무리 특이한 쓰레기 지대에 있다고 해도 너무 이상한 물건이었다. 우리 중에 한 명이 아주 얇은 비닐봉지 하나가 유유히 떠가는 것을 발견한 것이다. 그리고 또 하나가 지나갔다. 또 지나갔다. 그러고 나서야 우리는 온통 주변이 이런 비닐봉지로 뒤덮여 있는 것을 알게 되었다. 우리는 바다 한가운데에 있었고, 플라스틱 쇼핑백의 바다에 둘러싸여 있었다. 마치 토네이도가 수평선 위에 떠 있는 어느 쇼핑몰의 지붕을 통째로 날려버린 것 같았다. 하지만 이 봉지들은 유실된 화물 컨테이너에서 쏟아져 나온 것이 분명했다. 엄청난 크기의 '엄마 봉지들'이 너울너울 지나가는 것이 보였다. 아기 해파리 봉지들 가운데 있는 무시무시한 괴물 해파리 같았다. 아마 쇼핑백을 넣어두는 커다란 봉지들이었을 것이다. 모두 다 북아메리카의 소매상 누구누구에게 향하던 것들이었다. 우리는 그것들을 낚아채서 이름을 읽어보았다. 시어스, 브리스톨

팜스, 베이비슈퍼스토어, 엘폴로로코, 프레드마이어, 그리고 가장 수가 많은 것은 타코벨이었다.

대부분은 티셔츠백*이었다. 종이처럼 얇고 손잡이 구멍이 있어서 편리한 티셔츠백은 1960년대 초 스웨덴의 기술자 스텐 구스타프 툴린이 개발했다. 그는 플라스틱 필름으로 된 길고 납작한 튜브를 보고 잘라서 아래쪽 솔기를 접착시키고 위쪽에는 손잡이를 잘라내는 방법을 생각해냈다. 하지만 이 저렴한 종이봉투 대체재가 미국을 장악한 것은 1970년대 후반이 되어서였다. 오늘날 보듯이 30년간 이 봉지는 어마어마한 유통 부수를 올리고 있다. 연간 아마 1조 개 정도가 사용될 것이다. 우리가 건져 올린 봉지들은 상당히 상태가 양호한 것으로 보아(바닷말이 붙어 있지도 않고 찢어지거나 낡은 흔적도 거의 없고 아직 신축성도 있었다.) 최근에 유실된 것 같았다. 아마도 아시아에서 제작되어 우리 주변의 상점으로 가려던 참에 재앙을 만났을 것이다. 엄청난 파도라도 만났던 것일지도 모른다. 이렇게 잔잔한 봄여름 철에는 좀 안 어울리는 일이기는 하지만 말이다. 어찌 되었건 우리는 봉지에 인쇄되어 있는 작은 글씨에 감탄했다. "Made in U.S.A." 뭐, 합성수지 알갱이가 미국산이었다면 엄밀히 말해 미국산이라고 할 수도 있겠다. 우리는 혹시 우리가 육지에서 가장 멀리 떨어진 태평양 한가운데서 엑슨발데스호급** 비닐봉지 유출 사고를 발견한 것은 아닐까

---

* 흔히 편의점에서 물건을 사면 담아주는 그 비닐봉지를 말한다. 접으면 러닝셔츠처럼 생겼다고 티셔츠백(T-shirt bag)이라고 부른다.
** 1989년 알래스카에서 발생한 대규모 기름 유출 사고. 암초에 부딪힌 엑슨발데스(Exxon Valdez)호에서 원유 4만 톤이 쏟아져 나와 생태계에 큰 충격을 주었다.

생각했다. 잠깐. 혹시 이 봉지들이 우리가 1년 전인 1999년 탐사 항해에 나서기 전에 에베스마이어에게서 전해 들었던 '기상학적 폭탄'으로 인한 표류물은 아닐까? 아니다. 그렇게 보기엔 봉지들이 너무 멀쩡했다. 하지만 바로 며칠 전 회의에서 앤드래디 박사의 연구를 통해 해양 환경에서는 분해 과정이 현저히 느려진다는 이야기를 듣고 오는 길이었다.

우리는 그물로 뜨거나 갈고리로 당겨서 봉지를 12개 정도 수거했다. 좀 더 건져냈지만 대부분은 우리 손이 닿지 않는 거리에 있었다. 해가 지고 있어서 소형 보트를 내려 쫓아가기에는 위험해 보였다. 하지만 과학을 위해서 우리는 3분간 좌현에 서서 70미터 거리까지 눈으로 조사를 했고 49개의 플라스틱 봉지를 기록에 남겼다. 16킬로미터 정도를 더 갈 때까지도 봉지들이 떠다녔고 곧 밤이 되었다.

육지로 돌아와서 나는 해양 법률 고문을 맡고 있는 변호사 제임스 애커먼을 곧장 찾아갔다. 그리고 내가 바다에서 본 비닐봉지의 출처, 즉 비닐봉지를 유출한 선박을 추적할 수 있는 탐정을 혹시 아는지 물어보았다. 수전 조스크에게 이 사건에 관해 이야기를 꺼냈더니 언제나 그렇듯이 전투태세로 돌변해서 우리가 건져 올린 봉지를 쓰는 모든 회사의 본사에 줄줄이 전화를 돌리기 시작했다. 그녀와 연락이 닿은 어떤 회사도 배송 안 된 봉지에 관해서 모르고 있었다. 그도 그럴 것이 봉지들은 아마 중앙의 유통 센터로 가는 길이었을 것이기 때문이다. 애커먼이 추천해준 탐정은 자신이 성과를 낼 수 있을 것 같다고 했지만 5000달러를 선불로 요구했다. 이 방법은 포기할 수밖에 없었다. 커티스 에베스마이어는 기업들의 컨테이너 유출 사고에서 정보를 뽑아내는 데 놀라운 재주를 갖고 있었다. 수년간의 경험

덕분이었다. 가장 유명했던 일로는 오리건 주 해안에 밀려온 무더기 운동화들에 관해 정보를 얻기 위해 나이키를 직접 방문했던 일이었다. 그는 때로 과학이라는 고귀한 명분을 내세워 저돌적으로 전진했다. 하지만 이번에는 그도 벽에 부딪혔노라고 인정했다.

컨테이너 유실 사고는 환경뿐만 아니라 항해에도 큰 영향을 미친다. 많은 컨테이너들이 부유성 화물들로 차 있어서 가라앉지 않는다. 단단히 봉해진 컨테이너들은 아무런 감각 없는 모비딕처럼 수면 가까이에 떠 있다. 예상치 못한 뱃사람의 배에 구멍을 내서 가라앉힐 준비를 하고서 말이다. 알갈리타 재단을 비롯한 많은 이들이 함께 국제적 노력을 기울이고 있음에도 불구하고 기업들은 유출 사고를 보고할 법적 의무가 없다. 사실 그 화물이 '독성 없음'으로 간주되는 물건이면 선주는 유실한 물건을 수습할 책임조차 없다. 정말 충격적이고 지독한 컨테이너 유실 사고가 발생한 것은 1997년 3월이었다. 독일 소유의 컨테이너선인 엠브이시타$^{MV\,CITA}$호가 영국 서남단 끝 45킬로미터 지점에 있는 실리 제도의 뉴펀들랜드포인트 앞에서 좌초되었다. 해변 주민들은 12개의 컨테이너가 물에 떠다니고 몇 개는 해안에 밀려온 것을 보았다고 했다. 그 컨테이너들 중 하나에 2400킬로미터 길이의 폴리에틸렌 필름이 들어 있었다. 멕시코에서 캐나다 국경까지 미국 서부 해안선의 길이보다 긴 것이다. 10년이 지난 후까지도 영국의 각 섬에는 폴리에틸렌 필름 조각이 떠밀려왔다. 지방 정부는 그 쓰레기를 치우는 데 25만 달러를 썼고 당연히 독일 사법부에 그 비용을 선주로부터 받게 해달라고 소송을 냈다. 2005년 마침내 판결이 났는데 판결 내용은 원고인 지방 정부에게 유리한 내용이 아니었다. 국제해양법에 따른 판결은 선주가 책임이 없다고 판시했을 뿐만 아니라 설상가상으로 원고에게 피고의 소송 비용까지 부담하라고 판결했다. 유실 사건은 운송자와 고객, 그들의 보험사만이 알고 있다. 그리고 그들 모두 불가사의한 해양법의 장막 뒤에 숨는 것에 상당히 만족한다. 국제법 관련 회의가 열리면 주기적으로 이 문제를 해결해 보려 하지만 성과는 별로 없다.

항구로 돌아와서 우리는 『해양 오염 회보』에 플라스틱-플랑크톤 논문을 제출하고 잘되기를 빌었다. 예비 합격이라도 된다면 남은 몇 달간 논문은 엄격한 동료 평가 과정을 거치는 영광을 누릴 것이다. 하지만 합격이 보장되는 것은 아니었다. 알기타호는 절뚝거리며 수리용 부두에 들어가서 사실상 전체 시스템을 수리했다. 탑승했던 이들에게 『해양 탐사선 알기타 뉴스』에 실을 수 있게 항해 때 받은 인상을 글로 좀 써달라고 부탁했다. 댄 화이팅의 글에서 다음과 같은 문구를 재미나게 읽었다. "해양 탐사선 알기타는 침몰선 사냥을 하는 텔레비전 프로그램에 나오는 배처럼 화려하고 잘 빠진 탐사선은 아니다. 하지만 이게 진짜다. 야생 그대로의 과학. 냄새나고 위험하고 아주 힘들다."

정말 많은 지역 신문에 우리 이야기가 실리면서 내 일정은 강연 약속으로 채워지기 시작했다. 사람들은 플라스틱에 관한 어두운 면, 플라스틱이 어떻게 문명을 빠져나와 대양 한가운데를 점령했는지 그 이야기를 듣고 싶어 했다. 뱃사람들이 쓰는 말투로 하면 나는 달라진 바람을 느끼고 있었다. 상쾌한 바람을. 스쿠프의 스티브 와이스버그가 최근 항해의 표본을 보내달라고 했다. 나는 직접 그의 사무실에 들러 표본을 전해줬다. 그 끔찍한 표본은 아직도 그의 선반 위, 똑같은 자리에 놓여 있다. 우리는 새로운 조사 설계에 관해 이야기를 나났다. 새로운 조사 결과는 1999년 환류에서 발견한 사실을 뒷받침하거나, 아니면 그때의 결과가 이례적이었다고 확인할 것이다. 우리는 연안에서 수색을 해보기로 했다. 연안 지역의 바다는 환류에서 발견한 대양 한가운데의 사막보다 영양분이나 플랑크톤이 훨씬 많다. 그 말인즉, 연안 지역과 달리 대양의 환류처럼 플랑크톤이 드물고 쓰레기가 많이 축적된 것으로 알려진 지역에서 플라스틱 대 플랑크톤 비율이 높으리라는 것은 어느 정도 예측할 수 있다. 와이스버그는 내게 비평가들로부터도 똑같은 지적을 받게 될 것이라고 주의를 주었다. 하지만 나는 개의치 않았다. 왜냐하면 수천 톤의 플라스틱이 아니라 단 하나의 플라스틱도 북태평양 아열대 지역의 한가운데 있어서는 안 된다는 것이 내 확고한 신념이기 때문이다. 연안 바다라면 사람 사는 곳에서 가깝고 사람들이 플라스틱을 배출할 것이므로 전체적으로 플라스틱을 더 많이 포함하고 있을지도 모른다. 두고 봐야 알 것이다. 카브리요해양수족관에 있는 미국고래학회의 지부에서 연설을 한 후 뜻하지 않게도 처음으로 사례를 받았다. 그리고 2년마다 한 번 열리는 고래 학회의 회의가 몬터레이에서 있다며 연설을 해달라는 초대를 받았다. 나는 우리 지역에서 해양 생태계나 유기농 경작에 관해 많은 연설을 했다. 하지만 해양 플라스틱 쓰레기에 관한 권위자의 자격으로 대형 회의에서 연설하는 것은 이번이 처음이었다.

그리고 거기에서는 또 다른 좋은 일이 기다리고 있었다. 나의 이야기에 아주 중요한 전기가 마련될 예정이었다.

10

독성 물질을 품은
트로이의 목마

2000년 11월 나는 캘리포니아의 구불구불한 태평양 연안 고속도로를 타고 몬터레이로 향하고 있었다. 그곳에서 미국고래학회의 격년제 회의인 '고래2000'이 열리기 때문이었다. 해양 문제에 관해서 이미 많은 강연을 했지만 이번 기회는 내가 미세 플라스틱에 특별한 관심을 갖고 있는 플라스틱 쓰레기의 앙숙으로서 처음 데뷔하는 자리였다. 나는 이번 회의의 공동 의장이자 미국고래학회의 지역 사무관인 다이앤 휴스테드와 이미 여러 프로젝트를 함께했다. 그녀가 내게 이번 강연을 제안한 것은 고래를 비롯한 해양 포유류들이 서식지에서 빈번하게, 때로는 치명적으로 플라스틱 쓰레기를 접하기 때문이었다. 나는 1967년 세워진 최초의 고래 보호 단체인 미국고래학회가 하는 일을 오랫동안 존경해왔다. 이제 미국고래학회는 서부 해안에 일곱 개의 지부를 거느리고 국제적으로도 명성을 얻은 단체가 되었다. 연합의 핵심 사명은 상업적 이유를 목적으로 해양 포유류를 사냥하거나 죽이는 일을 확고히 반대하는 일이었다. 그리고 그 보호 대상에는 고래류(고래, 돌고래, 알락돌고래, 일각고래, 흰돌고래, 범고래)뿐만 아니라 기각류라고 하는 발에 물갈퀴가 있는 동물들(바다표범, 바다사자, 바다코끼리)까지 포함되었다. 미국고래학회는 국제고래위원회가 일본의 포경업 로비스트로부터 호화 여행을 선물 받은 것을 밝혀내 자리에서 물러나게 만들었고 생계유지 명목으로 고래를 사냥해 고래 고기를 판매한 것으로 알려진 이누이트족을 추적하기까지 했다.

나는 21명의 강연자 중 한 명이었는데 강연자 중에는 알래스카나 뉴질랜드처럼 먼 곳에서 온 이들도 있었다. 나는 고래 학회 사람들이 흥미를 느낄 수 있는 관점에서 파워포인트 자료를 준비했다. 수염고래의 주식(플랑크톤, 크릴새우, 작은 물고기들)에 플라스틱이 듬뿍 쳐져 있다는 이야기였다. 그렇게 큰 생물들이 그토록 작은 생물들을 먹고 살아간다는 아이러니는 이미 잘 알려져 있다.(지금까지 지구 상에 살았던 동물을 통틀어 가장 큰 동물인 흰긴수염고래도 마찬가지다.) 내가 마음에 걸리는 부분은 고래들이 대부분 수표면 근처에서 섭식을 한다는 점이었다. 바로 플라스틱이 진짜 생물들과 섞여서 비슷하게 보이는 곳에서 말이다. 대형 동물인 수염고래는 입의 크기가 어지간한 차고 크기만 하다. 위턱에 펼쳐져 있는 빗처럼 생긴 고래수염부터가 음식을 걸러내기 위한 장치다. 고래수염은 유연한 케라틴으로 되어 있는데 이것이 바로 우리의 머리카락이나 손톱을 이루는 천연 중합체로 된 섬유성 단백질이다. 한편 이가 있는 고래류인 돌고래나 범고래 등은 플라스틱이 마구 박혀 있는 물고기들을 먹을 우려가 컸다. 고래 학회 사람들은 고래가 그물에 걸리는 사고를 오랫동안 걱정해왔는데 최근 뭍에 올라와서 죽은 몇몇 고래를 부검해본 결과 뱃속에 엄청난 양의 비닐봉지와 그물 파편이 발견되었다. 이를 계기로 섭식 문제가 걱정거리로 부상했다. 비닐봉지가 발견되었다는 것은 중요한 의미를 가졌다. 비닐봉지는 폐어구나 산업용 플라스틱 알갱이가 아니라 소비자 제품 내지는 '일반 이용자'들이 쓰는 플라스틱 제품이기 때문이다. 강연 준비를 하면서 이 문제를 어떻게 하면 가장 잘 표현하고 영향력 있는 방법으로 주목을 끌 수 있을지 생각이 명확해졌다.

'그물 사고와 해양 쓰레기'라는 주제의 일부였던 내 강연에는 30명 정도가 참석했다. 발표가 끝나자 사람들은 질문을 던졌고 진심으로 절실한 관심을 보이는 것 같았다. 참석자들은 무슨 일이 생길 수 있는지 알고 싶어 했고 내가 펼쳐 놓은 '증거 테이블' 주변으로 우르르 몰려들었다. 그곳에는 내가 환류에서 가져온 물건들이 잔뜩 진열되어 있었다. 물고기들이 잔뜩 씹어놓은 비누통, 우산 손잡이, 일회용 라이터, 칫솔, 플라스틱 병뚜껑, 파편이 가득 든 봉투들이었다. 그들의 반응으로 보아 진짜 플라스틱 표류물은 수백 장의 사진이 찍히고 수천 단어로 표현될 가치가 있는 것 같았다.

나는 참석자 중에서 맥도널드프로덕션스의 소유주인 빌 맥도널드를 발견하고 반가웠다. 맥도널드프로덕션스는 우리 동네에서 북쪽으로 조금 올라간 베니스 해안에 있었다. 강연 전 호텔 로비에서 그와 마주쳤을 때 나는 내가 새로이 하게 된 일을 그에게 설명하고 강연에 오라고 초청했다. 내가 그를 처음 만난 것은 1990년대 중반 알기타호의 탐사 때 사용할 Hi8 수중 카메라를 그에게 구매하면서였다. (불행히도 이 카메라는 우리와 오랫동안 함께하지는 못했다. 항해 초기 센트럴 퀸즐랜드 해안에서 알기타호가 작은 사고를 당하면서 물이 들어가 못 쓰게 되어버렸다.) 나는 그가 쿠스토학회와 함께 일하는 것에 감명을 받았는데 그는 학회의 비디오 촬영자이자 '해양 인식 제고 위원'이기도 했다. 빌 맥도널드는 전국적으로 쿠스토학회에서 350회의 발표를 했다. 실은 알기타호의 초창기 항해 때도 그를 초대했지만 당시 그는 디스커버리채널과 함께 상어 촬영 프로젝트에 매달려 있던 중이라 함께하지 못했다. 빌 맥도널드의 환경 운동 방식은 빈틈없이 현실적이었고 나는 그의 방식을 매우 훌륭하게 여겼다.

강연이 끝난 후 맥도널드는 한쪽 옆에서 기회를 엿보고 있었다. 사람들이 빠져나가자 내게 와서 발표 내용을 칭찬하고는 사라졌다. 하지만 그게 끝이 아니었다. 회의 두 번째 날에 맥도널드가 나를 찾아왔다. 그는 내가 한 이야기들을 떠올려보니 그게 어떤 함의를 갖는지 충분히 알 것 같았고 그래서 잠을 잘 이루지 못했다고 했다. 그는 해양 보존이라는 세계에 몸담고 있는 사람으로서 자신이 이런 '엄청난 이슈'를 알지 못했다는 사실이 괴롭다고 했다. 나도 그게 어떤 기분인지 알았다. 맥도널드는 《샤크 위크Shark Week》 시청자들을 위해 촬영하는 데 지쳤다며 더 의미 있는 일을 하고 싶다고 했다. 그리고 뜻하는 바를 말했다. 맥도널드는 '플라스틱 전염병'에 관한 비디오를 공동 제작하자고 제안했다. 이따금 내놓는 파워포인트 자료보다 영화가 훨씬 더 큰 영향력을 가지고 메시지를 전파할 수 있을 것이라고 잽싸게 나를 설득했다. 그는 이미 제목까지 생각해두었다. 《합성 물질의 바다》. 나는 그의 설득에 넘어갔다.

맥도널드는 발 빠르게 움직였다. 며칠 후 여러 대의 카메라와 넘치는 아이디어를 갖고 내 집을 찾았다. 나는 알갈리타 재단의 이사들로부터 기꺼이 동의를 얻어냈지만 문제는 우리가 하는 복원 작업과 일일 경비 외에 따로 영화를 위한 예산을 확보할 수가 없다는 점이었다. 하지만 우리는 사람들의 눈에 직접 보여주지 않는다면 우리가 제기하는 이슈가 아무 소용이 없다는 것, 그리고 영화는 그 메시지를 전달하는 데 가장 확실한 매체라는 것을 잘 알고 있었다. 내가 영화의 자금을 직접 대기로 결정했다. 완성품을 팔아서 내가 투자한 금액을 회수할 수 있기를 막연히 바랐다. 투자금이 걸린 문제인 만큼 나는 할리우드 제작자처럼 생각했다. 우리는 15미터짜리 쌍동선을 타고 먼바다를 항해하는 모험을 떠난다. 우리에게는 또라이 과학이 있다. 우리의 주인공은 바다를 구하기 위해 탐험에 나선다. 그리고 가장 중요한 것은 우리에게 전달할 메시지가 있다는 점이다. 2000년이면 태평양 거대 쓰레기 지대가 아직 비밀로 남아 있던 시기였다. 하지만 연기를 해본 적이 없는 내가 과연 이 일을 해낼 수 있을지 의심스러웠다. 이 영화가 나에 관한 영화가 아니라 플라스틱 전염병에 관한 영화라고 생각하자 마음이 가라앉았다.

그런데 이 일 말고도 진행 중인 일들이 많았다. 우리는 이번에는 연안에서 플랑크톤 대 플라스틱에 관한 새로운 조사를 하기 위해 폭풍우가 몰려오기를 기다리는 중이었다. 그리고 준비 중인 다른 프로젝트들도 있었다. 이 모든 것을 갑자기 중단하고 환류로 향할 수는 없었다. 영화를 촬영하려면 최소 3주는 걸릴 것이기 때문이다. 그래서 우리는 대신에 샌타카탈리나 섬의 동쪽 끝에 있는 조용한 지역으로 가기로 했다. 말하자면 저예산 할리우드 영화를 위한 열대 섬의 대역인 셈이었다. 그곳의 맑고 푸른 바다는 환류의 대역으로 충분할 것 같았다. 하지만 앞부분은 육지에서, 주로 남쪽 하천의 콘크리트 제방에서 촬영할 예정이었고 이곳에서는 떠내려 오는 것들이 물보다 쓰레기가 많아 보일 때도 자주 있었다. 맥도널드와 나는 대본을 짰고 우리는 곧 알기타호의 갑판에 앉아 내 인터뷰를 촬영하고 있었다. 나는 플라스틱 쓰레기가 해양의 재앙이 되었음을 설명하고 있었다. 스스로 꽤 잘하고 있다고 생각했는데 맥도널드가 슬쩍 언질을 줬다. 내가 다른 곳은 안 보고 카메라만 뚫어지게 보고 있다는 것이다. 긴장을 풀고 평소 내 모습대로 하라고 했다. 나는 내가 내 모습이 아니라면 누구 모습이란 말인가 하는 생각이 들었다가도 어쩐지 안심이 되었다. 이렇게 해서 나의 언론계 데뷔가 시작되었다. 당시에 내가 이렇게 될 줄 알았다면 기분이 어땠을까 하는 생각이 든다. 지역 뉴스에 나오고, 늦은 밤 토크쇼에 출연하고, 여러 다큐멘터리에 등장하고, 유튜브에 수많은 영상이 올라올 줄 알았다면 말이다. 가끔 학교 동창들이 텔레비전에서 나를 발견하고는 전화를 걸어와 그때 그 찰스 무어가 맞느냐고 묻곤 한다. 그럴 만도 하다. 현재 미국에 사는 찰스 무어만 해도 4869명이나 되니까 말이다. 희끗희끗 흰머리가 생기는 나이에 이런 악명을 떨치게 된 것이 다행인지도 모르겠다.

나는 플라스틱 쓰레기로 몸살을 앓고 있는 하천과 연안으로 맥도널드를 데려갔다. 샌가브리엘 강 하구나 로스앤젤레스 국제공항 근처의 밸로나 하천 같은 곳이었다. 맥도널드는 플라스틱으로 뒤덮인 서식지에서 먹이를 찾아 헤매는 도요새나 갈매기의 슬픈 모습을 고스란히 카메라에 담았다. 그는 조수도 없이 혼자서 작업했는데 그래서 아주 자유분방하고 융통성이 있었다. 그리고 마침내 비가 왔다. 우리는 밸로나 하천에 쓰레기가 넘쳐나는 이유를 설명할 수 있는 표류 쓰레기의 '첫물'을 현장에서 목격할 수 있었다. 로스앤젤레스의 심장으로부터 직접 떠내려 온 표류성 쓰레기들이 무더기로 쏟아졌다.

다음은 레돈도비치에 있는 우리의 새로운 연구센터인 바다연구소를 방문했다. 맥도널드는 여기서 환류에서 가져온 표본을 분류하고 있는 내 모습을 찍었다. 나는 우연히 식용 단각류와 크기나 모양이 아주 흡사한 오렌지색 플라스틱 조각을 찾아냈고 둘을 페트리 접시에 나란히 올려두었다. 우리는 이후로도 해양 생물들의 먹이와 닮은 플라스틱을 계속 강조할 예정이었다. 나중에 다시 환류로 갔을 때 우리는 즉석에서 실험을 실시했다. 살아 있는 살파 군집을 잡아서 수거한 플라스틱 파편들이 흩어져 있는 작은 유리 수조에 넣었다. 그리고 우리가 지켜본 광경은 너무나 놀라웠다. 영상 테이프가 계속 돌아가고 있었고 이 작은 여과 섭식 동물들은 펌프질을 해서 수조 안을 돌아다니며 아니나 다를까 플라스틱 조각들을 꿀꺽꿀꺽 삼켰다. 플라스틱 파편이 맛난 플랑크톤이라도 되는 것처럼 말이다. 우리는 나중에 이 장면을 발표 자료에도 넣었다.

우리는 플라스틱 업계의 공격도 대비해야 했던 것 같다. 내가 캠페인을 벌인지 몇 년이 지나 정말로 사람들의 관심을 끌게 되자 플라스틱 업계의 '대변인'들이 살파 동영상의 신빙성을 떨어뜨리려고 시도했다. 우리가 '연출된 가상 상황'을 만들어냈다고 하면서 말이다. 곧이어 알고·보니 그들은 알갈리타 재단의 모든 연구를 깎아내리려 하고 있었다. 그들이 장전한 화살 중에는 업계에 우호적이지 않은 연구를 그저 '흥미로운 이야깃거리에 불과한 과학'이라고 꼬리표를 붙이는 전략도 있었다. 실전에서 효과가 증명되어 잘 연마해둔 그들의 무기였다. 그들은 가끔 허접쓰레기 과학이라는 용어도 사용했다. 나는 플라스틱으로 뒤덮인 살파의 모습을 현장에서 직접 찍은 완벽한 기록을 제시함으로써 그들이 입을 다물게 만들었다. 그중에는 우리가 첫 번째 항해에서 건져 올린 표본도 있었다. 나는 과학이란 이런 방식으로 하는 것이라고 지적했다. 사실 플라스틱조차도 실험을 연출했던 사람들에 의해 개발된 것이다. 이것은 흔히 사용되는 훌륭한 과학적 방법이다.

『해양 오염 회보』에서 연락이 왔다. 내 논문이 동료 평가를 통과했다고 했다. 하지만 출판 전에 몇 가지 부분을 명확하게 해달라는 요청을 받았다. 연안 해역에서의 플랑크톤과 플라스틱 연구도 진전을 보였다. 노련한 과학자인 스티브 와이스버그는 첫 번째 연구가 출판되기 전에 새 연구가 완성되기를 바랐다. 그는 여전히 첫 번째 연구가 마구잡이로 비판받을 것을 걱정했고 생물학적 활동이 적은 지역에서 수행된 연구라는 이유로 가치를 깎아내리는 사람도 있을 수 있다고 생각했다. 새 연구는 생물학적 활동이 활발하고 영양분이 풍부한 연안 해역에서도 플라스틱 대 플랑크톤 비율이 문제가 됨을 밝혀줄 것이다. 우리는 연안 해역에 플라스틱이 더 많을 것이라고 예상했지만 로스앤젤레스라는 대도시에서 나온 쓰레기들이 파도가 일고 바람이 부는 해안가에서 어떻게 행동할지는 알 수 없었다. 플라스틱이 좀 더 수직적으로 분산되어 있어서 우리 수색망이 미치지 못할 수도 있었다. 환류 한가운데의 플라스틱 표류물을 연안 해역에 도사리고 있는 무언가와 비교하는 일이 보통 사람에게는 별것 아니게 들릴 수 있지만 우리에게는 정말로 흥분되는 일이었다. 그리고 이번 과제에서는 위험 요소 또한 부인할 수 없었다. 연안 해역에서 플라스틱 입자가 플랑크톤의 경쟁자라는 사실을 증명할 수 없다면 우리가 주장하는 대의가 약화될 수도 있었다. 비록 우리 눈에는 그렇지 않더라도 말이다. 우리로서는 환류의 오염 상태 자체로도 충분한 이유가 되었다. 하지만 지금까지 우리가 겪은 것으로 볼 때 의혹이 생기지 않도록 조심할 필요가 있었다.

의문이 정말 많았다. 두 생태계 중 어느 것이 더 큰 플라스틱 조각을 갖고 있는가? 가장 작게 부서진 조각은? 가장 낡은 파편은? 수지 형태는 어떻게 다른가? 각 합성수지 위에는 무엇이 자랄 것인가? 우리는 중앙 환류의 소용돌이가 전체 북태평양의 쓰레기를 끌어들여 가둔다는 사실을 알고 있었다. 인구 밀도가 높은 아시아에서 유입된 쓰레기도 엄청났고 어선에서 나온 것도 있었다. 하지만 소용돌이의 중심은 무풍지대이다. 그곳에서는 플라스틱이 잔잔한 수면에 둥둥 떠 있다. 이에 반해 연안 해역은 끝없이 불안정하다. 부유성 플라스틱이라 해도 순환하는 모래나 퇴적물에 끌려 들어갈 수도 있다. 또한 우리는 강한 캘리포니아 해류가 쓰레기를 남쪽으로 쓸어간다는 사실도 알고 있다. 서풍과 파도가 도시의 쓰레기를 다시 육지로 던져 올리는지도 모른다. 하지만 어찌 되었건 이 해역에 심각하게 많은 플라스틱이 있다는 것을 발견하지 **못한다면** 놀라운 일이 될 것이다. 이곳은 패스트푸드점과 편의점, 야외 놀이 시설, 운동 경기장이 넘쳐나는 광대한 왕국의 바로 서쪽에 있는 바다이고, 이곳 해변은 해마다 1700만 명의 일광욕 애호가들이 플라스틱으로 되었거나 플라스틱 용기에 담긴 음식, 음료, 로션, 삽, 들통, 프리스비, 공, 뜰채, 아이스박스를 잔뜩 가지고 방문하는 곳이기 때문이다.

다시 한번 스퀴프의 스티브 와이스버그와 셸리 무어의 도움을 받아 우리는 두 차례의 표본 수집 경로를 정했다. 각각 해안 가까운 곳과 먼 곳을 수색하기로 했다. 첫 번째 수색은 비가 그치고 63일 후인 2000년 10월로 결정되었다. 두 번째는 다음 번 폭우가 내린 후까지 기다려야 할 것이다. 세계의 도시 중 비가 가장 적게 오는 지역이니 언제일지 알 수 없었다. 우리는 빗물이 새로운 플라스틱 쓰레기를 연안 해역으로 대거 밀어낼 것이라고 추론했다. 우리 목표는 두 경우의 상태를 모두 포착해서 상관성을 찾고 평균을 구하는 것이었다. 그 결과라면 현실성을 가질 것이다.

초여름이었다. 동이 틀 무렵 출항했고 바다의 공기에 아직 찬 기운이 남아 있었다. 캘리포니아 해안을 뒤로 하고 파도가 이는 바다를 헤치고 나아갔다. 배는 약하게 일렁거렸고 가볍게 물이 튀었다. 맥도널드와 나를 비롯한 몇 명이 마침내 카탈리나 섬으로 가는 길이었다. 맥도널드는 노련한 선원이자 전문 잠수부였다. 그는 영국의 소해정 칼립소호를 개조한 쿠스토학회의 유명한 탐사선을 타고 남태평양, 카리브 해, 대서양, 지중해 등 나보다 더 많은 지역을 돌아다녔다. 바다에서의 생활에 익숙한 그는 샌타카탈리나 섬으로 가는 42킬로미터 거리의 항해에서 선원들을 도우면서 촬영 계획을 설명했다. 우리는 가오리망을 가져왔고 섬에 도착한 뒤 유리처럼 고요한 바다에서 무대를 연출했다. 합성고무 옷을 입은 맥도널드와 가오리망이 물속에 들어갔다. 그는 물속에서 보드 위에 비디오카메라를 올린 채 균형을 잡는 방법을 개발했는데 이렇게 하면 수표면의 시각에서, 다시 말해 플랑크톤의 시각에서 세상을 볼 수 있었다. 가오리망은 재현을 위한 것이었다. 우리는 실제처럼 보일 수 있도록 환류에서 나온 쓰레기 표본도 가져왔다. 그런데 수색 작업을 재현하는 과정에서 정말로 플라스틱 조각이 걸려들었다. 그곳에 그런 것이 있을 줄 상상도 못했는데 말이다. 맥도널드는 가오리망이 휘젓고 지나가는 것을 실감 나게 찍기 위해서 노를 저어 가까이 다가갔다. 나중에 그는 그물에 걸릴까 봐 걱정이 되었다고 실토했다.

맥도널드는 자신이 해양 다큐멘터리 영화계의 클린트 이스트우드임을 증명해보였다. 그는 아주 효율적으로 많지 않은 장면을 촬영하면서도 원하는 것을 정확히 잡아냈다. 편집실에서 그는 자신이 가진 방대한 비디오 자료를 활용해 내용을 적절히 이어 붙였다. 또 미드웨이 섬 공원 경비대로부터 바다에서 건진 플라스틱을 먹고 참혹한 결과를 맞은 레이산앨버트로스 새끼들의 모습을 담은 테이프를 얻어냈다. 어미 새들은 그저 먹이를 물어다 준 것뿐이었다. 나는 베니스비치로 불려가서 해설 목소리를 녹음했다. 마이크가 아주 작은 바람 소리와 물 튀기는 소리, 목청 가다듬는 소리까지 잡아낸 것을 알 수 있었다. 맥도널드는 시사회 계획을 짜자고 했다. 몇 주면 완성본이 나올 예정이었다.

우리는 연안 수색 작업을 끝내고 결과를 분석했다. 우리가 세운 가설은 충분히 뒷받침되었는데 약간 틀어진 부분들이 있어서 혼란스러운 기분이 들었다. 수집한 데이터에 따르면 태평양 중앙 환류에 있는 플라스틱의 양(제곱킬로미터당 플라스틱 조각의 수)은 연안 해역에 떠 있는 것에 비하면 겨우 3분의 1 수준이었다. 하지만 환류의 쓰레기 밀도(해당 지역에서 개별 조각들의 '무게'를 합한 것)는 훨씬 높았는데 무려 17배였다. 아마도 이렇게 설명할 수 있을 것이다. 우리는 연안 해역에 있는 플라스틱 파편이 해양 생태계에 더 최근에 유입된 것들이라고 가정했다. 그래서 아직까지는 여과 섭식 동물을 잘 피해왔다고 말이다. 환류에 갇혀 있는 쓰레기는 오랜 시간 동안 잠재적 '포식자'에게 노출될 기회가 훨씬 많았고 여과 섭식 동물들은 아주 작은 플라스틱 파편을 마구 먹었을 것이다. 또한 우리는 환류에서 물속 깊이 들어가 수색해보았기 때문에 바닷말이 붙은 필라멘트 조각들 상당수가 가라앉아서 수표면 수색망에 걸리지 않는다는 사실을 알고 있었다. 직관에 반하는 것 같지만 도시 유역 연안에서 우리는 엄청나게 많은 플라스틱 '파편'을 발견했다. 제곱킬로미터당 800만 개에 달했다. 환류 조사 때는 제곱킬로미터당 평균 33만 4000개였다. 당시에는 이 숫자로도 입이 떡 벌어졌지만 지금 보니 상대적으로 양호한 편이었다. 그리고 당연하게도 2001년 1월 마침내 수행했던 폭우 후의 수색에서는 플라스틱 숫자가 치솟았다. 어느 지역에서는 플라스틱 대 플랑크톤의 비율이 환류의 6대 1 비율을 훨씬 초과했다. 우리는 폭우 이전에는 플라스틱 대 플랑크톤 비율이 해안선에서 가장 높고 문명의 그림자에서 멀어질수록 줄어드는 것을 발견했다. 하지만 폭우가 오고 나면 사정이 달랐다. 폭우의 빗물이 플라스틱을 훨씬 먼 바다까지 밀고 갔고 그곳에서는 플라스틱의 무게가 플랑크톤보다 훨씬 무거웠다.

우리가 혼란스런 감정을 느낀 것은 우리가 옳았기 때문이었다. 플라스틱으로 오염된 또 다른 지역을 발견한 것이 기쁜 일일 수는 없었다.

이것은 어떤 의미일까? 과학이 으레 그렇듯이 우리가 발견한 결과는 끝이 아니라 한 발짝 전진에 불과했다. 앞으로도 가야 할 길이 멀었다. 우리는 지금까지 발견한 것들을 수량화하면서 플라스틱 쓰레기가 바다에 미치는 영향을 알게 되기를 바랐다. 우리는 향후 측정한 수치의 비교 기준이 될 수 있는 기초 데이터를 작성하고 있었다. 플라스틱 오염이 악화되는지 줄어드는지 우리가 알 수 있는 길은 이것밖에 없었다. 우리에게는 두 가지 나아갈 길이 있었다. 과학과 개혁이었다. 새로운 정보와 확고한 신념으로 무장한 우리는 파워포인트를 든 폴 리비어*였다. 하지만 아직도 알아내야 할 것이 많았다. 중앙 환류에 있는 대부분의 플라스틱은 상선이나 어선에서 나온 것인가, 아니면 육지에서 탈출한 것인가? 두 가지가 혼합된 것임은 분명하지만 더 나쁜 영향을 준 쪽으로 집행력을 결집해야 할 것이다. 그리고 아직도 피해의 문제가 남아 있었다. 우리의 플라스틱 쓰레기는 해양 생태계에 정확히 어떤 영향을 주고 있는가?

우리는 미세 플라스틱을 우리의 중점 연구 목표로 확정했고 조사 방향도 이에 따라 해양 생물의 섭식 쪽으로 옮겨갈 것이다. 바다에 사는 원시적인 작은 물고기들과 수표층에서 여과 섭식을 하는 미세 생물들은 제한된 차별적 메커니즘을 가지고 진화해왔다. 태곳적에는 바다의 모든 것이 소화시킬 수 있는 좋은 음식이었다. 이 작은 생물들은 먹이사슬의 위쪽에 있는 생물들에게 건강한 먹잇감이 되었다. 크릴새우나 작은 물고기뿐만 아니라 거대한 수염고래에게도 말이다. 하지만 우리는 아직 플라스틱의 섭식 자체를 연구한 적이 없었고, 그래서 '잠재적' 섭식 가능성만을 주장할 수 있었다. 또한 우리는 플라스틱 표류물의 적어도 절반은 바닷말이나 다른 기생 생물에 의해 무게가 무거워져서 해저로 가라앉는다는 사실을 시사하는 수치들을 갖고 있었다. 가라앉은 것들은 이미 해저에 있는 고밀도 플라스틱들과 만나게 된다. 예컨대 단단한 폴리스티렌 CD 케이스나 볼펜,

---

*미국 독립전쟁에서 영국의 침략 소식을 신속하게 전달한 것으로 추앙받는 인물.

PVC 플라스틱 물건 같은 것들 말이다. 이것들은 당연히 아래로 가라앉아서 저생생물들에게 피해를 줄 수 있었다. 앤서니 앤드래디를 비롯한 여러 사람들이 '요요' 이론이라는 것을 제시했는데 이런 내용이었다. 바닷말과 규조류(식물성 플랑크톤)는 플라스틱 쓰레기에 붙어서 '부착'이라는 과정을 통해 급증한다. 이제 해양 식생이 빽빽해진 쓰레기가 가라앉기 시작해서 투광층 아래까지 내려간다. 즉 태양 광선이 닿지 않는 곳까지 가게 되는데 이 작은 식물들은 광합성을 하려면 햇빛이 필요하다. 빛에 굶주린 식물성 플랑크톤이 서서히 죽게 되면 박테리아가 그것을 소화시키기 시작한다. 이제 깨끗해지고 가벼워진 쓰레기는 다시 수면으로 떠오르고 순환 과정을 되풀이하게 된다.

우리는 아직까지 플라스틱 쓰레기의 정확한 영향을 알기에는 이른 단계다. 하지만 플라스틱이 해양 환경에서 올바른 곳에 있다고 생각할 만큼 이른 단계는 아니다.

처음부터 플라스틱이 떼 지어 있다는 것 자체가 사악한 기운을 풍겼다. 수백만 톤의 플라스틱이 바다의 생물들과 함께 헤엄치고 있다는 사실 자체가 말이다. 이미 연구가 잘 되어 있는 그물 엉킴 사고나 섭식 문제를 제외하더라도 마찬가지였다. 2000년이 되어서도, 환류에 두 번이나 다녀오고 많은 양의 플라스틱 연구서를 읽은 후에도, 나는 여전히 대부분의 인류와 똑같은 가정을 하고 있었다. 즉 플라스틱이라는 물질이 근본적으로는 비활성이라고 생각했다. 어찌 되었건 이렇게 재주 많은 물질은 이미 모든 분야를 정복하고 우리 생활의 구석구석까지 들어와 있었다. '비활성'이라는 것은 언제나 플라스틱에서 매우 중요한 말이었다. 비활성이기 때문에 젖병이며 우유병, 일회용 커피 컵을 플라스틱으로 만드는 것 아닌가? 싸고 튼튼하고 가볍고, 그리고 당연히 안전하고 말이다. 1980년대에는 유아 용품은 거의 모두가 플라스틱으로 만들어졌다. 유모차, 아기 침대, 카시트, 매트리스, 매트리스 커버, 장난감, 휴대용 욕조, 이가 날 무렵 물고 노는 장난감, 목욕용 책, 고무 오리, 밝은 색의 접시, 병, 입구가 좁은 뚜껑 달린 컵까지 말이다. 병이나 접시를 아이가 땅에 집어던져도 튀어 올랐다! 베이비 파우더, 샴푸, 오일, 물휴지, 아동용 타이레놀 시럽까지 모든 것이 플라스틱 용기에 들어 있었다. 이제 매립지에 가면 단일 품목으로 가장 많은 물건이 일회용 기저귀인데, 일회용 기저귀는 100퍼센트 플라스틱이다. 그러니 플라스틱은 그야말로 정말 안전해야 한다! 그렇지 않다면 내부 고발에 청문회, 사용 금지 명령, 소송이 줄을 이으며 아비규환이 벌어질 것이다.

하지만 그렇지 않을 수도 있다.

수십 년간 플라스틱은 무사통과되었다. 플라스틱의 안전성을 의심하는 몇몇 반대 의견들은 무시되고, 입막음되고, 소외되었다. 나중에 조사를 해보니 초기의 비판가들은 거의 처음부터 반대 목소리를 내왔다는 사실을 알 수 있었다. 1950년대와 60년대부터 말이다. 이런 사실을 알고 나자 나는 점점 커지고 있던 확신이 더 강해졌다. 환경 운동가로서 말하자면, 주류 문화의 패러다임이 바뀌기 전까지는 불쾌한 진실에 대해 조치가 마련되지도, 그 진실을 들어주지도 않을 것이라는 확신이었다.

문제가 있다는 단서가 처음으로 제시된 것은 1990년대였다. 당시 우리는 갑자기 플라스틱에 담긴 전자레인지 음식에 관한 경고의 목소리를 듣게 되었다. 그러니까 그 한 가지 경우에는, 즉 분자를 요동치게 해서 열을 발생시키는 경우에는 플라스틱에 문제가 있었다.

화학을 전공한 사람으로서 그때 잠깐만 생각해보았다면 전자레인지에 노출된 사란랩*이 데워진 음식에 염화비닐을 침투시킬 수 있다는 사실을 깨달았을지도 모른다. 왜냐하면 당시의 사란랩은 폴리염화비닐 즉, PVC 필름이었으니까 말이다. 하지만 내가 영리하게 이런 사실을 감지했더라도 랩이 첨가제로서 프탈산을 함유한다는 사실은 알 길이 없었을 것이다. 프탈산은 편리하게도 랩이 쭉쭉 잘 늘어나게 해주지만 남은 음식에 소량의 내분비계 교란 물질을 남겼을 수도 있다. 그때까지는 아직 플라스틱 제품뿐만 아니라 개인위생 제품에서도 발견되는 이 프탈산이 성장 중인 남성을 여성화시킨다는 사실이 알려지지 않았다. 나는 또 새 차에서 나는 냄새가 좋지 않다는 글도 읽은 기억이 난다. 그러니까 가스를 뿜어내는 그 화학 물질이 건강에 정확히 어떤 위험을 초래하는지는 생각해볼 필요 없이 그냥 창문을 여는 것이 충분한 해결책이었다. 그리고 뜨거운 자동차에 남겨진 플라스틱병에 든 물을 벌컥벌컥 마시면서 '좋았어!'라고 생각한 적이 없는 사람이 어디 있단 말인가. 내 동반자 사말라는 새로 산 잡지 냄새를 좋아해서 내가 그러면 안 된다고 해도 못 참고 그 냄새를 깊이 들이마신다. 최근 문제가 되고 있는 잠재적으로 신경계에 유독한 그 기체를 말이다.

반면에 유독성 산업 물질은 오랫동안 내 감시망에 걸려들고 있었다. 1970년대에서 1990년대 중반까지 운영했던 가구점에서 나는 언제나 직원들이 휘발성 유기 화학 물질에 노출되는 점이 걱정되었

---

* 음식 포장용 랩의 상표명.

다. 가구를 벗겨내고 복원할 때 항상 사용하는 연기 나는 용제, 래커, 밀폐재, 마감재 같은 것들 말이다. 낡은 페인트를 벗겨낼 때 사용하는 염화메틸렌은 순식간에 증발하면서 거의 모든 생물 시스템에 손상 위험을 남겼다. 지나고 보니 우리가 일반적인 수준에서 주의를 기울이기는 했지만 차단 마스크를 더 잘 사용해야 했었다는 점을 알게 되었다. 특히나 집이나 식당에서 쓰는 비닐 노가하이드*로 된 가구를 수리할 때는 말이다. 이 작업은 비닐 재료들을 뒤섞고 눈에 보이지 않는 기체들 속에서 가열 작업을 해야 했다.

플라스틱이 우리 생활에 침투하기 시작하면서 우리는 반사적으로 그것을 수용했고 당연히 순수한 것으로 가정했다. 처음에는 졸졸 흐르는 물줄기였다가 이내 홍수가 되었고 새 플라스틱 제품은 언제나 이전 것보다 참신하고 더 나은 물건처럼 보였다. 하지만 겨우 10~20년 사이에 얼마나 많은 것이 바뀌었는가. '그 당시'는 마법에 걸린 것처럼 무비판적인 시절이었다. 그저 기뻐하느라 수많은 증거를 보지 못했고 업계를 믿었고 정부가 우리 생활에 들어온 제품들을 당연히 감독하리라 믿었다.

플라스틱은 석유에서 유래한 탄화수소다. 이 말은 플라스틱이 잠재적으로 유독성을 가진다는 뜻이다. 왜냐하면 알다시피 석유는 독성을 내재하고 있기 때문이다. 하지만 플라스틱에는 다른 일도 일어나고 있었다. 그 첫 번째 단서는 내가 해양 과학 도서관에서 기사들을 넘겨보고 있을 때 나타났다. 나는 피터 라이언이라는 남아프리카공화

---

* 인조 가죽 상표명.

국의 야생 생물학자가 실시한 연구 결과를 보게 되었다. 1980년대부터 그는 남반구에서 일어나는 바닷새의 플라스틱 섭식을 전문적으로 연구하고 있었다. 나는 놀랍게도 플라스틱 오염이 시작된 1960년대부터 이미 바닷새가 플라스틱 오염의 척도로 간주되어 왔다는 사실을 알게 되었다. 바닷새는 바다에서 잡은 것만을 먹이로 삼는 독특한 조류이기 때문이다. 최소한 연안에 쓰레기를 마구 버리기 전까지는 그랬다. 그 얼마 후 네덜란드의 과학자 얀 안드리 반 프라네커가 북해의 해변에서 수거한 죽은 북방풀머갈매기를 부검하기 시작했다. 플라스틱 오염의 추세를 측정하기 위해서였다. 그리고 그는 오염 정도가 증가하고 있다는 사실을 처음으로 발견했다. 라이언은 그가 조사한 새의 플라스틱 섭식과 새의 조직 및 알에서 나온 잔류성 유기 오염 물질POP의 수준 사이에서 상관성을 찾을 수 있었다. 하지만 화학 오염 물질(이 경우 PCB)이 오염된 천연 식품이나 다른 종류의 노출에 의해서가 아니라 플라스틱 섭식에서 유래했다는 사실을 확정적으로 증명할 수는 없었다.

당시의 주된 잔류성 유기 오염 물질은 알 껍질을 얇게 만드는 DDT와 발암 물질인 PCB였다. 살충제인 DDT는 미국에서 1972년에 사용이 금지되었고, 산업용 윤활재이자 방화재, 냉각수인 PCB는 1979년 사용이 금지되었다. 하지만 이 끈질긴 물질들은 사라지려고 하지 않았다. 이 합성 분자들은 거의 파괴가 불가능했을 뿐만 아니라 이동성도 높았다. 이 물질들은 어디에나 존재했으며 바다도 마찬가지였다. 하지만 핵심 개념은 이것이었다. 석유를 근간으로 하고 있는 이 화학 물질들은 성질상 지방, 기름, 지질에 끌린다는 것이다. 살아 있는 모든 생물은 세 가지 기본적인 요소로 이루어져 있는데 탄수화물, 단백질, 지질이 그것이다. 그래서 우리는 잔류성 유기 오염 물질을 끌어당길 뿐만 아니라 실제로 보유하고 있게 된다. 오염된 바다에 살고 있는 생물들이나 (우리가 플라스틱이라고 알고 있는) 가공 처리된 탄화수소가 그렇듯이 말이다.

스퀴프의 생물학자이자 통계 전문가인 셸리 무어는 내게 획기적인 연구 하나를 알려주었다. 도쿄농공대학의 일본인 연구자 5명이 진행한 연구였다. 그녀는 이 논문을 2001년 초 미국화학협회의 학술지인 『환경 과학과 기술』에서 발견하고는 즉시 내게 보냈다. 논문의 제목은 「해양 환경에서 유독성 화학 물질의 전달 매개로서 플라스틱 수지 알갱이」였다. 이 논문은 연안 해역의 플라스틱 표류물이 유독한 화학 물질을 대량으로 흡수하고 (온통 뒤집어쓰고) 있다는 증거를 포함하고 있었다. 단순한 근거가 아니라 증거였다. 다면적이고 영리하게 설계된 이 조사에서 연구자들은 폴리프로필렌^{PP} 너들(대부분의 플라스틱 제품의 원재료가 되는 제조 전 알갱이 말이다.)에 집중했다. 폴리프로필렌은 주요한 국제 상품이었고 모든 곳에 배송되었다. '5번'이라고도 알려진 폴리프로필렌은 병뚜껑이나 음식 용기, 양념 통, 얼룩이 지지 않는 카펫, 물에 뜨는 로프, 전천후 장비 등을 만드는 데 쓰이는 튼튼한 플라스틱이다. 연구 팀은 소독한 스테인리스강 핀셋을 사용해서 일본에 있는 공업 지역 해변과 휴양지 해변에서 너들을 수집했다. 이것들은 떠돌이 너들로서 운송 과정에서 유실되거나 처리 시설에서 빠져나와 해양 환경에 머물다가 해변으로 밀려온 것들이었다. 또 다른 너들 뭉치는 일본의 그랜드플라스틱에서 확보한 '사용 전' 알갱이였다. 각각의 너들 뭉치를 물이 들어올 수 있는 통에 나눠담고 산업화된(즉 오염된) 도쿄 항에 묶어두었다. 그리고 매주 통을 하나씩 수거하면서 오염률을 측정했다.

그들이 발견한 결과는 우리 쪽 세계를 뒤흔들어놓았다. 그들은 실험실에서 강력한 용제인 헥산을 이용해 오염 물질을 추출한 후 첨단 설비로 측정했는데 기본적 결과는 다음과 같았다. 오염된 물(도쿄 항)에 오래 방치될수록 너들은 더 오염되었다. 너들은 오염 물질 스펀지였다. 하지만 가장 많이 오염된 사용 전 너들조차도 바다에서 수거한 너들만큼 유독하지는 않았다. 공업 지대 해안에서 가져온 너들은 근처의 해안에서 가져온 너들보다 독성 함량이 백만 배는 높았다. 깨끗한 해안에서 가져온 너들은 오염이 덜 되었지만 그래도 여전히 위험할 정도로 오염되어 있었다.

파문은 엄청났다. 너들이 가진 특수한 문제는 그것이 물고기 알처럼 보인다는 점이었다. 바닷새들에게는 캐비아로 보이는 것이다. 실제로 야생 생물학자인 피터 라이언은 제조 전 플라스틱 알갱이가 사실상 몇몇 바닷새의 주식이라는 사실을 이미 규명한 바 있었다. 여러 연구는 바닷새의 건강상 문제(백혈구 수준이 낮다는 것은 면역성이 낮다는 뜻이다.)와 다량의 플라스틱 섭식 사이에서 상관관계도 찾아냈다. 비록 인과관계를 증명하지는 못했지만 말이다. 아직은 의심이 가는 상관성에 불과했다. 일부 바닷새는 전위(소화되지 않는 물질을 담아두는 위 속의 주머니) 속에 소화되지 않는 물질을 최고 7개월까지 보유하고 있었다. 바닷새의 위장 속에서 7개월이나 돌아다닌 유독한 너들이 새의 몸에 좋을 리 없었다. 일본의 연구자들은 또 다른 충격적인 사실을 발견했는데 너들이 부식되면서 노닐페놀로 확인된 유독한 화학 물질을 내놓는다는 사실이었다. 아이러니하게도 노닐페놀은 산화와 부패를 늦추는 데 흔히 쓰이는 첨가제였다. 또한 노닐페놀은 실험실 실험에서 세포에 이상 행동을 일으킬 수 있는 것으로 증명되었다.

바닷새를 연구하는 생물학자들이 자신들의 연구 대상이 플라스틱 오염의 척도라고 생각한 것처럼 이 일본 연구자들은 플라스틱 알갱이가 해양 유독성을 측정할 수 있는 잠재적 도구라고 생각했다. 참으로 얄궂은 일이었다. 오염 물질을 감시하는 오염 물질이라니.

나는 호놀룰루 회의 때 캐시 쿠진스가 폐어구에 관해서 언급한 연구가 기억났다. 그녀는 얇아진 알 껍질 및 부화 실패와 레이산앨버트로스 서식지 주변의 플라스틱 쓰레기 사이의 연관성을 찾은 것으로 보이는 데이터를 본 적이 있다고 했다. 나는 그 연구를 찾아보려고 했으나 찾을 수 없었고 출판되지 않았으리 결론을 내렸다. 알 껍질이 얇아지는 이 현상은 레이첼 카슨의 『침묵의 봄』에도 나온다. DDT에 노출되었을 때 생기는 몹쓸 결과 중에 하나였다. 1962년에 카슨이 죽고 30년 이상이 지나서야 연구자들은 석유 유도체가 서서히 호르몬 신호를 바꾼다는 사실을 발견했다. 심지어 생물학적 체계 내에서 유전자 발현까지도 바꾸었고, 인간도 예외가 아니었다.

내 머릿속에는 아직도 "피해를 보여줘!"라는 문구가 번쩍거렸다. 나는 일본의 이 연구가 아직 출판되지 않은 나의 첫 과학 논문과 관련이 있음을 깨달았다. 우리는 『해양 오염 회보』의 편집자 찰스 셰퍼드에게 이메일을 보내서 지금 단계에서도 한 줄 인용을 덧붙일 수 있을지 물었다. 그는 선뜻 동의했다. 그래서 우리는 첫 단락에 이런 말을 덧붙였다. "이에 더해 최근의 한 연구는 플라스틱 수지 알갱이가 PCB, DDE(DDT 파생 물질), 노닐페놀과 같은 유독성 화학 물질을 축적한다는 사실과 그것을 섭취한 해양 생물에게 독소를 전달하는 매개체 및 출처일지도 모른다는 사실을 확인했다."

이렇게 덧붙이자 긴박성이 훨씬 더 강조되었다. 사실 나는 1997년의 시작 이후 여기까지 온 것이 놀랍기만 했다. 바다 한가운데 있는 쓰레기 문제가 너무나 속상했던 것 외에는 어떤 특별한 동기도 없었는데 말이다. 그동안 나는 플랑크톤 및 여과 섭식 해양 생물들이 그 작은 쓰레기 조각을 먹고 있다는 사실에만 관심을 쏟고 있었으나 이제는 이 생물들이 중독되어 있는 것은 아닌지도 의심하게 되었다. 미세 플라스틱은 이 작은 생물들을 죽이는가? 전체 먹이 그물을 위협하는가? 처음에 나는 아름다운 먼바다에 쓰레기를 투척하는 것이 인간이 자연 세계를 존중하지 않는다는 징후라고 생각했다. 하지만 이 독성 요소는 내 예상보다 더 큰 잠재적 피해를 의미할지도 몰랐다.

《합성 물질의 바다》는 보트 앞에서 물살을 가르는 돌고래들의 모습 위에 빌 맥도널드의 침통한 해설이 얹히며 시작한다. 카메라는 내가 노란색 방수복을 입은 채 가오리망을 끌고 있는 기계 옆에 선 모습을 담았다. 나는 이렇게 말한다. "해양 탐사선 알기타호의 선장으로서 나는 멀리 태평양 곳곳을 돌아다녔습니다. 그리고 쓰레기의 양이 늘어가는 것에 놀랐죠. 내가 방문한 모든 해변에 플라스틱 쓰레기가 있었습니다. 나는 바다가 쓰레기로 가득 차고 있다는 느낌을 받았습니다."

9분 후 영화는 끝났다. 기대 이상이었다. 몇 분 안 되는 영상이었지만 모든 이슈가 간결하고 생동감 있게, 그리고 무시무시하게 펼쳐졌다. 영화를 만드는 동안 일본에서 발표된 독성 너들 연구도 영화에 포함시켰다. 우리는 영화를 일부러 '짧게' 만들었다. 대학교나 환경 운동 모임에서 우리가 더 긴 발표를 할 때 끼워 넣을 수 있도록 말이다. 《합성 물질의 바다》는 나와 우리 재단뿐만 아니라 플라스틱 쓰레기와 오염 방지 캠페인에 새로운 시대를 열었다. 우리는 맥도널드의 공로를 기리기 위해 알갈리타 재단의 이사직을 제안했다. 그는 5년간 이 직무를 훌륭히 수행했다. 또한 《합성 물질의 바다》는 맥도널드가 플라스틱 전염병 다큐멘터리의 최고 제작자로서 새로운 이력을 시작하는 계기가 되었다.

일반 시사회는 (9·11테러 얼마 후가 되고 말았다.) 지역 환경 운동 단체인 에코링크 주최로 열렸다. 에코링크는 고래와 돌고래들을 상처 입히고 길을 잃게 만드는 것으로 알려진 미국 해군의 수중 음파 탐지 시스템 실험을 중지시키려 했던 폴 왓슨 선장의 노력을 기리고 있었다. 6년이 지난 후 왓슨은 텔레비전에서 명성을 날리게 되는데 보는 사람의 관점에 따라서는 오명을 날린 것일 수도 있겠다. 환경 운동의 현대판 에이햅*인 그는 남극해에서 일본의 '탐사' 포경선을 찾아내 공격한다. 행사 후에 우리는 폴과 곧이어 그의 세 번째 전처가 될 부인과 함께 시간을 보냈다. 폴 왓슨의 시각은 멋지기도 하고 당황스럽기도 했다. 그는 해양 생태계가 무너지는 것은 피할 수 없다며 다만 어느 부분부터 무너질지는 모르겠다고 했다. 그는 《합성 물질의 바다》 역시 자신의 그런 믿음을 강화시켰다고 했다. 그는 그린피스와 자신이 설립한 시셰퍼드재단 선박들의 선장이었기 때문에 가보지 못한 바다가 없었다. 그래서 그 역시 플라스틱 쓰레기가 점점 바다를 침범해 들어오는 것을 알고 있었다. 그는 매일 배를 잠시 멈

---

* 성서에 나오는 폭군이자, 소설 『모비딕』의 주인공 이름.

추고 수영을 하는데 바닷물 속에 항상 쓰레기가 있었다고 했다. 왓슨은 바다를 사랑하는 것만큼이나 (육지로 둘러싸인 마을이 고향이었던 그는 10대 때 기차에 올라 캐나다 해안경비대에 들어갔다.) 동물들의 권리를 열렬히 지지했고 특히 해양 포유류의 권리 보호에 열정적이었다. 그는 해양 포유류를 위해 삶을 바쳐왔다. 그가 남극해에서 활동한 것은 텔레비전을 통해 널리 알려졌다. 캐나다 동부에서는 눈처럼 흰 캐나다 하프바다표범 새끼들을 사냥꾼들의 몽둥이로부터 온몸으로 막았다. 많은 사람들이 동물들도 인간의 포식으로부터 자유롭게 살 권리가 있고 오염되지 않은 서식지에서 살 권리가 있다고 강력하게 믿는다. 하지만 왓슨이 하듯이 자신의 신념을 실천에 옮기는 사람은 거의 없다.

10년이 지나서 나는 빌 맥도널드에게 《합성 물질의 바다》 에코링크 시사회의 반응이 기억나느냐고 물었다. 그는 이렇게 말했다. "엄청났죠. 예상을 뛰어넘었잖아요. 그 문제가 지금 논의될 수 있는 것도 다 그 '꼼짝 못할' 정보가 출간된 과학 논문에서 나왔기 때문이에요." 참, 그리고 나는 투자한 것을 돌려받을 수 있었다.

2001년 12월. 1999년 환류 탐사로부터 1년 반이 지났고, 운명의 첫 번째 환류 항해로부터 3년 반이 지났다. 『해양 오염 회보』의 제42권 12월 호가 도착했다. 이렇게 쓰여 있었다. "북태평양 중앙 환류에서 플라스틱과 플랑크톤 비교". 이 간결한 다섯 쪽짜리 연구가 (그나마 도표 한 개, 그래프 두 개, 차트 한 개가 많은 공간을 차지했다.) 그간의 노력을 증명하고 있었다. 일반적인 연구는 후속 연구 논문에서 2, 30번 정도 인용될 것이다. 우리 논문은 지금까지 출판되고 동료 평가를 거친 논문에서 80번이 넘게 인용되었다. 나는 여기에 두 가지 의미가 있다고 생각한다. 첫 번째는 해양 환경의 플라스틱 오염이 뜨거운 주제가 되었다는 점이다. 대학원생들이 학위 논문으로 선택할 만큼 말이다. 두 번째는 나처럼 소속이 없고 인정받지 못한 독립적인 과학자도 정당한 심사를 받을 수 있다는 점이다. 물론 신망 있는 친구들을 공동 저자로 삼아 도움을 받으면 더 좋지만 말이다.

논문을 제출하고 영화를 찍는 사이 나를 찾는 사람이 많아진 것 같았다. 강연 요청도 몇 배가 되었고 이제 훌륭한 단편 영화도 보여줄 수 있었다. 우리는 또 한 번의 환류 여행을 계획했고, 플라스틱 쓰레기로 더럽혀진 열대 해안을 방문할 계획을 세웠다.

11

유령 그물 잔혹사

2002년 여름. 이번 여행은 그저 마우이 섬에 다녀오기만 하면 되는 한가한 여행이 아니었다. 생태학적 위기에 처한 북서 하와이 제도에 접근하는 데는 허가 절차도 까다로웠고 비용도 엄청났다. 그러나 결국 알기타호는 어느 환초*의 반짝이는 석호에 아늑하게 정박 중이었다. 주변에는 초승달 모양의 암초와 모래톱이 32킬로미터에 걸쳐 둘러져 있었다. 뭐 그렇게 안전하다고 할 수는 없을지도 모른다. 선미의 밧줄을 묶어놓은 곳은 2차 대전 때 활주로를 보호하려고 설치한 낡은 금속 방파제였으니 말이다. 이 지역의 해류는 예측이 불가능한 데다 거셌고, 우리를 다시 주변의 암초 지역까지 밀어낼 수도 있었다. 커티스 에베스마이어와 제임스 잉그러햄을 데려올 비행기 소리

---

* 가운데 부분이 바닷물 호수를 이루는 고리 모양의 산호섬.

가 나지 않는지 귀를 기울였다. 이곳의 이름은 프렌치프리깃숄스*라고 했다. 호놀룰루에서 북서쪽으로 920킬로미터 정도 떨어진 곳이었다. 우리 친구인 상냥한 두 해양학자는 엄밀히 말하면 은퇴한 상태이지만 아랑곳없이 일을 계속했다.

프렌치프리깃숄스는 흥미로운 곳이었다. 엽서에 그려져 있을 법한 야자수와 금빛 모래가 있는 산호초 섬과는 거리가 멀었다. 차라리 48킬로미터 너비의 얕은 분화구와 비슷했다. 열두 개의 모래톱으로 구성된 육지 부분 전체를 합해도 그 면적은 겨우 0.26제곱킬로미터에 지나지 않았다. 반면 이 일대에서 가장 큰 석호의 넓이는 520제곱킬로미터에 달했다. 환초가 어떻게 생기는지 처음으로 설명한 사람은 다윈이었다. 화산섬이 차츰차츰 수면 아래로 가라앉는 동안 주변의 산호들은 계속해서 위로 자라난다. 산호들은 소위 다윈 포인트라고 하는, 바닷물이 너무 차가운 지점에서는 성장을 멈춘다. 프렌치프리깃숄스라는 괴상한 이름은 라페루즈의 백작이었던 18세기 프랑스의 탐험가 장프랑수아 드 갈로의 이름을 기린 것이다. 1786년 어느 어두운 밤 장프랑수아 드 갈로의 프리깃함 두 척이 이곳의 숨은 암초(육지로 치면 지뢰에 해당한다.)에 걸렸다고 한다. 세찬 해류와 시속 37킬로미터에 이르는 돌풍 때문에 우리도 엄청나게 고생했던 것을 생각하면 놀랍지도 않다. 심지어 전자電子 해도는 우리가 닻을 내리는 곳을 육지라고 표시했다.

가장 큰 모래톱인 턴아일랜드는 실제로는 인공물이라고 봐야 한

---

* 프랑스 프리깃함의 모래톱(shoal)이라는 뜻이다.

다. 2차 대전 때 흙을 파고 돋워서 모래톱을 키운 것이니까 말이다. 턴아일랜드는 모양이 마치 항공모함의 갑판처럼 생겼고 북서 하와이 제도에서 사용할 수 있는 두 개의 활주로 중 하나가 이곳에 있다. 다른 하나는 이곳에서 북서쪽으로 800킬로미터나 떨어진 미드웨이까지 가야 있다. 활주로는 0.1제곱킬로미터 넓이의 섬 가운데에 솟은 부분을 따라 해발 1.8미터 높이로 나 있었다. 활주로 근처에는 과거 해군과 해안경비대가 초소로 사용하던 낡은 집이 있어서 2년씩 근무하는 미국야생생물보호청 현장 요원들이 거주했다. 환초의 희귀한 보호동물을 지키기 위해서였다. 두 해양학자들이 오면 이틀간 이곳 초소를 임시 숙소로 사용할 것이다. 집수 장치가 빗물을 모았고 식물은 거의 없었다. 생물들은 수면 아래서 바글거리고 있으니 육지 서식지라기보다는 수상 서식지 같은 곳이었다.

그런데 우리가 이곳에 왜 왔을까? 한 가지 이유는 긴부리돌고래를 연구하는 텍사스에이앤엠대학교의 과학자 레젝 카츠마스키에게 알기타호를 전세 내주었기 때문이다. 우리가 이곳에 머무는 일주일 동안 그는 이 지역 돌고래 집단을 관찰하면서 찍찍이를 부착한 긴 막대로 뛰어오르는 돌고래를 긁어 DNA 표본을 수집할 예정이었다. 또 한 가지 이유는 자연의 잔인한 아이러니를 담고 있는 활주로 근처의 창고 때문이다. 이곳의 외딴섬들은 연방 정부가 보호하는 해양 야생 생물 보호 구역이지만, 세계적으로 보기 드물게 많은 표류물들이 발견되는 곳이기도 하다. 그래서 의도치 않게 이곳은 (대부분 플라스틱인) 해양 쓰레기들과 그 피해를 연구할 수 있는 천혜의 실험실이 되었다.

창고에는 직원들이 턴아일랜드에서 지난 112일간 수집한 쓰레기가 쌓여 있었다. 보통 직원들은 2주마다 주변을 둘러보며 발견한 것들을 기록하고 모아두었다가 정기적으로 치웠다. 나는 야생생물보호청의 간부들과 함께 이 특별한 표본 수집 계획을 준비했다. 그들도 이 산호섬의 해안과 산호초에 밀려드는 표류물에 관해 더 자세히 알고 싶어 했다. 비행기가 도착하면 에베스마이어는 내가 이미 분류해서 임시 탁자와 매트 위에 펼쳐둔 쓰레기들을 보러 올 것이다. 에베스마이어가 맡은 임무는 그 내용물들을 수량화하고 혹시 출처를 알 수 있는지 살펴보는 일이다. 북서 하와이 제도의 해안과 물에서 매년 끌어올린 수십 톤의 그물 뭉치는 에베스마이어의 조사 대상이 아니다. 내가 환초 인근에서 그물로 걷어 올린 미세 플라스틱도 마찬가지다. 이곳에는 커다란 플라스틱이 너무 많아서 작은 것들은 문제도 되지 않았다. 그럼에도 불구하고 이곳에서 알게 된 중요한 교훈이 있었다. 바다의 상태가 어떤가에 따라서 조사의 생산성이 좌우된다는 점이었다. 소용돌이치는 바다에서는 작은 플라스틱 조각들이 아래로 깊이 내려가 가오리망에 걸리지 않았다. 잔잔한 바다에서는 작은 조각들도 다시 위로 올라온다. 이는 논리적으로 당연한 이야기이지만 검증이 필요한 교란 요소이기도 하다. 파도가 일렁이는 바다에서 조사 작업을 하면 얻는 게 별로 없다. 무역풍이 잦아들면 엄청난 양의 플라스틱 조각을 얻는다. 똑같은 석호 안쪽의 지역에서도 말이다.

프렌치프리깃숄스는 10개의 작은 섬과 환초, 튀어나온 바위, 암초, 모래톱 등이 1900킬로미터에 걸쳐 늘어서 있는 북서 하와이 제도에서 비교적 남쪽에 위치한다. 이곳에는 훌라춤 공연도, 칵테일 바도, 기념품 가게도 없었다. 어쩌다 한번 찾아오기에는 힘든 곳이고 주기적으로 가끔 방문하는 사람은 대부분 과학자나 환경 보호 자원봉사자들이다. 그리고 거기에는 그럴만한 이유가 있다. 수천 년 동안

이 섬들은 자연적으로 격리되어 보호받았기 때문에 바닷새나 바다거북, 왕새우, 열대 바다표범을 비롯한 수천 종의 생물들에게 안전한 피난처가 되었다. 그런데 그 후 '발견'이 일어났다. 19세기가 되자 일본과 미국에서 몽둥이를 든 사람들이 나타나 둥지 튼 새들(진화 과정에서 도망가야 한다는 충동을 배우지 못한 녀석들이었다.)과 바다표범을 '거두어' 갔다. 깃털이나 가죽, 기름을 얻기 위해서였다.

한때 북서 하와이 제도는 한창 젊은 섬들이었고 남쪽에 있는 더 젊은 섬들, 즉 하와이 섬과 그 근처 섬들의 운명을 예견할 수 있는 곳이기도 했다. 수천만 년 전에는 말이다. 지구에서 가장 크고 깊은 바다 한가운데에 위치한, 지구의 움직이는 지각에 뿌리를 둔 이 환초들은 서서히 침식되고 가라앉고 있다. 윗부분은 파도에 의해 깎이고 화산으로 된 아랫부분은 냉각과 수축 작용에 의해 밑으로 끌려들어간다. 기후 변화와 해수면 상승이 종말을 재촉하고, 멸종 위기의 종들은 서식지를 잃을 위험에 처해 있다. 북서 하와이 제도 관련 미국 정부 웹 사이트도 이 섬들이 "조용히 바다로 빨려 들어가고 있다."는 사실을 인정한다. 기요^{guyot}라고 불리는 완전히 물속에 잠긴 해산이 되어가고 있는 것이다. 미국항공우주국의 위성 지도에서 하와이 제도를 찾아 카누이 북서쪽에 있는 물속의 점들을 확대해본다면 이 섬들의 불쌍한 처지를 알 수 있을 것이다.

하지만 북서 제도를 보호하기 위해 사냥과 개발을 금지해둔 엄격한 법률도 해마다 이곳에 와서 쌓이는 50~60톤의 플라스틱 쓰레기 앞에서는 무용지물이다. 대부분이 어망이나 어구이지만 내가 활주로 옆 창고에 분류해놓은 것처럼 무게를 달지 않은 잡다한 플라스틱 쓰레기도 많다. 쓰레기들은 암초에 걸리고 석호에 퍼지고 조용한 해변에 무더기로 쌓인다. 가장 가까운 인구 밀집 지역으로부터 3200킬로미터나 떨어진 이곳에서 말이다. 해양학이 그 이유를 설명해준다. 하와이 군도는 북태평양 동서 해류를 양분한다. 마치 동쪽으로 흐르는 물길을 가로지르는 징검다리 같다. 북쪽 끄트머리는 쓰레기가 넘쳐나는 수렴대에서 가장 가까운 육지이기도 하다. 수렴대는 에베스마이어가 설명하는 동서 '쓰레기 지대'를 연결하면서 두 지대가 겹치는 지역이다. 쓰레기를 잔뜩 실은 해류가 군도를 훑고 빠져나가는 사이 표류물들은 이곳에서 걸러진다. 말하자면 환초와 작은 섬들이 바다의 쓰레기를 쓸어내는 머리빗의 빗살 구실을 하는 것이다.

그러나 문제는 해류 자체가 아니라 해류 안에 포함된 물질이다. 50년 전에는 이곳 해변에서 걸러지는 물건들이라고 해봐야 떠다니는 나무, 유리 부자, 유리병, 마로 된 그물이나 로프 등에 불과했다. 그중 상당수는 어선에서 잃어버리거나 방치하거나 내다버린 것들이었고 인간이 만든 톤 단위의 플라스틱은 아니었다. 연구에 의하면 쓰레기 퇴적량은 자연의 주기에 따라 매년 다르다. 적도의 바닷물이 뜨거워지는 엘니뇨가 발생하면 수렴대가 남쪽으로 이동하기 때문에 북서 하와이 제도에 더 가까워진다. 이럴 때는 퇴적률이 치솟고 세계에서 가장 큰 위험에 처해 있는 해양 포유류 중 하나인 태평양몽크바다표범이 특히 많이 죽는다. 이 동물은 그물 엉킴 사고에 매우 취약하다.

프렌치프리깃숄스는 북서 하와이 제도에 있는 태평양몽크바다표범 서식지 중에서 가장 큰 서식지다. 가장 크다고 해서 가장 안전한 것은 아니지만 400마리 가까이가 살고 있다. 이곳 석호 안에서 우리도 태평양몽크바다표범들을 보곤 한다. 바다표범들은 암초를 돌면서 먹이를 사냥하고 모래톱에 올라와 휴식을 취한다. 태평양몽크바다표범은 멸종 위기 동물 중에서 슈퍼스타라고 할 수 있다. 야생 생물학자들과 해양 생물학자들이 수십 년간 갖은 노력을 다했지만 놈들의 개체 수는 어김없이 매년 4퍼센트씩 감소한다. 1100마리만이 확인되어 있고 새로 태어난 새끼 다섯 마리 중 겨우 한 마리 정도만 온전하게 다시 새끼를 낳을 수 있는 상태까지 살아남는다. 상황이 급반전되지 않는 이상 수십 년 안에 자연 개체군은 멸종할 것이다.

그런데 이 바다표범들의 호기심이 나를 감명시켰다. 먹이가 귀하기 때문에 놈들은 어쩔 수 없이 모든 것을 조사해야 했는데 그중 나이 많고 육중한 한 놈이 특유의 수도승 같은 수염을 뽐내며 알기타호 주변에서 계속 소리를 냈다. 몽크바다표범을 귀찮게 하거나 놈들과 친구가 되는 것은 금지되어 있고 죽이기라도 하면 법률상 최고 5만 달러의 벌금과 5년의 징역형을 살 수 있다. 친구가 될 수도 있었을 녀석은 음식 한 조각을 바라는 것이었는지도 모르지만 내가 보기에는 그저 자신의 서식처에 나타난 이 신기한 쌍동선에 호기심이 생긴 것 같았다. 해양 포유류 전문가는 아니지만 이놈들이 왜 그물에 잘 엉켜버리는지 나도 알 것 같았다. 뭐든 조사해보고 싶은 이 충동을 가지고 음식을 찾기 위해 헤집고 다니다 보면 그렇게 될 것이다. 길 잃은 그물은 이놈들에게 마치 예상치 못한 먹잇감으로 유혹하는 부비트랩 같을 것이다.

2002년 이후로도 상황이 좋지 않은 바다표범에 관한 최근 동향을 듣기 위해 나는 유명한 태평양몽크바다표범 권위자인 빌 길마틴에게 문의했다. 그는 수산청에서 은퇴한 바다표범 전문가이자 세계자연보존연맹의 바다표범 전문가 단체 회원이며 하와이야생동물펀드의 공동 설립자이다. 그는 1983년에 최초의 태평양몽크바다표범

복원 계획의 초안을 썼고 언제나 이 사업의 일선에 있었다. 현재 그는 빅아일랜드에 있는 예술가 마을 볼케이노빌리지에 살고 있는데 이곳에서 시간을 쪼개 보호 운동과 목공 일을 하고 있다. 그를 보면 마치 존 뮤어*를 보는 것 같다.

길마틴은 내게 2007년에 승인된 태평양몽크바다표범 복원 계획 최신판을 보라고 권했다. 165쪽짜리 보고서는 놀랄 만큼 종합적인 내용을 포함하면서 매우 설득력 있었다. 나는 의회에서 바다표범을 구하기 위한 운동에 자금을 지원했으나 이상하게 더 많은 노력에도 불구하고 개체 수 감소를 막지 못했다는 사실을 알게 되었다. 바다표범을 구하는 데 그만한 노력을 쏟을 가치가 있는가? 물론이다. 이것은 생물 다양성을 위한 일일 뿐만 아니라 정의를 실현하는 것이기도 하다. 바다표범들의 서식지에 인간이 없었다면 이 녀석들은 여전히 잘 번성하고 있을 것이다. 초창기 탐험가들이 바다표범이 해변을 새까맣게 뒤덮고 햇볕을 쬐고 있다는 소식과 그것을 증명할 수 있는 가죽을 가져오지만 않았다면 말이다. 몽크바다표범은 유일한 열대 기각류이자, 1500만 년 전 바다를 헤엄치던 그들의 조상의 모습을 간직한 '살아 있는 화석'이라는 점에서 특별한 동물이다. 하와이 사람들은 이 바다표범을 '파도를 달리는 개'라고 불렀다. 다 큰 바다표범은 180~270킬로그램이 나갈 정도로 크고 수명은 보통 35년 정도 된다. 카리브 해에 이들의 사촌이 살았으나 1950년대 초 사냥으로 멸종했고 지중해에 사는 친척들은 절체절명의 위기에 처해 있다. 이 바다표

---

* 환경 보호 단체인 시에라클럽(Sierra Club)의 창시자.

범들은 일생의 3분의 2를 바다에서 먹이를 찾으며 보내는데 해저에 사는 먹잇감을 찾아 놀라운 깊이까지 잠수한다. 모여 있기 좋아하는 다른 기각류와는 달리 태평양몽크바다표범들은 해변의 외딴곳에 각자 모습을 보인다. 새끼를 낳은 암놈들은 젖떼기를 하는 6주가 될 때까지 은거하면서 새끼를 돌본다. '몽크바다표범'이라는 이름을 갖게 된 것은 이렇게 혼자 있는 습성과 수염, 그리고 목 주변이 수도승이 두건을 쓴 것처럼 주름이 졌기 때문일 것이다. 바다표범들이 한때는 하와이 섬에 살았으나 폴리네시아인들이 도착한 후 차선책으로 사람이 없는 북서 군도로 물러났다고 설명하는 사람들도 있다. 쿡 선장이 하와이를 발견했을 당시 바다표범의 개체 수가 얼마나 되었는지는 아무도 모른다. 하지만 19세기에 뉴잉글랜드 항으로 돌아온 배 한 척에는 1500개의 가죽이 실려 있었다. 현재 지구 전체에 사는 태평양몽크바다표범보다 많은 숫자이다.

길마틴은 '차선책'의 내용에 관해 생각한다. 그는 내게 이렇게 말했다. "북서 제도에는 그 놈들이 좋아하는 먹잇감이 사는 암초와 석호가 있거든요." 다만 충분하지 않았을 뿐이다. 길마틴은 또 태평양몽크바다표범이 영리하다고 말했다. 예를 들면 먹이를 찾으려고 물갈퀴로 돌을 들어 올리는 것이 관찰된 적도 있다. 최북단에 있는 섬인 큐어 환초에서 초기의 동물 보호 운동가들이 배에서 던져준 물고기를 먹은 적이 있는 어린 바다표범들은 어른이 되어서도 계속 선박에 접근해 얼쩡거렸다. 좋았던 시절을 기억하며 공짜 점심을 바라는 것이 분명했다.

바다표범 포획은 20세기 초에 끝이 났다. 하지만 군사적, 상업적 활동으로 서식지가 훼손되는 바람에 바다표범의 운명은 나아지지 않았다. 2차 대전 당시 미드웨이와 레이산 섬을 점령했던 군인들은 재미로 바다표범을 사냥했다. 현재 미드웨이와 레이산 섬의 서식지는 복원되었고 바다표범들은 여섯 개의 환초에 서식하고 있다.

 2차 대전 이후 태평양몽크바다표범의 개체 수는 계속 증가해서 가장 많았던 1958년에는 3000마리 정도가 되었다. 이후로 1972년에 해양포유류보호법이 통과되었고 1976년에는 공식적인 '멸종 위기 동물'로 지정되었지만 개체 수는 줄어들었다가 안정되었다가 다시 줄어들기를 반복했다. 또한 1986년에야 태평양몽크바다표범 서식지가 보호 구역으로 지정되었다. 이후에도 상업적 어업은 계속되었다. 오류가 있는 데다 아마도 선입견이 반영된 학계의 연구 결과가 바다표범이 먹을 물고기와 갑각류가 충분하다고 발표했기 때문이다. 바다표범들은 상업적 어선들과 경쟁해야 했고 어부들의 주낙이나 그물에 걸려들었다. 믿을 만한 보고에 따르면 어부들은 굶주린 바다표범을 몽둥이로 때리거나 총을 쏘고 독약을 먹였다고 한다. 바다표범이 본래 자신의 것인 물고기를 어선들과 '공유하려' 했다는 이유로 말이다. 1991년 하와이 주는 보호 구역에서의 주낙 어업을 금지했다. 하지만 랍스터나 바닥에 사는 물고기를 잡는 것까지 금지된 것은 아니었고 갑각류와 두족류(문어, 오징어)의 어업은 계속되었다. 주낙이 사라진 후 바다표범의 개체 수는 잠시 동안 약간 증가했으나 다시 감소하기 시작했다.

 여러 환경 단체를 대표하는 지구정의변호기금은 2000년에 미국 수산청을 직무 유기로 고소하는 데 성공했다. 원고는 수산청이 바다표범의 개체 수가 감소 중인 보호 구역에서 랍스터와 바닥고기의 어업을 허용함으로써 해양포유류보호법과 멸종위기종보호법이 정한 의무를 수행하지 않았다고 지적했다. 원고 측 대리인들은 어업계의 돈을 받고 랍스터와 두족류가 바다표범의 주식이 아니라고 주장한 연구 결과를 강력히 반증하는 새로운 조사 결과를 제출했다. 사실 바다표범들은 해안 바닥에 사는 이런 동물들을 더 좋아한다. 소송 결과 2001년 랍스터 어업은 영구적으로 금지되었다. 하지만 이미 너무 늦은 상태였다. 랍스터는 이미 멸종에 가까울 만큼 포획된 후였고 아직도 회복되지 않고 있다. 지구정의변호기금의 소송은 작은 단체가 행사할 수 있는 강력한 무기가 무엇인지 보여줬다. 이미 존재하는 법률들은 정부 기관이 특정 방식으로 행사하지 않는다면 책에 쓰인 글자에 불과하다. 그리고 법률들이 시행되지 않고 있다는 증거는 많다.

눈앞에서 죽는 바다표범은 많지 않다. 그러나 바다표범들은 사라진다. 강력한 법률로 보호받고, 지리적으로 고립되어 있고, 도와주려는 사람들이 있어도 해마다 개체 수가 줄어든다. 길마틴은 개체 수가 너무나 적기 때문에 남아 있는 위험요소를 통제해도 큰 효과를 내기가 어렵다고 말한다. 일부 요인은 바다표범의 행태와 관련이 있다. 어미 바다표범이 놀라거나 불안해지면 새끼들을 유기하기도 하고, 수놈들이 암놈이나 새끼를 공격하기도 하고, 집단적으로 공격하는 일도 있다. 젖을 뗀 바다표범 새끼들은 갑작스럽게 독립하게 되고, 한정된 먹이를 가지고 어른 바다표범이나 다른 동물들과 경쟁해야 하며, 상어에게 먹힐 위험도 크다. 길마틴은 수중 환경의 특성도 바뀌었다고 말한다. 수온이 상승하여 바다표범의 먹잇감들에 대한 자연의 '생산성 감소'가 발생했다는 것이다. 야생 동물 관리자들의 현장 기록을 보면 가슴이 찢어진다. 갑자기 새끼 바다표범이 안 보이기도 하고, 수척해진 것으로 보아 병원성 질병이 의심될 때도 있다.

복원 계획을 보면 바다표범에 대한 위험 요소를 열거하고 순위를 매긴 후 개선 가능성을 언급했다. 총 11개의 위험 요인이 인용되었고 그중에는 바다표범의 별난 행태도 있었다. 하지만 '매우 중요한' 최상위 세 가지 요소는 먹이 부족, 상어의 공격, 해양 쓰레기 엉킴 사고였다. 그래 놓고도 의도치 않은 결과라니! 상대성 이론이 핵무기를 낳은 것을 두고 아인슈타인이 후회했던 것처럼 중합체 과학자들도 자신이 만든 기적의 물질 때문에 얼마나 많은 동물이 죽었는지 몸서리를 쳐야 할 것이다. 이 문제를 공부하며 내가 확신하게 된 것이 있다. 플라스틱 쓰레기는 상업적 어업 다음으로 많은 해양 생물을 죽이고 있고, 혼란스럽게 바뀌는 기후보다도 해양 생물에게 더 큰 위험이라는 사실이다. 우리 자신이 바다표범의 서식지 근처에 접근하지 않는 것은 가능할 수도 있겠지만 플라스틱 표류물이 제멋대로 그곳에 들어가 우리 대신 피해를 주는 것은 막을 수 없다. 이래도 '우리 잘못'이 아닐까? 북태평양을 돌아다니는 국제 어선단은 알면서도 유령 그물을 남겨두고 반짝거리는 갈고리가 달린 모노필라멘트 낚싯줄을 방치한다. 1982년에서 2006년 사이에 그물에 걸렸다고 보고된 태평양몽크바다표범만 268마리였다. 1999년 한 해에만 28마리의 바다표범이 버려진 어구 때문에 죽었다. 그리고 이 숫자는 일반적으로 빙산의 일각으로 여겨진다. 쓰레기 때문에 죽는 많은 사고는 우리 눈에 보이지 않는 곳에서, 일렁이는 파도 아래서 일어나는 것으로 추정된다.

복원 계획을 살펴보면 그물 엉킴 사고는 1960년대부터 관찰되었다고 한다. "해양 산업에서 내구성과 탄성을 가진 플라스틱 물질이 천연 섬유를 대신"했을 때부터 말이다. 또한 플라스틱을 비롯한 쓰레기를 해양 환경에 버리지 못하도록 금지한 해양오염방지협약 부속서

5가 1989년부터 시행되었지만, 쓰레기의 퇴적 정도나 1983년 이후 그물 사고율에 아무런 영향을 미치지 못했다고 한다. 그에 대한 결과는 한탄스러울 뿐이다. 어떤 동물은 온몸을 휘감은 그물을 이리저리 끌고 다니다가 탈진했고 사냥을 할 수 없어 굶어죽었다. 또 어떤 것들은 깊은 자상을 입고 심하게 감염되었다. 다른 것들은 몸부림치다가 익사하거나 다른 동물의 먹이가 되었다. 그리고 가장 심각한 위험에 처하는 것은 마치 강아지처럼 장난치기 좋아하고 호기심 많은 새끼 바다표범들이라고 길마틴은 말한다. 관찰된 그물 사고의 80퍼센트가 새끼 바다표범이었다. 이것이 종의 생존에 미칠 영향은 너무나 명확하다.

쓰레기로 죽은 개체 수는 알 수 없지만 2008년 12월 발행한 해양대기청 보고서는 이렇게 말하고 있었다. "태평양몽크바다표범은 다른 기각류보다 더 높은 비율로 어구 및 기타 해양 쓰레기에 엉키는 사고를 당하고 있다." 이것은 바다표범들이 원해서가 아니라 플라스틱 쓰레기가 그들의 서식지를 에워싸고 있기 때문이다. 흔히 '카리스마 있는 동물'로 일컬어지는 이 매력적인 동물이 합성 물질 쓰레기 더미 속에 발견되는 것은 묘한 운명이다. 하지만 바다표범은 해마다 플라스틱 장비 때문에 죽거나 피해를 입고 있는 수백 종의 동물 중 (그리고 수백만의 해양 동물 중) 하나일 뿐이다.

나는 바다가 플라스틱 쓰레기로 숨이 막히게 된 과정에 관한 모든 논의는 어업계를 빼놓고 이야기될 수 없다고 생각한다. 어업 관행과 어업 도구 모두 말이다. 버려진 어구란 잃어버리거나 버린 그물과 모노필라멘트 낚싯줄만 이야기하는 게 아니다. 여기에는 부자와 부표, 덫, 플라스틱 통과 궤짝, 일반적인 소비자 제품까지 포함된다. 상업적 어업은 서로 결합된 여러 해양 위기와 관련이 있다. 잃어버리거나 유기한 플라스틱 어구. 인스턴트커피 뚜껑, 부탄 라이터, 다 쓴 야광 봉 등을 포함한 플라스틱 쓰레기 투기. 가벼운 플라스틱 어구가 등장한 이후 가능해진 남획. 고래에서 작은 고기까지 매년 수백만 마리의 해양 동물을 실수로 죽이거나 '예기치 못한 어획물'로 얻는 경우. 예컨대 1990년대 대서양에서 수거한 덴마크산 유령 그물 하나에는 죽은 대구가 9000킬로그램어치나 걸려 있었다. 한때 대구는 뉴펀들랜드 근처 그랜드뱅크에서 풍부하게 볼 수 있는 어종이었지만 지금은 몰락했다.

1990년 버드라이프인터내셔널의 추산에 따르면 1만 7500마리의 레이산앨버트로스가 유망*에 걸려 죽었다. 2년 후 이 종류의 그물은 사용이 금지되었다. 하지만 유망이 주낙으로 바뀌었을 뿐이다. 미국조류보호회에 따르면 긴 주낙은 길이가 97킬로미터에 이르고 3만 개의 낚싯바늘을 설치할 수 있다고 한다. 대학살도 증가하여 매년 죽어가는 앨버트로스와 슴새의 숫자가 수십만 마리로 늘어났다. 새들은 미끼를 향해서 다이빙했다가 낚싯바늘에 걸려서 물로 끌려들어가 질식사했다. 수산청이 만든 새로운 지침에 따르면 미국의 어부들은 둥근 낚싯바늘 또는 미끼 덮개를 사용하거나 새들을 겁줄 수 있는 밝은색 플라스틱 띠를 부착함으로써 주낙에 다른 생물이 걸리는 것을 최소화해야 한다. 이 방법은 어느 정도 도움이 되었고 그래서 다른 나라들도 같은 방법을 채택했지만 모든 나라가 그런 것은 아니다. 일부

---

*물고기들이 다니는 통로에 가로로 길게 쳐두는 그물.

어선단은 파렴치하게도 바다 위를 무법천지처럼 휘젓고 있어서 지속적이고 심각하게 생물들을 죽이고 있으며, 대부분의 바닷새 개체 수가 서서히 감소하는 데도 일조하고 있다.

국제고래위원회는 "사용 중인 어구, 폐어구, 기타 해양 쓰레기에 걸리는 사고"가 매년 향유고래 및 기타 30만 마리의 고래목 동물들이 인위적으로(사람에 의해) 죽게 되는 가장 큰 원인이라고 본다.

이 장을 위해 조사를 하다가 나는 가까운 산페드로에 있는 국제조류구조연구센터에 한번 가보기로 했다. 이곳에서 나는 말 그대로 '어업 상호 작용'의 결과를 직접 배울 수 있었다. 나를 안내해준 헌신적인 수의사 헤이든 네빌은 이렇게 말했다. "낚시 조업 때문에 생긴 상처가 우리가 주로 보게 되는 것들입니다." 그녀는 특히 섭금류는 모노필라멘트 낚싯줄이 발을 휘감아 힘줄과 연조직을 파고들어 고생하는 경우가 많다고 설명했다. 이런 일이 생기면 새를 안락사 시킬 수밖에 없었다. 이들은 더 이상 야생에서 살아남을 수 없기 때문이다. 헤이든 네빌은 낚싯줄에 엉킨 새보다는 차라리 유출된 석유를 뒤집어쓴 바닷새가 살아남을 확률이 더 크다고 했다. 작업대 위에 있는 상자 안에는 어구들이 헝클어진 채 들어 있었다. 네빌은 '수십 마리'의 새들에서 떼어낸 것이라고 했다.

어부들이 아니고 스포츠로 낚시를 즐기는 사람들이 사용한 낚싯줄 뭉치도 보였다. 집에서 만든 솜씨가 느껴지는, 불빛이 깜박거리는 낚시찌와 스티로폼 찌가 달려 있었다. 이 사람들이 새들에 끼친 피해는 예방할 수도 있었던 일이라는 생각이 들었다.

상업적 어업과 플라스틱은 서로 완벽한 관계를 맺고 있는 것 같다. 싸고, 방수에, 가볍고, 성형하기 좋은 플라스틱을 이보다 더 잘

활용할 수 있는 산업도 없을 것 같다. 상업적 어업 분야에서 플라스틱은 그 혁신성을 입증했고 안타깝지만 이것은 사람들의 행동을 바꿔놓았다. 나일론이나 폴리프로필렌, 폴리에틸렌 필라멘트로 만든 새 그물과 낚싯줄은 기존 장비와 비교할 때 무게나 가격이 훨씬 작게 나갔다. 전통적으로 그물을 만들 때 사용했던 유기 재료는(대마, 사이잘삼, 마닐라삼, 면 등의 섬유) 무게도 무겁고 비쌌기 때문에 자연히 그물이나 어획량의 크기가 제한되었고 열심히 유지, 보수하여 재사용했다. 일본식 유리 부자가 빈 플라스틱 공이나 스티로폼으로 대체되었다. 값싼 플라스틱 어구의 출현으로 한 번 쓰고 버리는 관행의 시대가 시작되었다. 많은 어부들이 연료와 어획 공간이 절약된다는 이유로 그물을 버리는 쪽을 택했다. 심지어 어부들은 참치를 유혹하기 위해 오래된 그물을 묶어 배 밖으로 던지기도 했다. 호기심 많고 똑똑한 참치들은 쓰레기가 없던 바다에 새로 나타난 물건이라면 무엇에든 흥미를 보였다.

천연 물질을 쓰지 않고 첨단 추적 장비로 무장한 국제적 어선단은 무시무시했다. 300만 척의 선박이(정교한 가공 설비를 완비한 선박에서부터 동네 나룻배까지) 바다의 식품 저장고를 80퍼센트나 고갈시켰다. 중국의 어획량은 페루, 미국, 인도네시아, 칠레, 노르웨이 같은 먼 곳의 경쟁자들보다 네 배나 많았다. 1992년에 금지될 때까지 최고 64킬로미터 길이에 이르는 유망이 바다에서 해양 생물의 씨를 말렸다. 이런 '합법적' 그물 조각과 그 그물들을 띄우는 데 사용한 노란색 스티로폼 '바나나' 부자는 하와이 제도뿐만 아니라 알래스카 해안선에 이르기까지 여전히 가장 많이 발견되는 쓰레기 중 하나이다. 프렌치프리깃숄스의 창고에서 에베스마이어가 확인한 것 중에서도 바나

나 부자가 가장 많았다. 에베스마이어는 유망이 금지된 지 벌써 10년이 지났는데도 더 작은 형태의 그물들이 여전히 합법적이라는 점이 정말 희한하다고 했다. 심지어 충격적이게도 하와이 바다에서조차 1000개의 근해 자망*이 항상 정기적으로 설치되고 있었다.

    버려진 플라스틱 어구로 인해 생기는 골치 아픈 상황들 때문에 국제 학술 회의가 여기저기서 열렸고 정책 수정이 일어났다. 내가 몰래 포스터를 설치했던 호놀룰루 회의도 그런 학술 회의 중 하나였다. 보다 최근에 호놀룰루에서 있었던 행사는 아시아태평양경제협력체 APEC가 후원했다. '교육' 모임이라고 불렸던 이 행사는 해양 정책 전문가들 사이에서 유명한 국제 인사들이 소집된 회의였다. 행사의 목적은 중국, 일본, 한국, 사모아, 미국에서 온 어업계의 고위급 대표들에게 학계 선두의 과학자들이 폐어구의 '부작용'에 관해 연구한 내용을 알려주는 것이었다. 업계 대표들은 많은 사실을 새롭게 알게 되었다. 예컨대 추산으로 해마다 100만 마리의 바닷새가 주낙에 걸려 죽었다. 또 매년 10만 마리의 바다거북과 해양 포유류(바다표범, 돌고래, 고래, 수달)가 그들이 쳐놓은 그물과 낚싯줄에 걸려 죽었다. 이렇게 실수로 생물들을 죽이게 되면 물고기양이 줄어들 뿐만 아니라 먹이사슬이 교란되어 어업계 또한 약화된다. 또한 폐어구는 어선들을 포함한 선박의 프로펠러에 감겨 프로펠러를 망가뜨린다. 쓰레기 때문에 망가진 선박의 수리비, 유휴 시간에 대한 비용, 어획량 감소 등을 모두 합하면 어업계는 매년 수십 억 달러의 손실을 보는 것으로 추산된

---

*물고기들이 다니는 통로에 수직으로 설치해두는 그물.

다. 또한 유실된 그물 때문에 사람들이 목숨을 잃을 수도 있다. 가장 끔찍했던 일은 1993년 한국의 페리선이 높은 파도를 만났는데 그물 뭉치가 프로펠러에 걸려 배가 뒤집어졌던 사고이다. 292명의 승객이 익사했다. 이후 실시된 연구에 따르면 "2년간(1996~1998년) 한국 바다에서 해양 쓰레기가 선박에 미친 영향 때문에 총 2273건의 항해 사고가 발생했다. 프로펠러가 손상된 경우가 204건이었고 작동 지연이 111건, 엔진 고장이 15건이었다. (…) 그중 22건은 재앙(선박 상실 또는 인명 사고)을 가져왔다." 이 대목을 인용하는 이유는 국제적 전염병이 되고 있는 해양 쓰레기의 충격적 실태를 엿볼 수 있기 때문이다.

그물이나 컨테이너 유실을 보고하도록 법률로 규제하려는 나 같은 이들의 노력은 아직까지 결실을 보지 못했다. 어업 협회 대표들은 법률을 강화해도 법률 준수가 보장되지는 않는다고 할 것이다. 규제가 제대로 작동하지 않는 국가들의 불량한 선박은 통제가 불가능하다. 미국 어업계 내에도 자신의 뻔뻔한 행동이 알려지는 것을 부끄러워하지 않는 불한당들이 있다. 한 친구는 내게 디스커버리채널의 리얼리티 쇼 《데드리스트 캐치》를 한번 보라고 권했다. 알래스카 왕게잡이 선원들의 어업 현장을 촬영한 프로그램이었다. 선원들은 미끄러운 갑판 위에서 고함을 지르고 그물을 끌며 정신없이 돌아다녔다. 그들은 몇 리터의 표백제를 쏟아부어 갑판을 닦았고 빈 플라스틱 용기는 바다로 던져버렸다. 그들은 부풀어 있는 '불길한' 플라스틱 부자를 고성능 라이플총으로 쏘아서 가라앉혔다. 그 장면을 보며 머릿속에 떠오른 형용사는 극악무도하다는 단어였다. 나는 먼바다에서 이 파란색 통들과 플라스틱 부자를 수도 없이 보았다. 수없이 많은 파란색 플라스틱 부스러기가 그물에 걸렸다. 현행 미국 해안경비대 규정에 따르면 이들 게잡이 어선의 화물은 항해 전후로 목록을 작성해야 한다. 모든 플라스틱 및 기타 썩지 않는 물건들을 확인하기 위해서였다. 집행을 하고 안 하고의 문제는 분명 매우 중요한 것이다. 바다는 휴식이 필요하다. 다음번에 식사를 주문할 때는 생선이나 새우를 먹지 않는 것을 생각해보자. 그리고 고양이 밥으로는 닭고기로 만든 사료를 고려해보자.

신시아 밴더리프도 프렌치프리깃숄스에서 우리와 함께했다. 그녀는 큐어 환초의 야생 생물 관리자로서 바다표범 복원과 폐어구 제거에 직접적으로 관여했다. 쓰레기들은 1톤 이상 나갈 정도로 괴물 같은 더미를 형성하며 서로 엉켰고 엄격한 훈련을 받은 기관 합동 잠수부들이 조심조심 암초에서 그물들을 벗겨냈다. 돌아다니는 그물들은 다른 악행들 외에도 구석구석 산호초를 뒤덮어서 해저 생태계를 망쳤다. 그것들을 찾아내서 조심스럽게 제거하는 일은 엄격히 훈련받은 잠수부들만이 할 수 있었다. 기관들이 점점 서로 협조하게 된 것은 잘된 일이었다. 해양대기청은 나중에 수거할 계획으로 수렴대에 돌아다니는 그물 뭉치에 감지 장치를 부착하고 추적했다. 우리는 네 번의 항해에서 폐어구에 일곱 개의 부표를 설치했다. 데이터는 받아볼 수 있었지만 철거 전략에는 효과가 없었다. 그물들이 너무 넓게 흩어져버려서 엄두도 못 낼 비용이 예상되었던 것이다. 무인 항공기를 사용하려던 이후의 노력도 실패했다. 해양대기청은 현재 원양에서 유령 그물을 감지하고 수거하는 작업을 보류해둔 상태이다. 큐어 환초의 쓰레기를 치우는 작업은 2009년 늦여름 2.4미터 높이의 높은 파도를 헤치고 위태롭게 수행되었다. 4톤 분량의 플라스틱 폐어구가 제거되었고 해양경비대의 70미터짜리 쾌속정 쿠쿠이호를 타고 호놀룰루로 운반되었다. 일주일이 걸린 작업 기간 동안 직원들이 그물에 걸려 있던 몽크바다표범 일곱 마리, 위험에 처한 검은발앨버트로스 다섯 마리, 제비갈매기 한 마리를 구했다고 밴더리프는 말했다. "굉장히 파괴적인 영향을 미쳐요. 정말 심각한 문제이고 책임 있는 측에서 책임을 지지 않는 이상 해결될 수 없어요. 하지만 일단 그때까지 우리는 우리가 할 수 있는 일을 계속해야죠."

실은 오염 방지 법률과 프로그램이 효과가 있는지 알려면 몇 년이 지나야 한다. 이유는 간단하다. 넘쳐나는 쓰레기는 수십 년간 축적되어 왔고 아직 끝나지 않았기 때문이다. 하와이에서는 2008년 더 엄격한 법률이 통과되었음에도 불구하고 오히려 그 때문에 플라스틱 모노필라멘트로 만든 자망이 더 자주 돌아다니는 것 같다. 이제 법률을 위반하는 어선들은 주 정부의 집행 요원들을 발견하면 더욱 더 그물을 버리고 도망가려고 한다. 정책의 의도는 좋았으나 예기치 못한 결과를 가져오는 또 다른 예다. 에베스마이어와 잉그러햄을 비롯해 그 누구도 쓰레기 표류물 중에서 몇 퍼센트가 해양 환경에서 최후를 맞고, 몇 퍼센트가 해안으로 밀려오거나 착한 사마리아인에 의해 수거되는지 모른다. 우리 역시 현재 바다에 있는 플라스틱 축적량이 얼마나 되는지 추정만 해볼 뿐이다. 그러니 개선의 효과에 대해서도 측정할 방법은 없다. 우리가 아는 것은 바다의 크기에 비해 쓰레기가 밀려오는 육지 영역은 상대적으로 매우 작다는 점이다. 에베스마이어는 환류에 있는 쓰레기가 50년 혹은 그 이상 그곳에 머물 수도 있다고 말한다. 하지만 먼바다의 유령 그물 공격에 대처하는 일은 무섭고 위험하고 많은 돈이 드는 일이다. 놀랄 일도 아니지만 해양 보험 회사들은 어구 유실을 막으려는 노력을 강력히 지지한다. 그들이 손해 보상에 매년 수천만 달러의 돈을 쓰기 때문이다.

최악의 범법자들을 잡기 위해 일단의 과학자들이 해양대기청 및 하와이대학교와 연계해서 연구를 실시했다. 해마다 실시되는 북서 하와이 제도 청소 기간에 해양대기청과 해양경비대가 수거한 유령 그물을 조사한 것이다. 과학자들은 250가지가 넘는 그물 유형을 정리할 수 있었다. 여러 나라의 전문가로 구성된 팀을 소환해 각 그물이 속한 나라와 어선단을 확인했다. 나는 이 데이터를 통해 체포된 실적이 있는지 알아보려고 연구자인 몰리 티머스와 해양대기청 지원 업무를 맡고 있는 캐리 모리시게에게 연락했다. 모리시게는 그물 확인 프로그램이 호주에서 계속 진행 중이라고 했다. 호주 북부 해안 역시 쓰레기가 많이 쌓이는 지역이다. 또한 이런 노력은 퓨젓 만에서도 성과를 냈다. 퓨젓 만도 버려진 게잡이 어망 때문에 골치를 썩는 곳이다. 하지만 두 사람 모두 이 프로그램이 하와이에서 그다지 성공적이지 못했다고 인정했다. 티머스는 자신의 연구 주제를 산호초 서식지 쪽으로 바꾸었다. 모리시게는 이메일에 이렇게 썼다.

> 해양대기청은 그런 종류의 데이터 수집을 중단했습니다. (…) 우리가 하와이에서 수집한 그물은 형태나 종류가 너무 복잡했습니다. 정확한 그물 유형의 특성이나 어장을 알아내려면 그물 전체가 필요한데 우리가 수집한 것은 그물 파편들이었습니다. 대부분의 경우 이것들로는 그물의 출처를 알아낼 수 없었고 제조자 정도는 알아내더라도 그 그물을 유실하거나 유기한 어장의 종류나 위치, 국가, 선박, 업체 등은 알 수 없었습니다.

흔적이 너무 희미해져 버렸다.

몽크바다표범이 최근에 어떻게 되었는지 알아보려고 2002년 함께 작업했던 신시아 밴더리프에게 연락했다. 나는 회복 계획에서 밴더리프가 관리하는 큐어 환초에 있는 바다표범 서식지가 몰락 추세에 맞설 수 있는 유일한 번식지라는 내용을 읽었다. 그곳에는 100마리 정도의 바다표범이 살았다. 밴더리프가 촬영해서 보고한, 코와 주둥이가 원뿔 모양의 장어잡이망에 꽉 끼어버린 바다표범 사진은 매우 유명했다. 밴더리프는 그 바다표범의 턱 근육이 너무 쇠약해져서 아마 살아남지 못했을 것이라고 생각했다. 그녀는 이렇게 말했다. "다시는 못 봤어요." 살아남았다면 새끼를 열 마리는 낳았을 암놈이었다. 건강하다고들 이야기하는 큐어 환초의 서식지에 관해 밴더리프는 이렇게 말했다. "큐어 환초는 이제 내리막인 것 같아요. 올해 태어난 새끼 몇 마리는 10월에 내가 떠나올 때 벌써 여위어 보였어요. 아직 그곳 생태계는 복원된 것 같지 않아요."

다시 프렌치프리깃숄스로 돌아가 보면, 3일째가 끝나갈 때 에베스마이어는 기록을 완성했다. 턴아일랜드라는 작은 섬에서 112일 동안 수거된 쓰레기가 총 199점이었다. 독립 영상물 제작자인 마이클 베일리가 우리와 합류했다. 우리 계획은 《합성 물질의 바다》에 추가할 영상을 얻는 것이었다. 가을에 샌타바버라에서 큰 회의가 열릴 예정이었고 우리는 더 크고 좋은 영화를 제출하고 싶었다. 에베스마이어는 타고난 연기자였다. 카메라맨이 그의 창고에 들어가 깔끔하게 정리된 어구들 더미와 소비자 제품 몇 가지를 촬영했고 에베스마이어가 쓰레기들을 설명했다. 가장 많은 것은 유망 부자로서 모두 88개였고 속이 빈 플라스틱도 있고 발포 폴리우레탄도 있었다. 한때 이것들은 마치 죽음의 커튼처럼 바닷속에 수 킬로미터에 걸쳐 설치된 그물의 윗부분에 부착되어 있었다. 일부는 낡은 상태였지만 일부는 의심스러울 만큼 새것 같았다. 유망은 이미 10년 전부터 금지되었는데 말이다. 두 번째로 흔한 것은 굴 양식용 플라스틱 파이프였는데 정확히 83개였다. 이것들은 3200킬로미터가 넘게 떨어진 일본 양식장에서 사용되는 것이다. 대체 여기까지 어떻게 왔을까? 에베스마이어는 폭풍이 연안 양식장을 파괴해서 파이프를 바다로 보냈을 것이라고 설명했다. 아주 먼바다까지 말이다. 나머지 물건들은 모두 10개 이하씩이었고 대부분 어업과 관계된 것이었다. 야광 봉, 일회용 라이터, 부자, 큐어 환초에서 바다표범의 입에 씌워져 있던 것과 같은 장어잡이망, 아직 따지 않은 밀러 맥주 캔 등이었다. 모두 86퍼센트의 쓰레기가 어업과 관계되어 있었다.

다시 턴아일랜드 해안이다. 에베스마이어가 카메라에 대고 인류는 플라스틱 때문에 망할 것이라고 선언하는 모습을 보고 우리 모두 살짝 놀랐다. 그는 몇 세대 지나지 않아 플라스틱에 들어 있는 호르몬성 유독 물질 때문에 우리 모두가 화학적으로 거세될 것이라고 했다. 어쩌면 이것이 바다표범이 겪고 있는 문제 중 하나인지도 모른다. 하지만 현재로서는 아는 사람이 없다.

12

바닷속 물고기들이 플라스틱을 먹기 시작하다

해양 먹이사슬의 기반이 소화도 안 되고 아무 영양가 없는 요소로 대체되고 있습니다. 실제로 이런 것들이 자연의 먹이보다 더 많은 무게를 차지할 뿐 아니라 어떤 경우에는 숫자도 더 많습니다. 이것이 핵심적인 문제입니다.

_찰스 무어, 알갈리타 재단 이사회에서

6년간 몇 번의 탐사를 더 한 뒤 2008년 1월 나는 라디오베이에 있었다. 라디오베이는 하와이의 덜 알려진 보석 중 하나라고 할 수 있는 힐로타운에 있는 항구였다. 하와이에서 선발한 두 명의 팀원과 서부 해안에서 날아온 세 명을 포함해 새로운 팀원들을 태운 알기타호는 항구를 떠나 환류로 가는 일곱 번째 시도에 나서고 있었다. 이번 항해는 새로운 종류의 낚시 탐사가 될 것이다. 플라스틱뿐만 아니라 물고기들도 조사할 것이기 때문이다. 겨울에 떠나는 항해는 처음이었고 우리에게는 수행해야 할 과제들이 쌓여 있었다. 우리는 새로운 계절에 새로운 장소에서 플라스틱 쓰레기 표본을 수집할 것이고 중요한 연구를 위해 특수한 종의 물고기도 채집해올 것이다. 이 연구는 '환류의 플라스틱이 잠재적으로 인간의 먹이사슬도 오염시키고 있는가?'라는 중대한 문제에 답하는 데 도움이 될 것이다. 우리는 북태평양 중앙 환류에 무게로 따져서 동물성 플랑크톤보다 여섯 배나 많은 플라스틱이 있다는 사실을 알고 있었다. 또 미세하게 부서진 플라스틱 조각들이 동물성 플랑크톤뿐만 아니라 이것들의 주식인 식물성 플랑크톤까지 흉내 낸다는 것도 알았다. 우리는 튜브형 살파류와 해파리의 안팎에 플라스틱 조각이 붙어 있는 것을 보았다. 이들은 둘 다 표면 해류를 타고 다니며 앞에 떠다니는 것은 무엇이든 먹는 동물성 플랑크톤이다. 하지만 플랑크톤 섭식자라고 부르는, 동물성 플랑크톤을 먹고 사는 작은 물고기들은 어떨까? 이것들도 얼마든지 플라스틱 쓰레기의 운반자가 될 수 있고 흡수한 유독 물질을 먹이사슬에 널리 퍼뜨릴 수 있다.

과학 논문을 보면 '공간적', '시간적' 조건이라는 단어를 자주 보게 된다. 기본적으로 연구 대상이 언제 어디에 있었느냐는 뜻이다. 이번 항해는 양쪽 부분 모두에서 새로운 한계에 맞설 것이다. 시간적으로는 북태평양이 그렇게 평화롭지는 않은* 이 시기에 플라스틱 오염이 더 적은지, 심한지를 알아볼 것이다. 공간적으로는 북쪽과 서쪽

---

* 태평양(Pacific)이라는 이름은 16세기 초 마젤란이 붙인 것이다. 세계 일주를 할 때 폭풍이 몰아치는 마젤란 해협을 통과한 후 넓고 고요한 바다가 나타나자 감격하여 '평화의 바다(Mare Pacificum)'라고 명명했다고 한다.

으로 이제까지보다 더 멀리 가볼 것이다. 국제 날짜 변경선까지, 그리고 북태평양 아열대 수렴대라고 부르는 북서 하와이 제도의 북쪽 지역까지 말이다. 그곳은 북태평양 전체를 둘러싼 상위 해류가 하와이 동서에 놓인 하위 환류 및 위쪽의 더 작은 알래스카 해류와 바다 한가운데서 만나는 곳이다. 아열대 수렴대 내에는 일종의 해양 분리대라고 할 수 있는 전이대*가 있었다. 이 전이대에서 그 모든 해류가 소용돌이치며 서로를 지나갔다. 해양대기청 연구자들은 위성 사진과 저공비행을 통해 전이대에 식물성 플랑크톤이 특히 조밀하게 모여 있는 것으로 보이는 '엽록소 전선'이 있다고 확신했다. 육지의 식물처럼 식물성 플랑크톤은 엽록소를 만들어낸다. 또 육지의 식물들처럼 이산화탄소를 흡수하고 산소를 내뱉는다. 지구 상의 생물들에게는 매우 고마운 일이다. 똑같은 지역에서 쓰레기 역시 집중적으로 볼 수 있었다. 대부분은 어구(그물 부자, 부표, 플라스틱 등)였지만 폭이 최소 9미터가 넘는 두 괴물체를 포함한 그물 뭉치들도 있었다. 해양대기청 소속의 해양학자인 데이브 폴리는 우리에게 플랑크톤과 플라스틱의 이런 외적인 상관성을 상세히 조사해달라고 했다. 우리는 또 이곳에 플랑크톤과 산더미 같은 그물뿐만 아니라 저공비행으로는 볼 수 없는 미세 플라스틱이 있는지도 수색할 것이다.

　선장은 선원들이 잘 맞을지 어긋날지, 열심히 일할지 게으름을 피울지 미리 알 수 없다. 가로 8미터 세로 15미터의 알루미늄 판때기 위에 억지로 함께 있게 되면 순간적인 친근감이 생기기도 하지만 성

---

*북태평양 정중앙에 위치한 가로로 긴 지역.

격이 드러나기도 한다. 이번 탑승 팀은 최고이다. 제프 언스트는 얼마 전에 하와이대학교 힐로캠퍼스를 졸업한 자연과학도이다. 그는 배에서 뭘 해야 하는지 찾아내서 능숙하게 해내는 묘한 재주가 있었다. 그리고 잘 갈린 세라믹 칼로 주방에서 멋진 솜씨를 발휘했다. 그는 20미터 높이의 돛대를 거침없이 타고 올라가는가 하면 필요할 때 활죽에 매달리기도 해서 '배 원숭이'라는 별명을 얻었다. 제프는 카메라도 잘 다뤘다. 조엘 파스칼은 제프의 형 같았다. 조엘은 대학 학비를 대려고 빵집에서 일했다고 했다. 그는 또 수중 촬영 기사이기도 하다. 조엘은 해양대기청에 소속되어 북서 하와이 제도의 쓰레기 제거 작업을 도울 수 있도록 훈련을 받았다고 했다. 허브 마크레더는 의사 선생님으로 통했다. 실제로 그는 은퇴한 캘리포니아대학교 로스앤젤레스캠퍼스 외과의였고 노련한 선원으로서 사람들에게 안정감을 주었는데 특히 원양 항해가 처음인 교육 담당관 애나 커민스가 도움을 받았다. 커민스는 우리가 저런 사람이 이 세상에 좀 더 많았으면 하고 바랄 유형의 사람이었다. 아주 총명한 스탠포드대학교 졸업생으로서 가슴 깊이 맹렬한 사명 의식을 가진 환경주의자였다. 다섯 번째 선원은 알갈리타 재단의 과학 교육 및 연구 고문인 마커스 에릭슨이었다. 박사 학위를 가진 그는 용감한 환경 투사였다. 그는 이미 플라스틱 통으로 만든 뗏목을 타고 미시시피 강을 항해한 경험이 있었다. 이번 대양 항해에서 에릭슨과 조엘은 정말 믿기 힘든 계획을 생각해냈는데 플라스틱 통으로 만든 '쓰레기 뗏목'을 타고 캘리포니아에서 하와이까지 횡단할 생각을 한 것이다. 바다의 플라스틱 쓰레기 문제에 관한 관심을 환기하려는 의도였다. 커민스와 에릭슨은 몇 달 전 내 생일 파티에서 만나 금세 꼭 붙어 다니는 사이가 되었다. 커민스는 두 사람이 이번 항해가 끝날 때까지 계속 이야기를 나눈다면 아마 진짜 진지한 관계가 될지도 모르겠다고 했다.

우리가 사냥할 물고기는 샛비늘치였다. 몸에서 빛을 내는 발광어이기 때문에 흔히 랜턴피시라고도 불린다. 샛비늘치는 빛을 내지만 눈에 띄지 않으려고 노력한다. 낮에는 바다의 '황혼' 지대라고 하는 중층대(수심 200~1000미터)에 숨어 있다가 밤이 되면 올라와 동물성 플랑크톤을 먹었다. 샛비늘치는 지구 상에서 가장 비밀스러운 동물 중 하나이다. 불과 몇 센티미터 되지도 않는 작은 크기이지만 숫자가 워낙 많아서 심해 어류의 생물량에서 65퍼센트를 차지한다. 샛비늘치들은 평소 대륙붕 위의 바다를 아주 빽빽하게 덮고 있어서 해양 탐사 기구들이 해저로 오인하기도 한다. 하지만 멸치나 정어리와는 달리 떼를 지어 다니는 어류로 취급되지 않아서 대형 그물을 가진 어선들의 상업적 포획 대상이 되는 일은 피했다. 샛비늘치는 거의 모든 해양 생태계에 살고 있으며 254종, 혹은 그 이상이 있다. 밤에는 말 그대로 떠올라서 수직 이동을 하며 빛을 내는데 이것은 지구 상에서 매일 일어나는 가장 큰 생물량 이동이다. 내가 샛비늘치를 처음 본 것은 환류로 처음 탐사 항해를 갔을 때 녀석들이 밤 수색 작업에 걸려들어서였다. 샛비늘치는 우리가 먹는 동물들(참치, 대구, 연어, 상어)과 우리가 먹지는 않으나 보호하는 동물(고래, 돌고래, 기각류, 펭귄)들의 먹잇감이 된다. 물고기들의 플라스틱 섭식에 대해서는 거의 연구가 되어 있지 않다. 1970년대와 80년대의 연구를 보면 명태, 대구, 해덕대구가 최소한 가끔씩은 플라스틱을 먹었다고 기록되어 있다. 아일랜드 해에 사는 물고기들은 웨일스와 아일랜드 사이를 오가는 페리선에서 버린 플라스틱 쓰레기를 사냥하는 것으로 알려졌다. 그곳에서 잡힌 명태 한 마리는 플라스틱 컵 다섯 개를 먹은 상태였다. 하지만 샛비늘치는 미세 플라스틱과 먹이사슬에 관해 또 다른 이야기를 들려줄 것이다.

우리는 북쪽으로 전이대까지 배를 몰아 그물 작업을 하며 데이브 폴리의 연구를 위한 표본을 따로 수집했다. 나중에 알고 보니 이 표본은 분석되지 못했는데 절차상의 문제가 있었을 수도 있다. 그렇다고 해서 우리가 발견한 충격적 현실이 바뀌지는 않는다. 그동안 북태평양에는 플라스틱 쓰레기가 모여 있는 두 개의 쓰레기 지대가 있는 것으로 추정되었다. 하나는 하와이와 캘리포니아 중간에 있고 다른 하나는 하와이와 일본 사이에 있다고 말이다. 두 지대 모두 상대적으로 생물이 별로 없는 빈 영양 상태 지역이다. 이것은 오염 물질인 플라스틱이 해양 생물이나 어선이 바글거리는 보다 '생산적인' 지역으로부터 안전하게 격리되어 있다는 의미일 수도 있었다. 먹이사슬이 오염되는 것을 어느 정도 막아주면서 말이다. 하지만 전이대에서 우리가 발견한 사실은 이 모든 추정을 산산조각 냈다. 전이대 수색 결과는 최악이었다. 우리가 보았던 그 어떤 곳보다도 플라스틱으로 꽉 막혀 있었다. 심란해진 커민스는 매일 쓰는 블로그에 다음과 같이 적었다.

이곳에서 우리가 찾아내고 있는 플라스틱은 놀랄 만큼 많다. 여태껏 발견한 그 어떤 곳보다 많다. 이곳은 생물학적으로 어마어마하게 풍족하고 상업적 중요성을 가진 지역이다. 매우 생산적인 지역에서 최악의 오염 상황을 보는 중이다. 이것은 사람들이 생각했던 것보다 훨씬 더 중대한 사안이다.

해양대기청의 연구에 의하면 이곳은 "많은 정점 포식자들의 이동과 사냥에 중요한 서식지"이다. 또한 놀랍게도 원양 동물들은 해양 쓰레기가 집중적으로 많은 곳에서 "우선적으로 먹이를 구한다"고 한다. 다시 말해 동물들은 플라스틱과 음식이 둘 다 풍부한 이곳을 목표 지역으로 삼는다는 것이다.

기상 상태가 좋아서 우리는 전이대를 떠나 남동쪽으로 향한 후 북동 환류에 들어가 샛비늘치를 잡았다. 일곱 번의 어망질 중 밤에 실시한 여섯 번이 결과가 좋았고 총 670마리를 잡았다. 우리는 그것들을 포르말린 병에 담아서 나중에 알갈리타 재단의 어류학자인 크리스티아나 뵈거가 작업할 수 있게 했다. 미세 플라스틱 쓰레기가 해롭다는 사실을 의심하는 자들도 그녀의 연구 결과에는 관심을 갖게 될 것이다.

첫 번째 논문 작업을 하면서 이미 알았던 사항이지만 플라스틱 섭식에 대한 연구는 적지 않다. 최초의 연구들은 플라스틱 소비자 제품 초창기까지 거슬러 올라간다. 당시의 연구는 북극권에서부터 남극해 주변의 섬들에 이르기까지 주로 바닷새들에 집중되었다. 그중에서도 쉽게 연구 대상이 되는 종들이 있었는데 과학자들이 조사나 부검을 위한 해양 생물(새들뿐만 아니라 멸종 위기에 처한 바다거북이나 고래 등)을 해변에서 너무나 쉽게 찾을 수 있다는 사실 자체가 괴로운 일이었다. 조사 결과는 대부분 암울했다.

해양대기청이 전이대에서 저공비행을 통해 발견한 것들은 바닷새, 그중에서도 대부분 앨버트로스였다. 우리 역시 앨버트로스를 자주 본다. 전이대가 있는 북쪽으로 가는 항해는 2002년에 우리가 갔던 북서 하와이 제도의 가장자리를 지나게 되어 있었다. 섬들이 얼핏 보였지만 사전 허가 없이는 정박할 수 없었다. 하지만 그 섬들이 바로 전이대에서 먹이를 먹고 사는 동물들의 집이라는 것을 우리는 알고 있었다. 플라스틱 섭식을 상징하는 이미지가 있다면 두말할 것 없이 레이산앨버트로스이다. 플라스틱을 잔뜩 먹고 죽은 채 썩어 있는 레이산앨버트로스 새끼들의 사진은 너무나 유명하니까 말이다.

이 문제와 관련한 논의는 2011년 3월에 일어났던 일본 쓰나미가 레이산앨버트로스의 주 서식지에 미친 잔혹한 영향을 고려해서 다시 다루어져야 한다. 2010년에 세계자연보존연맹이 레이산앨버트로스의 보호 단계를 '취약'에서 '위기 근접'으로 격상한 것은 반가운 소식이었다. '위기 근접'이란 해당 동물이 '가까운 미래에 멸종 위험이 있는 것으로 간주될 수 있다.'는 뜻으로 세심한 감시가 필요하다는 의미였다. 1992년과 2002년 사이에 레이산앨버트로스는 개체 수가 30퍼센트나 감소했다. 이후 개체 수는 일정 수준을 유지했는데 대부분 미국에서 주낙 어업 관행이 개선된 덕분이었다. 그러다가 2011년 3월 미드웨이에 있는 레이산앨버트로스 서식지를 비롯한 북서 하와이 제도가 쓰나미로 파괴되었다는 소식이 전해왔다. 추정으로 11만 마리의 새끼 새(갓 부화한 전체 새끼의 거의 4분의 1)가 익사하거나 물에 휩쓸려 갔다. 이로써 레이산앨버트로스에 대한 논의와 앨버트로스가 불행히도 새끼들에게 플라스틱을 먹인다는 사실에 관한 논의가 완전히 달라졌다. 이제 먹이를 먹일 새끼들은 줄어들었고 바다의 쓰레기는 엄청나게 늘었으며 늘어난 쓰레기는 수년간, 혹은 수십 년간 지속될 것이다.

미드웨이 섬은 전체 레이산앨버트로스의 70퍼센트가 둥지를 튼

곳일 뿐만 아니라 상당수의 검은발앨버트로스, 얼가니새, 슴새가 사는 곳이다. 쓰나미 이전에는 수많은 바닷새들이 미드웨이에 살았다. 센트럴파크의 두 배도 안 되는 면적의 섬에 200만 마리의 새가 살았고 항공사는 새들로 인한 위험 때문에 계약을 취소했다. 이렇게 새들의 낙원인 곳에서 충격적인 사실은 보통의 상황에서도 매년 약 10만 마리의 레이산앨버트로스 새끼가 죽어간다는 점이다. 그리고 그중 40퍼센트인 4만 마리는 플라스틱 섭식 때문에 죽는 것으로 추정된다.

레이산앨버트로스는 최고 60년까지 사는 것으로 알려져 있다. 위즈덤이라는 애정 어린 이름으로 불리는 60살이 넘은 암놈 한 마리는 미드웨이에 살면서 2011년에 부화 가능한 알을 낳아 기록에 등재되었다. 이 새는 아직도 원래의 꼬리표를 붙이고 있다. 앨버트로스는 6살 때부터 시작해 평생 짝짓기를 하며 2년마다 알을 낳는다. 6개월이 되어 날 수 있게 되면 새끼는 바다로 나가서 몇 년간 그곳에 머물다가 다시 태어난 곳으로 돌아온다. 그리고 몇 년 후 짝짓기를 한다. 육지에서 앨버트로스는 동작이 어설프고 뒤뚱거린다. 또 전력 질주를 하다가 날기 때문에 이륙을 위한 공간이 필요하다. 19세기와 20세기 초에 앨버트로스가 거의 멸종 위기까지 갔던 이유 중 하나도 이 때문이었다. 주로 일본에서 온 깃털 사냥꾼과 밀렵꾼들이 몽둥이로 수백만 마리의 앨버트로스를 때려잡았다. 앨버트로스는 빨리 도망가기에 좋은 신체 구조가 아니었고 도망가려는 본능도 없었기에 손쉬운 희생양이 되었다. 하지만 일단 날아오르고 나면 레이산앨버트로스는 하늘을 지배한다. 1.8미터가 넘는 날개와 공기 흐름에 대한 깊은 이해 덕택에 수천 킬로미터를 날아 먹이를 찾을 수도 있다. 앨버트로스를 비롯한 바닷새들을 '진짜 해양 생물'이라고 부르는 이유는 오직 바다에서 난 것만 먹기 때문이다.

미드웨이 앨버트로스는 둥지를 지키느라 손바닥만 한 땅에서 보초를 선다. 둥지는 모래여야 하지만 플라스틱 쓰레기 위에 지어지는 경우도 있다. 새끼 양육은 암수가 공동으로 한다. 알을 낳으면 엄마 새 아빠 새가 함께 70일 정도 알을 품는다. 그다음에는 몇 주간 따뜻하고 안전하게 새끼들을 품어주고 가볍게 먹이를 먹인다. 새끼들이 스스로 체온을 조절할 수 있게 되면 본격적인 먹이 주기가 시작된다. 부모 새는 번갈아 바다로 나가서 먹이를 구해 돌아온다. 부모 새는 잡은 것을 약간 소화시켜 번지르르하고 걸쭉한 형태로 만든 다음 기다리고 있는 새끼들의 벌린 입속에 토해 넣어준다. 앨버트로스는 (물고기를 먹는) 육식성 동물이지만 죽은 동물도 먹는다. 앨버트로스는 바다 표면을 훑으면서 좋아하는 먹이가 있는지 날카롭게 살핀다. 문어, 오징어, 새우, 정어리를 좋아하고 다른 동물이 먹다 남긴 것도 좋아한다. 특히 좋아하는 것은 날치 알인데 이것들은 물에 떠다니는 쓰레기 조각이나 플라스틱 조각 위에 있는 경우가 많다. 위즈덤처럼 나이 많은 앨버트로스는 립스틱처럼 새빨간 날치 알이 물 위로 고개를 내민 나무나 돌 위에 많이 있다는 것을 기억한다.

쓰나미가 없었다면 모든 것이 순조로웠을 것이다. 대량 도륙의 시대는 지났기 때문이다. 연방 정부는 앨버트로스를 위해서 할 수 있는 법적 보호 조치는 모두 했다. 앨버트로스 부모 새는 모범적으로 새끼를 돌보고 헌신한다. 그런데 육식이 플라스틱식으로 바뀌는 일이 발생했다. 공교롭게도 플라스틱 쓰레기와 올바른 먹이가 매우 중요한 특성을 공유했던 것이다. 둘 다 반짝거리고 다채롭고 물에 뜨며 30센티미터 가까이 되는 앨버트로스의 부리로 낚아 올리기에 좋은 크기였다. 일본 쓰나미를 통해 새로운 플라스틱이 유입되고 남획으로 물고기가 많이 없는 상황에서 앨버트로스가 자연적인 먹이를 잡을 가능성은 줄어들 수밖에 없었다. 게다가 플라스틱은 반항도 하지 않았다. 별로 까다롭지 않게 바다 표면에서 먹이를 구하도록 진화한 앨버트로스는 눈으로 먹이를 찾는 사냥꾼이었고 서서히 말 그대로 유인 작전에 넘어갔다. 겨우 두 세대 전만 해도 바다에 있는 것은 무엇이든 먹어도 되었고 새끼들에게 가져가도 안전했다. 지금은 해양대기청의 수렴대 관찰 보고를 보면 바닷새들이 플라스틱을 쉽게 채집하기 위해서 수렴대에 가는 것 같다고 한다.

새끼들이 플라스틱을 먹게 되는 것은 기정사실이다. 운이 좋다면 부모 새가 진짜 먹이를 충분히 먹이고 플라스틱은 많이 먹이지 않아서 합성수지로 배가 꽉 차 탈수와 굶주림을 겪는 일은 면할 것이다. 운이 좋다면 먹은 플라스틱들이 모두 그다지 날카롭지 않아서 내장에 구멍이 나거나 소화관이 막히는 일은 면할 것이다. 5개월을 버텨낸다면 앨버트로스의 통과 의례인 첫 역류를 경험할 것이다. 역류물은 소화되지 않는 오징어 입이나 돌, 물고기의 비늘, 나무 조각, 깃털 등으로 구성되고 플라스틱도 나온다. 이 토해내는 능력 때문에 다 큰 앨버트로스는 플라스틱으로 인한 대부분의 피해를 막을 수 있다. 하지만 새끼 새들은 시간과의 싸움이다.

신시아 밴더리프는 큐어 환초와 미드웨이에서 거위만 한 크기의 앨버트로스 새끼들이 서서히 죽어가는 슬픈 과정을 직접 목격했다. 부검을 해보면 어김없이 합성수지 곤죽이 나왔다. 대부분은 플라스틱 파편이었지만 병뚜껑이나 일회용 라이터, 칫솔 손잡이, 장난감이 나올 때도 있었다. 미드웨이 섬에 머무르는 한 직원은 성체 앨버트로스가 매년 바다 표면으로부터 플라스틱을 5톤은 옮겨올 것이라고 말했다.

베스 플린트는 바닷새 전문가로서 미국 수산청 미드웨이 사무실 소속으로 야생 동물을 감독한다. 공개 발표회에서 플린트는 이렇게 말했다. "8월부터 시작해서 겨울 내내 죽은 새끼들을 흔히 볼 수 있습니다. 그것들이 썩으면 사실상 전부가 뱃속에 플라스틱 쓰레기를 갖고 있는 것을 볼 수 있습니다." 하지만 이 훌륭한 과학자는 사체에서 플라스틱으로 인해 이 새가 죽었다는 확정적 증거를 찾을 수 없었다. 다른 위험 인자들도 있었기 때문이다. 오래된 건물에서 나온 납 성분 페인트나 부모 새의 유기로 주낙에 걸려 죽었을 가능성 같은 것 말이다. 플라스틱이 생기기 전의 앨버트로스 새끼의 사망률 같은 기준치가 있냐고 묻자 플리트는 없다고 답했다. 실제로 플린트는 날치가 알을 낳을 표류물이 늘었기 때문에 앨버트로스의 먹이 공급이 증가했을 수도 있다고 했다. 하지만 플라스틱 뗏목 덕에 생긴 날치 알이 앨버트로스에 도움이 된다고는 상상하기 힘들다. 우리는 2008년 겨울 항해에서 아침 그물 작업 때 그런 먹이를 발견한 적이 있다. 낚싯줄 매듭 위에 투명한 알들이 거품처럼 뭉쳐 있었다. 이 알들은 레이산앨버트로스보다도 더 크게 줄어들고 있는 검은발앨버트로스가 좋아하는 먹이이다.

대중이 모르는 또 다른 과학적 예시를 들자면 거의 50년 전에 나온 앨버트로스(뿐만 아니라 수십 종의 다른 바닷새들을 포함한 전체 바닷새의 44퍼센트)의 플라스틱 섭식에 관한 연구가 있다. 최초의 연구는 1963년에 나왔다. 이 연구는 북서 하와이 제도의 또 다른 환초들인 펄 환초와 헤르메스 환초의 레이산앨버트로스 중 73퍼센트가 플라스틱을 '삼킨' 것을 발견했다. 하지만 당시는 플라스틱 소비자 제품의 초창기였고 연구자들이 새에서 발견한 가장 많은 수의 플라스틱 입자가 여덟 개였다. 다음으로 중요한 앨버트로스 연구는 1983년에 나왔다. 이때는 죽은 레이산앨버트로스 새끼 중 90퍼센트에서 플라스틱이 관찰되었고 삼킨 플라스틱의 평균 무게도 1963년의 1.87그램에서 76.7그램으로 늘어났다. 3000퍼센트 증가였다. 1997년에 나온 연구는 야생 생물학자 테오 콜본이 공동 저자로 참여했다. 콜본은 『도둑 맞은 미래』에서 합성 화합물과 내분비계 교란을 연관시킨 것으로 유명한 사람이다. 이때는 표본이 된 새끼의 97.6퍼센트에서 플라스틱이 발견되었다. 저자들은 북태평양 중앙의 수표층에서 플라스틱 쓰레기 집적이 증가하고 있다고 결론 내렸다. 이때가 바로 내가 우연히 쓰레기 지대를 항해했던 해이다. 바닷새의 위 내용물은 이미 해양 오염의 척도가 되어 있었다. 하지만 몇 명이나 이 사실을 알고 있었을까? 이때는 해양오염방지협약 부속서5가 시행된 지 거의 10년이 되었을 때였다.

　일회용 라이터는 앨버트로스가 가장 좋아하는 것이다. 반짝거리는 금속과 어른거리는 색상에 끌리는 것이다. 밴더리프는 이렇게 말했다. "앨버트로스는 색상을 중시해요. 연구 결과는 없지만 앨버트로스들은 내 옷과 신발 중에서 화려한 것들을 쪼아댑니다. 앨버트로스는 색상이 화려한 갑각류를 먹기 때문에 빨간색과 파란색을 좋아해요." 자원봉사자들은 미드웨이에서 두 달 동안 1310개의 라이터를 수거했다. 이들 중 다수가 아마 어부들이 밖으로 던졌을 것이다. 죽은 새끼에서 회수한 다른 물건들 중에는 2차 대전 때의 전투기에서 나온 오래된 플라스틱도 있었고, 칫솔, 빗, 구슬, 플라스틱 단추, 골프 티,

고무장갑, 매직펜도 있었다. 그리고 모든 종류 중에서 가장 흔한 쓰레기는 플라스틱 병뚜껑이었다. 이것은 내구성 있는 폴리프로필렌으로 만들어지고 재활용도 잘 안 되며 우리 모두보다 오래 살아남을 것이다.

병뚜껑 자체에 대해 통계를 작성하는 사람은 없다. 하지만 병 생산 숫자를 통해 뚜껑 숫자를 추정할 수는 있다. 예컨대 용기재활용연구소에 따르면 미국인 한 사람은 1년 동안 평균 686개의 일회용 음료를 소비한다고 한다. 모두 2150억 개의 용기가 나온다는 뜻이다. 이 중에서 750억 개 정도가 페트병 혹은 폴리에틸렌 병이다. 그리고 기껏해야 4분의 1 정도가 재활용되는데 대부분은 뚜껑이 없는 상태이다. 그리고 약이나 보충제, 샴푸, 컨디셔너, 자외선 차단제, 로션, 액상 비누, 세제, 케첩, 팬케이크 시럽용으로 얼마나 더 많은 병뚜껑이 만들어질지 생각해보자. 매년 그중에 아주 조금만 바다로 굴러가서 쌓인다 하더라도 원양에 있는 자연적인 먹이들에 필적할 양일 것이다.

플라스틱으로 죽은 레이산앨버트로스 새끼의 숫자에 대한 과학적인 '양적 증거'가 없다는 비판을 두고 신시아 밴더리프는 이렇게 말했다. "이 점에 관해서는 우리 스스로 물어봐야 한다고 생각해요. 과학자들이 모든 걸 다 말해줘야 하는지 말이에요. 저는 그렇게 생각하지 않아요. 틀릴 수도 있지만, 안전한 쪽으로 가야 하지 않을까요."

나는 종종 알기타호의 항해가 한 마리의 앨버트로스와 같다고 생각한다. 바람이 상쾌할 때면 앨버트로스는 날개를 고정한 채 날아간다. 바람이 조용하면 날개를 퍼덕여야 한다. 바람이 불면 우리는 돛대를 편다. 바람이 없으면 디젤 엔진을 켜서 프로펠러를 '퍼덕여'

앞으로 나아간다. 우리는 항해를 하면서 앨버트로스를 자주 본다. 하지만 그때마다 짜릿한 기분은 조금도 줄지 않는다. 녀석들은 분명 우리가 아니라 낚시용 가짜 미끼에 더 흥미가 있다는 것을 알지만 말이다. 한 번은 멸종 위기의 검은발앨버트로스 한 마리가 우리 뒤에서 나타났다. 승선자들은 모두 녀석을 보려고 후갑판으로 뛰어갔다. 내가 말했다. "녀석이 가짜 미끼를 물지 말아야 할 텐데." 그 순간 녀석이 미끼를 물었고 바늘에 걸렸다. 우리는 얼른 녀석을 끌어올렸다. 조엘 파스칼이 낚싯바늘을 뽑고 부드럽게 쓰다듬으며 녀석을 진정시켰다.(이 장면은 멋진 사진으로 남아 있다.) 그리고 다시 하늘로 날려 주었다. 이런 새들이 무모하게 보일지도 모르지만 그들은 그저 본능에 따르고 있는 것뿐이다.

2009년 알갈리타 재단의 연구자 홀리 그레이는 낚시에 걸린 성체 레이산앨버트로스와 검은발앨버트로스 47마리의 위 내용물을 조사했다. 어선에 탄 해양대기청 소속 관찰자들이 연구 목적으로 수거해 얼린 것들이었다. 그전까지는 새끼들의 뱃속과 성체 앨버트로스의 역류물만을 조사했다. 몇 가지 가능한 교란 요소가 있지만(앨버트로스가 외상으로 인해 역류를 일으켰을 수도 있고 어선 때문에 자연적인 먹이 습성이 바뀌었을 수도 있다.) 그레이는 레이산앨버트로스의 83퍼센트와 검은발앨버트로스의 52퍼센트가 플라스틱을 삼킨 상태였음을 발견했다. 레이산앨버트로스의 뱃속에 있던 플라스틱은 대부분 파편들이었고 검은발앨버트로스의 경우는 낚싯줄이었다. 하지만 어느 쪽도 새끼 앨버트로스의 역류물이나 뱃속에서 나온 플라스틱의 양과 비교가 되지 않았다. 성체 앨버트로스는 플라스틱을 쉽게 역류시켰지만 어린 새끼들은 그렇지 못했다. 이런 결과는 수표층에서 먹이를 먹는 동물들 사이에 플라스틱 섭식이 얼마나 만연한지를 보여주는 중요한 증거였다. 또한 이것은 레이산앨버트로스가 플라스틱이 밀집한 수렴대가 있는 북쪽으로 향하고, 검은발앨버트로스는 파도가 거친 바다에 플라스틱이 더 분산되어 있는 미국 서부 해안으로 향한다는 앨버트로스 추적 연구를 뒷받침하는 내용이기도 했다.

네덜란드의 2002년 연구에 의하면 해안으로 밀려온 대형 플라스틱 표류물 중에서 80퍼센트가 바닷새에 의해 쪼아진 상태였다. 여러 연구 결과를 모아보면 새의 종류별로 플라스틱을 섭취한 비율은 바다오리가 95퍼센트, 푸른바다제비가 93퍼센트, 북방풀머갈매기가 80퍼센트 등이었다. 남아프리카의 매리언 섬에 있는 푸른바다제비에 관한 최근 연구는 조사한 새끼들 중 90퍼센트가 위 속에 플라스틱을 갖고 있음을 보여주었다. 부모 새들로부터 받아먹은 것이 분명했다. 그래서 푸른바다제비가 앨버트로스와 뭔가 관련이 있는 것이 아닌가 하는 의문도 제기되었다. 레이산앨버트로스보다 좀 더 작은 푸른바다제비는 레이산앨버트로스와는 달리 먹이를 잡기 위해서 물속으로 6미터까지 다이빙한다. 따라서 가라앉은 플라스틱도 먹잇감이 될 수 있을지 모른다는 의문이 제기된다.

바닷새들은 육지에서의 시간과 땅에서의 시간이 구분되고 수표층에 있는 먹이를 먹기 때문에 다른 해양 생물에 비해 연구가 더 쉽다. 하지만 다른 많은 생물들도 똑같이 플라스틱 쓰레기를 먹이로 착각하기 쉽고 그에 따른 영향으로 고생한다. 해양 쓰레기가 없는 곳이 없다는 사실에 대해서는 그 어떤 의심도 사라져야 한다. 바다에서 가장 작은 동물인 여과 섭식 동물부터 가장 큰 동물인 고래에 이르기까지 플라스틱이 발견된다는 사실만 보더라도 말이다. 가장 취약한 동물 중 하나는 멸종 위기의 바다거북이다. 해양포유류위원회가 발표한 1997년 연구는 해안에 올라와서 죽은 동물을 부검한 데이터를 모아 살펴보았다. 해안에서 죽은 채로 발견된 모든 종류의 해양 생물에 대한 데이터였다. 플라스틱을 삼켰다는 증거가 없었던 생물은 단 두 종류뿐이었다. 해달과 갑각류였다.

바다거북은 특별한 경우다. 바다거북은 인간보다 수백만 년 전에 호모 사피엔스가 없는 세상에서 성공적으로 살아남을 수 있도록 진화했다. 하지만 이제 우리가 있는 관계로 미국 바다에 있는 일곱 종의 바다거북 중 다섯 종이 멸종 위기에 처했다. 그리고 나머지 두 종도 멸종 위협을 받고 있다. 연구에 의하면 바다거북의 생존을 위협하는 주된 원인은 어선의 실수로 잡히는 경우, 선박에 부딪히는 경우, 인간이나 다른 동물(해양 동물 또는 육지 동물)에 잡아먹히는 경우다. 비교적 새로운 문제로 떠오른 것은 섬유유두종증이라고 하는 헤르페스와 관련된 종양 유발 질병이다. 이런 난관에 더해서 해양 쓰레기까지 바다거북에게 치명적 위험을 가하고 있는 상태다. 해양대기청 소속으로 하와이에서 근무했던 거북 전문가 조지 발라즈는 1985년 바다거북 79건의 사례에서 뱃속에 다양한 종류의 플라스틱 쓰레기가 가득 차 있는 것을 확인했다. 죽은 거북을 부검하면서 지중해의 연구자들은 거의 80퍼센트의 거북이 해양 쓰레기, 주로 플라스틱을 삼킨 것을 발견했다. 브라질과 플로리다 해안에 올라온 거북을 연구한 사례들에서도 약간 낮은 정도의 비율로 플라스틱을 삼킨 것이 발견되었다. 바다거북은 플라스틱 쇼핑백을 자신이 가장 좋아하는 먹이의 하나인 해파리로 오인하는 것으로 유명하다. 1988년의 한 연구는 뉴욕에서 회수되어 부검된 전설적인 바다거북 한 마리를 인용했다. 위와 식도에서 540미터의 낚싯줄이 나온 바다거북이었다.

바다거북의 죽음에 관한 통계는 대부분 죽어서 해안으로 밀려온 성체 거북에 기초하고 있다. 하지만 바다거북은 신기한 발달 행동을 갖고 있어서 1년생 미만의 매우 취약한 집단에 대해서는 연구가 거의 불가능하다. 프렌치프리깃숄스는 위협에 놓인 하와이녹색바다거북의 중심 서식지이기도 하다. 새끼 바다거북들은 알에서 깨고 나면 하늘의 달을 길잡이 삼아 모래 위의 둥지를 떠나 바다로 간다. 거북들은 본능에 이끌려 먼바다를 향해 헤엄친다. 그리고 그곳에서 2년간 '잃어버린 시간'(거북의 원양성 단계)을 보낸 후 비늘이 덮인 발을 다시 땅에 내딛는다. 이 시기의 바다거북을 위협하는 요소는 한두 가지가 아니다. 이 기간 동안 거북들이 어디로 가는지는 거의 알려지지 않았지만 많은 거북이 수표층에서 플라스틱 조각들과 마주치는 것은 불가피한 일이다.

2002년 우리가 프렌치프리깃숄스에 정박했을 당시는 녹색바다거북이 알을 깨는 시기였다. 우리는 자청해서 미국 야생생물보호청 직원들과 함께 알을 깬 거북들이 석호를 벗어나 먼바다로 나가는 것을 도왔다. 급하게 흐르는 해류 때문에 많은 거북이 환초의 암초 위로 밀려 올라온다. 또 석호를 돌아다니며 호시탐탐 노리고 있는 턱전갱이나 무명갈전갱이에게 먹히는 것들도 많다. 그래서 우리는 아기 거북들을 알기타호에 싣고 암초 밖의 보다 안전한 바다로 데려갔다. 거북들이 작은 물갈퀴를 흔들며 해류와 싸우는 모습은 정말 귀엽다. 이 작은 거북들 중 다수가 결국 환류에서 플라스틱을 섭취할 것이라고 생각하면 정말 괴로운 일이다. 나는 파워포인트 자료에서 호주의 직원 한 명이 회수한 아기 거북의 사진을 보여준다. 얼른 보면 그 작은 거북이 죽었는지 잘 알 수 없지만 사진 속의 거북은 죽은 상태다. 플라스틱 부스러기 2개가 위와 창자 사이의 통로에 끼어서 소화관을 막아버린 것이다. 큰 동물이라면 그냥 통과되어서 나올 플라스틱 조각이지만 작은 동물은 죽일 수도 있다.

　비닐봉지처럼 풍선이나 풍선 조각도 바다거북에게는 특별한 흥미를 끄는 것 같다. 우리는 연안 해역을 조사하면서 풍선을 많이 목격했는데 해안에서 수백 킬로미터가 떨어진 곳에서조차 갖가지 색의 은박을 발견했다. 2010년 2월 캘리포니아 남부에 며칠간 계속 비가 내린 후 맑게 갠 어느 상쾌한 아침에 우리는 롱비치에서 출항했다. 그리고 육지에서 연안 해역으로 어떤 새로운 종류의 쓰레기가 쓸려 왔는지 보러 갔다. 그날 우리는 거의 전체가 플라스틱 쓰레기로 덮인 이랑도 보았고 작은 돌고래 무리, 부표에 올라가 햇볕을 쬐고 있는 캘리포니아 바다사자들도 보았다. 바다사자 중 한 마리는 플라스틱 줄로 된 올가미를 가지고 놀고 있었다. 조류 전문가인 홀리 그레이는 그날에 관해 블로그에 글을 남겼다. 그녀가 본 '이상한 것'은 다음과 같았다.

> 풍선. 불행히도 바다에 풍선이 너무나 흔하게 보인다. (…) 사람들은 파티를 하면 풍선을 하늘에 날린다. 우리는 오늘 각양각색의 풍선을 보았다. 하지만 그중에서도 눈에 띄었던 것은 멀리서도 보였던 밝은 분홍색 풍선이었다. 풍선에 가까워지자 무어 선장은 능숙한 솜씨로 갈고리 장대를 휘둘러 그것을 잡아채 올렸다. 반짝거리는 분홍색으로 한나 몬타나의 그림이 그려진 풍선에는 '놀아 보자'라고 써어 있었다. 그리고 아니나 다를까 풍선을 장대로 쳤더니 내

장된 작은 스피커에서 노래가 흘러나왔다.

이것이 소위 포일foil 풍선이라고 불리는 풍선이다. 이 풍선은 거의 파괴가 불가능한 이축 연신biaxially oriented PET 금속화 필름으로 만들어진다. 이 소재는 1954년 듀폰 사가 발명해서 마일라라는 이름으로 특허를 냈다. 하지만 진짜 마일라로 이처럼 싸고 내구성 있는 새로운 소재를 만드는 경우는 드물다. 사실 이런 종류의 거의 모든 풍선이 중국에서 제조된다. 속에 헬륨을 주입한 풍선은 생일을 맞은 소녀에게 기쁨을 줄 수도 있겠지만 탈출한 풍선들이 전력망과 해양 환경을 위협하는 것으로 확인되었다. 2008년 포일 풍선을 금지하는 법안이 캘리포니아 하원을 통과했으나 풍선 업계(그렇다. 풍선 업계라는 것이 있다.)가 반발하여 전면적인 압박 공세를 펼친 몇 달 후 폐기되었다. 그들이 인용한 통계는 눈이 휘둥그레질 정도였다.『월스트리트 저널』의 한 기사를 보면 이 산업이 얼마나 큰 산업인지를 알 수 있다. 풍선 업계의 자가 통계가 정확하다면 말이다. 풍선협회 대변인은『월스트리트 저널』에 이렇게 말했다. "캘리포니아 주에서는 평균 개당 2달러 정도의 가격으로 1년에 4500만 개의 포일 풍선이 판매됩니다. 여기에 꽃 장식과 테디베어 선물을 합하면 총 매출 규모는 9억 달러에 달합니다. 의회가 이 금지 법안을 통과시킨다면 캘리포니아 주는 연간 8천만 달러의 판매세를 상실할 것입니다."

풍선 업계 측은 풍선을 금지하려는 환경보호주의자들에 맞서 매우 조직적이고 적극적으로 끝없는 전쟁을 벌이고 있다. 중부 대서양 연안에서 활동하는 단체인 깨끗한바다행동은 다음과 같이 말했다. "하늘로 올라간 풍선이나 풍선 조각이 바다에 떨어져 해양 생물에게 피해를 끼칠 확률은 70퍼센트 이상이다. 해변에 올라와서 죽은 고래, 돌고래, 바다표범, 바다거북 등을 조사하는 과학자들은 많은 죽은 동물들의 위 속에서 풍선이나 풍선 조각, 풍선 끈 등을 발견했다." 또한 이 단체는 2003년 자원봉사자들이 뉴저지에서 수거한 마일라 풍선과 라텍스 풍선이 모두 4228개라고 보고했다.

이런 숫자들은 풍선협회가 자신들의 웹 사이트 Balloonhq.com 에 발표한 '사실'들과는 현저한 차이가 있다. 풍선협회는 1990년대 해변 청소 데이터에 따르면 풍선이 "수거된 모든 쓰레기의 0.64퍼센트를 차지한다."고 인용해두었다. 이들의 웹 사이트는 해변 쓰레기에 관한 그 이후의 연구 데이터는 아직 미확정된 것이라고 주장한다. 이런 데이터가 미확정이라는 것은 그들이 꿈속에 살고 있다는 소리이다. 이 데이터와 다른 많은 최신 데이터들이 이미 나와 있고 언제든 이용 가능하다. 풍선 날리기가 성행하는 영국에서 조직된 해양보호학회는 해양 쓰레기 조사표를 만들고 헬륨 풍선과 풍선 날리기를 맹비난했다. 해양보호학회는 2008년 현재 지난 10년간 풍선과 관련한 해변 쓰레기가 260퍼센트 증가했다는 수치를 내놓았다. 그럼에도 풍선협회는 다음과 같이 주장한다. "요약하면, 풍선 쓰레기는 쓰레기 목록에서 중요한 비중을 차지한 적이 한 번도 없으며 계속해서 줄어들 것이다."

풍선 업계 측도 포일 풍선을 대량으로 날리는 것은 비난한다. 하지만 라텍스 풍선의 '전문적인' 대량 방출은 끈덕지게 옹호한다. 라텍스는 천연 고무로 만들어지고 생분해되기 때문이다. 풍선협회는 라텍스 헬륨 풍선이 지상 8킬로미터 이상 높이로 올라가면 산화되고 물러지고 팽창해서 어느 순간 "스파게티처럼" 산산이 부서져 땅으로 떨어지고 "떡갈나무 잎" 정도의 속도로 분해된다고 보고한다. 이에 대해 영국의 한 단체가 떡갈나무 잎의 분해를 연구했다. 그리고 특정 조건에서 떡갈나무 잎이 분해되는 데 4년이 걸리는 것을 발견했다. 풍선협회는 풍선 중에 10퍼센트 정도가 손상 없이 내려온다고 말한다. 환경 단체는 이보다 높게 수치를 잡는 편이다.

우리 친구인 플라스틱 연구자 앤서니 앤드래디가 이 문제에 끼어들었다. 그는 다음과 같이 결론 내렸다.

라텍스 고무풍선은 해양 환경에서 중요한 제품 분야이다. 판촉을 위해 날린 풍선이 바다에 떨어지면 해양 생물들이 삼키거나 몸이 걸리는 사고가 생길 위험이 있다. 풍선이 공기 중에서 햇빛에 노출되어 상당히 빠르게 분해된다면 큰 문제가 되지 않는다고 생각할 것이다. 하지만 우리가 노스캐롤라이나에서 실험한 바에 따르면 바닷물에 떠 있는 풍선은 공기 중에 노출된 풍선보다 상당히 느리게 분해되었다. 심지어 12개월이 지난 후에도 여전히 탄성을 보유하고 있었다.

풍선 날리기는 졸업이나 결혼식, 장례식과 같은 특별한 날을 기념하거나 훌륭한 목적이 있을 때, 혹은 상점 개점 행사를 할 때 사용된다. 하늘로 솟아오르는 풍선은 희망과 꿈, 열망을 대변하며 축복을 기원한다. 하지만 올라간 것은 반드시 내려와야 한다. 1990년대 초 플로리다의 저명한 바다거북 생물학자 피터 러츠는 바다거북을 가지고 한 가지 실험을 했다. 그는 투명한 플라스틱 조각과 밝은 색의 라텍스를 준비하고 거북들이 선택하도록 놔두었는데 거북들은 거의 매번 라텍스 조각을 향해 돌진했다. 또한 자연적인 음식을 제대로 먹지 못한 굶주린 거북은 색상에 관계없이 풍선 조각을 먹으려고 했다. 그리고 물론 모든 풍선에 묶여 있는 리본은 생분해가 되지 않는 플라스틱이다.

    누구든 플라스틱 섭식에 관해 깊이 파고들면 들수록 마치 섬뜩한 저승사자 인형들이 줄지어 나타나는 끔찍한 회전목마에 갇힌 기분을 느낄 것이다. 플라스틱 섭식에 관한 대부분의 문헌이 바닷새나 바다거북을 다루는 것은 당연한 일이다. 바닷새나 바다거북은 바다 표면에 나타나는 것이면 아무것이나 먹는 방식으로 진화했기 때문이다. 하지만 플라스틱 쓰레기의 양이 너무나 많아진 까닭에 분별력이 있는 해양 포유류들조차 플라스틱 쓰레기를 피하기가 더욱 어려워졌다. 2000년 8월 브라이드고래(고래 중에서는 작은 편에 속한다.) 한 마리가 호주 해변에 올라왔다. 녀석은 아직 살아 있었지만 고통스러워하는 것이 분명해보였다. 구조 요원들은 방수포를 세워 그늘을 만들고 바닷물을 적셔주었다. 몸부림치다가 축 처지고 마는 고래의 가슴 아픈 마지막 순간이 영상으로 기록되었다. 부검 결과는 경악스러울 뿐이었다. 고래의 뱃속에서 거의 5제곱미터 넓이의 압축 플라스틱이 쏟아져 나왔다. 대부분 쇼핑백이었다.

    2010년 3월에는 성장기를 갓 넘긴 11미터 길이의 귀신고래 한 마리가 퓨젓 만 해변에 올라왔다. 해변에 고래가 올라오는 사고는 자주 혹은 주기적으로 일어난다. 귀신고래는 해마다 지나는 이동 경로를 따라 남쪽으로 가던 길이었다. 이번 부검에서 나온 것은 한두 가지가 아니라 긴 목록이었다. 운동복 바지, 골프 공, 외과용 수술 장갑, 작은 수건, 플라스틱 파편, 비닐봉지 20개 등이었다. 고래의 뱃속에서 나온 190리터의 내용물 중 대부분은 유기물이었고 그중 일부만 인공물이었다. 하지만 양에 관계없이 이것은 '이례적인' 일로서 중요했다. 귀신고래는 수표층이 아니라 해저에서 먹이를 먹는 동물이기 때문이다. 귀신고래는 해저에서 질퍽한 물질을 몇 리터 퍼 올린 후 체 역할을 하는 케라틴으로 된 고래수염을 통해 방출한다. 마치 우리가 입안에 야채수프를 머금고 있다가 치아 사이로 찍 하고 뿜어내는 것과 비슷하다.(권할 만한 행동은 아니다.) 그리고 남은 것을 삼키게 되는데 삼키는 것은 당연히 비닐봉지나 장갑이 아니라 새우, 문어, 갑각류 등 바다 밑바닥에 사는 고래가 좋아하는 먹이여야 한다. 이번 귀신고래의 경우 플라스틱 쓰레기가 죽음의 직접적 원인이라고 할 수는 없지만 그렇지 않은 경우도 있다. 1990년대 멕시코 만 북부 해안에 올라왔던 꼬마 향유고래 두 마리가 그랬다. 한 마리는 산 채로 갤버스턴 섬에 올라왔다가 수조에서 11일을 버틴 후 죽었다. 부검해 보니 녀석의 첫 위장 두 개가 다양한 비닐봉지로 치명적이고 "완전하게 폐색되어 있었다." 또 한 마리의 고래도 비슷한 운명을 맞았다. 유엔의 이주성동물보호협약은 국경을 지나다니는 동물들에 위협이 되는 사항을 열거했다. 2010년에 발표한 최신 목록을 보면 이주성 고래들이 소비자 제품이나 어업 관련 플라스틱 제품을 섭식한 사례가 여러 번 확인되었다고 씌어 있다.

    비록 우리가 중점적으로 노력해야 할 부분은 플라스틱으로 된 소비자 제품이지만 어업으로 인한 쓰레기도 여전히 문제가 된다. 프랜시스 걸랜드 박사는 샌프란시스코 만에 있는 유명한 해양포유류센터의 수의과장이다. 이곳에서는 매년 1000마리의 바다표범과 바다사자를 치료하고 연구한다. 걸랜드의 전문 분야는 여러 해양 포유류를 포괄하며 그녀는 2011년 현재 세 명밖에 없는 대통령 지명 해양 포유류 위원이다. 해양포유류센터가 취급하는 사례는 질병, 영양실조뿐만 아니라 그물 사고 또는 인간에 의한 외상 등의 '인위적' 피해가 다수를 차지한다. 하지만 걸랜드는 2008년 캘리포니아 북부 해안에 향유고래 두 마리가 올라옴에 따라 그곳에 파견된 병리학 팀에 합류하면서 매우 비정상적인 경험을 했다. 늦겨울을 지난 지 겨우 한 달 정도 된 시점이었다. 걸랜드는 고맙게도 당시의 결과 보고서를 내게 보내주었는데 요약하자면 다음과 같다.

고래들은 사고가 난 해안에서 바로 부검이 실시되었다. 첫 번째 고래의 겉모습은 양호해 보였다. 쇠약해졌다거나 상처가 난 곳은 없었다. 복강을 연 병리학 팀은 "똘똘 뭉쳐진 커다란 그물 덩어리"가 피투성이의 고래 복벽 천공으로 튀어나와 있는 것을 보았다. 사인은 파고든 쓰레기로 인한 위 파열인 것으로 "추정되었다". 두 번째 고래는 12미터 길이의 수컷으로 영양 부족 상태였고 그물에 엉킨 것으로 보이는 상처와 부푼 자국이 있었다. 이 고래의 위장 자체는 전반적으로 멀쩡했으나 위장과 위장을 연결하는 부분이 많은 양의 그물과 낚싯줄, 봉지 조각의 영향을 받은 상태였다. 고래는 굶어 죽은 것으로 보였다. 과학자들은 내용물인 쓰레기들을 훔볼트주립대학교 척추동물 박물관에 보내 분석했다. 그물 쓰레기 중 가장 큰 것은 4제곱킬로미터 정도 되었다. 두 번째 고래는 90킬로그램 이상의 쓰레기를 삼킨 것으로 보였고 첫 번째 고래는 이보다 훨씬 적은 양이었다. 대부분의 그물 조각은 '꼬인' 줄이라는 특징이 있어서 아시아산으로 보였다. 일부는 많이 닳아 있었다. 보고서는 그물에 걸린 자연적 먹잇감들이 고래를 유혹했고 고래들은 그것을 겨울 기간에 북태평양 중앙 환류에서 삼킨 것으로 추측했다.

『오듀본』지에 실렸던 돌고래의 쓰레기 섭식 사례는 보기 드문 해피엔딩 사례였다. 하지만 똑똑하고 호기심 많은 동물들도 플라스틱에 꾀어 넘어갈 수 있다는 사실을 여실히 보여줬다. 중국 북동부 푸순의 로열지디오션월드에 있는 유명 돌고래 두 마리는 재미로 수영장 벽에 있는 플라스틱을 야금야금 뜯어먹었다. 돌고래들이 입맛을 잃고 '우울해지자' 수의사들은 문제가 무엇인지 찾아냈다. 수술용 도구들을 동원해보았으나 돌고래의 입을 통해 플라스틱을 끄집어낼 수는 없었다. 세계에서 가장 키 큰 사람이 소환되었다. 바오 시순이라는 몽골에 사는 목동이었는데 236센티미터의 키를 가진 그는 유난히 긴 팔을 갖고 있었다. 직원들이 수건으로 돌고래들의 입을 벌려서 깨물지 못하게 했다. 바오 시순은 돌고래들의 긴 목구멍 아래로 손을 뻗어서 플라스틱 파편 몇 줌을 꺼냈다. 돌고래들은 완전히 회복했다고 전해진다.

플라스틱 섭식이라는 전염병은 해양 환경에만 국한되지 않아서 뜻밖의 동맹을 만들어내기도 한다. 보수적 정치 성향을 가진 하와이 빅아일랜드의 한 목장 주인은 쓰레기 '환승역'에서 멀지 않은 곳에 목초지를 갖고 있었다. 그는 환경 단체와 힘을 합쳐 빅아일랜드에서 비닐봉지를 금지하는 법률을 추진했다. 일의 발단은 그가 지방 의회 의원에게 보낸 편지였다. 그는 자신의 송아지 대여섯 마리가 버려진 봉지를 먹고 목이 막혀 죽었다고 성토했다. 그는 송아지가 천성적으로 호기심이 많고 장난을 좋아해서 비닐봉지에 취약하다고 설명했다. 불행히도 비닐봉지를 찬성하는 소매업자들의 로비를 받은 보수적인 의회가 법안 통과를 두 번이나 무산시켰다. 하지만 조만간 통과

될 것으로 예상된다. 지방 의회마다 비닐봉지 금지 법안이 속속 등장하고 있다.(로스앤젤레스카운티에서도 그랬고 내가 사는 롱비치에서는 내가 직접 기꺼이 증언을 하기도 했다.) 현재 이탈리아는 무게가 가벼운 쇼핑백을 금지한 상태다.

아랍에미리트에서는 독일 태생의 수의사인 울리히 베르너리가 두바이에 있는 중앙수의연구실험실의 과학 책임자다. 걸프뉴스닷컴에 따르면 베르너리는 2007년 죽은 낙타와 가축을 버린다고 알려진 외딴 계곡을 조사하다가 오싹한 발견을 했다. 베르너리는 그곳에서 죽은 동물 30마리를 발견했다. 부검을 해보니 낙타들의 위에서 석회화된 비닐봉지 뭉치와 밧줄이 나왔다. 그중 하나는 45킬로그램이 넘는 무게였다. 현재 베르너리는 아랍에미리트의 낙타 세 마리 중 한 마리가 플라스틱 섭식으로 죽는다고 믿고 있다. 평균적으로 두바이에 사는 사람들은 1인당 연간 1톤 이상의 쓰레기를 만들고 있어서 세계에서 1인당 쓰레기 비율이 가장 높다. 하지만 플라스틱 소비는 쓰레기 처리 시스템 개발보다 훨씬 앞서나가고 있다. 베르너리는 《걸프뉴스》에 이렇게 말했다. "이것이 이 나라가 직면한 최악의 환경적 위협입니다. 플라스틱으로 우리 동물들이 죽는 사례가 급속히 늘고 있습니다. (…) 하지만 사람들은 아무런 조치를 취하지 않고 있습니다." 아랍에미리트에서 플라스틱 섭식으로 인한 희생양은 낙타 외에도 양, 염소, 가젤, 낙타, 심지어 후바라능에까지 포함된다. 공개된 사진을 보면 당나귀와 염소들이 음식 찌꺼기를 찾으려고 비닐봉지 더미를 뒤지고 있다.

위기에 대응하기 위해 베르너리는 에미리트환경그룹을 설립했다. 그는 개혁을 추진 중이고 그 내용 중에는 두바이 인근에 세계 최고 수준의 재활용 시설을 건설하는 것도 포함된다. 아랍에미리트 정부는 2013년부터 자국에서 만들어진 모든 비닐봉지는 생분해 가능한 것이어야 한다고 공표했다. 하지만 외곽 지역에는 목초지가 드물고 플라스틱 쓰레기는 여전히 새해 전야의 타임스퀘어만큼 두껍게 쌓여 있다.

　인도에서 신성시되는 소들 역시 플라스틱 쓰레기의 희생양이 되고 있다. 인도의 새로운 번영에는 어마어마한 양의 일회용 플라스틱 용기와 포장재가 수반되었다. 인도는 세계에서 세 번째로 큰 플라스틱 소비국이고 인도의 화학 산업은 상당 부분 수출용과 내부 가공용 중합체 생산에 집중되어 있다. 플라스틱 제품을 가공하는 공장만도 4만 개나 된다. 인디아타임스닷컴에 따르면 인도에서 생성되는 플라스틱 폐기물은 연간 450만 톤으로 추정되고 인도의 가정은 하루 10개에서 12개의 비닐봉지를 사용한다. 인도에서도 몇몇 주 정부는 비닐봉지 사용을 금지하거나 제한했다. 다른 개발도상국들처럼 인도도 폐기물 관리 인프라는 플라스틱 폐기물이 급증하는 것에 비해 뒤떨어진다. 우타르프라데시 주에서는 매일 100마리의 소가 비닐봉지 섭식으로 죽는 것으로 추정된다. 인도에서 소들은 해양 환경의 기회성 섭식자*와 유사하다. 일부 낙농장에서 젖 짜는 시간 외에는 소들이 길에서 음식을 찾도록 풀어주기 때문이다. 이는 비싼 대가를 치르는 절약 방식이다. 소들이 쓰레기 더미에서 먹이를 찾다가 봉지에 든 음식 찌꺼기 냄새를 맡으면 그게 곧 식사가 된다. 주도인 러크나우의

---

* 융통성 있게 다양한 종류의 음식을 먹는 동물.

소 구조대원들은 희생된 소의 전형적 사례가 위가 부풀어 있으면서 여윈 것이라고 말한다. 널리 보고된 한 사례에서는 죽은 소의 뱃속에서 35킬로그램의 플라스틱 뭉치가 발견되기도 했다. 두바이의 일부 낙타처럼 열악한 상황은 아니지만 피할 수도 있는, 참으로 끔찍한 현실이다.

기각류(바다표범, 바다사자 등)는 육식성이면서 자신이 좋아하는 음식(물고기 떼, 갑각류, 두족류)을 구분할 수 있을 만큼 똑똑하다. 기각류는 플라스틱을 진짜 음식으로 오인하는 것이 아니라 쓰레기에 엉키는 사고가 많다. 나는 2010년 말 산페드로 인근의 포트맥아더에 있는 해양포유류병원을 방문했다가 경험 많은 해양 포유류 구조대원들조차 깜짝 놀란 사례를 알게 되었다. 나는 그곳의 담당 수의사인 로렌 팔머 박사와 인사를 했다. 수조 사이를 돌아다니며 보니 동물 환자들은 모두 물속에서 건강하고 행복하게 놀고 있는 것 같았다. 당시에는 동물이 아홉 마리밖에 없었다. 팔머 박사는 다친 동물의 대다수가 상업적인 어업 활동으로 고통받는다고 했다.(인근의 국제조류구조대에서도 들은 이야기였다.) 어부들이 기각류를 경쟁자로 생각하고 칼로 찌르거나 총을 쏘는 경우들이 있었다. 그들은 엄격히 제한되는 특수한 경우를 제외하고는 보호 대상인 해양 포유류를 해치는 것이 연방 법률 위반이라는 사실을 잘 알고 있었다. 팔머 박사가 내게 사진 몇 장을 보여주었다. 하나는 새끼일 때 모노필라멘트 낚싯줄에 묶인 바다사자의 사진이었다. 바다사자가 자라면서 줄은 더 꽉 죄게 되었고 두개골을 파고들면서 머리에 금이 간 듯한 기형을 만들어냈다. 목에도 낚싯줄이 올가미처럼 씌워져 주름이 갔다. 이 바다사자는 죽지는 않았으나 다른 많은 동물들과 마찬가지로 야생으로 돌려보낼 수 없는 상태였다. 팔머 박사는 장애가 생긴 동물들은 거의 모두 해양 공원에 보낸다고 했다. 해양 공원 방문객들은 회복된 동물들을 매우 좋아할 뿐만 아니라 실제로 회복된 동물들 때문에 방문객 수도 늘었다고 한다. 팔머 박사는 봄이 되어 새끼들이 늘어나면 동물 환자가 (아마 수백 마리가) 더 늘어날 것으로 예상했다. 또한 봄은 도모산 중독이 급격히 늘어나는 시기이기도 하다. 봄이 되면 사슬등침돌말Pseudo-nitzschia이라고 하는 작은 수생 식물이 갑자기 불어나면서 인근 해역에 도모산 독이 확산된다. 그러면 해안 생물들이 심하게 병들고, 해양 동물 구조센터가 고생할 수밖에 없다. 그런데 이 수생 식물이 급증하는 것과 플라스틱이 상관이 있는 것일까?

대부분의 사람들은 일반적으로 이것을 적조라고 알고 있다. 하지만 해양 보호 기관들은 유해 적조 내지는 HAB라고 부른다. 이것은 생각보다 큰 문제이다. 주기적으로 부패한 조개류를 먹지 말라고 경고하는 것보다 문제 범위가 훨씬 넓다. 유해 적조는 양식장과 해안 지역에 수십 억 달러의 경제적 손실을 가져오며 우리가 뉴스에서 보듯이 돌고래나 펠리컨, 기타 동물들이 떼로 죽는 사고를 일으킨다. 미국 환경보호국은 이 현상을 수사하기 위해 특수 전담 팀을 구성했으며 연구 조사에도 적극적으로 자금 지원을 하고 있다. 나쁜 소식은 다음과 같다. 다양한 독성, 비독성 해조류를 통칭하는 단어인 적조는 그 규모나 정도, 빈도에서 전 세계적으로 커지고 있다. 나는 연안 해역에 관한 내 스승이라고 할 수 있는 스쿼프의 스티브 와이스버그에게 이 문제에 관해 물어보았다. 그는 적조 문제가 매우 심각하게 인식되고 있으며 아직도 알아내야 할 것이 많다고 이야기해주었다. 기본적인 사항들은 알려져 있다. 적조 현상은 계절성을 띠고 있어서 해안의 바닷물이 차가운 늦겨울에서 늦봄까지 발생하며 '용승 작용'과 관련이 있다. 용승 작용이란 영양가 높은 침전물이 바다 표면으로 올라오게 만드는 해양 현상이다. 적조 현상과 육지에서 흘러내린 빗물 사이에도 관련이 있는 것으로 보인다. 빗물에는 주로 하수와 비료가 섞여 있는데 그 속에는 미네랄과 화학 물질이 들어 있어서 해양 및 육지 식물의 성장을 촉진한다. 스쿼프나 서던캘리포니아대학교의 캐런연구소 같은 곳은 유해 적조를 예상할 수 있는지, 그리고 관리나 완화가 가능한지 알아내기 위해 협력 중이다. 해양 동물 구조센터는 적조가 심각할지 양호할지 알 수 없기 때문에 적조 기간이 되면 항상 긴장을 늦출 수 없다. 2007년 봄과 여름에는 로스앤젤레스 및 롱비치 항구에 최악의 적조가 발생했고 측정된 사례 중 가장 맹독성이었다.

팔머 박사는 그때의 일을 생생히 기억하고 있었다. 몇 개월 동안 1000마리 이상의 바다사자와 바다표범이 센터로 실려 왔고 조류 구조센터도 마찬가지 상황을 겪었다. 적조로 오염된 물고기를 먹은 동물들 때문이었다. 심한 경우에는 안락사를 시켜야 했다. 도모산은 서서히 퍼지는 생물 독소로서 신경 독소의 한 종류였고 발작과 이상 행동을 유발하고 장기 손상과 함께 때로는 마비사를 일으켰다. 임신 중인 기각류는 특히 심한 영향을 받았는데 두 마리 몫의 먹이를 먹기 때문이었다. 이 경우 먹이란 감염된 조개류 그리고 플랑크톤을 먹는 청어나 정어리 같은 물고기들이었다.

생태계 전체가 교란되었고 해당 지역의 먹이사슬을 통해 독소가 퍼져나갔다. 중독된 펠리컨은 날다가 발작을 일으키는 것으로 알려져 있으며 자동차 앞 유리에 퍽 하고 떨어지기도 했다. 바다사자들이 서식처에서 수 킬로미터가 떨어진 붐비는 고속도로를 헤매고 있는 것이 발견되었다. 발작을 통제할 수 없는 경우에는 안락사를 시킬 수밖에 없었다. 발작으로 서식지에서 익사할 수도 있기 때문이었다. 오염된 해산물을 먹은 사람들이 사망한 사례도 있다. 여기에 플라스틱이 관련되어 있다.

기각류가 플라스틱을 섭식하는 경우가 드물다는 것을 알고 있었지만 나는 팔머 박사에게 혹시 그런 사례를 본 적이 있는지 물었다. 그러자 팔머 박사는 컴퓨터에서 사진 한 장을 보여주었다. 그것은 틀림없이 하복부에 비닐봉지가 튀어나와 있는 바다사자의 사진이었다. 마치 제왕 절개를 하고 있는 것 같은 모습이었다. 팔머 박사는 이 바다사자가 2007년 말리부에서 구조되어 센터로 온 암컷이라고 했다. 최악의 적조가 있었던 해였다. 수술이 끝났을 때 바다사자의 위에서는 플라스틱 쇼핑백 13개가 나왔다. 바다사자는 41일을 더 살았다. 팔머 박사의 말로는 바다사자에게 도모산 중독을 포함한 여러 건강 이상이 있었다고 했다. 그 원인들 중 몇 가지로 운명이 결정된 것이다. 하지만 팔머 박사는 신경 독성 때문에 바다사자가 평소 같으면 먹지 않았을 봉지들을 먹었을 수도 있다고 생각했다. 바다사자는 이미 플라스틱 섭식의 증상인 쇠약한 상태였고 중독에서 회복되었더라도 뱃속의 봉지로 인해 죽었을 것이다. 비닐봉지가 없어야 할 곳에 있지만 않았더라도, 해안의 바닷물에 떠다니지만 않았더라도 말리부의 그 바다사자는 참혹함을 어느 정도 면했을 것이다. 팔머 박사는 도모산 때문에 발생하는 치매와 플라스틱 섭식 사이의 상관 가능성에 대한 연구가 나왔으면 좋겠다고 했다.

나는 직감적으로 적조 관련 연구 결과를 찾아보아야겠다고 결심했다. 그리고 스페인 지중해 연안에서 실시된 2003년 연구를 찾을 수 있었다. 해양과학연구소의 메르세데스 마소는 적조가 발생했을 때 연안 해역에서 플라스틱 쓰레기 조각을 수거해 현미경으로 들여다보았다. 그녀는 플라스틱에 부착된 적조 포자를 발견했고 해류에 의해 움직이는 플라스틱 쓰레기가 유독한 해조류 포자를 퍼뜨릴 수도 있다는 이론을 세웠다. 그녀는 추가 연구를 촉구했다. 나는 추측을 해보았다. 우리는 플라스틱과 관련된 많은 합성 화학 물질들이(본래 가지고 있는 화학 물질 및 플라스틱이 흡수하는 유기 오염원까지) 호르몬에 영향을 준다는 사실을 알고 있다. 에틸렌 가스(가장 많이 생산되는 일회용 플라스틱의 기본 구성 요소)는 주요 식물 호르몬으로서 몇 가지 과실 작물의 열매가 빨리 익도록 하기 위해 상업적으로 사용되기도 한다. 발포 폴리에틸렌은 관상용 식물의 성장 매체로 시험된 적이 있고 성장을 상당히 촉진하는 것으로 밝혀졌다. 그렇다면 오염 물질을 흡수해서 해저로 가라앉은 플라스틱은 어떨까? 용승 작용이 일어날 때 해저로부터 오는 오염을 플라스틱이 강화하는 것은 아닐까? 나는 플랑크톤에 대한 플라스틱의 생물 활성 효과를 시험해보면 좋겠다고 생각해서 흥미가 있을 만한 적조 전문가들 몇몇에게 연락했다. 하와이대학교 힐로캠퍼스의 젊은 교수 한 명이 학과에 새로 들어온 전자 현미경을 사용해서 하와이 아열대 바다에 사는 것으로 알려진 몇 가지 독성 포자가 플라스틱 쓰레기에 있는지 확인할 계획을 갖고 있다. 머지 않아 공유할 수 있는 새로운 데이터가 나올 것이다. 하지만 실험 결과가 없는 이상 내 생각은 그저 추측일 뿐이다.

2월 말 우리가 캘리포니아 해안에 가까워질 때쯤 중부 환류의 더운 날씨는 폭우 쪽으로 방향을 틀었다. 승선자들은 뜨거운 물에 샤

위를 하고 신선한 채소를 먹겠다는 환상을 가졌다. 우리는 2월 23일 항구에 돌아왔다. 바다에서 한 달 이상을 보낸 후였다. 애나 커민스는 이제 마커스 에릭슨에게 받은 약혼반지를 자랑했다. 그는 무엇이든 뚝딱 만들어낼 수 있는 기계의 달인이었다. 애나 커민스는 자신이 북태평양 아열대 환류에서, 그것도 밸런타인데이에 청혼을 받은 유일한 여자이길 바랐다. 우리는 크리스티아나 뵈거가 해부 현미경으로 작업할 수 있도록 병에 물고기를 보존해왔고 크리스티아나가 얼른 작업을 시작하길 바랐다. 우리가 가져온 670마리의 샛비늘치에서 플라스틱이 나올까, 안 나올까?

작은 물고기를 하나씩 해부해서 검사하고 데이터를 정리하고 논문을 쓰려면 족히 1년은 걸릴 것이다. 우리는 『해양 오염 회보』가 동료 평가 후 우리 논문이 가치가 있다고 판단해주어 상당히 흥분되었다. 이 연구의 중요성은(해양 생물의 플라스틱 섭식을 조사한 수십 개의 논문 중에서도 우리 논문이 눈에 띄는 이유는) 새로운 분야의 생물을 다룬다는 데 있었다. 샛비늘치는 저영양 생물이었다. 즉 먹이사슬 내에서 낮은 단계를 차지했다. 그리고 저영양 생물은 고영양 생물에게 먹이를 제공하기 위해 반드시 필요했다. 우리는 샛비늘치를 먹는 생물이 무엇인지 잘 알고 있었다. 하지만 이런 종류의 연구에는 주의가 필요했는데 연구 주제의 범위가 광범위하기 때문이다. 우리는 황제펭귄이 샛비늘치를 먹는다는 사실을 알고 있었다. 프랑스 과학자들의 2006년 연구는 돌고래의 먹이 습성에 관한 가정이 틀렸음을 입증했고 이것은 뵈거의 작업과 밀접한 관련이 있었다. 기회성 섭식자로 생각되었던 두 돌고래 집단이 두 종의 샛비늘치를 선택적으로 사냥해 먹는 것으로 밝혀졌다. 이유는 샛비늘치가 다른 어떤 먹이보다 더 큰 에너지양(더 많은 칼로리)을 제공하므로 사냥에 들이는 노력 대비 효과가 크기 때문이었다. 알래스카와 멕시코, 북극해 부근에서 많은 기각류가 샛비늘치를 먹는다고 알려져 있다. 남극권 인근의 맥쿼리 섬에서는 바다표범의 배설물에서 플라스틱이 나왔다. 이것은 먹이사슬을 타고 플라스틱이 높은 단계로 이동한다는 증거로 여겨졌다. 플라스틱을 먹는 샛비늘치를 바다표범이 섭식했다면 충분히 가능한 이야기였다. 이와 관련해 상당히 흥미로웠던 것은 2008년 오아후 섬 앞바다에서 긴부리돌고래의 사냥 전략을 살펴본 연구였다. 연구 팀은 돌고래 무리를 추적한 결과 돌고래들이 먹이를 작은 원 안으로 몰아넣고 번갈아가며 먹이를 먹는다는 사실을 알아냈다. 내가 흥미롭게 생각한 부분은 돌고래들의 사냥이 밤에 이루어졌고 사냥감이 샛비늘치였다는 점이다. 샛비늘치는 밤이 되면 수표면으로 수직 이동한다. 그리고 우연히도 돌고래 한 마리가 하루에 필요한 열량을 섭취하기 위해 필요한 샛비늘치의 수는 650마리였다. 이것은 뵈거가 연구한 샛비늘치의 수인 670마리와 거의 정확히 일치했다. 이 점에 비춰 뵈거의 연구를 살펴보자.

뵈거는 표본으로 수집한 샛비늘치의 35퍼센트가 플라스틱 조각을 포함하고 있다는 사실을 발견했다. 표본의 양이 많은 쪽이 더 많은 플라스틱을 포함하고 있었다. 누계로 샛비늘치는 모두 1375개의 플라스틱 쪼가리를 포함하고 있었고 크기는 평균 1밀리미터 정도였다. 가장 많은 플라스틱을 포함한 샛비늘치는 83개의 파편을 포함하고 있었다. 대형 샛비늘치는 평균 7개의 조각을 포함했다. 플라스틱 조각의 대부분은 파편이었고 플라스틱 필름이나 낚싯줄 조각, 로프 조각 등은 모두 합해 6퍼센트 미만이었다.

　이제는 많은 생물이 뜻하지 않게 플라스틱을 먹는다는 사실이 알려져 있다. 또 2011년 3월 일본 쓰나미로 인해서 헤아릴 수도 없을 만큼 많은 플라스틱이 (일단 20만 채의 가옥과 그 속의 내용물이 바다로 휩쓸려 나왔다.) 태평양으로 유입되었다는 사실도 알려져 있다. 해류와 바람은 이 쓰레기를 심해 서식지로 광범위하게 흩뜨릴 것이고 많은 쓰레기가 먹이로 오인되어 소비될 것이다. 우리는 플라스틱 쓰레기가 생물의 뱃속에서 어떤 기계적 피해를 일으킬 수 있는지 알고 있다. 하지만 우리는 그동안 중요한 문제를 회피해왔다. 이제는 인간을 포함해 이 세상에 살고 있는 것들, 그리고 세상 자체가 플라스틱에 중독되고 있는 것은 아닌지 생각해볼 때이다.

13

오염된 먹이사슬

패러다임의 변환으로 세상이 바뀌지는 않지만,
그 후의 과학자들은 완전히 다른 세상에서 일하게 된다.

_토머스 S. 쿤, 『과학혁명의 구조』

2005년 알갈리타 재단은 '바다로 흘러드는 플라스틱 쓰레기'라는 회의를 개최했다. 하천을 통해 흘러든 플라스틱 쓰레기가 유발한 해양 오염이 자연히 회의 프로그램의 중심이 되었다. 내 입으로 이렇게 말하기는 뭣하지만 해양 쓰레기 분야의 유명인들과 최신 연구 결과가 집대성된 자리였다. 또한 이 회의는 현재까지 계속되고 있는 국제플라스틱알갱이감시단이라는 프로젝트의 발족식이기도 했다. 감시단은 알갈리타 재단의 좋은 친구 중 한 명인, 도쿄농공대학 교수 히데시게 타카다의 꿈이 실현된 것이었다. 타카다는 오염된 바다에서 제조 전 플라스틱 알갱이인 너들이 잔류성 유기 오염 물질을 매우 적극적으로 끌어들이고 흡수한다는 사실을 증명한 2001년 논문의 공동 저자였다. 이 논문은 내 첫 번째 논문에도 큰 도움이 되었다. 이 논문으로 인해 플라스틱 알갱이를 환경 오염의 감시 도구로 사용할 수 있다는 아이디어가 탄생했다. 타카다에게 회의에 와서 발표를 해 달라고 초청하자 그는 이 모임에서 국제플라스틱알갱이감시단의 개요를 발표해도 되겠냐고 물었다. 당연했다! 전 세계 해변에서 수집된 합성수지 알갱이를 보내달라고 요청해서 다양한 잔류성 유기 오염 물질을 시험할 수 있을 것이다. 기발하고도 경제적인 방법이었다. 타카다의 표현대로라면 '해양 플라스틱에 있는 오염 물질의 전 세계 분포 현황'을 알 수 있을 것이다. 일반적으로 이런 감시에는 바닷물이나 야생 생물 표본이 필요했고 그러려면 상당히 기술적인 요령과 비용이 필요했다. 타카다는 플라스틱 알갱이가 해변까지 오는 동안 오염된 물을 지나오면서 각 지역 바닷물의 오염 물질이 플라스틱 알갱이에 기록될 것이라고 가정했다.

하지만 일본 연구 팀이 5년 전에 발견했던 것처럼 플라스틱 알갱이는 흡수하는 것만큼 내뱉기도 했다. 측정되는 독성 물질에는 주변의 물에서 빨아들인 것도 있고 플라스틱 물질 자체에서 내놓은 것도 있었다. 플라스틱 제품을 제조해서 제 기능을 하게 만들려면 많은 수정 과정이 필요하다. 촉매를 가득 묻히고, 광택을 내고, 안정화하고, 단단하게 만들고, 부드럽게 만들고, 강하게 만들고, 고무를 입히고, 색상을 내고, 질감을 내고, 난연성難燃性, 내균성, 방열성을 추가하고, 산화를 방지할 수많은 화학 물질을 첨가해야 한다. 일부 추정에 따르면 플라스틱 젖병 같은 제품의 각 요소, 즉 고무 꼭지, 단단한 목 부분, 투명한 병은 각각 수십 가지의 화학 물질을 포함할 수 있다고 한다. 그리고 영업 기밀 보호 덕분에 제조자는 그 어떤 화학 물질도 공개할 필요가 없다. 국제플라스틱알갱이감시단 프로젝트는 이런 내재된 화학 물질도 일부 시험할 것이다.

2010년까지 모든 대륙의 23개국 자원봉사자들이 스테인리스강 핀셋 또는 잘 씻은 손으로 51개 해변에서 최소 100개에서 200개의 플라스틱 알갱이를 수집했다. 오래되고 누런 알갱이일수록 더 좋았다. 그런 것들이 오염 물질에 더 오래 노출된 것이고 그래서 더 많은 결과를 내놓을 수 있기 때문이다. 자원봉사자들에게는 스테인리스강 핀셋이나 깨끗이 씻은 손으로 수집하되 알갱이를 씻지 말라고, 그리고 플라스틱에 넣어서 보내지 말라고 지시 사항을 전달했다. 대신 포일이나 종이에 포장하고 수거한 지역의 GPS 좌표를 적어 항공 우편으로 도쿄로 보내도록 했다. 지금까지 알아낸 사항은 다음과 같다. 샌프란시스코의 알갱이가 가장 오염되어 있었고 그다음은 도쿄와 보스턴이었다. 주변 지역이 더 오염되고 산업화될수록 흔히 알파벳 약어로 표현되는 독성 물질 오염도가 높았다. PCB, DDT, PBDE(난연제로 사용하는 폴리브롬화디페닐에테르), PAH(다환방향족 탄화수소. 석유, 나무, 담배, 쓰레기, 석탄 등 탄소를 포함한 물질이 불완전 연소될 때 나오는 화합물), 악명 높은 비스페놀A를 포함한 플라스틱 첨가물 같은 것들 말이다. 가장 깨끗한 알갱이들은 태국, 코스타리카, 하와이 등 덜 산업화된 지역에서 나온 것들이었다. 우리는 환류에서 가져온 플라스틱 표본들을 보냈다. 이것들이 해안 표본에 비하면 어떤 상태인지는 전혀 모르는 채였다. 결과는 놀라웠다. 이 결과 때문에 우리는 해양 먹이사슬을 더욱 걱정하게 되었다. 하지만 그 내용에 관해서는 나중에 알아보도록 하자. 이런 합성 독약들의 당황스러운 특성에 관해 더 깊이 알아본 후에 말이다.

크게 보면 두 가지 주목할 만한 점이 있다. 첫 번째는 타카다의 실험이 가장 많은 플라스틱 종류 두 가지, 즉 폴리에틸렌과 폴리프로필렌의 독성을 비교한 것이다. 훨씬 더 오염된 것은 폴리에틸렌이었다. 불행히도 폴리에틸렌은 쇼핑백과 대부분의 플라스틱 포장재를 만드는 데 압도적으로 많이 사용되는 플라스틱이다. 바다의 표본에서 나온 플라스틱 중 75퍼센트를 차지했다. 두 번째는 알갱이의 오염도가 근해에 무엇이 있는가만 알려준 것이 아니라 침전물의 오염 정도와도 상관성이 있어 보인다는 점이다. 침전물은 무기질 토사, 모래, 금속, 유기 잔류물, 배설물, 누출물 등이 혼합된 것이다. 말하자면 기름기가 있고 기름에 녹는 오염 물질과 관련이 있다. 그 결과 오염된 연안의 해양 생물은 해저에서 수표까지 인간이 만든 독성 물질과 마주칠 기회가 늘어난다. 해저에서 올라온 유독한 용승 물질 때문에 플라스틱 쓰레기 역시 이런 독성 물질을 흡수하고 농축할 기회가 늘어난다. 그렇게 해서 플라스틱 알갱이는 주변의 바닷물보다 최고 백만 배는 더 유독해지는 것이다.

2005년 환경보호국은 지표수가 모이는 강어귀 해안 침전물의 오염 정도에 관한 기준을 제시했다. 이 데이터를 얻기 위해서 압디타안경옆새우라는 작은 갑각류를 실험용 쥐를 대신해 미국 해안 지역 일곱 곳의 침전물 표본에 노출시켰다. 환경보호국은 전부는 아니지만 포괄적으로 100개의 오염 물질을 목표로 삼았는데 PAH, PCB, 살충제, 금속 15종 등이 포함되었다. 최소 80퍼센트의 압디타안경옆새우가 살아남으면 그 침전물은 합격점을 받았다. 이 조사에 따르면 제2지역인 뉴욕 주는 단연 가장 심하게 오염되었고 하구 침전물의 24.4퍼센트가 이 작은 단각류에게 치명적인 것으로 드러났다. 제6지역인 루이지애나와 텍사스는 석유와 화학 생산의 중심인 만큼 놀랍지 않게도 두 번째로 오염도가 높은 지역이었고 18퍼센트가 살짝 넘었다. 뉴저지에서 버지니아에 이르는 제3지역이 다음으로 9.4퍼센트였다. 이것은 뉴저지와 델라웨어의 산업 단지와 체서피크 만의 악명 높은 오염 및 물고기 멸종을 고려할 때 놀랄 만큼 낮은 수치였다. 또 하나 놀라운 것은 노스캐롤라이나에서 플로리다 반도를 지나 미시시피까지의 해안 침전물이 티 없이 깨끗했다는 점이다. 내 전문 분야라고 할 수 있는 제9지역은 주 내 여러 지역의 인구 밀집도가 높고 산업 및 농경 활동이 활발한 점을 고려할 때 신기하게도 오염된 침전물이 7.2퍼센트에 불과했다. 환경보호국은 표준화된 지침을 사용하기는 했지만 연구에 한계가 있다고 인정했다.

나는 이런 결과를 내가 시금석으로 삼고 있는 스쿼프의 자료와 상호 참조해보기로 했다. 스쿼프의 웹 사이트에서 나는 2007년에 완료된 연구 결과를 찾아냈다. 침전물에 사용할 이상적인 '기니피그'를 찾기 위해서 세 사람의 과학자가 11개의 후보 생물을 비교했는데 그 중에는 환경보호국이 사용한 압디타안경옆새우도 있었고 기타 단각류 및 성게, 홍합, 조개, 굴 등이 있었다. 스쿼프 과학자들이 실험의 매개 변수로 사용한 것에는 치사율(급성 독성)뿐만 아니라 치사에 이르지는 않는 장애도 포함되었다. 4개 종에 급성 독성 정도를 실험했는데 압디타안경옆새우는 다른 것들이 모두 죽은 후에도 마지막까지 살아남았다. 다시 말해 환경보호국이 캘리포니아 침전물에 독성에 가장 예민한 생물을 사용했다면 7.2퍼센트라는 '잠재적 유독성' 비율은 분명 치솟았을 것이다. 연구 팀은 압디타안경옆새우가 다른 지역에서는 믿을 만한 것으로 간주되었지만, 두루 문제가 될 수 있는 특징도 가지고 있다고 기록했다. "압디타안경옆새우가 민감성의 정도가 낮게 보였던 것은 이 생물이 침전물을 파고들어가지 않고 튜브처럼 생긴 껍질 속에 살면서 침전물을 삼키지 않기 때문일지도 모른다." 실은 노출로부터 잘 방어되어 있다는 이야기였다.

아직도 이 의미를 잘 모르겠다면 다시 설명해보자. 이상적인 과학적 결과는 얻기 힘들다. 이론의 여지가 없는 한 가지 사실은 플라스틱 쓰레기나 해양 동물, 육지 동물, 인간 모두 기름기를 갖고 있다는 점이다. 그래서 우리 모두는 용해되지 않는, 지질을 좋아하는, 인간이 만든 잔류성 유기 오염 물질의 표적이 된다.

침전물의 상관성은 부인할 수 없다. 해양 생물의 90퍼센트 정도가 일생의 전부 혹은 일부를 바다의 침전물 위나 침전물 속에서 산다. 오염된 침전물이 미세 갑각류보다 먹이사슬의 더 높은 층에 있는 동물과 어떤 방식으로 관계가 있는지를 살펴보자.

2008년 해양대기청은 버지니아해양과학연구소의 과학자들과 팀을 이루어 다양한 고래류의 지방에서 감지되는 잔류성 유기 오염 물질의 오염 원인 조사에 나섰다. 이런 고래류로는 향유고래도 있었고 부리고래, 범고래, 돌고래, 일각고래도 있었다. 이 동물들은 깊은 바다 바닥에 사는 두족류를 먹는 것으로 알려져 있었다. 문어, 오징어, 갑오징어 같은 것들 말이다. 연구 팀은 북대서양 서부의 수심 1000~2000미터 사이에서 22개의 두족류 표본을 수집했다. "놀랍게도 그렇게 깊은 바다, 멀리 떨어진 환경에서 유독한 오염 물질이 측정 가능한 정도로, 때로는 많은 양이 발견되었습니다." 해양대기청 소속 마이클 베치오니의 말이다. 분석 결과 PCB, DDT 및 플라스틱과 깊은 관련이 있는 브롬화 난연제 등이 나왔다. 동물들은 강 하구에서 오염된 것이 아니라 먼바다의 해저 근처에서 오염되었다.

바다표범과 바다사자 역시 두족류를 즐겨먹는 동물이다. 해양포유류센터는 타카다의 국제플라스틱알갱이감시단이 가장 심하게 오염된 알갱이를 발견했던 샌프란시스코 만에 자리 잡고 있다. 센터에 따르면 해변에 올라온 바다사자 중 살릴 수 없었던 것들의 거의 20퍼센트가 암에 걸려 있었고 지방에는 높은 수준의 잔류성 PCB 및 살충제가 포함되어 있었다. 또한 일부는 생식기에 이상이 있었다. 해양포유류센터의 의료 팀장이자 플라스틱 쓰레기 섭식으로 죽은 캘리포니아 고래 두 마리를 부검했던 프랜시스 걸랜드는 이 동물들이 인간 건강의 "파수꾼"이라고 했다. 이 동물들이 먹는 것 중 다수를 인간도 먹기 때문이다. 화학적 오염은 광범위한 해양 포유류 건강 문제의 강력한 원인으로 의심받고 있다. 플라스틱을 먹는 바닷새와 해양 포유류, 바다거북에서는 자가 면역 기능장애와 화학적 오염이 동시에 발견된다. 독성 화합물은 이 동물들에게 유해 조류와 같은 자연적 독성이나 미생물에 대한 방어 기능을 약화시키는 것으로 의심받고 있다. 많은 캘리포니아 코끼리물범이 갑상선 질환을 앓고 있다. 가장 오염된 해양 포유류의 하나인 범고래는 새끼 사망률이 상승했고 번식률이 줄었다. 이런 오염은 동물들을 즉각적으로 죽이는 것이 아니기 때문에 교묘하다. 이런 오염은 생리학적 체계를 약화시키고 교란시켜서 질병에 취약하게 만들고, 번식력을 저하시키고 건강 수준을 떨어뜨린다.

독성의 원천인 육지 환경으로 돌아가 보자. 화학적 오염은 우리 삶의 모든 부분에 스며 있는 복잡한 문제다. 플라스틱은 그중에서 매우 중요한 부분을 차지한다. 플라스틱은 우리가 일상에서 마주치는 대부분의 인공 화학 물질과 마찬가지로 석유 화학 계통의 물질이다. 해마다 국제적으로 화학 산업은 3조 달러 규모로 보고되고 있다. 그중 플라스틱 제품 부분이 80퍼센트를 차지한다. 미국에서 생산되는 10만 종의 화학 물질 중에서 2800가지가 1년에 최소 450톤 이상 생산되는 대량 생산 화합물이고 환경보호국의 면밀한 감시를 받는다. 이 목록에는 중합체나 산업용 금속은 포함되지 않는다. 여러 화학 물질 중에서 두 종류가 특히 걱정스럽다. 하나는 매우 안정적이고 이동성이 강한 독성 분자로서 살충제나 산업용 화학 물질로 대표되고 플라스틱 표류물에 무임승차한다. 다른 하나는 플라스틱 생산에 사용되는 화학 물질로서 이것들은 플라스틱에 들어 있다가 나중에 떨어져 나와서 생물군 속으로 들어간다. 후자의 경우 일부가 잔류성이 있는 것으로 증명되었고 다른 일부는 별로 그렇지 않다. 하지만 모두 생물체에 영향을 미친다. 이것들은 사실상 우리가 숨 쉬고, 먹고, 만지는 모든 것에서 발견된다. 이런 화학 물질이 우리 건강에 어떤 영향을 주는지에 관해서는 이제 겨우 알아가는 단계이기 때문에 이에 관한 연구가 수천 개에 이르고 계속해서 진행되고 있으며 그 끝을 알 수가 없다. 이 주제에 관해서만도 책 한 권을 쓰고도 남을 것이고 실제로 그런 책도 있다. 따라서 우리는 플라스틱 제품과 바다에 존재하는 이런 화학 물질에 면밀한 주의를 기울일 것이다.

과거의 유산인 DDT나 PCB와 같은 오염 물질은 할로겐화 유기 화합물^{HOC}이라고 부르는 화학 항목에 속한다. 이것들은 지속성이 있을 뿐만 아니라 이동성이 큰 분자로 수십 년간 해양 환경에 존재해왔다. 할로겐은 원소 주기율표상의 다섯 개의 원소, 즉 불소, 염소, 브롬, 요오드, 아스타틴을 말한다. 앞의 세 가지는 플라스틱 제품의 독성에 관해 말할 때 언제나 밀접한 관련성을 가진다. 이 원소들은 독립적으로 존재할 수 있는 원소가 아니다. 반응성이 매우 높으며 쉽게 다른 원자나 분자와 결합한다. 일단 결합되면 결과물은 안정적이고 지속적인 화합물이 되어서 수십 년이 지나야 분해된다. 특히 생물학적 체계 내에서 할로겐화 유기 화합물은 "쉽게 흡수되지만 대사되지는 않는다."고 설명된다. 이 말은 생체 내에 축적되고 체지방이나 간처럼 지방이 많은 기관에 갇혀서 무기한 그 속에 숨어 있다는 뜻이다.

불소는 할로겐뿐만 아니라 모든 원소 중에서 가장 반응성이 크다. 불소는 광물질의 전기 분해를 통해 추출되며 추출된 후에는 매우 조심스럽게 다루어야 한다. 또한 독성이 강할 뿐만 아니라 산화성이 매우 강해서 유리가 녹을 정도이다. 우리가 관심을 갖는 것은 1950년대 초에 개발되고 이용된 과불화합물^{PFC}인데 긴 사슬로 된 분자로서 수소가 불소로 대체된 물질이다. 그 자체로 플라스틱은 아니지만 플라스틱의 화학적 친척으로 합성 중합체에 자주 적용되며 수생 환경에 문제를 일으키기도 한다. 변형 형태로는 테플론, 스카치가드, 고어텍스(발포 불소 중합체로 중합체의 일종) 등이 있다. 이 화학 물질들은 코팅이나 봉합에 사용되므로 내구성이 핵심이다. 1950년대부터 3M과 듀폰이 양대 생산 업체였다. 1980년대가 되자 두 회사 모두 건강 및 환경 문제를 의심하기 시작했다. 물이나 야생 생물, 그리고 인간의 혈액에서 과불화합물이 나타나기 시작했고 실험동물에서도 피해가 나타났다. 하지만 듀폰은 1976년 제정된 독성물질규제법의 요구를 무시하고 자신들이 발견한 사항을 환경보호국에 알리지 않았다. 이 사실이 알려지자 환경보호국이 듀폰 사를 고소하고 과불화합물 생산을 단계적으로 축소하도록 요청했다. 3M은 자사의 스카치가드

부문의 직원들을 조사하여 치명적인 전립선암 발병 비율이 세 배나 높다는 것을 발견하고 2001년 스카치가드를 다시 개발했다.

2007년 유아 300명을 대상으로 한 존스홉킨스대학교의 제대혈 연구는 모든 유아에게서 과불화합물의 흔적을 발견했다. 그 원인을 찾기 위해 환경보호국은 2009년 116종의 소비자 제품을 실험했다. 그 결과 방수 의류, 소파 커버, 가정용 천 및 카펫에서 나노그램 즉 10억분의 1그램 단위의 흔적이 발견되었다. 카펫 손질 제품, 바닥용 왁스, 왁스 제거제, 돌 및 타일 밀폐제도 마찬가지였고 흥미롭게도 의료용 부직포에서도 그런 흔적이 발견되었다. 일부 매니큐어도 과불화합물을 포함하고 있었다. 2007년 업계 관행에 관한 고급 정보를 종종 제공하는 업계 소식지 푸드프로덕션데일리닷컴이 제시한 목록에 따르면 "PFOA(과불화합물의 흔한 한 종류)는 사탕이나 피자, 전자레인지용 팝콘 등 수백 개 음식의 기름 방지 포장재로 제조되었다." 버터나 패스트푸드 용기와 포장재도 마찬가지였다. 말하자면 화학 시대의 파라핀지인 셈이었다. PFOA가 얼마나 많은 곳에 사용되는지는 영업 기밀이라는 보호막 아래에 은폐되었다. 건강 문제가 대두되기 전에는 과불화합물이 전자 제품 생산에 광범위하게 사용되었다. 회로 판의 표면 밀폐나 제조 중 흐림 방지제로 말이다.

수십 년간 방수 제품에는 과불화합물을 입혔는데 신발, 장화, 수하물, 캠핑 장비, 스포츠 장비, 배낭 등에 사용되었다. 이 화학 제품이 잔류성과 독성이 있는 것으로 증명되었기 때문에 근원에서부터 차단하려는 시도가 세계 각국에서 함께 일어났다. 과불화합물은 물고기, 아비새, 해달, 멸종 위기의 붉은바다거북에서도 발견되었다. 2010년 연구에서는 붉은바다거북의 혈액 표본에서 간 손상과 자가 면역 기능 이상의 표지가 나타났다. 해양 포유류 건강 진단 프로젝트는 2003년과 2005년 사이에 돌고래 조직에서 평균 과불화합물 수준이 두 배로 뛰어오른 것을 발견했다. 듀폰 사 스스로도 수년간 수 톤의 과불화합물을 하천에 버렸다고 인정했다. 거기서부터 과불화합물이 먹이사슬에 들어갔던 것이다. 실험실에서 설치류와 원숭이에게 용량을 달리해서 과불화합물을 투여했더니 새끼의 크기가 줄고 사망률이 증가했다. 또 신체 발달이 느려졌고 간암, 고환암, 췌장암, 갑상선 이상이 발생했으며 비만을 조장할 수도 있는 쪽으로 지질 대사가 바뀌었다. 이것들은 우연히도 새로 성행하는 질병에 속하는 것들이었다. 2010년 가장 많이 처방되는 의약품에 관한 『포브스』지 기사를 보면 갑상선 기능 저하인 사람들에 대한 표준적 처방약인 레보사이록신이 연간 6600만 건이 처방되어 4위를 차지했다. 우리 집 고양이 휴이도 하루 두 번 갑상선 알약을 먹는데 이렇게 만성 질병을 가진 애완동물의 수도 증가하고 있다. 인디애나대학교에서 실시한 연구는 개 그리고 특히 고양이가 잔류성 합성 화학 물질을 포함하고 있는 것으로 나타났다. 애완동물의 건강 추세를 보아도 암, 비만, 당뇨가 늘고 있다.

  미국과 유럽의 여러 대학에서 실시한 인간을 대상으로 한 연구들은 혈청에 과불화합물 함량이 높은 것과 조기 폐경, 갑상선 기능 이상, ADHD(주의력 결핍 과잉 행동 장애) 사이에 상관성이 있음을 발견했다. 생식력 저하와의 관계도 마찬가지였다. 과불화합물과 인체의 피해 사이의 강한 연관성은 웨스트버지니아의 듀폰 공장에서 일어난 사고에서 잘 드러난다. 그곳 여직원 중 몇 명이 과불화합물에 노출된 쥐들과 마찬가지로 얼굴 기형이 있는 아이를 낳았던 것이다.

피해를 유발할 수 있는 직업상의 노출은 흥미로운 문제를 제기했다. 보통의 소비자들이 경험하는 것과는 다른 최악의 시나리오이기는 하지만, 사실상 유일한 인간 실험 결과나 마찬가지인 증거를 제시한 것이다. 이런 내용은 많은 경우 동물 연구에서도 인체에 위험할 가능성이 있다고 제시된 사항들이었다. 또한 이런 암울한 결과는 유독성 물질을 대량 생산하는 것은 그 어떤 경우이든 악마의 게임이라는 주장을 뒷받침했다. 분명히 우리는 친환경적인 화학적 등가물을 찾을 수도 있고 독성과 잔류성이 있는 화학 물질을 단순히 사용하지 않을 수도 있다. 2000년대 초 환경보호국은 과불화합물을 잠재적 건강 위험인자로 간주하고 소비자 제품에서 과불화합물의 사용을 자발적으로 감축할 것을 명령했다. 과불화합물은 이전처럼 광범위하게 사용되지는 않지만 잔류성 유기 오염 물질처럼 지속적으로 우리를 괴롭힐 것이다.

나는 플라스틱 쓰레기에 흡수된 과불화합물에 관한 보고서를 몇 편 본 적이 있었다. 하지만 과불화합물도 어느 구舊 잔류성 유기 오염 물질만큼 깊이 연구되지는 못했다. 그것은 바로 유기 할로겐의 다음 항목에 속하는 염소계 유기 화합물이다. 염소계 유기 화합물은 처음에는 좋게만 보였던 인공 독성 물질의 시조라고 할 수 있다. DDT 같은 살충제와 PCB는 여전히 초대받지 않은 손님으로서 사라지지 않고 있다. 플라스틱의 독성과 이 물질들은 위험한 관련성을 갖는다. 이것들은 용해되지 않고 기름에 친화적이며 이동성이 높아서 쉽게 날아가고 바다로 흘러든다. 앞서 보았듯이 일부는 해저 침전물과 관련이 있어서 해저에 사는 동물들을 오염시킨다. 다른 것들은 크릴새우나 플라스틱 표류물 같은 유성 물질을 만나서 들러붙을 때까지 물에 떠다닌다. 이 구 잔류성 유기 오염 물질들은 눈에 띄게 감소하고 있지만 2007년 벨기에의 연구에 따르면 산업 지대 인근에서 잡힌 장어가 여전히 높은 수준의 PCB를 함유하고 있었고 추가적 발표가 있을 때까지 야생에서 잡은 장어를 먹지 말라고 경고해야 할 정도였다.

가장 괴로운 것은 이 잔류성 유기 오염 물질들이 외딴 지역의 인간 주거지에 미치는 영향이다. 일부 지역은 직업상 노출에 맞먹을 만한 수준으로 오염되어 있다. 북서 그린란드 및 캐나다의 토착민 거주지는 지구 상에서 가장 오염이 심한 곳 중 하나다. 1991년 캐나다 정부의 원주민 대책 기관은 북부오염물질프로그램을 발족했다. 과학자들은 사냥 시기 중에 이누이트족 사냥꾼들과 협력하여 수렵물의 조직 및 내장 기관 표본을 획득했는데 고리무늬바다표범이 생물학적 감시를 위한 풍부한 데이터를 제공했다. 가장 최근인 2005년 보고서는 PCB 및 DDT 수준이 최고치였던 1975년 이후 50퍼센트 이상 감소한 것을 발견했다. 1975년이면 미국에서 DDT를 금지한 직후이자 PCB 금지 조치가 발효하기 직전이었다. 그러나 새로운 잔류성 유기 오염 물질이 부상하고 있었고 이에 더해 연구 대상 동물들은 유독성 금속, 주로 메틸수은과 카드뮴 수준이 상승한 상태였다. 독성 물질 전문가들에 따르면 검출된 양이 치명적인 수준은 아니었지만 건강상으로 불안한 추세가 감지되었는데 가장 눈에 띄는 것은 남녀아 출산 비율이 심하게 편향된 것이었다. 관찰 대상이었던 사람들 중에서 가장 오염 상황이 심각한 쪽은 그린란드 북서부에 사는 주민들이었다. 그곳에서는 남아 1명 당 2명의 여아가 출생했다. 어머니의 지질 내 PCB 수준은 딸을 출산할 확률과 상관성을 보였다. 게다가 이 지역을 조사한 덴마크 과학자들은 아기들이 저체중으로 조산되는 경향이 있는 것을 발견했다. 이런 현상은 발달 이상과 신경학적 이상이 나타나기 전의 전조인 경우가 많았다. 이는 또한 내분비계 이상의 징후였고 임신 중 호르몬 이상으로 유전자 청사진이 변형된 경우에 속했다.

산업화된 지역에서 가장 멀리 떨어진 곳에 사는 사람들이 어떻게 브루클린 주민들보다 더 오염될 수 있을까? 대답을 찾으려면 다시 바다로 돌아가 생각해야 한다. 전통 생활을 따르는 몇 안 되는 집단인 이누이트 사람들은 플랑크톤으로 시작되는 먹이사슬의 최상위에 위치한다. 그들은 바다표범, 고래, 물고기 및 소량의 카리부, 순록 등을 먹고 살기 때문에 '해양 동물'에 가장 가까운 사람들이라고 보아야 한다. 이 불굴의 영혼들은 해양 먹이사슬의 최상단에 위치하기 때문에 부당하게도 생물 축적 및 생물 증폭 법칙을 여실히 보여준다. 이 사례는 우리가 지금처럼 플라스틱과 화학 물질로 바다를 오염시키는 것이 얼마나 치명적일 수 있는지를 보여준다. 이 물질들은 농축 과정을 거쳐 우리가 생각지도 못한 입과 부리로 들어가는 것이다.

생물 축적과 생물 증폭이 바다에서 작동하는 방식은 다음과 같다.

1단계에 있는 것은 1차 생산자이다. 즉 햇빛과 광합성에 의존해 사는 식물성 플랑크톤과 조류이다. 대체 에너지 기업들, 심지어 일부 석유 거물들도 조류에서 연료를 얻기 위해 기술을 개발하는 중이라는 이야기를 들어본 사람이 있을 것이다. 그 말인즉 조류가 잔류성 유기 오염 물질을 포함한 유성 물질을 끌어당길 수 있다고 기대하기 때문이다. 극지방에서는 2000년대 초반 연구 결과 공기 중의 잔류성 유기 오염 물질이 (바다에서와 마찬가지로 순환 기류를 타고) 해빙 속에 농축되었다가 여름철에 녹아서 바닷물로 유입되는 것으로 밝혀졌다. 이것은 현재 사용되지 않는 잔류성 유기 오염 물질이 지구 상 어느 지역보다 이 지역에 높은 수준으로 남아 있는 이유를 설명해준다. 봄에 얼음이 녹는 것은 해마다 식물성 플랑크톤이 번성하는 시기와 때를 같이 하므로 플랑크톤이 이 오염 물질들에 흠뻑 절여진다는 뜻이 된다.

먹이사슬의 각 단계를 영양 단계라고 한다. 해당 지역의 먹이사슬을 먹이그물이라고도 부른다. 미생물의 위 단계인 2단계와 3단계에는 살파류와 같은 여과 섭식 동물과 어류 유생, 해파리, 샛비늘치, 그리고 정말 중요한 크릴새우가 포함된다. 이 생물들은 주변의 바닷물을 통해 독성 물질을 축적하고 생물 증폭이라고 하는 증폭 효과를 거두게 된다. 생물 증폭은 동물의 먹이가 오염되어 있을 때 독성 잔류물이 지속적으로 투여되고 부착되면서 발생한다. 주로 고래와 바다표범으로 이루어진 극지방의 최상층 포식자들은 두꺼운 지방층을 갖고 있는데 이곳에 잔류성 유기 오염 물질과 유독성 금속이 잔뜩 저장되어 있다. 그래서 이누이트 부족민들은 자신들의 자연스러운 전통 음식에 의해 오염된 것이며 그들도 이 달갑지 않은 사실을 알고 있다. 그레텔 에를리히는 추운 지역과 그곳에 사는 사람들에게 매혹된 작가이다. 그녀는 2010년에 출판한 책 『얼음의 제국』에서 어느 그린란드 토착민의 말을 인용한다. "우리는 사회적 정의를 이야기하고, 중금속, 방사능, 수은, 그을음, 잔류성 유기 오염 물질에 관해 대화합니다. 우리는 당신네들의 화력발전소에서 나온 수은을 몸에 지니고 있고, 당신네들이 만든 내분비계 교란 물질을 먹고, 당신네들의 그을음을 마십니다. (…) 우리는 이 세상에 마지막으로 남아 있는, 전통적 방식을 고수하는 빙하기 사냥꾼들입니다." 이 그린란드 토착민은 환경 독성 물질에 관해 브루클린 주민보다 더 많은 것을 알고 있었다.

　여기서 분명히 말하고 싶은 것이 있다. 나는 먹이사슬의 영양 단계 도표가 부정확하며 수정이 필요하다고 생각한다. 지금의 도표들은 먹이사슬의 모든 단계에서 플라스틱을 무시함으로써 현실을 잘못 표현하고 있다. 플라스틱은 영양가가 없고 아마도 유독함에도 불구하고 각각의 영양 단계에서 섭취되고 있다. 플라스틱은 심지어 현미경으로 보아야 하는 (플라스틱을 '먹는' 것으로 알려진, 즉 플라스틱을 부분적으로 생분해하는) 박테리아가 차지하는 플랑크톤 하위 단계에도 존재한다. 그리고 우리가 보았듯이 앨버트로스나 고래와 같은 최상위 포식자에도 존재한다. 플라스틱은 심지어 어떤 의미에서는 포식자로 간주될 수도 있다. 유령 그물을 통해 바다거북, 해양 포유류, 기각류, 고래류까지 죽이니까 말이다. 플라스틱은 살아 있는 유기체는 아니지만 살아 있는 유기체와 마찬가지로 행동하고 같은 효과를 가져온다. 따라서 해양 생물군을 정의할 때 플라스틱 역시 고려되어야 한다. 이렇게 보다 현실적인 현대적 시나리오에서 정말로 부끄러운 점은 플라스틱이 인간의 대리자로서 물고기들과 함께 헤엄치며 피해를 끼치고 있다는 점이다.

　우리는 앞서 플라스틱이 어떻게 육지의 먹이사슬에 개입하는지 살펴보았다. 두바이의 낙타와 인도의 소의 예처럼 말이다. 나는 플라스틱을 인간 먹이사슬에 고의적으로 주입한 산업을 알게 되었다. 1970년대 이후 일부 사료 조달업자들이 농축 사료에 플라스틱 알갱이를 섞었고 이것이 식용 소들을 죽였다. 이 관행은 정부 원조 대학들의 축산업 프로그램에서 잘 연구되었고 섞인 플라스틱 알갱이는 영양 섭취와 성장을 촉진하려던 일종의 '섬유질'이었던 것으로 밝혀졌다. 플라스틱 처리한 거름이 농경지의 토양에 뿌려진다면 어떻게 될지 궁금할 것이다. 이런 관행에 대해서는 이용 가능한 정보가 없다는 점이 눈에 띄었다. 하지만 나는 믿을 만한 정보를 구할 수 있었다. 이 책의 공동 저자인 커샌드라의 남편이 1970년대에 캔자스의 사료 및 곡류 직판점에서 일했는데 플라스틱 처리된 사료 부대들을 트럭에 많이 실었다고 한다. 지금도 계속되는 관행이라는 것은 유기농 목장 운영에 관한 수십 개의 온라인 농촌 교육 지침서 내용을 추론하여 확인할 수 있다. 유기농 소고기를 생산하려면 몇 가지 규칙을 따라야 하는데 그중 하나가 소에게 플라스틱 섬유질을 먹이지 않는 것이다.

　DDT는 마침내 사라지고 있지만 적도 지방의 몇몇 국가에서는 아직도 사용되고 있다. 이 국가들에서는 말라리아로 인한 위험이 DDT의 독성으로 인한 위험보다 중시되기 때문이다. 아직도 DDT를 사용하는 몇몇 아프리카 국가에서는 저체중 신생아 추세가 관찰되었다. 하지만 더 최근까지도 광범위하게 사용되었던 PCB는 여전히 잔류하고 있으며 모유에서도 나타나고 있다. PCB는 앞서 일본 연구자들이 도쿄 만 주변의 새 플라스틱 알갱이 또는 돌아다니는 플라스틱 알갱이에서 주로 발견했던 물질이며 국제플라스틱알갱이감시단의 연구에서도 전 세계적으로 발견되는 물질이다. 플라스틱의 독성 물질은 산성 소화 과정을 통해 생물 체계에 들어간다. 플라스틱을 먹는 바닷새가 독성이 있는 플라스틱에 의해서만 중독된다고 할 수는 없다. 새들의 먹이인 물고기도 오염되어 있기 때문이다. 하지만 이 '유독한 알갱이'는 PCB가 바닷새에 끼치는 주된 영향이라고 할 수 있는 화학 물질 축적량을 증가시키고 면역 체계 이상에 기여하는 것으로 증명되었다.

PCB는 변전기의 절연재 및 내연재로 흔히 사용된(일부는 지금도 사용된다.) 공업용 화학 물질로 자주 언급된다. 하지만 이것으로는 거의 모든 인체 오염에서 이 분자들이 발견되는 것을 설명하기 힘들다. 2011년 초에 나온 한 보고서에 따르면 요즘 아이들은 아마도 학교를 포함한 오래된 건물의 PCB 함유 누수 방지 자재를 통해 PCB에 노출되는 것 같다고 한다. 코네티컷의 공중안전국은 이전의 PCB 사용처에 관해 보강된 목록을 제공한다. 목록에 포함된 것들로는 접착제, 아스팔트 지붕 자재, 무탄소 복사지(여러 화학 물질 예민 증세를 일으켰다고 주장되기도 한다.), 누수 방지 자재, 압축기용 윤활유, 먼지 제거제, 염료, 형광등 안정기, 잉크, 윤활유, 페인트, 나무 바닥 밀폐제, 살충제, 가소제, 고무 처리제, 실내 난방기, 타르지, 변기 설치에 사용되는 왁스 희석제 등이 있다. 1978년 이후에 제조된 제품은 (법적으로) PCB를 포함할 수 없지만 오래된 PCB 함유 제품은 여전히 우리 주변에 많고 여전히 다양한 방식으로 오염원이 되고 있다. 오래된 집이나 중고 물품점이 있는 한, 앞으로도 이것들은 우리 주변에 있을 것이다.

이런 유독 성분들은 정확히 어떻게 인간의 몸이나 다른 생물체 속으로 들어가는 걸까? 독성 물질 전문가들은 기본적으로 세 가지 오염 경로가 있다고 이야기한다. 섭취, 흡입, 그리고 우리가 가진 가장 큰 기관인 피부를 통한 흡수이다. 섭취는 음식만을 말하는 것이 아니다. 우리는 오염된 먼지를 흡입할 뿐만 아니라 삼키기도 한다. 여러 연구 결과에 의하면 가정에서 오염된 먼지는 중요한 화학적 매개체이다. 흡입과 관련해서는 새로 산 샤워 커튼이 아주 좋은 예다. '새롭고' '깨끗한' 것을 떠올릴 때면 연상되는 플라스틱 냄새가 있을 것이다. 2008년 캐나다 연구 팀은 대형 할인 판매점 몇 곳에서 구매한 새 PVC 샤워 커튼 다섯 종이 뿜어내는 증기를 수량화해보기로 했다. 놀랍게도 28일간 108종의 화학 물질이 나왔다. 대부분은 벤젠이나 톨루엔 같은 유독한 용제인 휘발성 유기 화합물 VOC과 프탈산이었다. 일부는 며칠 동안 직업안전건강관리국에서 규정한 안전 기준을 초과한 후에야 농도가 '정상' 수준으로 내려갔다. 이런 화학 물질에 장기간 노출되면 호흡 곤란, 두통, 메스꺼움 및 간, 신장, 중추 신경계에 피해를 입을 가능성이 있다. 암을 유발할 수도 있다. 하나의 비닐 샤워 커튼만 계속해서 사용한다면 위험이 받아들일 만한 수준으로 낮아질 것이라고 생각할 수도 있다. 하지만 우리가 먹고 숨 쉬고 만지는 다른 가정용 오염 물질 수십 종과 결합된다면 위험이 증폭된다.

우리가 안정적이고 견고하고 비활성이라고 생각하는 많은 것들이 실은 그렇지 않다. 인간의 눈에는 보이지 않지만 분자들도 나름의 인생을 살아간다. 예컨대 PVC 창틀도 시간이 흐르면 태양의 자외선에 의해 계속 손상되며, 단단한 플라스틱 컵(폴리카보네이트)도 뜨거운 식기 세척기에 반복적으로 씻으면 작은 균열이 생긴다. 시간이 지나면 산화가 일어나고 균열이나 구멍이 생기고 중합체(분자들의 사슬)가 약화된다. 그렇게 되면 끊어진 단일 분자 첨가제들이 방출될 수 있다. 테리 리처드슨과 에릭 로켄스가드가 쓴 플라스틱 공학 교과서 『플라스틱 산업 공학』에 따르면 이것들이 바로 첨가제의 주요 항목을 구성한다. 항산화제(제조 과정에서 사용되는 1차 항산화제와 최종 제품에 첨가되는 2차 항산화제 모두), 정전기 방지제, 착색제, 결합제, 경화제, 난연제, 발포제, 열 안정제, 충격 조절제(강화제), 윤활유, 가소제, 방부제, 가공 보조제, 자외선 안정제, 항균제 등이 그것이다. 정말 많은 화학 물질들이며 각 항목마다 하위 항목도 따로 있다. 그리고 이것들 중 다수가 페놀, 글리콜, 중금속, 용제, 살충제 같은 유독성 물질 항목에 속한다. 1993년 이전에는 카드뮴, 수은, 6가크롬(영화 《에린 브로코비치》에 나오는 독성 물질) 모두 합법적으로 사용 가능한 무기無機 안료였다. 1990년대에 이 물질들이 사용 금지된 것은 직접적인 인간 접촉에 대한 우려 때문이 아니라 매립지 침출액으로 인한 지하수 오염에 대한 우려 때문이었다. 음식 포장재에 플라스틱을 사용하려면 식품안정청의 안전 승인이 필요하다. 하지만 이것이 항상 실험실에서 철저한 정밀 검사를 한다거나 식품안정청이 특허로 보호되는 업체의 화학적 물질 조성에 접근할 수 있다는 뜻은 아니다. 정부는 규제 정책이 기업의 실적에 미치게 될 피해를 고려하는데다 시장이 알아서 해결할 것이라고 믿는 것 같다. 화학 물질이 사람을 죽이거나 정치적인 문제가 되지 않는 한 말이다. 그리고 두 경우 모두 보통은 이미 늦은 것이다. 특히 피해를 주는 매개체가 다양하다면 더욱 그렇다. 이런 시나리오에서는 피해의 '파수꾼'이 인간 외의 생물, 보통 수생 생물인 경우가 많고 이후에 실험실의 쥐들이 뒤를 따르게 된다.

세 번째 할로겐은 브롬이다. 브롬의 한 가지 형태는 이미 언급되었던 폴리브롬화디페닐에테르^{PBDE}이다. 소금에서 나오는 브롬 역시 화학적 결합이 필요한, 반응성이 높은 원소다. 브롬화 난연제가 작용하는 전제는 열로 인해 분자가 쪼개져서 브롬이 방출되어 불을 끄는 것이다. 브롬화 난연제는 다양한 분자 길이를 가진 수많은 조합으로 되어 있다. 분자 길이가 짧은 것이 더 유독하다. 구조적으로 브롬화 난연제는 PCB와 유사하다. 워싱턴 주, 메인 주, 미시건 주, 캘리포니아 주를 포함한 미국의 몇 개 주와 유럽연합은 이미 몇 가지 또는 전체 브롬화 난연제의 사용을 금지하거나 제한했다. 야생 생물 또는 인간 건강에 피해를 입힌다는 증거가 넘쳐났기 때문이다. 이것들이 플라스틱 제품에 얼마나 광범위하게 사용되었는지는 사기업의 기밀 정보여서 누구나 추측만 할 뿐이다. 다만 합리적으로 추정을 해본다면, 과거에는 광범위하게 사용되었지만 현재는 독성이 덜하다고 보고된 난연제가 시중에 나옴에 따라 사용이 줄어들었을 것이라고 생각할 수 있다. 휴대 전화나 컴퓨터, 텔레비전과 같은 전자 제품의 케이스는 열에 노출되기 때문에 당연히 난연제를 포함하고 있다. 자동차나 여객기에 쓰이는 플라스틱 제품과 합성 섬유도 마찬가지이고 솜털로 된 담요와 발포 고무 매트리스도 그렇다. 매트리스 중 한 브랜드는 난연 화학 물질을 포함하지 않았다는 이유로 최근 소비자제품안전위원회에 의해서 리콜되기도 했다. 안전을 중시하는 미국인들은 1970년대에 금지된 PCB의 대용물로서 브롬화 난연제를 열렬히 수용했다. 의도는 좋았으나 결과가 이상해진 대표적인 경우의 하나가 캘리포니아 주 정부의 난연 기준이다. 캘리포니아 주 정부는 아동 제품과 가정용 가구에 대해 미국에서 가장 높은 난연 기준을 갖고 있다. 그 결과 캘리포니아의 사람들과 그들의 가정은 브롬화 난연제에 오염된 정도가 실험을 실시한 어떤 지역보다 높다. 캘리포니아 의회는 2003년 돌연 180도로 방향을 선회해서 폴리브롬화디페닐에테르 두 종의 사용을 금지했다. 하지만 화학 업계가 단계적 폐지 시한을 2006년에서 2008년으로 2년 늘리는 데 성공했다. 시간이 지나면 캘리포니아 주민들의 난연제 체내 축적량은 줄어들겠지만 피해가 이미 발생하고 있는지도 모른다. 여러 연구 결과 유아의 폴리브롬화디페닐에테르 노출도가 높은 것과 지적 능력 감소 사이에 상관성이 있다는 사실이 드러났다. PCB와 마찬가지로 브롬화 난연제도 불에 탈 때 매우 유독한 다이옥신을 생성한다. 이 때문에 웃지 못할 이상한 일도 생겼다. 소방관들이 난연제 사용에 반대해 로비를 펼치는 것이다. 폴리브롬화디페닐에테르가 소파에 떨어진 담뱃불은 꺼줄지 모르지만 큰 화재가 났을 때는 소용이 없다. 큰 화재가 났을 때는 오히려 유독한 연기가 문제가 된다. 불길보다 이 유독 연기가 상해나 사망을 유발할 가능성이 더 크다. 미주리 소방서장에 따르면 요즘은 가정에서 화재가 나면 소방관들이 수동적 태도를 취하게 된다고 한다.

  1990년대 후반까지 브롬화 난연제는 매년 250만 톤의 합성 중합체를 통해 제조되고 있었다. 20년 동안 사용이 급증한 후인 그즈음에야 안전 문제가 도마에 올랐다. 브롬화 난연제는 관찰 대상인 야생 생물에서도 발견되기 시작했다. 물고기 알, 새알, 샌프란시스코의 바다표범, 시애틀의 범고래 등에서 말이다. 그리고 침전물과 하수 찌꺼기에서도 나타났다. 5대호의 물고기와 송어의 폴리브롬화디페닐에테르 농도는 1980년에서 2000년까지 기하급수적으로 증가했다. 3, 4년마다 두 배가 될 정도였다. 폴리브롬화디페닐에테르는 음식에서도 나타났고 특히 기름기 많은 고기나 연어, 모유, 그리고 가정의 먼지에서도 나타났다. 소고기나 닭고기를 많이 먹는 사람들은 브롬화 난연제 검출 수준이 더 높았다. 2002년 스웨덴의 한 연구는 폴리브롬화디페닐에테르가 건강에 끼치는 영향이 PCB만큼 강하거나 더 심할 수도 있다고 발표했다. 몇 개 주가 폴리브롬화디페닐에테르 사용을 금지하고, 전자 회사와 매트리스 회사들은 사용을 그만두고, 심지어 월마트에서 폴리브롬화디페닐에테르가 포함된 제품을 단계적으로 철수하는 동안에도 왜 환경보호국은 아무런 조치를 취하지 않은 것일까? 분명 무언가 크게 잘못되어 있다.

　　PCB는 1970년대 후반 특정 살충제들과 함께 금지되었다. 1976년 독성물질규제법이 통과된 직후였다. 폴리브롬화디페닐에테르가 금세 비어 있는 난연제 자리를 차지했다. 하지만 독성물질규제법하에서 새로운 난연제는 스스로를 안전하다고 증명할 필요가 없었다. 법에 엄청난 허점이 있었기 때문이다. 이 법은 화학 제품 생산자들에게 등록을 위해 정보를 제출하도록 요구하기는 했지만 독성 실험 결과를 요구하지는 않았다. 안전성 실험은 인간 건강에 피해를 끼친다는 환경보호국의 강력한 증거(그 화학 물질에 의해 사람들이 병에 걸렸다는 증거)가 있을 때만 실시되었다. 그때에만 환경보호국은 회사에 안전성 실험을 실시하도록 명령할 수 있었다. 독성물질규제법은 너무나 기업 친화적이어서 발암 물질로 알려져 있는 석면조차도 이 법률에 따르면 금지가 불가능했고 법적으로 계속 승인 상태에 머물러 있었다. 그동안 미국 외의 31개 국가가 석면의 사용을 금지했다. 석면 및 기타 유독 화학 물질을 금지하려는 환경보호국의 시도는 1991년에 끝이 났고 독성물질규제법이 무력하다는 것을 보여주었다. 그 뒤 의심스러운 화학 물질들이 하나둘 폐지되었던 것은 환경보호국의 요청에 의한 자발적인 조치의 결과였다. 하지만 개별 주 정부는 화학 물질을 금지할 수 있었고 앞서 본 것처럼 이 특권을 행사했다. 캘리포니아 주는 주법 개정안 65호를 통해서 이런 조치에 앞장섰다. 이 법률은 기업들이 암이나 선천적 기형 및 기타 생식 관련 피해를 유발하는 것으로 알려진 제품 성분을 라벨에 공개하도록 요구했다. 미국화학협회는 주별로 시행하는 이런 '땜질식' 접근법을 좋아하지 않았다. 대신에 의회를 통해 독성물질규제법을 개정해서 개별 주의 권한을 없애고 싶어 했다. 미국화학협회는 주별, 지역별로 플라스틱 쇼핑백을 금지하는 조치에 대처하기도 벅찼다.

2011년 4월 새로운 상원 법안이 상정되었다. 2011년 화학물질안전법은 이빨 빠진 조치였던 독성물질규제법이 간과한 화학 물질 수만 종에 대한 평가를 요구했다. 미국화학협회는 독성물질규제법의 개정을 지지하면서도 상정된 법안에 대해서는 실망을 나타냈다. "불행히도 이 법안은 우리가 우려한 많은 사항을 고려하지 않은 것으로 보인다. (…) 지금 소개된 법안은 미국의 혁신과 일자리를 위험에 처하게 할 수도 있다." 달리 말해 새로운 법안이 현재 널리 사용되고 있는 독성 물질에 대한 해명과 화학적 '혼합물'에 대한 독성 테스트를 요구한다면, 그래서 '사기업의 정보'로 보호받는, 일상적으로 사용하는 물질과 제품의 성분을 노출한다면 종전과 같은 사업은 끝장난다는 뜻이다. 하지만 나는 미국화학협회에 긍정적 측면을 보라고 말해주고 싶다. 안전한 대체재를 만드는 데 많은 일자리와 혁신이 요구될 테니 말이다.

지지부진한 상태로 몇 년이 흐른 후 점점 많은 수의 건강 관련 주류 단체들이 독성물질규제법의 개혁을 지지하는 친환경 단체들에 합류했다. 그중에는 미국의학협회, 미국소아과학회, 내분비학회, 자폐증학회도 포함되었다. 이 모든 단체들이 '환경 노출'이라고도 불리는 화학 물질 노출과 만성질환 및 장애가 급증하는 현상 사이에 연관성이 의심된다는 우려를 공식적으로 표명했다. 이러한 신종 질환에는 비만, 제2형 당뇨, 자폐증, ADHD, 천식, 갑상선 질환, 남성 불임 등이 포함되었다. 특히 태반 장벽을 통과해 발달 단계에 있는 태아의 유전자 발현을 변형하는 것으로 보이는 노출에 대해 우려를 표했다. 이렇게 해서 그 어떤 정부 기관보다 시장이 더 효과적인 규제자임이 증명되었다. 비스페놀A와 같은 화학 물질이 나쁜 것으로 언론에 보도되자 제조업체들은 비스페놀A가 없는 제품을 상점에 내놓기 바빴다. 실제로는 쓸데없는 짓이었을지도 모르지만 말이다. 텍사스대학교 생물학 교수인 조지 비트너의 최근 실험에 의하면 비스페놀A가 없는 일부 제품이 원래 제품보다도 더 많은 내분비계 교란을 일으켰다.

미국은 '피해의 증거'라는 원칙을 고수하는 반면 유럽은 사전 예방 원칙을 적용한다. 그래서 유럽의 위험 분석은 화학 물질 생산자의 이윤보다는 인간의 건강을 우선시한다. 그 결과 유럽인들은 화학 물질 체내 축적량이 미국인보다 눈에 띄게 적다. 특히 브롬화 난연제는 더 그렇다.

1세대 브롬화 난연제는 단계적으로 폐지되었지만 나노 제형(劑形)을 포함한 새로운 형태의 제품들은 여전히 사용 중이다. 1970년대에 언론 지면을 장식했던 염소계 난연제인 트리스는 당시 어린이 잠옷 용도로는 금지되었지만 다른 분야에서 여전히 사용되고 있었다. 동물 연구에 따르면 트리스는 간 및 신장에 독성을 보였고 인지 장애를 포함한 신경학적인 영향을 미쳤다. 단계적으로 폐지된 브롬화 난연제가 해마다 질병통제예방센터에서 실시하는 인체 표본 조사에서 여전히 강력하게 검출되는 이유에 대해서는 환경보호국도 어리둥절해 하는 상황이다. 오래된 카펫, 가구, 전자 제품과 같은 가정 내 출처도 생각할 수 있고 매립지 침출수가 상수도로 흘러들었다는 이론도 가능하다. 오염 범위가 광범위한 것으로 보아 과거에 브롬화 난연제가 마구 사용된 것이 분명해 보인다. 발포 플라스틱이나 고형 플라스틱, 합성 섬유는(대부분 중합체 섬유로 만들어진 가구, 카펫, 커튼, 자동차 시트 등은) 모두 화학적인 난연제를 포함하고 있다. 그러면 난연제가 가장 필요하지 않은 곳은 어디일까? 아마도 극지방이 아닐까? 그런 외딴 생태계가 구 잔류성 유기 오염 물질로부터 겨우 벗어나는 것처럼 보이기 시작한 바로 그 순간에 브롬화 난연제가 나타났다.

이런 화학 물질의 효과에 관해 가장 우려되는 부분은 갑상선에 미치는 영향이다. 태아 발달 기간 동안 갑상선은 발달 중인 태아의 적절한 세포 배열을 결정하는 신호를 전달한다. 이 과정에는 두뇌 발달도 포함된다. 산모의 갑상선 기능이 심각하게 저하되고 치료되지 않은 채 방치되면(선진국에서는 이런 경우가 드물지만) 크레틴병*이 나타날 수 있다. 갑상선 기능이 약간만 저하되어도 아이가 지적으로 덜 발달할 수도 있다. 폴리브롬화디페닐에테르의 피해가 드러나기 시작했을 때 분자 사슬이 더 긴 '개선된' 새로운 브롬화 난연제가 그 자리를 대체했다. 몇 년이 지나자 이 새로운 화학 물질이 관찰 대상 야생 생물에서 발견되기 시작했고 분자 사슬이 더 짧게 끊어져서 더 유독해져 있었다. 유럽연합은 2004년 이것들을 모두 금지했고 스톡홀름 협약은 이것들을 테플론 타입의 화학 물질과 함께 금지 목록에 올렸다.

2010년 9월 환경 운동가들과 과학자들이 텍사스 샌안토니오에서 만나 '브롬화 난연제 및 염소계 난연제에 관한 샌안토니오 성명'을 만들었다. 친환경과학정책연구소의 표현을 따르면 다음과 같은

---

* 선천성 갑상선 기능 저하증에 의해 발생하는 발육 부전 질병.

내용이었다. "브롬화 난연제 및 염소계 난연제를 가정의 가구, 유아용품 및 기타 소비자 제품에 사용함으로써 화재 안전에 대한 증거도 없이 건강의 위험이 초래되었다." 이때부터 이 성명에 연서한 사람이 30개국 200여 명을 넘은 상태이고 대부분이 저명한 과학자와 의사들이다. 그중에는 브롬화 난연제가 이미 금지된 유럽 사람들도 있었다. 그렇다면 그들은 왜 굳이 연서를 했을까? 우리가 쓰는 난연제가 그들의 생태계, 그리고 전 세계 먹이사슬에 영향을 주기 때문이다. 이 과학자들이 우려 사항으로 나열한 목록에는 이미 알려진 질병과 장애뿐만 아니라 인간 지능의 저하도 포함되어 있었다. 앞서 캘리포니아는 지구 상에서 브롬화 난연제를 가장 많이 사용한 지역일 것이라고 이야기했다. 현재 터프츠대학교의 한 경제학자는 캘리포니아에서 브롬화 난연제가 초래한 아이큐 장애로 인한 손실액이 500억 달러에 이를 것이라고 계산했다. 말 그대로 사회가 바보가 된 결과 인재와 생산성, 경쟁력을 잃고 있으며 어쩌면 사회의 쇠락을 막기 위해 정치적으로 조직화할 수 있는 능력까지도 잃어버리고 있다.

성명에 동참한 사람들 중에는 메인 주 해안에 위치한 비영리 단체인 해양환경조사연구의 설립자 수전 쇼 박사도 있었다. 쇼 박사는 바다표범 지키기 프로젝트를 계속하고 있는데 화학 물질로 인한 오염과 질병의 증거를 수집하기 위해 인근 바다표범 집단을 관찰하고 있다. 해변으로 올라온 바다표범의 화학 물질 체내 축적량을 측정한 결과 쇼 박사는 브롬화 난연제가 잔류성이 있을 뿐만 아니라 PCB나 DDT처럼 생체에 축적된다는 사실을 발견했다. 메인 주는 고도로 산업화된 지역이 아니지만 브롬화 난연제는 지구 전체를 돌아다녔다. 바다표범은 대개 우리가 먹는 것과 똑같은 생물(해덕대구, 대구, 갑각류)을 먹기 때문에 우리도 역시 오염되었으리라는 추론이 가능하다. 쇼 박사가 특히 걱정하고 있는 것은 점점 주기적으로 바다표범들이 떼죽음을 맞고 있다는 사실이다. 쇼 박사는 바다표범의 체내에 축적된 화학 물질이 바다표범의 자연적 면역성을 감퇴시킨 것이 아닌가 생각하고 있다. 쇼 박사는 익스플로러클럽에 보낸 서신에서 이렇게 썼다. "지속적으로 바다를 오염시킴으로써 우리가 해양 생물과 우리 자신을 돌이킬 수 없는 상태까지 독성에 오염시키고 있는지도 모른다는 데이터가 늘고 있습니다."

2011년 봄 미국 최대의 화학 회사인 다우케미컬은 새로운 중합체로 된 브롬화 난연제를 개발했고 출시 준비가 되었다고 발표했다. 다우케미컬은 이것을 폴리메릭FR$^{Polymeric\ FR}$이라고 부르고 있는데 이 신제품의 특허 사용을 가장 먼저 허락받은 곳은 미시건 주의 화학 회사 켐추라였다. 켐추라는 폴리브롬화디페닐에테르를 만들었고 자사 제품에 대한 위험이 알려지면서 2010년에 파산 보호 신청을 했던 회사이다. 다우케미컬의 보도 자료를 보면 이 "차세대" 물질이 "압출^{壓出} 폴리스티렌 및 발포 폴리스티렌 단열재 모두에 광범위하게" 사용되도록 설계되었다고 한다. "보다 지속 가능한 제품을 찾으려는 다우케미컬의 노력"의 산물로서 사용 금지될 위험이 없다고 덧붙인다. 다우케미컬에 따르면 폴리메릭FR은 자사에 의해 철저하게 안전성이 검증되었고 안정적이면서 생물 축적을 일으키지도 않고 독성도 없다. 현행법하에서 다우의 실험 결과 독성이 나왔거나 다우가 그 정보를 숨겼다는 사실이 발견되면 회사는 벌금에 처해진다.(이 정책 때문에 많은 업체들이 실험을 기피하게 되었다.) 우리로서는 다우케미컬이 환경보호국이나 고객들에게 솔직하기를 바라는 수밖에 다른 방법이 없다. 이

'안정된' 분자가 양수에서 검출되거나 모유에서 발견된다면 (그리고 병든 해달의 혈액 표본에서 발견된다면) 우리는 또 속아 넘어간 셈이 될 것이다.

잔류성이 있고 생체 축적되는 할로겐 독성 물질(브롬화 난연제, 불소화 코팅, 염소 처리된 윤활유, 살충제)의 활동 방식은 다음과 같다. 업계에서 해당 물질들을 실컷 사용하는 동안 문제가 되는 증거들이 조금씩 계속 쌓인다. 해당 화학 물질의 이점이라고 알려진 것이 예기치 못한 해로운 결과를 정당화할 수 없는 지점에 이른다. 이때쯤 화학 업계는 대체재를 공개한다. 그동안 법률이 제품의 자재에 관한 성분 공개를 요구하지 않거나 제품의 성분이 '기업기밀법'의 비호를 받는 경우가 매우 많은 까닭에 우리는 우리 자신이 무엇에 노출되고 있는지도 모르는 상태로 지낸다.

그러다 보니 수많은 미국인들이 악명 높은 플라스틱 화학 물질들 때문에 스스로 아마추어 독성 물질 전문가가 되어야 했다. 지난 5년간 뜨거운 논란이 되었던 비스페놀A와 프탈산의 경우도 마찬가지였다. 이 두 사악한 화학 물질에 관해 여러 권의 책이 나왔고 우리도 앞으로는 조금 다른 방식을 고려하게 될 것이다. 화학 물질의 안전성 혹은 유해성을 증명하기 위해서 수천만 달러의 연구비가 지출되어왔지만 과학적으로 확실히 증명된 것은 없다. 적어도 정부 기관의 눈에는 그렇다. 비스페놀A는 약한 에스트로겐성을 띠는 합성 페놀 물질이다. 파우더로 생산되었다가 1차 대전에 사용되었던 독가스인 포스겐이 나왔고 단단하고 투명한 폴리카보네이트 플라스틱을 만드는 데 이용되었다. 불과 최근까지도 폴리카보네이트 플라스틱은 젖병과 대형 생수통, 재사용 가능한 물병 등을 만드는 표준적인 재료였다. 시장이 날카로운 시정 조치를 취하기 전까지 말이다. 아직도 안경 렌즈, 고글, 헬멧, 가전제품 케이스 등에 자주 사용되는 물질이다. 캔 음식이나 캔 음료의 에폭시 내벽에도 사용되며 95퍼센트의 미국인이 소변에서 비스페놀A가 검출된다. 프탈산은 합성 에스테르의 일종으로 단단한 비닐을 무르게 만들어서 개 껌이나 공기 매트리스, 샤워 커튼, 비닐 바닥재, 인조 가죽인 노가하이드 등을 만드는 데 사용된다. 또한 프탈산은 개인위생 용품의 '향'으로도 사용된다. 95퍼센트 이상의 미국인에게서 프탈산이 검출되었다. 2008년 생체 영향성이 가장 큰 프탈산 물질인 디에틸헥실프탈레이트^{DEHP}가 아동용 장난감에서 사용이 금지되었다. 하지만 이것은 환경보호국의 조치가 아니라 의회 법률안에 조지 W. 부시 대통령이 서명한 결과였다.

 프탈산과 비스페놀A는 할로겐화 유기 화합물과는 다르다. 이것들은 잔류성도 아니고 체내 축적되지도 않는다. 이것들은 하수 처리장이나 매립지 근처의 하천과 침전물에서 낮은 농도로 검출되었지만 해양 최상위 포식자의 조직에서는 검출되지 않았다. 프탈산과 비스페놀A는 간에서 대사되어 몸 밖으로 배출된다. 비록 이전에 우리가 생각했던 것보다는 신체 내에 오래 머무는 것으로 알려졌지만 말이다. 이 물질들이 인체 내에서 대사된다는 사실과 미국인들이 매우 광범위하게 오염되어 있다는 점을 고려하면 그동안 지속적으로 이 물질들에 노출되어온 것으로 보인다. 보통은 이 물질들이 연상되지 않는 다른 플라스틱 물질에서도 프탈산과 비스페놀A가 발견되는 것일까? PVC나 폴리카보네이트가 아닌 플라스틱에서도 말이다. 그래서 미국인들은 스스로 걸어다니는 슈퍼펀드 지역이 되어버린 걸까?

 2005년 알갈리타 재단이 플라스틱 쓰레기와 육지에서 수거된 너들의 화학적 오염 조사를 수행하게 되었을 당시 나는 이 질문에 대한 답을 찾고 있었던 것은 아니었다. 이 조사는 캘리포니아 주 수자원관리위원회의 자금 지원을 받는 연구에 포함된 것이었는데 로스앤젤레스의 하천 바닥과 인근 플라스틱 알갱이 유통업체 주변에서 표본을 수집해야 했다. 초점은 잔류성 유기 오염 물질이었다. 히데시게 타다카 팀은 플라스틱 알갱이가 해양 환경에서 PCB와 DDT를 흡수한다는 사실을 이미 알고 있었다. 우리는 이런 오염이 플라스틱 알갱이와 조각이 바다에 도달하기 이전에 이뤄지는 것인지 알고 싶었다. 그래서 나는 알갈리타 재단의 생물학자인 앤 젤러스와 그웬 라틴과 함께 핀셋과 금속 수집 그릇을 가지고 조사에 나섰다. 우리는 표본을 수거해서 라벨을 붙인 후 복잡한 추출 및 분석 과정을 위해 주 정부에서 공인한 실험실로 보냈다.

결과는 타카다 팀이 얻었던 것과 사뭇 달랐다. PCB와 DDE(DDT가 쪼개진 것)는 전혀 없었다. 하지만 모든 표본이 마치 로스앤젤레스 대기 오염 상황 표본인 것처럼 유독한 다환방향족 탄화수소^{PAH}를 포함하고 있었다. 또한 표본들은 거의 보편적으로 프탈산을 포함했다. 프탈산은 자연환경을 돌아다니다가 플라스틱 조각에 들러붙을 만한 화학 물질이 아니었다. 따라서 표본들 속에 성분으로 포함되어 있었다고 볼 수밖에 없었다. 만약 우리가 부드러운 비닐 고무로 된 목욕용 장난감이나 떼어내는 바닥재를 수집 중이었다면 상황을 이해할 수도 있었겠지만 우리가 수집하는 것은 그런 종류가 아니었다. 우리 표본은 모두 폴리에틸렌 또는 폴리프로필렌이었다. 따라서 프탈산은 이들 표본 속에 혼합되어 있었어야 했고 주변 환경에서 흡수된 것이 아니었다. 만약 이 조사가 정기적인 활동의 일환으로 실험을 수행하는 것이었다면 업계는 기업 기밀이라는 법적 방패를 이용해서 우리 모두를 바보로 만들었을 것이다.

비스페놀A가 우리 예상보다 더 광범위하게 사용되는 것이 아닐까? 예컨대 다른 종류의 단단한 플라스틱 제품에서 말이다. 국제플라스틱알갱이감시단의 분석 결과에 따르면 그런 것 같다. 폴리에틸렌과 폴리프로필렌 양자 모두 알갱이 및 조각에서 비스페놀A 함량이 10억 분의 1에서 100만 분의 1 정도로 과거에 쓰이던 산업용 화학 물질이나 살충제와 비슷했거나 이를 초과하는 경우도 있었다. 비스페놀A에 관한 핵심적인 쟁점은 동물들에게 극소량의 비스페놀A를 처방했을 때 동물들이 보인 신체적 반응이다. 실험실 실험에서 1조 분의 몇에 해당하는 비스페놀A도 테스토스테론 생산을 억제했고 환류 조사에서 나온 것과 비슷한 양의 비스페놀A는 쥐에게 '유해 건강 영향'을 유발했다. 저명한 비스페놀A 연구자이자 반대자인 프레더릭 S. 봄 살과 클로드 휴즈는 2005년 『환경 건강 전망』에 기고한 글에서 다음과 같이 썼다. "비스페놀A는 빠르게 대사된다는 증거가 있기 때문에 (…) 이런 결과[미국인 95퍼센트의 소변 표본에서 비스페놀A가 검출된 것]는 인간이 지속적으로 다양한 출처를 통해서 상당한 양의 비스페놀A에 노출되어 왔음을 가리킨다." 여기서 두 가지 의문이 생긴다. 폴리카보네이트 플라스틱 제품은 우리 생각보다 훨씬 더 많은 곳에 존재하는가? 미국화학협회가 작성하는 합성수지 생산 통계에는 폴리카보네이트가 목록에 있지도 않다. 아마도 폴리카보네이트 생산 비율이 폴리에틸렌, 폴리프로필렌, PVC 등에 비할 때 매우 적기 때문일 것이다. 두 번째 의문은 이것이다. 95퍼센트의 미국인이 매일 그렇게 많은 캔 음식과 캔 음료를 먹고 있는가? 우리가 생활에서 가까이 접하고 있는 다른 플라스틱 속에 비스페놀A가 숨어 있다고 보는 것이 더 그럴듯하다. 도대체 자동차 핸들이나 휴대 전화, 노트북 컴퓨터에 성분 표시가 되어 있는 것을 마지막으로 본 것이 언제인가?

그래서 우리는 다시 국제플라스틱알갱이감시단과 우리의 환류 표본 분석 결과에 의지했다. DDT나 PCB 같은 구식 화학 물질처럼 플라스틱에 흡수되어 있는 오염 물질에 관한 한 환류 표본들은 가장 깨끗한 편에 속했다. 하지만 환류 표본은 두 가지 항목에서는 가장 심하게 오염되어 있었는데 51개의 서로 다른 (주로 도시 또는 산업화된) 지역 중에서 단연 눈에 띄었다. 모든 지역의 폴리에틸렌 표본 중에서 환류 표본의 노닐페놀 수준이 가장 높았다. 노닐페놀은 비스페놀A와 유사한 물질로, 주로 세제나 살충제의 계면 활성제로 쓰이는 한편 플라스틱 제품의 가소제나 산화 방지제로도 쓰인다. 1980년대 말에 터프츠대학교의 유방암 세포 관련 연구에서 암세포들이 억제되기는 커녕 급격히 증식해서 연구가 엉망이 된 적이 있다. 알고 보니 실험실 용기 제조업자가 플라스틱에 에스트로젠성 노닐페놀을 첨가한 것으로 밝혀졌다. 환류의 동물성 플랑크톤은 여성화되고 있는 것일까? 유독한 해양 박테리아가 급증하고 있는 것은 아닐까? 샛비늘치 수컷들이 정력을 잃고 번식상의 문제를 일으키게 되는 것은 아닐까? 알 수 없는 일이다.

모든 폴리프로필렌 알갱이와 조각 표본들 중에서 환류에서 가져온 우리 표본이 BED209에 가장 많이 오염되어 있었다. BED209는 더 긴 분자를 가진 차세대 브롬화 난연제로서 더 작고 독성이 강한 조각으로 쪼개진다. 지구 상 가장 거대한 바다 한가운데에 유독한 난연 플라스틱이 있는 것이다. 이것이 얼마나 아이러니하고 부당한 일인지는 말로써 다 표현할 방법이 없다. 이런 종류의 화학 물질이 건강에 어떤 영향을 미칠 수 있는지는 앞에서 이미 살펴보았다.

국제플라스틱알갱이감시단의 프로젝트에 관한 요약 글은 '해양 플라스틱 속에 있는 유기 미세 오염 물질의 전 세계 분포'라는 제목을 달고 있다. 타카다가 주 저자이며 나는 13명의 공동 저자에 속한다. 하지만 다음과 같이 보고서의 결론을 내린 사람은 타카다였다. "먼바다와 외딴 해안에서도 노닐페놀이나 BED209 같은 고농도의 첨가 화학 물질이 발견되었다. (…) 먼바다와 외딴 해안에서 플라스틱 첨가물과 관련된 생태학적 위험은 바닷물에 녹아든 화학 물질보다 더 심각할 수 있다."

달리 말해 플라스틱 재료 자체는 유독성을 띤 트로이 목마와 같다. 겉으로는 그리 나쁘게 보이지 않더라도, 무서운 잔류성 유기 오염 물질보다 해양(그리고 육지) 생물에 더 큰 위험을 초래할 수 있는 보이지 않는 화학 물질을 품고 있을지도 모른다. 이 잠재적 위협을 조사하는 것은 차세대 해양 과학자들의 몫일 것이다.

14

오염원을 추적하다

플라스틱 오염을 다스리는 일은 어쩌면 독성 화학 물질을 금지하는 것보다 어려울지도 모른다. 이 두 가지 사안을 해결하면서 우리는 많은 문제점들을 마주하게 된다. 오염을 유발하는 플라스틱이 도착하는 곳은 그 출처만큼이나 다양하다. 그리고 출발지와 도착지는 서로 거의 아무런 연관이 없는 경우가 많다. 하지만 출처에 관해 더 많이 알수록 플라스틱이 쏟아져 들어오는 것을 막을 가능성도 커진다. 한편의 이야기로 시작해보자.

롱비치의 바로 남쪽에 있는 실비치는 결코 바다표범이 많지 않았다. 해안 개발로 밀려나기 전까지 대부분 캘리포니아 바다사자가, 그리고 약간의 잔점박이물범이 모래 언덕에서 햇볕을 쪼이곤 했다. 하지만 여전히 실비치는 서핑하기 좋은 곳이었고 내 오랜 친구인 주디 나이미야즈디의 고향이기도 했다. 그녀는 이 해안가를 그 누구보다도 속속들이 잘 알고 있었다. 서프라이더재단의 오랜 회원인 그녀는 정기적으로 해안가에 와서 쓰레기를 줍고 오염 감시 활동을 했다. 그런 주디는 어느 날 낯선 광경을 목격하게 된다. 파란색 나선형 플라스틱 수백 개가 모래 위에 흩어져 있었다. 마치 하늘에서 헤어롤이 떨어진 것 같았다. 당시 나는 서프라이더재단의 수질 테스트 프로그램인 블루워터 팀의 책임자였기 때문에 이 이상한 나선형 물체에 대한 소식을 듣게 되었다. 그때는 1990년대 초였고 내가 태평양 거대 쓰레기 지대로 첫 번째 항해를 가기 전이었지만 해변의 플라스틱 쓰레기 문제는 이미 골칫거리가 되어 있었다. 나는 플라스틱 재활용 업체에 판매 책임자로 있는 친구에게 연락했다. 그 친구 역시 의문에 빠졌다. 친구는 나선형 물체들을 한 움큼 가져가면서 조사해보겠노라고 약속했다.

쓰레기 과학 수사는 플라스틱 쓰레기에 관해 우리가 아는 것과 알 수 있는 것을 이용해서 출처를 찾아내고 조치를 취한다. 이 용어가 범죄 현장 수사를 연상시킨다면 좋은 일이다. 바다에 플라스틱 쓰레기를 버리는 것은 국제법 위반이니까 말이다. 알다시피 해양오염 방지협약 부속서5는 1988년에 발효되었다. 연방법도 미국의 배타적 경제 수역(미국 해안선으로부터 200해리까지의 바다)에 플라스틱을 버리는 것을 금지하고 있다. 미국 해안경비대는 8미터가 넘는 선박들(해양 탐사선 알기타호도 여기 속한다.)을 대상으로 해양 투기가 법적으로 금지된 모든 물질의 목록을 눈에 잘 띄는 곳에 게시할 것을 요구한다. 여러 증거가 보여주듯이 유해한 플라스틱 쓰레기가 해양 생물에게 저지른 일들을 고려한다면 쓰레기 투기는 말 그대로 범죄다. 저명한 해양학자 실비아 얼은 플라스틱의 해악에 관해 자신의 책 『바다의 변화』에 이렇게 표현했다. 플라스틱은 비록 "그 자체로는 냄새가 없지만 (…) 죽음의 냄새를 바다에 몰고 온다."

플라스틱 쓰레기는 위치가 중요하다. 도시의 해안선에 있는 쓰레기는 바다 한가운데 있는 표류물보다 추적이 훨씬 쉽다. 플라스틱 쓰레기가 일단 원양으로 나갔다면 범죄 현장을 벗어난 것이다. 추적은 매우 어려워진다. 가장 발달된 과학 수사 방법을 동원해도 그리 큰 진전을 보지 못할 것이다. 이런 플라스틱 조각이 얼마나 오래되었는지를 추적하는 기술은 적어도 플라스틱이 해양 환경에서 완전히 분해되는 데 걸리는 시간을 알려줄 것이다. 작은 플라스틱 조각은 시간이 지나면서 더 둥글어진다는 이론이 있다. 그럴듯한 가정처럼 보일 수도 있지만 아직은 과학적으로 면밀한 조사가 필요한 가정이므로 과학 수사 방법으로 사용할 수는 없다. 어쩌면 우리는 파편이 된 플라스틱 제품은 이미 미결 사건이 된 것으로 받아들이고 다음으로 넘어가야 하는지도 모른다.

앤서니 앤드래디는 탄화수소를 이용해 조각난 플라스틱의 연대를 추정하는 방법을 연구 중이다. 그는 이미 플라스틱 '분해'의 동인과 단계를 도표로 만들었다. 아직 모든 답을 찾지는 못했지만 점차 결실을 맺어가고 있다. 그는 플라스틱 부식의 동인과 단계를 해독하긴 했지만, 그 과정이 얼마나 걸릴지를 예측할 방법은 없다. 자연적 환경에 변수가 너무 많기 때문이다. 플라스틱에 최악의 적은 열, 햇빛, 기계적 마모라고 알려져 있다. 그보다 영향이 적지만 공기, 물, 생물학적 유기체도 분해를 촉진한다. 중합체는 현미경으로 보아야 보이는 화학적으로 연결된 섬유이다. 앞의 이런 요소들에 노출되면 중합체는 뻣뻣해지고 연결 부위에 문제가 생기면서 잘 부러지게 된다. 마치 정원 한쪽에 방치해둔 플라스틱 들통을 손에 쥐는 순간 바스러지는 것처럼 말이다. 분해의 마지막 단계는 미네랄화이다. 이때는 중합체 분자가 붕괴되면서 눈에 보이지 않는 이산화탄소, 물, 극소의 무기물 등이 된다. 중합체 과학자가 아니더라도 얇은 플라스틱 쇼핑백이 PVC로 된 접이식 의자보다 더 빨리 분해되리라는 것은 쉽게 알 수 있다.

앤드래디는 J. E. 페그램과 함께 여러 실험을 진행했는데 그중에는 전형적인 해양 쓰레기 표본이 서로 다른 환경 조건에서 분해되는 속도를 비교한 것이 있다. 그는 나일론으로 된 그물망 조각과 폴리에틸렌, 폴리스티렌 테이프를 바닷물에 담가두고 똑같은 표본을 근처의 육지에 두었다. 실험 장소로는 아주 다른 두 지역을 택했는데 플로리다의 비스케인 만과 워싱턴 주의 퓨젓 만이었다. 조사 마지막 단계에서 이 물질들이 '기계적 온전함'을 얼마나 잃었는지 테스트할 예정이었다. 바닷물에 두었던 표본은 1년 후에도 두 지역 모두 거의 변화가 없었다. 하지만 육지의 표본들은 겨우 6개월 후에 '기계적 온전함을 상당히 잃어버린' 것으로 나타났다. 어두운 색상의 플라스틱 조각은 열을 빨아들여서 대기 온도보다 최고 섭씨 30도까지 더 뜨거웠다. 앤드래디는 바다가 플라스틱에게는 일종의 지상 낙원이라고 결론지었다. 바다에서는 여러 요인 때문에 분해가 느리게 진행되었다. 물은 땅보다 차가웠고 소금물은 공기보다 산화가 덜 일어났다. 해조류는 바다의 플라스틱에 들러붙어서 마치 보호막처럼 태양 광선으로부터 플라스틱을 보호했다.

이 데이터에 따르면 환류에서 가져온 표본은 바다에 오랫동안 머무르면서 분해되었다기보다는(물론 일부는 그랬지만) 이전에 햇볕이 내리쬐는 해변이나 아스팔트 위에서 구워진 적이 있는 것으로 보였다. 사실 뉴질랜드의 한 연구자는 바스락거리는 봉지 같은 특정 종류의 플라스틱은 뜨거운 해변에 몇 주만 있어도 얇아지고 쉽게 부스러진다는 사실을 발견했다. 이 결과는 플라스틱 표류물 중 다수가, 특히 아주 작은 조각들의 경우, 땅에서 이미 스트레스를 받은 상태에서 바다로 왔다는 생각을 뒷받침하는 것 같았다. 또한 이것은 플라스틱 쓰레기가 바다로 가는 것을 막는 일이 중요하다는 사실을 다시 한번 강조했다. 일단 바다에 가면 플라스틱이 더 오래 지속될 뿐만 아니라 생태계에 더 많은 손상을 주기 때문이다. 플라스틱 쓰레기는 육지에서는 그저 보기 흉한 것에 불과하지만 바다에 가면 악랄한 위협이 된다.

환경 관련 기관들이 오염 대책을 마련하는 시스템이 어떤지는 앞서 잠깐 살펴보았다. 오염 물질은 두 가지 항목으로 나누어진다. 먼저 점點 오염원은 불법 투기나 공장처럼 특정 오염원의 추적이 가능한 경우다. 비非점 오염원은 길가의 쓰레기나 모래 속에 있는 플라스틱 입자처럼 특정 오염원으로 추적이 불가능한 경우다. 하지만 이런 원칙은 바다 한가운데서는 적용하기가 어렵다. 선박들의 쓰레기 투기에는 소비자 제품도 있고 어구가 포함될 수도 있다. 따라서 쓰레기의 원천이 육지냐 바다냐 하는 논쟁은 끝을 보기 어렵다. 또한 2011년 일본 쓰나미가 보여준 것처럼 육지와 바다의 비율은 앞으로 얼마든지 달라질 수 있다. 앤드래디는 플라스틱 표류물이 육지와 바다의 오염원에서 거의 동등하게 유래한다는 의견을 제시한다. 합리적인 추정으로 생각되지만 한 가지 유의할 점이 있다. 플라스틱은 세계화를 촉진하기도 하지만 세계화 때문에 플라스틱 오염이 생기기도 한다. 특히나 적절한 쓰레기 처리 체계가 없는 지역에서 말이다. 많은 개발도상국의 하천과 해안선은 비닐봉지와 플라스틱병, 포장재,

용기들 때문에 몸살을 앓고 있다. 이것들은 결국 바다로 갈 것이다. 이런 플라스틱의 제조자와 공급자가 당연히 책임을 져야 할 테지만 아직 우리가 사는 세상은 그렇지 못하다.

하지만 몇 가지 사항에 대해서는 모두가 동의할 수 있다. 유엔환경프로그램에 따르면 바다에서 유래하는 플라스틱 쓰레기의 출처는 상선, 연락선, 여객선, 어선, 군용 선박, 연구용 선박, 유람선, 해안의 석유 및 가스 개발 시설, 양식장이다. 내가 추가하고 싶은 또 다른 항목은 바다에서 유실된 선적용 컨테이너이다. 컨테이너에 싣고 있던 화물 때문에 해류 연구가 가능했었다. 해양 쓰레기의 육지 쪽 출처는 해안이나 하천, 수로 근처의 매립지, 처리되거나 되지 않은 하수, 산업용 시설, '관광'이다. 물론 또 다른 항목인 자연재해도 있다. 계절풍, 허리케인, 쓰나미, 지진 등이다. 이 중 어느 하나만 일어나도 바다로 대규모 쓰레기를 방출할 수 있다. 깊은 바다의 쓰레기 지대에 있는 플라스틱 쓰레기는 알래스카나 하와이 같은 외딴곳의 해변에 있는 쓰레기와 비슷하다. 어구, 아시아산 제품이나 컨테이너, 플라스틱 부스러기가 많다.

플라스틱이라는 물질은 이동성이 매우 커서 그 출처를 알기 더욱 어렵게 만든다. 플라스틱 쓰레기는 쉽게 오간다. 바람이나 조수에 의해 바다로 쓸려 나갔다가 해류나 파도에 쉽게 해안으로 다시 밀려 오기도 한다. 플라스틱 쓰레기는 가라앉고 헤엄치고 떠다니고 날아다닌다. 플라스틱 쓰레기는 이주성 동물들을 통해서 먹이사슬을 타고 올라간다. 1992년의 유명한 컨테이너 유출 사고로 인해 풀려난 프렌들리플로티의 목욕용 장난감 2만 8000개는 커티스 에베스마이어와 제임스 잉그램이 전 세계 해류 모델인 표층 해류 시뮬레이터를 시험하고 개선할 수 있게 해주었다. 씽씽한 플라스틱 오리와 개구리, 거북이, 비버가 어디서 유출되었는지 알고 있었기 때문이다. 하지만 이 플라스틱 동물들은 하와이 해변에서 찾은 것과 같은 익명의 플라스틱 표류물의 출처를 찾는 법 외에도 플라스틱의 분해에 관해 더 많은 것을 알려줄지도 모른다.

하와이 빅아일랜드의 남쪽 끝에 있는 카밀로 해변은 해안으로서 이례적인 곳이다. 이곳은 세계 최고의 관광 명소가 갖추어야 할 여러 요소를 갖고 있다. 안개에 싸인 뒷산, 초승달 모양의 만, 용암이 깎인 웅덩이, 잔잔한 파도, 그리고 모래사장처럼 보이는 해변까지 말이다. 하지만 이곳은 말 그대로 쓰레기장이다. 또한 증거를 수집할 수 있는 곳이기도 하다. 카밀로는 자연의 기이한 경이를 보여주는 곳이다. 바람이 가려지는 쪽의 빅아일랜드 해안은 남북으로 해류가 쓸고 지나가는 반면에 카밀로는 위치가 독특하다. 이곳의 특별함을 잘 알았던 고대 하와이인들은 이곳에서 물고기 이상의 것, 먼 곳에서 온 보물들을 얻었다. 태평양 북동부에서 온 커다란 통나무들이 서쪽으로 흐르는 해류를 타고 카밀로로 왔고 그 통나무로 카누를 만들었던 것이다. 평생 하와이에 살았던 셜리 고메스는 1940년대에 친구들과 이곳에 와서 표류하는 나무들을 골라 서핑보드를 만들었다는 이야기를 들려주었다. 또한 지금은 희귀해진 일본식 유리 부자도 수집해서 '점쟁이 놀이'를 하기도 했다고 한다. 카밀로는 또 바다에서 사랑하는 사람을 잃은 이들이 시신을 찾으러 오는 곳이기도 했다. 현재 이곳에서 우리를 맞이하는 것은 플라스틱 분무기 노즐, 제품 용기, 신발 조각, 네슬레 커피 뚜껑, 칫솔, 부탄 라이터, 그물 수 톤과 과학 수사가 필요한 그 밖의 물건들이다.

카밀로가 이렇게 쓰레기들을 끌어들이는 장소가 된 것은 완벽한 지질학적, 대기학적, 해양학적 조건 때문이다. 먼저 이곳에 있는 마우나로아라는 휴화산은 크기가 매우 커서 무역풍을 가른다. 카밀로는 이 산에서 바람이 막혀 있는 쪽이고 동시에 바람줄기가 다시 합쳐지는 곳이기도 하다. 북태평양 환류의 남쪽 경계에 가깝고 혼류가 흐르는 곳이므로 환태평양 국가에서 나온 오래된 쓰레기들이 주기적으로 유입되고, 쓰레기로 가득 찬 하위 소용돌이가 쓰레기를 해변으로 계속 토해낸다.

카밀로로 가려면 먼지 구덩이와 뾰족한 용암이 군데군데 나 있는 덜컹거리는 비포장도로를 한 시간이나 달려야 한다. 그곳에 가는 사람들은 대부분 해변 청소를 위해 조직적으로 가는 것이다. 나는 해양학자인 커티스 에베스마이어와 함께 카밀로 순례를 떠났다. 에베스마이어의 친구인 해변 수집가 노니 샌포드가 남편 론과 함께 가이드를 해주었다. 샌포드는 에베스마이어의 해변수집가및해양학자국제협회의 회원이었고 볼케이노빌리지에 있는 자신의 집에서 협회의 연례 회의가 열리는 장소까지 가는 길이었다. 그는 그곳에서 자원봉사 소방 구조대를 운영했고 카밀로에서 찾은 유리나 플라스틱으로 보석과 벽걸이 등을 만드는 것으로도 유명했다. 샌포드는 또 해변 정화 운동가이기도 했다. 샌포드와 주민들 말로는 몇 년 전에는 쓰레기가 때로 3미터 높이까지 쌓이기도 했다고 한다. 그는 지역 관청과 주정부에 연락해서 조치를 취해달라고 요청하기 시작했다. 그다음에는 신문사에 연락했다. 마침내 샌포드는 공무원으로부터 '협박 전화'를 받았다. 하와이 해변에 쓰레기가 있다는 소식이 알려지면 관광 산업에 타격을 줄 수도 있으니 활동을 그만두라는 전화였다. 그러나 샌포드를 비롯한 여러 사람의 청원이 마침내 받아들여졌고 미국지질조사국은 2003년에 대규모 청소를 실시했다.

첫 번째 공식 청소 기간에는 육군 헬리콥터들이 50톤 이상의 해변 쓰레기를 실어 날라야 했다. 대부분은 플라스틱, 특히 어구였다. 현재는 하와이 야생동물펀드와 그때그때 조직되는 환경 모임에 따라 1년에 몇 번씩 청소가 실시된다. 수십 명의 자원봉사자들이 수십 개의 대형 쓰레기봉투를 가져와 가득 채운다. 그러나 해변 청소를 매일 한다고 한들 수조 개의 미세 플라스틱 조각을 없애지는 못할 것이다. 370미터에 이르는 해변에서 이제 모래 알갱이보다 플라스틱 조각이 더 많다고 하는 사람도 있다. "올 때마다 쓰레기를 몇 봉지씩 집으로 가져가요." 샌포드가 말했다. "물에 담갔다가 색깔별로 분류하지요. 완전히 역겹기도 하지만 일견 예쁘기도 해요. 최소한 내가 가져간 것들을 물고기나 거북이가 먹는 일은 벌어지지 않겠지요." 우리는 만조 때 물이 닿는 지점에서 대부분 플라스틱인 모래 한 줌을 떠내 들여다보았다. 대부분 비대칭이었지만 훈련된 우리의 눈은 그중에서 반짝거리는 작은 구형들을 찾아냈다. 바로 제조 전 플라스틱 알갱이인 너들이었다. 카밀로에서 찾은 말도 안 되는 수많은 것들 중에서도 이너들이 가장 어이없었다. 카밀로는 이 알갱이를 만드는 미국의 화학 공장이나 이것들을 가공하는 공장이 닿지 못하는 곳에 있다. 플라스틱으로 된 대부분의 제품은 녹이거나 성형해서 만들어지고(빗이든 욕조든 케첩 통이든) 거의 대부분이 합성수지 구슬로부터 운명을 시작한다. 하지만 '열가소성 수지 재료'가 대체 여기서 뭘 하고 있는 걸까? 만조 때면 물이 차는 해안에서 나는 가로세로 30센티미터의 면적 안에서 1밀리미터보다 큰 플라스틱 조각을 2500개 수거했다. 그중 500

개는 너들이었고 그 정도면 비닐봉지 하나를 만들 수 있는 분량이었다.

외딴곳의 해변에는 도시의 쓰레기가 아니라 주로 어구가 모인다는 점을 생각하면 카밀로에 너들이 있는 것은 말이 안 된다. 이것이 그냥 우연일까? 하와이대학교 힐로캠퍼스의 칼라 맥더미드는 자신의 해양 과학 수업에 나를 초청해 강의를 들은 후 해변 플라스틱을 조사하기로 결심했다. 선임 연구원인 트레이시 맥멀른과 팀을 만든 맥더미드는 하와이 군도 해변 아홉 곳의 플라스틱 쓰레기를 수량화했다. 그 결과 모든 장소의 모든 표본에서 '작은 플라스틱 쓰레기'가 나왔다. 하지만 가장 집중적으로 분포한 곳은 미드웨이 섬과 몰로카이 섬에 있는 가장 외딴 해변이었다. 두 곳 모두 상업적 활동이 활발한 곳이 아니었다. 쓰레기를 분류해보니 무게로 따질 때 72퍼센트가 플라스틱이었다. 20제곱미터의 면적에서 수거한 1만 9100개의 조각 중에서 11퍼센트가 너들이었다. 이토록 멀리까지 온 익명의 너들에 어떤 과학 수사 기법을 적용해야 하는 걸까?

알다시피 매년 생산되는 1.5억 톤의 플라스틱 대부분은 플라스틱 알갱이에서부터 시작한다. 이 알갱이들은 철도로, 화물 트럭으로, 컨테이너선으로 미국 전역과 전 세계 성형 공장까지 여행하게 된다. 이 원재료 중에서 0.1퍼센트만 바다로 도망간다고 해도 연간이면 15만 톤이다. 500그램당 2만 5000개의 알갱이가 있다고 치면 7.5조 개의 알갱이이고 그중 절반이 물에 뜰 것이다. 우리는 환류 수색에서 이 정도의 분실을 목격하지는 않았다. 야생 생물학자 피터 라이언의 연구로 다시 돌아가 보자. 그는 1980년대에 너들이 사실상 몇몇 종의 바닷새에게는 주식이 되었다는 사실을 발견했다. 그는 이후 1999년에서 2006년까지의 플라스틱 섭식 연구를 분석해서 2008년 후속 조사 결과를 내놓았다. 그는 플라스틱 섭식률은 바뀌지 않았으나 모든 표본 집단에서 알갱이가 44~79퍼센트 정도 감소한 것을 발견했다. 그는 이렇게 결론 내렸다. "지난 20년간 전 세계 바다에서 작은 플라스틱 쓰레기의 구성이 바뀌었다." 외딴 해변에 있는 너들은 대부분 오래된 것으로서 육지의 가공업자들이 자신들이 버린 것을 치우고 운송회사들이 안전한 컨테이너 운송법을 개발하기 전에 해양 환경에 들어간 것이라고 생각할 수 있을 것이다.

카밀로에서 흔히 발견되는 유독성 물건이 세 종류 있는데 어떤 것인지 한번 맞춰보자. 첫 번째는 15센티미터 길이의 반투명 플라스틱 관으로 한쪽 끝에 망가진 고리가 있는 경우가 많다. 바로 1973년 아메리칸사이나미드에서 특허를 낸 야광 봉이다. 파티나 콘서트에서 인기 있는 제품이고 야간에 작전을 수행하는 군대에서도 꼭 필요하다. 실제로 미국 해군이 이 제품에 관한 거의 모든 특허를 관리할 정도다. 또한 이것은 어선에서도 기본적인 도구다. 주낙과 그물에 수백 개씩 달아두니까 말이다. 새 야광 봉을 구부리면 내부의 얇은 유리병이 깨지면서 반응성 화학 물질이 나와서 빛을 낸다. 어부들은 돈이 되는 어종인 참치와 황새치 등의 물고기가 빛에 끌린다는 점을 알고 있다. 중국에서는 '수십 억 개의 야광 봉을 켜라.'가 모토라고 해도 과언이 아니다. 상선에서 사용하는 야광 봉이 워낙 인기가 높아서 어느 웹 사이트에는 이렇게 씌어 있을 정도다. "전 세계 참치잡이 선박과 주낙 어선을 위한 4인치 및 6인치 최상급의 상선 야광 봉." 온라인 판매 사이트를 보면 얼마나 많은 수의 야광 봉이 생산되는지 짐작할 수 있다. 수십 곳의 제조사 중 한 곳(Zibo Dexing Industries Co., Ltd.)은 매년 1억 개를 생산한다고 주장하며 개당 1달러 이하로 판매한다. 굳이 일회용품이라고 광고하진 않지만 재사용과 재활용 모두 불가능하다. 일반적으로 다 쓴 야광 봉들은 구부려져 있지만 겉은 온전한 상태이다. 하지만 우리가 발견하는 야광 봉들은 말 그대로 마구 씹혀 있다. 불쌍한 동물들이 야광 봉을 한 입 깨물고 나면 소화되지 않는 플라스틱과 유리를 먹을 뿐만 아니라 화학 물질들로 코가 범벅이 될 것이다. 『환경 독성 약학』에 실린 한 논문은 야광 봉의 화학 물질이 "제대로 희석되지 않거나 직접 접촉할 경우 해양 생물에게 유독하다."는 사실을 발견했다. 야광 봉은 앨버트로스 새끼들의 주식이다. 현재 재사용 가능한 LED 램프 막대가 출시되었고 높은 비용에도 불구하고 선진화된 어선에서 사용되고 있다.

두 번째 유독한 물건은 개에게 씌우는 소형 입마개처럼 생긴 고깔 모양의 검정색 플라스틱 바구니다. 이 재미난 물건은 재미난 사냥감을 잡는 데 쓰는 물건이다. 그 사냥감은 바로 비늘도 없고 턱도 없고 매력도 없으면서 점막으로 둘러싸인 먹장어이다. 먹장어의 생김새와 움직임은 장어를 닮았는데 장어와 달리 해저에 있는 썩은 고기를 먹는다. 먹장어의 주요 시장은 한국이다. 한국에서 먹장어는 굴이 그렇듯이 정력제로 알려져 있다. 그동안 먹장어를 남획해왔음에도 여전히 연간 4000톤 규모의 시장 수요가 한국에 존재한다. 먹장어의 껍질도 상업적 가치가 있는데 도심의 상점에 가면 장어 껍질 지갑을 비롯한 다양한 주머니를 볼 수 있다. 한국의 먹장어 구매자들은 미국 서부 해안의 어장에 파운드당 20달러까지 가격을 지불한다. 고깔 모양 덫은 해저에 설치된 미끼용 관에 꽂혀 있다. 먹장어들은 이 장치가 죽은 물고기라고 생각하고 관 속으로 머리를 들이밀게 되고 빠져

나오려고 하면 고깔 끝에 있는 못에 걸린다. 카밀로나 다른 섬의 해변에 나타나는 덫들은 오래된 한국 어장에서 왔을 가능성이 크다. 대부분 분해가 진행된 상태이기 때문이다. 새로운 덫은 생분해 가능한 플라스틱으로 만든다고 한다. 환류와 카밀로에서 여전히 많이 수집되는 옛 물건들은 과거의 플라스틱이 미래에도 사라지지 않을 것임을 알려준다.

　세 번째 수수께끼 같은 물건은 검정색, 파란색, 회색, 녹색의 폴리에틸렌 튜브인데 길이는 2~20센티미터 정도에 지름은 2센티미터쯤 되는 물건이다. 이것은 주낙 굴 양식장에서 사용하는 굴 분리기 또는 '굴 파이프'이다. 작업자들은 새끼 굴이 달린 모노필라멘트 낚싯줄을 설치하고 그것들이 자라면서 서로 엉켜 붙지 않도록 분리기를 이용해서 분리한다. 낚싯줄은 해안 가까이에 닻을 내린 뗏목에서 아래로 드리워져 있다. 굴 양식장은 서핑이나 공업으로 인한 오염이 없고 사람들의 왕래가 많지 않은 아시아, 미국, 유럽 및 기타 온대성 연안 해역에 흔하다. 하지만 원양에 수백만 개의 분리기를 버린 것은 어느 지역일까? 유력한 용의자는 일본의 양식장이지만 일본에서는 법적으로 대나무 분리기를 사용하도록 권고한다. 중국은 전체 연간 굴 수확량인 3억 톤 중 82퍼센트를 생산하며 한국과 필리핀도 굴 산업을 갖고 있다. 하지만 문헌들에 따르면 이 양식장들은 새끼 굴을 분리하는 데 값싼 매듭식을 이용한다고 한다. 미국 서부 해안의 굴 양식은 플라스틱 분리기를 사용하지만 규모가 작아서 이 튜브들이 이렇게 많이 발견되는 것을 설명하기 어렵다. 프렌치프리깃숄스에서 에베스마이어 박사는 이 튜브들이 어구 다음으로 가장 많은 물건이라고 했다. 카밀로 해변에서는 언제나 가장 많이 발견되는 쓰레기이다.

과학 수사의 돌파구가 마련된 것은 2010년 6월이었다. 나는 하와이대학교 힐로캠퍼스에서 열리는 어느 국제 해양 회의에 기조 연설자로 초청되었다. 또 다른 연설자는 일본기술연구소의 코지 오쓰카였다. 그는 자연재해가 발생했을 때 최초 수습 인원이 항구 도시에 접근하는 방법에 관심을 갖고 있었다. 나중에 보니 그가 상정한 최악의 시나리오도 9개월 후인 2011년 3월에 발생한 역사적 재앙에 비하면 덜 극단적이었다. 선견지명이 있었던 그는 대형 지진이 발생하면 도로나 활주로가 갈라져서 육로나 항공편의 접근이 막힌다고 설명했다. 다른 방법은 바다를 통해서 접근하는 것인데 이 경우 굴 양식장에서 떨어져 나온 파편 등의 쓰레기 때문에 방해를 받을 수 있다고 했다. 나는 무릎을 탁 쳤다. 이 사람이라면 굴 분리기의 수수께끼를 풀어줄 수 있을지도 몰랐다. 질의응답 시간에 나는 그에게 그가 본 굴 양식장에서 어떤 형태의 분리기를 사용하는지 물었다. 대나무? 그는 때로 대나무도 사용하지만 대부분의 경우는 플라스틱이라고 했다. 나는 그에게 이 플라스틱 분리기가 도처에 널려 있는 것을 아는지 물었다. 외딴 해변이나 환류, 죽은 앨버트로스 새끼들의 뱃속에도 말이다. 그는 영어가 능숙하지 않았지만 자신이 한 번도 깊이 생각해본 적 없는 문제, 즉 내가 한두 시간 전에 발표한 플라스틱 쓰레기와 그것이 바다에 미치는 영향을 굴 분리기와 관련지어보려고 애쓰는 것을 알 수 있었다. 몇 번의 발표가 더 있고 나서 그는 우리 앞에서 할 말이 있다고 했다. 멈칫거리는 영어로 그는 일본에 돌아가면 플라스틱 굴 분리기에 관한 메시지를 전하겠다고 약속했다. 그는 이제 문제를 정확히 인식하고 감정을 추스른 것 같았다. 나는 오쓰카 박사에게 다시 대나무를 사용한다면 도움이 될 것이라고 했다. 불행히도 그런 일은 금방 일어나지 않았다. 쓰나미 사후 평가 보고서는 굴 양식장에 막대한 손상이 있었고 굴 분리기를 몇백만 개 더 풀어놓았다고 했다.

쓰레기 과학 수사는 해양 생물들이 어디를 헤매고 다니는지도 알려줄 수 있다. 해양 생물들의 먹이는 생태계가 건강한지 문제가 있는지를 알려주는 표지가 될 수 있다. 그 예시가 되는 획기적 연구가 2009년에 나왔는데 논문의 제목은 신랄하게도「쓰레기 집으로 가져오기 : 서식지에 따른 채집 분포의 차이가 레이산앨버트로스의 플라스틱 섭식을 증가시켰는가?」였다. 신시아 밴더리프를 포함한 다섯 명의 저자는 레이산앨버트로스의 서식지 두 곳에서 먹이 채집 방식을 추적했다. 한 곳은 큐어 환초, 다른 한 곳은 큐어 환초에서 남동쪽으로 2400킬로미터 떨어진 오아후 도심이었다. 연구자들은 각 집단의 새끼들이 역류한 내용물을 서로 비교했다. 각각의 사냥 지역이 무엇에 의해 얼마나 오염되었는지를 알기 위해서였다. 연구자들은 모든 역류물에서 플라스틱이 나온 것을 발견했다. 하지만 조사를 주도한 하와이대학교의 린지 영의 표현에 따를 때 '충격적'이었던 것은 외딴 지역인 큐어 환초의 역류물이 오아후 지역의 역류물보다 최고 10배나 많은 플라스틱을 포함한 점이었다. 연구자들은 또한 새끼가 있는 앨버트로스가 새끼가 없는 놈들보다 집 근처에서 먹이를 구하려 한다는 사실을 알아냈다. 새끼들과 가까이 있기 위해서였다. 그 말은 큐어 환초에 있는 새들이 쓰레기가 많은 수렴대나 오염이 심한 하와이와 일본 사이의 서쪽 쓰레기 지대로 간다는 뜻이었다. 반면 오아후 새들은 동쪽 쓰레기 지대의 남쪽에 위치한 비교적 깨끗한 지역으로 갔다. 그리고 아이러니한 것은 가장 사람이 많이 사는 섬의 앨버트로스가 인간의 쓰레기를 덜 먹고 있다는 점이었다. 플라스틱의 종류도 서로 달랐다. 큐어의 역류물은 아시아에서 나온 것이 많았다. 플라스틱 장난감이나 화장품 통 외에 큐어의 역류물에 가장 많았던 것은 어구였다. 야광 봉, 굴 분리기, 모노필라멘트 낚싯줄, 일회용 라이터(낚싯줄을 손보고 담배를 피울 때 사용하는) 같은 것들 말이다. 오아후 역류물은 비교적 무해하거나 어구가 아닌 쓰레기였다.

큐어의 앨버트로스 일부가 쓰레기 이랑에서 플라스틱을 가져온 것은 분명했다. 먹을 수 있는 음식처럼 보이고 우리의 수사가 필요한 플라스틱들 말이다. 내가 가장 큰 쓰레기 이랑을 본 것은 2002년 호놀룰루에서 캘리포니아로 가는 항해 도중에 프렌치프리깃슐스에 들른 후였다. 하지만 배경 설명이 좀 필요하다.

엄밀히 말해서 이랑windrow은 랭뮤어 셀Langmuir cell이라는 현상에 의해 형성된다. 이것은 제너럴일렉트릭 연구소장으로 있으면서 1932년 노벨화학상을 타기도 했던 브루클린 출신 어빙 랭뮤어의 이름을 딴 것이다. 랭뮤어는 여가 시간에 자연 현상을 이해하기를 좋아했다. 그는 1938년 대서양 횡단 여객선에서 이랑을 처음으로 보았다. 사르가소 해였는데 거품과 사르가소 해조가 평행하게 열을 이루고 있었다. 이에 매료된 랭뮤어는 이것이 아직 설명되지 않은 현상임을 알고 자신이 직접 해명해보기로 결심했다. 그는 실험 방법을 고안해서 제너럴일렉트릭의 스케넥터디 연구소 근처에 있는 조지 호수에서 실험을 실시했다. 그는 특정 조건에서 잔잔한 바다 표면 위를 부는 바람의 전단력剪斷力이 대류환對流環을 만들기 시작한다는 사실을 발견했다. 대류환은 온도가 서로 다른 액체나 기체가 충돌할 때 생긴다. 뜨거운 물에 얼음을 넣으면 물이 휘감기는 모습이 바로 대류환의

한 예이다. 바다 표면에서 대류환은 통나무 굴리기와 비슷한데, 수평의 긴 원통 형태의 물줄기가 '통나무' 역할을 한다고 보면 된다. 이 물 원통들이 수표층에서 서로 반대 방향으로 회전하면서 수표면에 표류물을 남긴다. 랭뮤어가 대서양을 횡단하면서 보았던 것은 해조와 거품으로 구성된 이랑이었지만 지금은 주변의 물에서 들춰진 쓰레기가 그 속에 들어 있다. 이랑이 바다의 더러운 비밀을 들춰내는 것이다. 먹이를 찾아 헤매던 앨버트로스는 이런 이랑을 발견하면 아주 좋아한다.

우리는 2002년의 대이랑the Great Windrow을 쫓아서 탐구했다. 수중 투광 램프를 가지고 밤낮으로 대이랑의 주변과 그 아래로 잠수했다. 이랑의 끝은 찾지 못했지만 해양대기청의 쓰레기 사냥꾼들을 그토록 좌절시켰던 혼합 유령 그물 뭉치가 만들어지는 모습을 목격할 수 있었다. 바다가 항상 물건들을 서로 엮고 있다는 사실을 내게 처음 알려준 사람은 커티스 에베스마이어였다. 나는 이런 메커니즘이 실제로 벌어지고 있는 것을 관찰했는데 기다란 로프가 저인망 그물의 주변과 속으로 휘감기는 모습이었다. 이랑을 따라 다양한 단계의 유령 그물 뭉치를 볼 수 있었다. 조그맣게 엉킨 그물에서부터 울퉁불퉁 튀어나온 거대한 뭉치까지 볼 수 있었다. 그때까지는 이랑이 해양 쓰레기에 어떤 역할을 하고 있다고 의심해본 적이 없었고 그저 해양 쓰레기를 드러내는 줄로만 알고 있었다.

우리가 이랑에서 수거한 물건들은 다음과 같았다. 파이프, 파란색 플라스틱 방수포, 플라스틱 판, (어부들이 잡은 물고기를 분류하고 미끼를 담아두는) 세탁 바구니와 궤짝, 스티로폼 부자, 속이 빈 플라스틱 부자, 가끔 유리 부자, 신발, 큰 물통, 펠트펜, 골프공, 딱풀, 안전모,

칫솔, 옷걸이, 텔레비전 브라운관, 연장, 카메라, 서류 가방, 낚시용 미끼와 바늘, 비누, 표백제, 양념 통, 아이스크림 막대, 장난감, 스포츠 장비, 우산 손잡이(내 수집 아이템이다.), 플라스틱 조각, 그물 공, 병뚜껑, 야광 봉, 굴 분리기, 라이터, 먹장어 덫, 풍선, 플라스틱 칼집, 일본식 고깔 모양 도로 표지, 플라스틱 의자 조각, 그리고 이상한 것으로 변기 의자가 있었는데 나중에 알고 보니 싸구려 일본산 비데에 딸린 것이었다. 다수의 대형 플라스틱이 아시아 글자를 새기고 있었다. 어구를 발견하면 유감스럽다고 생각하고 말지만, 일본과 한국의 소비자 제품은 거기서 그치지 않는다. 이 나라들은 효율적인 폐기물 관리 체계를 갖고 있다. 이 물건들 중에 해양 생물이 통째로 삼킨 것은 별로 없었지만 사실상 전부가 뜯어 먹힐 것이고 더 작게 분해되어서 먹힐 것이다.

내가 아는 한 오염된 이랑은 아직 과학적으로 연구된 적이 없었다. 이랑은 예측하지 못한 때에 나타나서 겨우 하루 이틀 지속되기 때문에 연구가 쉽지 않을 것이다. 하지만 이랑이 품고 있는 내용물은 해양 쓰레기에 관한 흥미로운 단면을 보여주며, 출처를 짐작케 해주고 수표면을 청소할 기회를 준다.

브루스 라벨은 버클리에 있는 독성물질규제처의 환경화학연구실 캘리포니아 지부장이다. 그는 우리가 바다에 있는 익명의 플라스틱 쓰레기를 추적하려 할 때 알고 싶었으나 쉽게 알기 힘들었던 정보들을 수량화했다. 우리는 플라스틱 조각의 개별 특징을 해독할 수 있는 분석 능력을 필요로 하지만 그러려면 우선 플라스틱에 코드나 DNA 같은 것이 내장되어 있어야 한다. 이런 표지가 있으면 기초 중합체 수지가 어디서 만들어졌고 어디서 가공되어 제품으로 성형되었는지, 그리고 어느 회사가 최종 제품을 중개하고 판매했는지 알 수 있을 것이다. 불행히도 현재로서는 플라스틱 조각의 계통을 알아내는 것보다 피 한 방울을 DNA 감식하는 편이 훨씬 쉽다. 설사 그런 능력이 있다 하더라도, 폐기물을 부적절하게 처분한 것에 대한 책임 소재를 명확히 하는 어려운 과제가 여전히 남는다. 그렇기 때문에 일회용 플라스틱은(특히 바람에 날려가서 쉽게 인간의 통제를 벗어나 버리는 얇은 플라스틱 필름이나 스티로폼은) 물에서 생분해가 되도록 개량되거나 금지되어야 한다.

해안 지역은 플라스틱 해양 쓰레기의 출처에 관해 무엇을 알려줄까? 업계와 정부가 공동으로 자금 지원을 하고 있는 워싱턴 소재의 비영리 단체 해양보호단은 매년 단 하루 이 질문에 대한 답을 구한다. 바로 국제해안청소의 날인 9월의 어느 토요일 하루이다. 지금 우리가 가지고 있는 데이터는 2009년에 실시된 24회 연례행사에서 나온 것이다. 전 세계 108개국과 미국 45개 주의 거의 50만 명에 이르는 자원봉사자들이 2만 7000킬로미터 이상의 해변에서 총 3400톤이라는 경악할 만한 양의 쓰레기를 수거했다. 그들은 또한 그물에 엉켜 있는 새와 물고기, 거북이, 포유류 300마리 이상을 구조했다.

해양보호단은 때로 해양 오염의 복잡성에 대처하기에는 너무 엉성한 데이터를 만들어낸다는 비판과, 마치 연례 청소가 문제의 해결책인 양 '기분만 좋게' 하는 환상을 심어준다는 비판을 받는다. 하지만 해양보호단은 해안 쓰레기에 대한 '단면'을 보여줌으로써 널리 경각심을 일깨우고 더 책임 있는 행동과 개선된 정책을 유도하는 것이 자신들의 목표라고 주장한다. 상위 10개 항목에 오르는 물건들은 (개별로 셌을 때) 해마다 거의 비슷한데 대개가 해변에 들른 사람들이 버린 쓰레기다. 항상 목록의 최상위에 있는 것은 담배꽁초인데 2009년에 자원봉사자들이 수거한 담배꽁초만 218만 9252개였다. 그다음으로 많은 쓰레기는 비닐봉지(112만 9774개), 음식 포장재와 용기(94만 3233개), 뚜껑류(91만 2246개), 접시, 컵, 수저 등(51만 2516개)이었다. 가장 많이 증가한 것은 9퍼센트까지 증가한 플라스틱 음료 병이었다. 그다음이 빨대류와 종이 봉지였다. 상위 10개 항목이 전 세계적으로 수거된 전체 쓰레기의 80퍼센트를 차지했고 하루 종일 수거해서 분류한 1000만 개 이상의 쓰레기 중 822만 9337개를 차지했다. 비닐봉지와 병만 플라스틱으로 분류했지만 빨대나 컵, 접시, 뚜껑, 담배꽁초의 대부분도 플라스틱이라고 해도 좋을 것이다.

그들이 보여준 이 '단면' 때문에 해변에 가는 사람들이 현행범이라는 믿음이 생긴다. 위 데이터를 카밀로와 비교해보면 카밀로는 최상위 항목이 언제나 플라스틱 뚜껑(30퍼센트)이며 이는 해양보호단의 9퍼센트와 다르다. 카밀로에서는 담배꽁초보다 부탄 라이터가 더 많이 발견된다. 비닐봉지보다 굴 분리기가 더 많다. 플라스틱 빨대보다 야광 봉이 더 많다. 공통적인 분야는 플라스틱병이다. 양쪽 다 많은 플라스틱병이 발견된다. 하지만 해양보호단은 담배꽁초보다 백만 배는 더 흔한 항목을 목록에 포함하지 않는다. 바로 카밀로에서 모래보다도 더 많은 플라스틱 알갱이다. 또한 카밀로에서 해변에 들른 사람들이 버린 쓰레기는 사실상 전무하다. 카밀로는 사람이 거의 방문하지 않기 때문이다.

해양보호단에서 실시하는 청소의 의도는 분명 좋은 것이지만, 나는 아름답게 꾸며진 그 보고서를 읽으며 후원사가 코카콜라, 솔로 컵, 글래드, 다우케미컬인 것을 보고 한숨을 쉬었다. 후원사의 '기업

책임' 담당자 중 한 명이 한 다음의 말을 읽어보면 그들이 반복적으로 전하려는 메시지가 잘 드러난다. "사람들에게 자신의 행동이 어떤 영향을 가져오는지 교육하려면 기업과 개인, 기관이 공동으로 노력해야 합니다." 최고의 범죄자(무기를 주고는 누군가 다치면 '사람들의 무책임함'을 비난하는 작자들)가 이렇게 도덕적인 양 남들을 꾸짖는 것을 보면 나는 대체 그 진정성이 무엇인지 의심스러워진다. 아무튼 나는 많은 젊은이들이 처음으로, 그리고 아마도 유일하게 바다와 해안을 경험하는 일이 조직적인 쓰레기 치우기 활동이라면 몹시 안타까운 일이라고 생각한다.

캘리포니아 주는 대부분의 다른 주들보다 환경 문제를 진지하게 받아들인다. 1990년대 초에 이미 캘리포니아 주 정부 관료들은 공장이나 하수 처리장 같은 점 오염원이 비교적 제대로 관리되고 있다고 생각했다. 그래서 영양성 유출(골프장과 정원, 농경지에서 침출된 질소와 인)과 해변 쓰레기 같은 문제로 관심을 돌렸다. 해양 생태계만 위험에 처한 것이 아니라 해변의 도시들도 쓰레기가 늘어난 해변과 오염된 바다 때문에 경제적 손실을 겪고 있었고 관리에 들어가는 비용이 너무 컸다. 내가 가장 좋아하는 공공 기관인 스쿼프는 새로운 정책 방향을 제시하고 연안 해역과 해변을 더 깨끗하게 만들 수 있는 과학적 방안을 강구하는 책임을 맡고 있었다.

나는 오렌지카운티 해변에 있는 쓰레기를 측정하는 프로젝트의 고문을 맡았다. 수집 규칙이 필요했기 때문에 우리는 각 해변의 특정 지역에서 쓰레기를 집중 조사하는 방법을 고안했다. 자원봉사자들에게는 이 지역에서 수집한 모래 20리터를 체에 쳐서 수거하도록 훈련시켰다. 그 결과는 모두의 예상을 빗나갔다. 담배꽁초와 비닐봉지, 포장재, 물병보다 더 많은 것은 너들이었다. 자원봉사자들의 셈에 기초해 데이터 분석가들이 계산을 해보니 오렌지카운티에 있는 모든 해변에 1억 500만 개 이상의 합성수지 알갱이가 있다는 추론이 나왔다. 무게로 따지면 2톤이 넘는 양이었다. 이 연구에서 보통의 해변 여가 활동 쓰레기가 나오지 않았다는 뜻이 아니다. 그것은 놀랄 일도 아니었다. 하지만 너들을 발견한 것은 완전히 충격적인 사건이었다. 당시 우리는 너들이 어디서 오는지 전혀 몰랐다. 인근 공장에서 나오는 점 오염원 쓰레기인가? 아니면 바다가 뱉어놓는 비점 오염원 쓰레기인가? 쓰레기 과학 수사가 절실히 필요한 상황에서 뜻밖의 탐정이 나섰다.

2002년이었다. 책에서 본 모든 오염 법칙이 실패한 상태였다. 수사관은 내가 알기타호의 냉각 장치 때문에 귀찮은 일이 생겨 우연히 만나게 되었던 아주 젊은 과학자였다. 냉각 장치를 설계한 사람은 미국항공우주국의 공학자 출신으로 뉴포트비치에 수리점을 갖고 있던 랜디 심킨스였다. 과학 쪽에 몸담았던 그는 자연히 내가 하는 조사에 관심을 가졌다. 어느 날 그의 수리점을 방문했는데 심킨스는 중학교에 다니는 딸 테일러가 과학전람회에 나가게 되었다며 좋은 아이디어가 없냐고 물었다. 나는 일정 기간 동안 해변의 특정 구역에서 너들 숫자를 관찰해보면 어떻겠냐고 했다. 퇴적률이 달라지는지를 알아보는 것은 의미 있는 일이었기 때문이다. 어떤 경향이 나타날 수도 있고 출처를 파악할 단서를 찾을 수도 있었다. 8년 후 나는 테일러를 찾아서 그녀의 이야기를 들어보기로 했다.

테일러 역시 바다를 몹시 사랑하는 사람이었다. 그녀는 수영과 서핑, 스노클링을 하며 자랐고 스스로를 "다방면으로 바다에 푹 빠진" 사람이라고 설명했다. 그녀는 벌써 일곱 살 때 바다에 관한 일을 하며 살게 될 것을 알았다고 했다. 당시 과학전람회에 관해 질문한 지 일주일 후에 심킨스는 딸을 내게 데려와 인사를 시켰다. 테일러는 이렇게 말했다. "너들에 대한 나의 집념은 바로 그때 시작되었어요." 어린 테일러와 나는 가설을 세웠고 테일러는 샌타애나 강 입구의 양편에 만조 때의 수위에 해당하는 구역을 대상으로 정했다. 샌타애나는 캘리포니아 남부 유역에서 바다로 빗물(과 쓰레기)을 실어 나르는 콘크리트 '강' 중 하나였다. 테일러는 1제곱미터 넓이에 3센티미터 깊이의 땅을 수집 장소로 정했다. 그리고 1년간 비가 오기 전과 후에 표본 수집을 하기로 하고 그녀의 아버지가 매번 그곳에 데려다주기로 했다. 그녀는 이렇게 회상했다. "표본을 모두 큰 들통에 넣어서 집으로 가지고 왔어요. 그리고 크고 작은 눈금을 가진 체를 이용해서 너들을 골라냈죠." 테일러는 너들 외에도 흔히 발견되는 쓰레기들을 찾아냈다. 물병, 담배꽁초, 공장 자재 같은 것들이었다. 하지만 지금도 진행 중인 그녀의 분석에 따르면 비가 온 후에는 너들의 수가 '상당히' 증가했다. 그녀는 너들이 바다에서 밀려오는 것이라면 비가 온다고 해서 퇴적률이 높아지지는 않을 것이라고 결론 내렸다. 하지만 너들이 공장의 부주의로 유출되어 배수로를 통해 빗물 배수관으로, 다시 바다로 간 것이라면 비는 **분명히** 너들의 수를 급증시킬 수 있었다.

이렇게 해서 테일러는 제조 전 플라스틱 수지 알갱이의 직접적 출처를 처음으로 명확히 증명한 연구자가 되었다. 출처는 사출 성형 업계였다. 그리고 테일러는 활동을 시작했다. 그녀는 랜디와 함께 대담하게도 '위장 수사'를 시작했고 샌타애나 강 유역에 있는 몇 곳의 사출 성형 공장에 이르게 되었다. 그녀는 플라스틱 제조에 관한 보고서를 작성한다는 구실로 출입을 허락받았다. 그래서 공장에 들어가게 되면 "시설이 깨끗한지 여부"를 점검했다. 많은 곳이 그렇지 못했다.

'플라스틱 업계의 더러운 작은 비밀'이라는 주제로 테일러는 지방 과학전람회에서 우승을 했고 주 대회에 나가게 되었다. 그녀는 환경 연구 분야에서 2등을 차지했으며 디스커버리채널에서 운영하는 젊은 과학자 대회 참가를 위한 3단계 심사를 통과했다. 그녀는 전국에서 40명만을 뽑는 심사에 수백 명을 제치고 선발되었다. "저는 '캘리포니아에서 온 금발의 서핑 아가씨'로 참여했지만 모든 고정 관념을 깨버렸죠." 그녀의 회상이다. 그녀는 잠수용 산소 탱크를 사용하자는 제안으로 팀이 고카트go-cart 경주에서 1등을 하도록 이끌었고 『워싱턴 포스트』지 1면을 장식했다.

뛰어난 예술가적 기질을 가진 테일러는 집으로 돌아온 후 자신이 디자인한 포스터의 인쇄 비용을 댈 보조금을 얻어냈다. 샌타애나 강 유역에 있는 40개의 사출 성형 공장에 붙일 포스터였다. 영어와 스페인어로 된 포스터는 플라스틱 알갱이 유실을 방지하는 것이 사업뿐 아니라 환경에도 좋다는 것을 설명하고 있었다. 테일러의 선물에 대해서 오직 한 공장의 주인만 반응했지만 그는 테일러를 공장으로 초대해서 그녀의 제안이 이뤄낸 개선을 직접 보여주었다. 생산성이 향상되었을 뿐만 아니라 공장의 매우 비싼 기계에도 손상이 덜 갔다. 현재 테일러는 샌디에이고대학교에서 해양 과학을 전공하고 있다. 그녀는 자신의 너들 연구를 독성 문제까지 포함하도록 확장하고 개선해서 동료 평가를 거치는 과학 학술지에 발표하는 것을 목표로 삼고 있다.

알갈리타 재단을 포함한 여러 단체가 업계와 함께 작업하며 성공 사례를 개발해왔다. 사실 미세 플라스틱이라고 부르는 것들 중에서 너들과 분해된 플라스틱 조각만 문제가 아니었다. '주요한' 미세 플라스틱에는 다른 항목들이 있었다. 즉 상업적인 목적으로 생산된 아주 작은 플라스틱들, 예를 들어 공업용 연마재, 세척제, 회전 성형과 PVC 재료로 쓰이는 플라스틱 분말, 세안제에 각질 제거제로 첨가되는 미세 구슬 등 말이다. 이런 것이 배수구나 하수구로 가면 대부분은 하수 처리장과 쓰레기 차단벽을 빠져나가서 결국 강이나 바다로 가게 된다. 이런 합성수지 연마재의 일부는 실제로 선박의 동체를 청소할 때도 쓰인다.

이제 미세 플라스틱에 의한 오염에도 진지한 관심이 쏠리고 있지만 여기에는 수년간의 노력이 들어갔다. 해양대기청이 후원하는 첫 해양 미세 플라스틱 토론회는 2008년 9월 워싱턴대학교 타코마캠퍼스에서 열렸다. 참석자 중에는 토니 앤드래디와 알갈리타 재단의 마커스 에릭슨도 있었다. 토론회에서 나온 중요한 결과 중 하나는 심각한 '정보 격차'의 존재와 더 많은 연구의 필요성에 관해 공감대를 형성한 것이었다. 2011년에 호놀룰루에서 열린 제5회 국제해양쓰레기회의에서는 마침내 폐어구 대신 소형 플라스틱에 주목했다. 여기에는 이 문제를 부각시키려고 애쓴 알갈리타 재단의 노력도 한 몫을 했다.

그러면 다시 실비치에서 해변 수집가가 찾아낸 파란색 나선형 플라스틱으로 돌아가 보자. 플라스틱 업체에서 일하던 내 친구도 헤어롤처럼 생긴 그 작은 물건이 무엇이며 어떻게 그것이 실비치에 오게 되었는지 전혀 알 수 없었다. 그 친구 역시 여전히 궁금해했고, 그래서 판매 책임자라는 위치를 활용해서 조사를 계속했다. 그는 그 물건들을 피그^{pig}라고 부른다는 사실을 알아냈다. 피그는 끝이 뾰족한 작은 물체로, 오물로 막히는 것을 방지하기 위해 파이프 속에 집어넣는 '수세미'였다. 내 친구는 이 피그들이 실비치 바로 위에 있는 샌가브리엘 강 인근에 위치한 남부 캘리포니아 에디슨 발전소에서 사용되고 있다는 사실을 알아냈다. 이 발전소는 바닷물을 이용해서 냉각 장치를 돌렸는데 바닷물에 해조 포자가 들어 있었고 이것들이 파이프 내벽에 달라붙어 자라서 파이프를 막는 일이 생겼다. 나선형 피그를 파이프 속에 집어넣어 해조류를 긁어내고 나면 피그가 해조 찌꺼기와 섞여 강으로 마구 쏟아져 나왔다. 이런 세척 작업은 주기적으로 실시되었고 그래서 마법처럼 이상한 간격을 두고 나타났던 것이다.

어떻게 이런 일이 허용될 수 있단 말인가? 실비치 피그의 출처를 알아낸 후 롱비치와 오렌지카운티 북부 서프라이더 지부는 활동 계획을 세웠다. 1990년대였던 당시에는 연방과 주 정부의 오염 방지 법률이 모호한 상태였다. 우리에게 최선의 전략은 국제 조약인 해양오염방지협약 부속서5를 적용하는 것임이 분명했다. 미국 해역에서 이 법률을 집행하는 책임이 있는 것은 미국 해안경비대였다. 나는 로스앤젤레스 항구 해안경비대 사무실에 아는 사람들이 몇 명 있었고 그래서 그들을 찾아갔다. 나는 서프라이더재단의 명의로 된 편지를 가지고 갔다. 거기에는 남부 캘리포니아 에디슨 발전소가 플라스틱 피그를 미국의 배가 오가는 수역에 방류하고 있는 것으로 보인다고 진술되어 있었다. 이렇게 되자 해안경비대는 수사와 집행을 시작할 수밖에 없었다. 경비대 대장이 수사를 시작했고 예상대로 발전소와 해변 사이의 강이 배가 오가는 지역임을 확인했다. 그러자 그는 발전소에 편지를 써서 실비치에서 수거된 플라스틱 쓰레기의 출처가 발전소로 밝혀졌다고 알렸다. 그리고 전력 회사는 그런 배출을 막을 법적 의무가 있다고도 통보했다. 발전소는 절차를 변경해 향후에는 피그가 유출되지 않게 하겠다고 동의했다. 하지만 아직도 소량의 피그가 밖으로 빠져나와서 실비치에 도달한다. 그래서 지금도 실비치에 가면 햇볕 아래 분해되는 동안 바다에 들어가기를 기다리고 있는 피그들을 가끔 발견할 수 있다.

15

플라스틱 발자국 지우기

> 편리하지만 가능성 없는 희망이야말로 냉엄한 진실을 가로막는 장애물이다.
>
> _벤저민 로스와 스티브 앰터, 『오염자들The Polluters』

마치 무슨 의례 같다. 처음에는 인간이 만든 환경 위기를 고통스러울 만큼 자세하게 해부한다. 그다음에는 심사숙고한 '해결책' 목록이 나온다. 그것들을 시행하면 세상은 다시 올바르게 될 것이다. 하지만 좋은 아이디어가 결실을 맺는 경우는 드물다. 왜냐고? 변화는 어렵고 권력을 가진 사람과 기관은 현 상태에서 이득을 얻고 있기 때문이다. 플라스틱에는 많은 것이 걸려 있고 플라스틱 세상을 지휘하는 사람들은 결코 게임의 주도권을 놓으려 하지 않을 것이다. 하지만 플라스틱 바다에서 벗어난다는 것은 모든 플라스틱 투입을 지금 당장 멈춘다는 뜻이다. 그다음에 오는 것이 기다리기 전략이다. 남아 있는 우리의 플라스틱 발자국*은 분해될 날만을 기다리거나 아직 우리가 모르는 자체적인 시간표를 따를 것이다. 원자력 에너지가 시작되었던 것과 같은 시기에 플라스틱은 우리 생활 속에 폭발하기 시작했다. 그리고 이 오래된 지니를 램프 속으로 도로 넣을 방법은 없다. 하지만 그렇다고 해서 노력을 멈춰서는 안 된다. 우리의 플라스틱 사용 방식이 우리 자신과 지구 상의 모든 생명을 지탱하는 자연환경에 피해를 주지 않도록 해야 한다.

다시 말하지만 1960년에서 2007년 사이에 미국에서 만들어지는 쓰레기양은 매일 한 사람당 1.2킬로그램에서 2.1킬로그램으로 두 배가 되었다. 우리는 이 기간 동안 미국인들이 넘쳐나는 제품 선택의 기회 앞에서 '소비자'가 되어가는 과정을 지켜보았다. 전례 없이 많은 여성들이 노동 인구에 편입되면서 편리함의 가치를 배우는 것도 보았다. 우리는 일회성이 편리함과 위생의 동의어가 되는 것을 보았고 일회용품이 세계 경제 성장을 견인하는 것도 보았다. 심지어 전자제품처럼 값나가는 소비자 제품도 서서히 일회용으로 전락하는 것을 보았다. 매일, 매주, 매월, 매년, 우리가 가진 물건은 깨지고, 닳고, 폐물이 되고, 구식이 되고, 심지어 지루해져서 새로 나온 물건을 사고 다음번 '히트 상품'을 산다. 우리 중 예외는 거의 없다. 최근에 리얼리티 텔레비전 프로그램의 스타가 된, 강박적으로 물건을 쌓아두는 사람들은 이런 행동이 극단적으로 치달으면 어떤 결과를 초래하는지 적나라하게 보여준다. 아무것도 폐기하지 않으면서 천천히 스스로를

---

*탄소가 남기는 '탄소 발자국'처럼 인간이 플라스틱을 통해 환경에 남기는 영향을 말한다.

파괴하고 있는 이 이상한 사람들은 자신의 생활에 들어온 거의 모든 것(오래된 것, 새것, 온전한 것, 깨진 것, 싼 것, 비싼 것)에 정서적 가치 내지는 잠재적 유용성이 있다고 말한다. 미친 소비자들처럼 보이기도 하지만 물건을 쌓아두는 사람들은 끊임없이 새로워지고 싶어 하는 갈망을 대변하기도 한다. 사실 모든 것이 다시 쓸모 있어질 것이다. 나는 그들이 제품에서 집요하게 의미를 찾고 지속되는 가치를 찾으려 하는 것을 깊이 이해한다. 그들은 소중한 자원들이 결국 어떻게 될지 생각하지 않는 비이성적인 시스템의 희생양으로 보인다.

소비의 방식 때문에 막대한 재화를 끊임없이 갈아치우게 된 지금 재활용이라는 아이디어는 최선의 해결책을 상징하게 되었다. 재활용을 의미하는 화살 표시는 1970년 개리 앤더슨에 의해 처음 만들어졌다. 당시 스물세 살이었던 그는 제1회 '지구의 날' 주최 측에서 개최한 경연에 참가해 그 표시를 만들었다. 그렇게 해서 재활용은 도시 쓰레기를 처리하기 위한 국가 전략의 일부가 되었다. 재활용 화살 표시는 대부분의 플라스틱 음식 용기나 개인 용품 용기에 표시되어 있다. 하지만 플라스틱 필름이나 배송용 스티로폼, 그리고 작은 전자 제품이나 연장, 장비, 알약, 미용 용품 같은 것이 들어 있는 그 뜯기 힘든 투명 플라스틱 포장지(블리스터 팩*이라고 하는)에는 재활용 화살 표시가 없는 점이 눈에 띈다. 재활용 화살 표시 안에 쓰여 있는 1에서 6까지의 숫자는 중합체의 기본적인 유형을 나타내지만 모두가 재활용 프로그램으로 회수되는 것은 아니다. 7이라는 숫자는 그저 '1에서

---

* 제품 모양에 맞게 투명한 플라스틱 포장을 씌우고 반대편은 종이 등으로 막은 것. 건전지 포장 등에 사용한다.

6이 아님'을 나타낼 뿐이다. 하지만 수요가 많은 수지들(그중 1은 PET, 2는 고밀도 폴리에틸렌, 4와 5는 저밀도 폴리에틸렌과 폴리프로필렌이다.)조차 항상 재활용이 가능하거나 수거된 후 반드시 재활용되지는 않는다. 재활용 플라스틱들은 각각 분류되고 뭉치로 만들어진 다음 다시 판매되는데 1번과 2번을 낙찰 받는 사람들은 보통 인건비가 싼 지역, 주로 중국에 있는 업체에 팔려고 한다. 입찰하는 사람이 없으면 분류된 플라스틱 알갱이는 어쩔 수 없이 매립지로 간다. 재활용은 노력이 많이 들어가는 가식적인 행동에 불과한 경우도 많다.

재활용 비율은 증가하는 플라스틱 사용을 따라잡지 못했다. 내가 만났던, 폐플라스틱 제품으로 이윤을 창출할 수 있는 갖가지 아이디어를 가진 기업가들을 생각해보면 유감스러운 일이다. 그들의 작업은 쉽지 않았다. 플라스틱은 사용 후 재가공에 저항력이 있는 것으로 밝혀졌다. 단일 물질로 뭉쳐질 수가 없기 때문이다. 캘리포니아 북부 샌마테오카운티에서 운영하는 프로그램인 리사이클워크스는 플라스틱의 종류가 5만 종이라고 주장한다. 출처를 표시하지는 않았지만 이 통계는 신빙성이 있어 보인다. 열경화성 수지와 열가소성 수지만 해도 매우 광범위한 분야여서 그 안에 수백만 가지의 응용 제품들이 있다. 많은 것들이 특수한 화학 결합을 통해 생기는 고유한 특성을 필요로 한다. 풍선껌에는 탄력성이 있고, 정원용 가구는 내열성과 내산화성, 랩은 신축성이 필요하다. 또 경주용 차의 몸체나 세계 최고의 경주용 요트 돛, 방탄조끼, 새로운 우주선 등을 만들 때 쓰는 탄소섬유강화 중합체는 강도가 필요하다. 이렇게 다양한 종류의 플라스틱을 몇 안 되는 재활용 물질로 분류하는 것은 비현실적이다. 새로운 종류의 플라스틱은 계속해서 나타난다. 미국 특허청 관보에 따르면 중합체 관련 소재의 새로운 특허는 매주 평균 15개 이상이라고 한다. 그중 많은 것들이 개선된 나노 물질, 젤, 코팅 등에 관한 것이다. 하지만 상당수의 다른 것들은 새로운 포장재용 라미네이트나 새로운 발포법 같은 차세대 경량 포장재에 관한 것이다. 이것들은 원자재가 적게 들고 선적 무게도 덜 나가기 때문에 친환경적, 혹은 보다 친환경적이라고 광고된다.

우리에게는 복잡한 제품들을 구분하는 데 도움을 줄 수 있는 완전하고 정확하며 유용한 표시법이 필요하다. 하지만 그런 책임을 맡고 있는 기관인 연방통상위원회는 어떤 사회적 목표를 위해서 표시제도를 어느 한쪽으로 몰아갈 수 있는 권한이 없다. 연방통상위원회에는 가짜 표시를 규제할 권한밖에 없다. 제조업자들은 거짓 내용이 아닌 이상, 원하는 것은 무엇이든 포장에 표시할 수 있다. 그래서 소비자에게 심리적 만족을 주고 자신들이 쉽게 근거를 댈 수 있는 새로운이라든가 개선된이라는 단어를 마구 사용한다. 하지만 여기에도 몇 가지 원칙이 있다. 1966년의 공정포장및표시법은 다음과 같은 사항들을 요구한다. 첫째, 제품의 정체성. 둘째, 제조자와 포장자 혹은 유통자의 이름과 위치. 셋째, 미터법 혹은 인치나 파운드법을 이용한 내용물의 순량. 재활용이나 폐기 방법을 용기에 표시한다고 해서 사업에 제약이 생기거나 정보 과부하가 일어날 것 같지는 않다. 미국 정부가 모든 플라스틱 포장과 제품에 그것의 '폐기'나 '다음 단계'에 관한 명확한 지침을 표시하도록 규제한다고 생각해보자. 그런 의무 조항을 어떻게 공포해야 할까? "목표와 정책의 선언"이라는 조항을 가진 수질오염방지법을 들먹여야 할까? 40년이나 지난 지금도 가장 환경을 신경 쓰는 주와 지자체에서나 겨우 조금씩 시행을 해보려고 애쓰는 이 법률을?

1990년대 초에 독일은 소비자 수준에서의 분리를 개선함으로써 재활용 문제에 대처하기로 결정했다. 병에 딸린 보증금은 가게에서 환불받는다. 보증금이 없는 유리는 색상에 따라(투명, 갈색, 녹색으로) 분류되고 동네마다 제공되는 공공 쓰레기통에 넣는다. 하지만 소음 문제를 피하기 위해 밤늦게나 이른 아침에는 넣을 수 없다. 가정에는 종이와 마분지를 위해서 녹색과 파란색 쓰레기통이 비치된다. 갈색 쓰레기통은 '생분해되는 것들'을 위한 것이다. 노란색 쓰레기통 또는 봉지는 그린닷green dot 로고를 표시한 포장재를 위한 것인데 플라스틱뿐만 아니라 알루미늄과 주석 캔도 해당된다. 회색 쓰레기통은 담배꽁초나 일회용 기저귀, 오래된 프라이팬 같은 물건을 위한 것이다. 회색 쓰레기통의 내용물은 금속을 제거한 후 태운다. 독일 사람들은 갈색, 파란색, 녹색, 회색 쓰레기통에 버린 것에 대해서만 무게에 따라 비용을 낸다. 포장재에 사용하는 그린닷 로고는 노란색 봉투나 쓰레기통에 넣기 위한 것이고 관련 물건을 생산한 기업들이 비용을 지불한다. 기업들은 트럭과 운전사를 고용하여 그것들을 회수하고 직원을 고용해 분류한다. 독일에서 포장에 관한 핵심적인 개념이 바로 생산자가 비용을 낸다는 점이다. 어림잡아 재활용 비용은 포장재 1킬로그램당 1유로 정도이며 이 물질들을 재활용하는 실제 비용으로 정해진다.

그린닷 프로그램은 이제 공인된 상표이며 전 세계 170개국에서 사용 허가를 받아 사용할 수 있다. 사용 허가를 받은 업체가 규정된 양만큼 자기네 제품을 재활용하면 그린닷 로고의 사용료는 무료이다. 독일에서는 이 물질들을 재활용하는 비용이 지난 10년간 75퍼센트 감소했으며 독일은 2020년까지 모든 매립지를 폐지할 계획도 세워두었다. 매립지를 주로 차지하는 것이 포장재이기 때문이다. 색깔별로 나뉜 쓰레기통 체계는 공공 분야와 직장에도 적용되므로 올바른 행동을 하기가 더 쉽다. 재활용과 관련해서 중요한 측면이 바로 통일성이다. 생산의 통일성. 수거의 통일성. 의무적 재활용의 통일성. 이런 통일성은 경제적이지만 상품의 개성을 살리는 방향이나 미국의 지역별 관리 체계와는 배치된다. 재활용할 같은 종류의 플라스틱 제품이 대량으로 있지 않다면, 재활용으로 유용한 플라스틱 산업 자재를 만들기는 어렵다. 플라스틱을 다시 녹이는 것이 플라스틱의 바람직한 특성을 어떻게 바꾸는지, 또는 녹이는 데 한계가 있는지에 대해서도 아직 불명확하다. 품질 제어를 위해서 재활용 플라스틱에 새로운 플라스틱을 얼마나 추가해야 하는지도 분명치 않다. 분리되지 않은 재활용 물질은 용도가 제한되어 있기 때문에 수요나 이윤도 부족하다.

독일에서는 재활용할 수 없는 쓰레기를 처리할 때 최후의 수단으로 소각이나 다른 방식의 열처리를 사용한다. 다른 국가에서는 그렇지 않아서 이런 처리 방식을 두고 가스화, 열분해, 플라즈마 아크plasma arc, 폐기물 에너지화, 열처리 재활용 등의 다양한 이름으로 부르고 있다. 캘리포니아에서는 카펫 제조사들이 화학 물질이 잔뜩 든 자신들의 제품을 '연료'로 지정해서 폐카펫을 태우는 것이 카펫 산업의 의무적 '재활용 계획'에 포함되게 하려고 압력을 행사 중이다. 독일에서는 플라스틱 업계가 에너지 생성을 위한 '열처리 재활용'을 강하게 밀어붙였다. 이 문제는 정치적 논란이 되었으나 대다수의 독일인들이 혼합 플라스틱을 태우는 것이 대기 오염에 부정적 영향을 미친다는 과학적 결과를 확고히 지지했다. 지구 온난화에 기여하는 이산화탄소가 배출될 뿐만 아니라 다이옥신과 푸란이 나오기 때문이다. 이것들은 알려진 것들 중에서도 가장 독성이 강한 화학 물질이며 아주 적은 양이더라도 유독하다. 도시 고형 폐기물 처리 방안에 관한 매사추세츠 주 정부의 보고서를 보면 이런 처리 방식은 모두 "입자성 물질, 휘발성 유기 화합물, 중금속, 다이옥신, 이산화황, 염산, 수은, 푸란 등의 대기 방출"을 유발한다고 한다. 생태학자인 샌드라 스타인그래버는 인간이 만든 발암 물질에 관한 자신의 책 『먹고 마시고 숨 쉬는 것들의 반란』에 다음과 같이 썼다. "최신의 가장 고급 소각로를 통해서 다이옥신과 푸란의 흔적을 공기로 보낸다고 하더라도 (…) 우리 모두는 쓰레기에 불을 붙여서 전기를 만드는 것이 과연 진정한 형태의 재생 가능 에너지인지 다시 생각해봐야 한다." 다이옥신은 염소 공여체가 있는 상태에서 플라스틱을 태울 때 형성된다. 공여체 분자는 유기물, 무기물 모두 가능하다. 플라스틱 해양 쓰레기를 태우는 것이 부분적인 해결책이 될 것이라고 상상하는 사람이 있다면(호놀룰루 및 일부 지역에서 벌어지고 있는 일이다.) 이 점을 기억해야 한다. 쓰레기가 바닷물로 코팅되어 있다는 점 말이다. 식탁의 소금(염화나트륨)을 얻는 방법 중 하나가 바닷물을 증발시키는 것이다. 따라서 염화나트륨으로 코팅된 플라스틱을 태우면 다이옥신이 생길 것이다.

대형 선박들은 대부분 플라스틱을 포함해 선상에서 생긴 쓰레기를 태우는 소각로가 있다. 그리고 그 굴뚝에는 유해 물질을 제거할 수 있는 장치가 없는 경우가 많다. 이런 선박들을 시찰하는 독일 함부르크 항의 한 경찰은 내게 이런 소각로의 문제점에 관해 말해주었다. 규칙에 따르면 소각로를 예열해서 쓰레기를 재로 완전히 소각시

켜야 합법적으로 바다에 버릴 수 있다. 하지만 실제로는 쓰레기를 소각로에 넣은 후 불을 켜는 경우가 많다. 이렇게 되면 저온에서 불완전한 연소가 발생한다. 특히나 쓰레기 중심부가 그렇다. 이런 재는 바다에 버리는 것이 불법이다. 나는 표본에서 보았던 형체 없는 플라스틱 조각이 바로 이런 관행 때문임을 깨달았다. 전 세계 바다는 빠르게 성장하는 국제 무역의 중요한 운송로로 선호되는 수단이어서, 엔진 배기가스와 소각로 연기라는 두 가지 대기 오염 요소로 몸살을 앓는다. 여러 연구에 의하면 공업용 항구 근처에 사는 사람들은 암 발생률과 폐 질환 발생률이 높다고 한다. 이런 항구에서는 선박들이 화물을 싣고 내리는 동안 중유를 태우기 때문이다.

하지만 독일에서는 플라스틱 쓰레기에 대해 허용하는, 화학적 재활용이라고 하는 선진적인 기술이 있다. 이 처리 방식은 혼합 플라스틱에도 적용이 가능한데 마치 석유 정제와 비슷하다. 무산소 상태에서 중합체에 고열과 고압을 가한 다음 수소를 추가하면 원유에서 결과물이 추출되는 것처럼 기본적인 플라스틱 자재들이 추출된다. 영국에서 개발되고 있는 새로운 처리 방식은 혼합 중합체를 다시 단량체로 분해한다. 예를 들면 폴리스티렌을 스티렌으로, PET 플라스틱을 테레프탈산으로 분해하여 재사용할 수 있게 만든다. 기본적인 계획은 이 처리 공장들이 저유황 가솔린이나 디젤과 같은 연료를 만들어내는 것이다. 즉 배출 가스는 억제하면서 공장에서 스스로 연료를 생산하는 것이다. 최초에 플라스틱을 만들 때 사용한 에너지가 회수되지 않고 매립해야 하는 유독한 찌꺼기도 남기 때문에 이런 처리 방식을 완벽히 '닫힌 순환 구조'라고 할 수는 없다. 열분해라고 하는 이 기술에서 미국은 유럽보다 뒤처져 있다. 많은 신생 기업이 투자자를 찾고 있지만 아직 대규모로 가동되고 있는 기업은 없다. 오하이오 주 아크론에 있는 폴리플로도 그런 회사의 하나이다. 나는 2010년 봄 클리블랜드자연사박물관에서 폴리플로의 두 명의 젊은 사장을 만나 이야기를 나눌 기회가 있었다. 그들은 태평양 거대 쓰레기 지대에 관해 더 알고 싶다며 내게 미리 연락을 했다. 그들은 자신들의 기술이 문제에 대한 해결책이기를 바라고 있었다. 내게는 이런 일이 자주 있고 또 나는 그런 관심을 고맙게 생각한다. 바다로 가는 플라스틱 쓰레기의 흐름을 줄이려면 새로운 기술이 필요한 것은 의문의 여지가 없고 또 혼합된 쓰레기를 처리하려는 수요도 분명히 있을 것이다. 하지만 내가 들었던 대부분의 아이디어는 핵심 문제를 놓치고 있었다. 전 세계에 퍼져나가는 플라스틱 제품과 포장재의 양이 계속해서 증가하고 있다는 문제 말이다. 이런 플라스틱 제품의 비중이 조금만 줄어들어도 많은 해양 쓰레기가 줄어들리라는 것은 명확한 사실이었다. 업계나 정부의 지원을 받는 단체들은 공급 측에 압력을 행사하기를 꺼렸다. 그것이 미국적이지 못하고 기업에 반하는 것이기 때문이라는 이유였다. 오늘날 미국인들이 들을 수 있는 크고 분명한 메시지는 "쓰레기를 버리지 마라."와 "재활용하라."이다. 이것은 쓰레기 처리의 부담을 소비자에게 지우는 것이다. 좀 더 작게 들리는 메시지가 바로 "줄여라."와 "재사용하라."이다. 이 메시지는 희미한 체제 전복의 냄새를 풍긴다. 우리가 재활용한 플라스틱의 많은 양이 중국으로 간다는 사실 또한 잘 알려져 있지 않다. 1년에 약 181만 톤의 플라스틱이 재활용되기 위해서 미국 해안을 떠나 해외로 간다. 하루 4500톤 이상이다.

더 재활용할 수 있는 플라스틱을 수출하는 것은 **폐기물**이라는 말을 추방하고자 하는 사람들에게는 좋게 보이지 않는 일이다. 자원 회복 운동에서 모든 물품은 그 주인이 어떤 단계에서 그 물품을 더 이상 원하지 않더라도 언제나 일정한 가치를 지니고 있다. 모든 것이 자원이라면 우리가 해야 할 일은 아무것도 버리지 않도록 물품을 적절한 단계에서 재사용할 방법을 찾아내는 일이다. 중고품 할인점은 아직도 생명이 남은 물건들에게 훌륭한 장소이며 현재 폐기물 인수 센터에 통합되고 있다. 플라스틱 포장재와 중고 플라스틱 제품을 자원으로 보는 것은 개념적으로는 쉬운 일이지만 실제로는 정부와 업계, 혹은 양자 모두가 재활용에 대해 보조금을 지급해야 할 때가 많다. 끝도 없이 다양한 플라스틱 제품을 회수, 분류, 정화, 가공, 재제조하는 과정에서 충분한 이윤이 생기지 않기 때문이다. 그렇기 때문에 우리는 생산자의 책임을 확장해서 기업이 경제적으로 회수할 수 없는 물건은 만들지 않도록 해야 한다. 이 원칙에 예외가 있을까? 물론이다. 예외가 많을까? 우리가 플라스틱 발자국을 지우는 문제에 관해 진지하다면 예외는 많지 않을 것이다.

    이 모든 것을 알고 나면 한 가지 의문이 생긴다. 오래된 플라스틱 제품으로 새 플라스틱 제품을 만드는 일이 왜 그렇게 어려운가? 유리나 종이, 알루미늄, 철강으로는 언제나 가능한 일 아닌가? 플라스틱을 재가공하는 데 한계가 생기는 이유 중 하나는 플라스틱이 녹는점이 낮기 때문이다. 유리, 알루미늄, 철강은 용광로에서 녹는 과정에서 아주 높은 온도(수천 도씨)에 도달해야 한다. 그렇기 때문에 그 속에 있는 오염 물질(음식이든, 페인트 또는 기름이든)은 모두 증발해버린다. 종이는 화학적으로, 그리고 기계적으로 다시 펄프가 된다. 반면에 대부분의 열가소성 수지는 물의 끓는점인 100도씨가 되기 전에 벌써 녹거나 물러지기 시작한다. 플라스틱은 재제조되기 전에 주의 깊게 씻는 추가 단계가 필요하다. 심지어 그렇게 해도 플라스틱에 친유성(기름을 흡수한다.)이 있으므로 충분히 깨끗하게 씻어지지가 않고 따라서 음식과 접촉하는 용도로 사용할 수가 없다. 양묘 산업에서 사용되는 재활용 플라스틱 화분 중 일부는 여전히 식물 병원체를 옮긴다. 유럽에는 두꺼운 재사용 용기들이 있지만 시간이 지나고 여러 번 사용하면 침출이 일어난다는 증거가 늘고 있어서 이런 방법이 옳은지 의문이 일고 있다.

플라스틱 재활용과 관련한 문제가 이렇게 많기 때문에 퇴비로 만들 수 있는 대체물이 개발되고 있는 것은 당연한 일이다. 하지만 식물성 재료를 사용해 '바이오플라스틱'을 만든다고 해서 이것이 꼭 생분해되거나, 퇴비화가 가능하거나 혹은 바다에서 분해되는 것이 아니라는 점을 이해할 필요가 있다. 플라스틱의 중추를 이루고 있는 탄소 간 결합은 식물로 만든 중합체에서도 석유로 만든 중합체만큼이나 지속적일 수 있다. 만드는 과정의 문제이기 때문이다. 현재 전 세계 화학자의 대다수가 고분자 화학자이다. 이들의 지식은 매우 정교한 수준이어서 분자 단위로 기존 중합체를 조작할 수 있을 정도다. 그중 다수의 화학자는 제약 업계에서 일하며 표적 수용체에 맞춰 약물을 특정 장기까지 배달할 수 있는 생체 모방 중합체를 만들고 있다. 다른 중합체들은 임무를 끝낸 후 때맞춰 생분해되도록 설계된다. 절개 부위가 나은 후 녹아 없어지는 외과용 실을 생각하면 된다. 일부 회사는 기존 중합체의 탄소 사슬을 끊어주는 촉진 첨가제를 선전하지만 이것이 반드시 완전히 생분해되거나 적절한 시간 내에 분해되는 것은 아니다. 이런 첨가제들은 야생 생물이 걸려서 꼼짝 못하게 된 충격적인 사진으로 잘 알려진, 음료를 옮기는 데 쓰는 여섯 개짜리 플라스틱 고리에 첨가된다. 말하자면 사람들이 고리를 자르기 위해 사용하는 가위의 화학적 대체재인 셈이다. 합성 중합체가 끊어진다고 해서 그것들이 원래의 분자인 이산화탄소와 물로 생분해되는 것이 보장되지는 않는다. 그렇기 때문에 끊어진 고리는 이전 모습의 파편으로 여전히 바다에 떠 있을 가능성이 크다.

바다에서 플라스틱이 사라지려면 바다에서 분해될 수 있어야 한다. 유기 물질이 육지의 퇴비 더미에서 겪는 것과 같은 과정을 겪어야 한다. 어느 플라스틱이 퇴비 더미에서 생분해된다고 해서 바다에서도 꼭 그러란 법은 없다. 바다는 퇴비 더미보다 훨씬 차갑고 일부 생분해 가능한 플라스틱은 상당한 열기(섭씨 60도 정도)가 있어야 분해되기 때문이다. 육지에서는 퇴비 더미에 균류, 박테리아, 곤충 같은 다양한 생명체가 넘쳐나기 때문에 열이 생성된다. 바다에서는 이런 과정이 거의 없다. 나는 바다에서 가져온 표본 중에서 곤충은 소금쟁이 하나밖에 발견하지 못했다. 균류도 드물고 해안에서나 발견된다. 박테리아와 바이러스는 많이 있지만 상대적으로 추운 환경에 있다 보니 그만큼 천천히 활동한다. 경험적으로 박테리아의 활동성은 섭씨 5.6도가 상승할 때마다 두 배가 된다. 따라서 16도씨의 바닷물보다 60도씨의 퇴비 더미에서 훨씬 활동성이 크리라는 것을 쉽게 알 수 있다.

나는 아이다호대학교의 초청으로 그곳 프로그램에서 강연할 일이 있었는데 그 프로그램 진행자 중에는 브래드 로저스가 있었다. 그는 퇴비화 가능한 소비자 제품 포장재를 처음으로 발명한 사람이다. 로저스는 프리토레이 사의 자기네 팀이 옥수수와 미생물을 발효시켜서 나온 젖산을 이용해 플라스틱으로 썬칩 봉지를 만든 과정을 설명해주었다. 그 봉지는 겉면은 퇴비화가 가능한 플라스틱이고 안쪽은 습기를 막는 알루미늄이다. 알루미늄은 과자의 바삭거림을 유지하기 위한 것이다. 과자 옆의 알루미늄을 플라스틱 층으로 다시 덮는 것은 산화를 막기 위해서이다. 흥미를 느낀 나는 호텔 근처의 식료품점에 가서 썬칩 몇 봉지를 샀다. 이것들은 겉모습은 다른 과자 봉지들과 같았다. 하지만 가장 먼저 눈치채게 되는 것은 선반에서 들어 올릴 때 나는 타다닥대는 소리였다. 썬칩 봉지에 손을 대면 최악의 잡음 같은 소리가 잔뜩 났다. 칩 자체는 살짝 달콤하고 덜 짠 프리토 과자 같은 맛이 나고 옥수수 맛은 밀과 쌀, 귀리 맛에 묻혔다. 로저스에 따르면 이 칩은 건강과 행복이라는 메시지를 전달하고 새 봉지는 '친환경'을 나타낸다고 한다. 이 두 가지의 결합은 한 가지만 있을 때보다 소비자에게 더 강한 인상을 준다. 폴리락트산^{PLA}은 호열성 균, 즉 뜨거운 퇴비 더미의 미생물이 있어야 분해된다. 봉지에 있는 잉크는 분해되는 것이고 알루미늄은 다시 흙 속에 섞일 것이다. 알루미늄은 지각에서 가장 흔한 금속이니까 말이다. 로저스는 퇴비 더미의 온도가 최소 38도씨가 안 되면 봉지는 퇴비가 되는 것이 아니라 썩을 것이라고 말했다. 바다는 심해 열수구 근처가 아니고서야 결코 38도씨 이상이 되는 경우가 없다. 머지않은 장래에 '바다에서 생분해되는' 썬칩 포장재도 나올 것이다. 퇴비화도 가능하고 바다에서도 쉽게 분해되는 플라스틱 포장을 만드는 것은 프리토레이에도(그리고 다른 간식 및 음료 회사에도) 좋은 방향이 될 것이다. 바다에 버릴 수 있는 것이 아니라, 바다에서 분해되는 것으로! 로저스는 자신들도 이미 진행하고 있다고 했다. 하지만 새로운 봉지가 출시된 지 몇 달 후 나는 '오리지

널'을 제외한 다른 맛의 퇴비화 봉지가 시장에서 철수했다는 소식을 읽었다. 캐나다를 제외한 다른 곳에서는 소비자들이 친환경도 좋지만 도저히 소음을 못 참겠다고 불평했다. 캐나다에서는 프리토레이 사가 웹 사이트를 통해 무료 귀마개를 제공했다. 로저스는 최근에 타닥 소리를 없앤 봉지를 새로 만들었다. 소비자 불만이 빠른 결과를 가져오는 경우도 있음을 보여주는 예다. 하지만 봉지는 여전히 바다에서 분해되지 않는다고 한다.

메타볼릭스는 플라스틱 업계를 위해서 바다에서 분해되는 원자재를 생산하는 데 도전한 회사이다. 메타볼릭스의 공정에서는 특수한 미생물이 설탕이나 식물성 기름, 녹말처럼 쉽게 이용 가능한 자원으로부터 원자재를 합성한다. 미생물은 적절히 많은 수로 늘어나고, 자원에서 질소, 인, 산소 등을 빼앗으면서 에너지를 축적하기 시작한다. 그리고 에너지를 저장함으로써 폴리히드록시알카노에이트^{PHA}라고 하는 천연 중합체처럼 반응하게 된다. PHA가 매우 유망한 이유는 이것이 석유 기반의 플라스틱처럼 물을 흡수하지 않지만, 해양 환경에 있는 박테리아에 의해서 쉽게 분해되기 때문이다. 우리의 목표는 제품을 사용한 이후 책임 있는 처리가 필요 없을 만큼 매우 기능적이고 친환경적인 플라스틱을 만드는 것이 아니라 농업, 양식업, 어업을 점령하고 있는 기존의 플라스틱을 대체하는 것이다. 예컨대 랍스터 덫 같은 장치는 일정 시간이 지나면 열릴 수 있는 문이 필요하다. 덫을 잃어버렸을 경우 랍스터가 풀려날 수 있도록 말이다. 해양에서 분해되는 플라스틱은 이런 문이나 문고리를 만들기에 좋은 후보 물질이다. PHA는 농업용 비닐에 사용되는 기존 플라스틱을 대체하기에도 좋다. 예컨대 딸기 재배 농가는 비닐을 이용해서 잡초를 억제하고 습기를 잡아두며 꽃나무 주변의 흙을 따뜻하게 유지한다. 재배 시기가 끝나면 이 비닐을 제거해야 한다. 하지만 만약 비닐이 종이처럼 땅에 흡수되어 흙의 미생물에 의해 분해된다면 훨씬 더 일이 간단할 것이다.

싸구려 자재가 사라진다면 닫힌 순환 경제를 채용할 강력한 인센티브가 될 것이라고 보는 사람들도 있다. 미국의 건축가인 윌리엄 맥도너와 독일의 화학자인 미하엘 브라운가르트는 『요람에서 요람으로』를 공동 저술했다. 이들은 생산과 소비에서 닫힌 순환 구조를 가져올 '설계 혁명'을 주장한다. 이 개념은 하나의 제품이 단순히 탄생하고 소멸하는 것에 그치지 않고 새로운 제품으로 다시 재생됨을 뜻한다. 이것은 제품의 탄생이 새로운 제품으로 재탄생하는 것으로 막을 내리는 개념이다. 똑같은 카드 한 벌을 가지고 새로 게임을 시작하는 것처럼 말이다. 요람에서 요람으로의 패러다임은 하노버 원칙이라고 하는 멋진 개념들과 연결된다. 하노버 원칙은 폐기물이라는 개념을 없애고 플라스틱 오염을 망라할 수 있는 두 가지 핵심 사항을 포함한다. 첫째, 인간과 자연이 공존한다. 둘째, 장기적 가치를 존중할 수 있는 목표를 창조한다. 장기적 가치란 내구성만이 아니라 재활용 가능성을 뜻한다. 이것은 문제의 책임을 소비에 두지 않고 산업의 설계에 둔다. 산업은 각 제품이 반드시 재활용 가능한 부품들로 만들어지도록 설계되어야 한다. 요람에서 요람까지 폐기물이 없는 사회를 만들려면 사람들이 물질적 재화를 존중해야 한다. 그리고 물질적 재화들을 새로운 제조 과정에 재활용함으로써 하나의 재화가 여러 차례 사용될 수 있게 해야 한다. 문제는 제품을 사면 제품이 아닌 것들이 너무 많이 딸려온다는 점이다. 어떤 경우에는 실제로 제품보다 포장재의 가치가 더 비싼 경우도 있다. 진정으로 유용한 물건에 대해 느끼는 존중심이 어쩌다 분노를 유발하는 블리스터 팩으로 바뀌는 것일까? 어쩌다 손가락을 베지 않으려면 공구 상자에서 장비를 꺼내야 하는 포장재를 사용하게 되었을까? 또 다른 장애물은 제조 과정에서 중고 제품을 재흡수할 수 있는 인프라를 만드는 일이다. 우리가 모든 제품은 명백히 재활용 가능하게 설계되어야 한다고 주장하지 않는 이상, 이런 일은 경제적으로 달성하기 힘들다. 마지막 장애물은 우리가 번영이라는 말과 연결시키는 낭비하는 습관을 극복하는 일이다. 특히나 미국인들은 공공재를 지향하는 기술이 폭압적인 것이라고 착각하고 있다.

친환경 화학이라는 새로운 분야는 최소한 독성이 덜한 미래로 가는 길을 보여줄 것이다. 선견지명이 있는 전국 각지의 대학교의 화학 전공자들은 유독한 화학 물질을 대체할 수 있는 덜 유독한 물질의 개발을 최우선시하는 새로운 기풍을 배우고 있다. 친환경 화학자란 안전한 화학 물질로 안전한 화학 제품을 만드는 훌륭한 과학자를 의미한다. 극히 안전한 제품을 만들기 위해서 위험 물질이 반드시 필요하다면 그 위험한 물질은 '대여 방식'으로 처리되어야 하고 제조 과정이 끝나면 돌려주어야 한다. 그런 위험한 물질이 소비자에게 가서는 안 된다.

플라스틱 제품이 어떻게 제조되는지 좀 더 자세히 알아보자. 앞서 보았듯이 너들은 촉매 작용을 하는 기체와 액체로 화학 공장에서 만들어진다. 두 번째 단계는 이 작은 알갱이들을 제품으로 바꿀 '가공업자' 또는 제조 시설에 보내는 것이다. 제품 종류에 따라 공장에 있는 설비들은 그 알갱이들을 녹여서 공기 취입 성형, 회전 성형, 압출 성형을 하고 섬유로 만들거나 납작하게 필름으로 만든다. 하지만 최종 제품은 색상이나 투명함, 불투명함, 광택, 유연성, 견고함, 자외선 저항성, 내열성과 같은 일정한 특성이 필요하다. 따라서 기본적인 중합체 원료를 녹이기 전이나 녹이는 동안, 보통 단량체라고 부르는 독립적인 분자로 구성된 화학 물질을 첨가제로 적절히 섞어줘야 한다. 현재 사용되는 화학 첨가제는 수천 종이 있고 전 세계 실험실에서 매년 수백 종이 개량되거나 개발된다. 앞서 보았듯이 그중 다수가 유독 물질이거나 내분비계 교란 물질이며 접촉하는 모든 것에 스며들 수 있다. 안정성과 실용성 중 어느 하나를 고르도록 강요당해서는 안 되지만, 이런 화합물에는 규범이란 것이 거의 없기 때문에 가공업자는 무엇이든 자신에게 가장 비용 효과적인 것을 골라 사용하게 된다. 소규모 가공업자는 판매자가 원하는 대로 첨가제를 사용할 뿐 안전성이나 위험성을 스스로 결정할 도리가 없을 것이다. 친환경 화학자들은 제품을 유독하거나 재활용하기 힘들게 만들지 않으면서도 원하는 품질을 얻을 수 있는 신세대 첨가제와 가소제를 개발 중이다.

정해진 경로를 벗어난 플라스틱이 바다에 닿기 전에 회수하는 것은 해양 오염을 줄일 수 있는 기본적인 방법이다. 어디를 가나 보통 바다가 아래쪽에 위치하므로 도시나 마을의 하수 체계는 대개 강으로 연결되고 아무리 돌고 돌더라도 결국 바다로 간다. 바람에 날리는 자재들도 잊지 말아야 한다. 무게 대비 강도 때문에, 혹은 무게 대비 유용성 때문에 아주 가벼운 플라스틱이 많은 일회용품에, 특히 음식 산업에 쓰인다. 이것들은 쉽게 바람에 날려 바다로 갈 수 있다. 하수 처리의 책임을 자치 단체가 지게 된 것처럼 고형 폐기물도 자치 단체가 책임지고 처리한다. 1972년의 연방 수질오염방지법은 "미국

의회의 목표와 정책을 선언"한 것이었다. 이 법률은 "미국 바다의 화학적, 물리적, 생물학적 온전성을 유지, 회복"하고 "1985년까지 운항이 가능한 수역에서 오염 물질을 몰아낸다."는 긍정적 목표를 가졌다. 내 생각에 우리는 바다와 호수, 강에 있는 플라스틱이 자연의 물리적 온전성을 해치는 오염 물질이라는 점부터 인정해야 한다.

미국 주요 도시에서는 호우에 휩쓸려가는 많은 것들이 미로처럼 얽힌 포장도로 위를 지난다. 플라스틱 소비 생활양식이 받아들여진 세계 각지에서 이런 모습은 드물다. 인프라가 마련된 곳에서도 쓰레기를 건져내는 데 들어가는 비용이 엄두도 내지 못할 만큼 높을 수 있다. 덜 발달된 국가에서는 빗물이 육지의 윤곽을 따라 하천으로 가거나 황무지를 지난다. 쓰레기가 둥둥 떠다니는 아시아의 강에서 작은 배를 탄 사람들이 내다 팔 수 있는 플라스틱 폐기물을 건지고 있는 모습을 사진으로 흔히 볼 수 있다. 문제가 되는 오염 물질이 하수라면 하수가 배관을 통과해 바다로 배출된 이후에 그것을 소독해야 한다고 주장하는 사람은 없을 것이다. 하지만 플라스틱 오염에 관해서는 소위 이 배관 끝 전략이라는 것이 흔히 등장한다. 아마도 플라스틱이 덩어리로 되어 있고 고형이고 눈에 보이기 때문일 것이다. 자원봉사자들이 조직을 이루어 실시하는 해변 청소는 전 세계적으로 해변에서 가장 흔하게 볼 수 있는 활동이 되었다. 서핑이나 비치발리볼 대회보다 더 자주 열리니까 말이다. 한때는 해양보호단이 추진하는 해안 정화의 날에 맞춰 1년에 한 번 하는 활동이었지만 이제는 1년 내내 실시하는 활동이 되었고 어떤 곳에서는 매달 실시한다. 해변 청소는 국제적 규모로 열리고 항만, 호수, 하천, 상류 지역까지 확장되었다. 이런 활동을 피해 간 플라스틱이 축적되는 장소가 5대 고기압 환류 지역이라는 사실이 확인되자 바다로 나가서 그것을 청소하려는 단체들이 생기고 있다.

일부 재활용 사업가들은 바다에서 플라스틱 쓰레기를 빨아들여 멋진 제품으로 재가공하면 좋은 호응을 얻게 될 것으로 생각했다. 공상적인 장치, 심지어 쓰레기로 발전하는 '섬'을 개발한 사람들도 있었다. 네덜란드 로테르담의 한 단체는 낙하산용 천을 이용해서 그물을 끌어당겨 플라스틱 쓰레기를 불가사리처럼 생긴 중앙 처리 장치로 가져오는 촉수형 섬을 구상하기도 했다. 하지만 이런 식의 해결책은 아무 쓸모가 없는데, 거기에는 두 가지 주요한 이유가 있다. 첫 번째는 플라스틱이 떠다니는 수렴대가 엄청나게 넓기 때문이다. 두 번째는 쓰레기가 흩어져 있기 때문이다. 세계 바다의 40퍼센트가 아열대 환류 내에 위치하고 수렴대는 총 1억 4500만 제곱킬로미터를 차지한다. 지구 상 모든 육지의 크기를 합해도 이 환류들보다 겨우 500만 제곱킬로미터가 더 넓을 뿐이다. 쓰레기를 에너지로 전환하는 발전소는 보통 시간당 550킬로와트를 생산하기 위해 1톤의 쓰레기를 태운다. 550킬로와트는 평범한 사무실 건물 하나를 하루 동안 가동할 수 있는 에너지다. 우리가 가진 증거에 의하면 환류에 있는 플라스틱은 1999년에 발견했던 양보다 두 배로 늘어났다. 이 말은 1제곱킬로미터를 훑으면 10킬로그램의 쓰레기가 나온다는 이야기이다. 1제곱킬로미터를 훑는 데는 며칠간의 수색 작업이 필요하다. 사무실 건물 하나에 하루치 전기를 공급하기 위해 조각난 플라스틱 1톤을 수거하려면 몇 달이라는 시간 동안 100제곱킬로미터의 바다를 수색해야 하는 것이다. 또한 바다에는 대형 유령 그물과 부유물이 있다. 평균적으로 고밀도 지역 1제곱킬로미터당 하나 정도가 있을 것이다. 이런 대형 플라스틱은 수거량을 상당히 높일 수 있다. 우리는 알기타호를 타고 일주일 동안 500킬로그램의 플라스틱을 회수했다. 이 시나리오에 따를 때 일주일 동안 수색하면 우리 사무실 건물의 하루치 연료를 생산할 수 있다는 뜻이다. 하지만 여전히 수지가 맞지 않는다.

그러면 상업적 동기 없이 그냥 환류를 청소한다고 생각해보자. 우리는 이제 불분명하고 유동적인 환류 중심부가 동쪽 태평양 거대 쓰레기 지대처럼 플라스틱 쓰레기로 심하게 오염되어 있고, 밖으로 갈수록 오염 정도가 옅어진다는 사실을 알고 있다. 하지만 플라스틱 쓰레기가 빠르게 증가하기 있으므로, 논의의 편의상 모든 지역의 플라스틱 농도가 똑같이 제곱킬로미터당 10킬로그램이라고 가정해보자. 육지에서 나온 플라스틱은 바다에서 고속도로 같은 해류를 타고 이 환류들로 향하고 있으며, 이 고속도로가 수렴대 밖으로 이어진다는 사실을 잊지 말자. 그럼에도 불구하고 우리가 아열대 환류를 구성하는 1억 4500만 제곱킬로미터부터 청소한다고 치자. 그리고 충분히 선진화된 청소 선박이 매일 하루 5제곱킬로미터를 청소할 수 있다고 치자.(현재 사용되는 그 어떤 선박보다 넓고 빠르게, 10미터 너비로 시속 20킬로미터의 속도로 움직인다고 치자.) 이 선박이 청소를 끝내려면 2900만 일 또는 7만 9000년이 걸릴 것이다. 또는 그냥 1000대의 선박이 하루 24시간, 일주일 내내 청소 작업을 한다고 하면 79년이 걸린다. 그리고 이것은 수표층에 있는 쓰레기만을 고려한 것이고 파괴될 수 있는 관련 생물은 고려하지 않은 것이다. 이런 선박은 하루를 가동하는 데 몇천 달러가 소요된다. 게다가 최근 호놀룰루에서 열린 제5회 국제해양쓰레기회의에서 발표된 새로운 연구에 의하면 바람이 10노트로만 불더라도 플라스틱 쓰레기의 90퍼센트는 수표층 아래로 내려간다고 한다. 그렇다면 이런 작업이 불가능하니 우리는 아무 일도 하지 말아야 하는 걸까? 아니기도 하고 맞기도 하다. 바다에 있는 이 플라스틱들은 살인 기계나 마찬가지여서 북서 하와이 제도처럼 민감한 서식지를 강타할 경우 상상을 초월할 만큼 아름답고 다채로운 산호초 숲을 파괴해버린다. 앞서 보았듯이 매년 평균 52톤의 폐어구와 로프가 이 지역에 도달하기 때문에 우리는 납세자들이 낸 수백만 달러의 세금을 들여 조심스럽게 이 그물들을 풀고, 자르고, 없애야 한다. 이 때문에 미국 해양대기청은 이런 엄청난 유령 그물이 환초 주변의 산호초를 덮치기 전에 건져낼 수 있는 방법은 없을지 연구했다. 그런 노력의 일환으로 우리가 추적용 부표를 설치했다고 12장에서 설명한 적이 있다. 하지만 더 깊이 들여다보면 최첨단 도구들조차 바다 위를 떠다니는 플라스틱 뗏목의 적수가 되지 않는다는 사실을 알 수 있다. 해양대기청의 과학자들은 쓰레기 농도와 상관성을 가지면서도 인공위성을 통해 쉽게 측정할 수 있는 바다의 특징 두 가지를 찾아냈다. 바로 바다의 표면 온도와 식물성 플랑크톤이 생산하는 청록색 엽록소였다. 그리고 나서 쓰레기가 집중되어 있을 것으로 예상되는 지역 위를 비행해 보았더니 실제로 그랬다. 그들은 이 확정적인 정보를 가지고 '쓰레기 확률 추정 지표DELI'를 만들어냈다. 약 340만 제곱킬로미터의 바다에 쓰레기 확률 추정 지표를 적용해보니 뭉게구름 모양의 집적 지역과 더 작은 크기의 핵심 지역이 드러났다. 다음 단계는 그곳에 가서 항공기를 이용해 쓰레기를 치우는 일이었다. 해양대기청은 늦봄을 예상하고 있었다. 2008년 3월 24일과 4월 9일 사이에 해양대기청의 오스카엘튼세트호(하루에 2~3만 달러가 드는 선박)가 호놀룰루 북부에서 북쪽으로 1600킬로미터 떨어진 곳으로 출발했다. 그곳에 유령 그물이 있을 것이라고 예상하고 회수하기로 한 것이다. 그들은 에어본테크놀로지스 사에서 만든 무인항공기 마롤로를 보유하고 있었다. 2미터의 날개폭과 카메라, 센서 등을 부착하고 미리 입력된 경로를 따라 비행할 수 있고 모선에서 조종하는 것도 가능한 항공기였다. 그들은 이 항공기를 뱃머리에서 손수 날렸고 항공기가 바다에 착륙한 지점까지 소형 고무보트를 타고 가서 회수했다. 항공기는 바다 표현의 색상 차이를 감지하도록 설계되어 있었다. 그렇게 해서 대형 쓰레기의 위치를 감지하면 가서 수거해올 예정이었다. 하지만 운이 없었다. 목표 지역에 안개가 끼어서 항공기에서는 아무것도 볼 수 없었다. 모선의 선교에 있는 대형 망원경 역시 효과가 없었다. 그나마 그들이 찾아낸 의미 있는 쓰레기는 그물이 아닌 굵은 밧줄 하나가 전부였다. 그들이 해답을 찾고 싶었던 질문은 바다에서 해양 쓰레기를 없애려면 무엇이 필요한가 하는 점이었다. 답이 나왔다. 우리가 가진 것으로는 부족하다.

싸구려 플라스틱 제품의 범람(글로벌 경제의 부산물)이 해양 플라스틱 오염 문제의 핵심이라는 데 동의하지 않을 사람은 별로 없을 것이다. 대형 기관들은 운영에 필요한 자금을 얻기 위해서 그 경제를 수용할 수밖에 없다. 따라서 플라스틱 전염병에 걸린 경제 패러다임을 벗어나기 위해 대형 기관의 프로그램에 의존하는 것은 소용없는 짓이다. 해양보호단이나 카이세이프로젝트 같은 단체들은 다우케미컬이나 코카콜라 같은 기업과 협력 관계를 맺으려고 혈안이다. 해변이나 바다 청소 작업에 필요한 자금을 지원받기 위해서다. 이런 단체들이 디트로이트(자동차를 만드는 곳에 대한 비유로 사용한 말일 뿐이다.)에 신형 친환경 차량에는 쓰레기 압축기를 설치해야 한다고 압력이라도 행사할 수 있다면 나도 그들을 조금은 옹호할 수 있을 것이다. 소형 쓰레기 압축기 말이다. 자동차 제조사들이 재떨이를 치워버린 이후 자동차에는 테이크아웃 쓰레기를 놓을 곳이 아무 데도 없다. 바닥에 봉지를 두고 넣는 수밖에 없는데 이 봉지는 금방 가득 차버릴 뿐만 아니라 죄책감보다 짜증이 더 커지면 없애버리기 일쑤다.

처음으로 플라스틱 쓰레기가 이끄는 생활양식을 과감히 벗어던진 이들은 미래를 생각하는 개인들과 소규모 단체들이다. 예술가들은 종종 그 선두에 서는데 폐플라스틱이 가지고 놀기 쉬운 물질이라고 생각하기 때문이다. 의식적으로, 혹은 무의식적으로 예술가들의 작품은 각종 물건에 기초한 오늘날의 강압적인 가짜 번영과 단절하거나 멀어진다. 예술가들은 이런 식으로 플라스틱을 새롭게 볼 수 있는 가능성을 열어 보인다. 주디스 셀비와 리처드 랭은 캘리포니아 포인트레이예스 인근 키호 해변에서 첫 번째 데이트를 하며 플라스틱 쓰레기를 주웠고 플라스틱 표류물을 가지고 예술 작품을 만들고 삶을 꾸미는 일을 시작했다. 그들은 21세기가 시작되고 10년 동안 플라스틱 표류물로 자동차를 장식했고, 플라스틱 표류물로 만든 옷을 입고 결혼식을 했고, 플라스틱 표류물이 가득한 헛간을 만들고, 그동안 수집한 것들을 색상별로 분류했다. 이들은 2009년 스탠포드대학교에 설치했던 「쓰고 버리는 진실」처럼 설치 미술 작업도 한다. "우리는 모두 일회용 플라스틱의 신화에 속아 넘어갔습니다. 우리는 그 일회용 제품들을 내버리지만 그것들은 수백 년간 우리 곁에 있게 되죠. 어쩌면 그것들이 지구를 회복 불능으로 바꿔버릴지도 모릅니다." 그들은 "미적 감수성을 자극하고 (…) 우리들의 바다 어디를 가든 플라스틱 쓰레기가 있다는 사실을 보여주고" 싶어 했다.

팸 롱고바디는 조지아주립대학교의 미술 교수다. 그녀는 하와이 외딴 지역에서 플라스틱 쓰레기를 수집하고 사진을 찍어서 이탈리아, 중국, 슬로바키아, 폴란드 등의 국가에 설치 작업을 했다. 그녀는 카밀로 해변을 방문해서 그곳에 쌓여 있는 쓰레기를 본 후 두 단계의 감정이 들었다고 설명했다. "먼저 순수한 망막의 즐거움이 있었다. 엉킨 유망 위에 밝은 색상의 대담한 모양을 한 플라스틱 물체가 무수히 많이 쌓여 있었다. 골프 카트만 한 것부터 고래 크기만 한 것까지 기절할 정도의 양이었다. 잠시 후 눈으로 본 것을 머리가 해석하기 시작했다. 그게 우리가 버린 쓰레기, 매일 생활을 하며 생기는 찌꺼기, 일상적으로 버리는 것들이라는 것을 깨닫자 구역질이 날 것 같았다."

앤드루 블랙웰은 호주 브리스베인 근처의 해안에서 쓰레기를 줍는 예술가이다. 그는 깨진 플라스틱을 사용해 서핑보드 모양의 조각상을 만들었고 해변에서 발견한 깨진 서핑보드 조각으로도 조각상을 만들었다. 그의 작품 「지루한 풍경」은 "소비자 문화 속의 플라스틱 제품이 문화로부터 유리되어 바다를 떠돌다 우리 근처의 해변에 도달한, 혹은 수로의 표층에서 그물에 걸린 모습"을 보여준다. 나는 서프라이더재단의 지부와 피겨링연구소의 발표에서 블랙웰의 서핑보드 사진을 보여주었다. 이 예술가들은 모두 내 연구가 자신들의 작업에 영감을 주었다고 연락해왔다.

언론 매체는 시청자나 독자, 청자의 관심을 끌 수 있을 만한 이야기를 다룬다. 우리가 탐사 항해와 거기서 발견한 것들에 관해 발표하자 신문사들이 가장 먼저 달려왔다. 그다음은 다큐멘터리 제작자, 다음은 라디오, 다음은 잡지, 다음은 텔레비전이었다.

일단 예술가들이 끔찍한 현실을 드러내는 작품을 만들고 나면 언론 매체가 과학자와 전문가의 도움을 받아 '폭로'를 했다. 변화를 주도하는 것은 운동가들의 몫이었다. 주어진 정치적 환경 내에서 해야 하는 일과 할 수 있는 일 사이의 전투가 벌어졌다. 그리고 조그맣지만 광범위하게 플라스틱 괴물을 억제하기 위한 운동이 시작되었다. 베스 테리와 같은 사람은 플라스틱 없는 삶을 시작했고 자신의 웹 사이트인 '플라스틱에서 자유로운 삶'을 통해 다른 이들에게도 같은 시도를 권장했다. 그녀는 이 운동을 통해 자신의 '목소리'를 찾았다고 느낀다. 그녀는 자신의 삶에 들어온 일회용품의 양을 알기 위해 매주 버리는 플라스틱의 무게를 잰다. 그녀의 목표는 플라스틱 포장에 든 것을 포함하여 플라스틱 물건을 일절 새로 사지 않는 것이다. 가장 먼저 부닥친 난관은 어떤 제품 때문이었을까? 병에 든 우유, 종이에 든 빵, 포장 없는 지역 농산물을 사는 일? 불편함을 인정하면서도 그녀는 전 세계에 있는 100명 이상의 사람들이 같은 도전을 해보도록 만들었다. 매주 플라스틱의 이름을 적고, 가능하다면 무게를 재고, 사진을 찍고, 설문에 응하는 것이다. 이들의 모임은 생활에서 플라스틱을 없애기 위한 아이디어를 교환하고 방안을 고안한다.

의미 있는 변화가 일어날 단계는 아직 멀었는지도 모르지만 플라스틱에 반대하는 소비자 수의 급증은 변화를 주도할 가장 강력한 무기다. 15년간 투쟁해 오면서 나는 이 문제에 대한 의식이 엄청나게 커지는 것을 목격했다. 하지만 현 상태가 변하려면 이런 의식은 반드시 저항, 심지어 반항이 되어야 한다. 미국에서는 정치적 영향력을 가진 이들 중 너무나 많은 사람들이 산업에 관해 환경 관련 제약을 가하는 것을 무슨 성조기를 태우는 일인 양 생각하기 때문에 이런 운동은 어쩔 수 없이 산발적으로 일어나고 지역 정책에 초점을 맞추는 경우가 많다. 앞서 보았듯이 대형 제조사들은 포장을 살짝 바꾸고 제조 방식을 조금 변경해서 스스로 친환경적인 양 행세한다. 그들은 쓰레기를 수거해가지도 않고 쓰레기에 대한 비용을 내지도 않는다. 그들은 그저 자신들의 제품과 포장이 친환경적이라고 떠드는 것만으로도 재무적으로 이득이 된다는 것을 알고 있다. 지역의 소형 제조사들은 환경 운동가들의 요구에 부응해서 재사용 가능한 제품과 쓰레기를 없앨 수 있는 지역별 대책을 내놓고 있다. 하나둘씩 얇은 비닐봉지와 폴리스티렌 패스트푸드 용기를 금지하는 지역이 늘고 있다. 단편적인 지역별 시도들이 하나로 뭉쳐질까? 금방은 되지 않을 것이다. 캘리포니아 주에서 반환 가능한 병과 캔에 대한 재활용률은 82퍼센트다. 미시시피 주는 반환 프로그램이 아예 없고 병과 캔의 재활용률이 13퍼센트에 불과하다.

나는 베스 테리와 그 가담자들이 플라스틱 쓰레기를 거부하려고 하는 이유가 본능적인 미적 취향, 그리고 이데올로기와 무관한 도덕성 때문이라고 생각한다. 그 도덕성은 고도화된 소비자 사회와 무분별한 낭비에서 비롯되는 추함과 스트레스를 거부하려는 마음이다. 자연 상태에서는 모든 것이 끊임없이 사용되고 재활용된다. 이것은 그 자체로 아름다운 체계이며 아마도 우리의 미적 본능의 한가운데 자리하고 있을 것이다. 아름다움은 제멋대로 정해지는 것이 아니며 우리가 나머지 인류 및 생물권과 결속력을 느끼는 것도 임의적인 현상이 아니다. 더 많은 매출을 통해 계속해서 성장하려는 현대 사회의 경제는 스스로가 만들어낸 폐기물을 재사용하거나 재활용하는 측면에서 전혀 매끄럽지 못하다. 그래서 이윤이 되는 한 최대한 많은 쓰레기를 만들어내면서 우리가 사는 곳을 추하게 만든다. 업계 밖에서 진행되고 있는 노력에 세금이 쓰이고 있지만 제품이 오직 매출을 기준으로 설계되기 때문에 재활용하기 쉬운 용기나 포장재는 나타나지 않는다.

이제 다시 알갈리타 재단의 두 동료에 대한 이야기로 돌아가야겠다. 마커스 에릭슨과 애나 커민스는 이 책의 초반에 등장했지만 더 자세한 설명이 필요한 인물들이다. 전 세계 해양의 5대 고기압 환류에 잠재적인 '쓰레기 지대'가 있다는 니콜라이 막시멘코와 피터 닐러의 연구를 접한 후 에릭슨과 커민스는 5대환류연구소를 설립했다. 그리고 북대서양과 남대서양, 인도양, 북태평양, 남태평양으로 연구 탐사를 시작했다. 이들의 조사를 통해서 쓰레기 지대들이 존재한다는 것이 확인되었고 각 대양에 있는 플라스틱 양이 측정되었다. 두 사람은 겨우 2년 만에 세 척의 배를 타고 다섯 번의 탐사를 했고 지구 표면의 4분의 1에 감춰진 '더러운 작은 비밀'을 밝혀냈다. 이들의 모토는 '탐험, 교육, 행동을 통한 플라스틱 오염의 이해'이다. 애나 커민스는 알갈리타 재단을 도와 첫 번째 세계청년회의를 조직했다. 전 세계에서 100명의 학생들이 롱비치에 와서 플라스틱 오염에 대처할 방안들을 자유롭게 토론했다. 커민스와 마커스 에릭슨은 플라스틱 오염을 멈추기 위한 이 운동에 계속해서 적극적으로 참여하고 있으며 앞으로 수년간 벌어질 플라스틱 전염병과의 전쟁에 창의적인 방법으로 싸울 것이다.

내가 다소 놀랐던 부분은 플라스틱 오염에 대항하는 우리의 십자군 전쟁에 유명인들이 참여한 것이다. 알갈리타 재단은 카브리요 해양수족관에서 열렸던 해안해양축제에서 에드 애스너를 사회자로 초대할 수 있었다. 그레이엄 내쉬는 우리를 위해 허모사 해변에서 콘서트를 열어주었다. 우리는 이곳에서 해양 쓰레기에 관한 일종의 공공 토론회를 개최했고 플루크호를 전시했다. 플루크호는 에릭슨 박사와 환경고등학교 학생들이 알루미늄 골조에 페트병을 채워서 만든 뗏목이다. 기발하게도 돛은 재활용 티셔츠를 이용했고 로프는 플라스틱 쇼핑백을 꼬아서 만들었다. 이 뗏목은 샌타바버라에서 샌디에이고까지의 항해를 성공적으로 마쳤다. 로리 데이비드는 내가 테드* 강연을 할 수 있도록 자신의 집을 제공했다. 가수인 잭슨 보운의 아내이자 중고 플라스틱 필름 예술가인 다이애나 코헨도 청중들 속에 있었는데 강연이 끝난 후 내게 와서 플라스틱 오염에 반대하는 캠페인을 시작하고 싶다는 열망을 밝혔다. 그녀는 실제로 플라스틱오염연합을 만들었고 이 문제에 관한 유명인들을 결집하여 국제적 조직으로 발전시켰다.

일회용 플라스틱은 많은 환경 운동가들이 주요한 문제로 다루는 주제다. 재활용은 거의 안 되면서 바다나 우리에게 옮길 수 있는 화학 물질을 아주 많이 포함하고 있기 때문이다. 메시지는 명료하다. 제조사가 독성이 없고 쉽게 재활용할 수 있는 제품을 새로 만들어야 한다는 것이다. 이것이 불가능한 일이라고는 믿기 어렵지만 반대는 적지 않다. 이것이 바로 브랜드 인지도를 통한 마케팅과 재활용 개선을 위한 간소한 디자인 사이에 충돌이 일어나는 지점이다. 이윤을 위해서 지속 가능하지 않고 건강에 나쁜 쓰레기를 만들겠다는 경제 논

---

* 기술(Technology), 엔터테인먼트(Entertainment), 디자인(Design)의 첫 글자를 딴 세계적인 지식 나눔 강연회.

리가 재사용과 재활용이 쉬운 지속 가능한 제품을 만들자는 경제 논리와 공공연히 힘겨루기를 하는 것이다. 우리의 새로운 목표는 창의성을 제한하려는 것이 아니라 창의성을 발휘해 정말로 '좋은' 제품을 만들자는 것이고, 무한한 미래까지도 지속적으로 인간의 욕구를 충족시킬 수 있는 제품을 만들어 "무한히 지속되는" 게임을 하자는 것이라고 윌리엄 맥도너는 말한다. 현실적으로 다른 대안이 없기 때문에 현재의 낭비적인 시스템을 고수할 수밖에 없다고 생각하는 것은 시작부터 게임에서 졌다고 인정하는 행위다. 지금의 기술은 지속 가능성을 충분히 실현할 수 있는 수준임에도, 인간을 오직 소비자로만 인식하는 '특수한'(정말로 특수한) 이해 집단 때문에 타락해 있다. 그래서 변화의 주체는 소비자가 될 수밖에 없다. 소비자가 지지하지 않는다면 그 특수 이해 집단은 이윤을 상실할 것이고 소비자가 계속 지지한다면 성공이라는 환영이 지속될 것이기 때문이다. 바로 이 때문에 지구를 구하려면 소비자들이 정말로 똑똑한 구매를 할 수 있도록 조직화되어야 한다는 아이디어가 등장한다.

16

우리는
거부할 수 있을까

다양한 기술들을 현명하게 관리하고 사용하지 않는다면, 지구의 근본적 체계를 파괴하고 있는 현재의 관행에서 전략적으로 후퇴하기란 불가능할 것이다. 문제는 기술을 이용하느냐 마느냐가 아니라 어떤 위험을 감수한 채 어떤 기술을 사용하느냐 하는 것이다. 우리는 어떤 목표를 추구할 것인가?

_다이앤 듀마노스키, 『긴 여름의 끝』

2009년 7월 3일 새벽 4시 15분 태평양 한가운데였다. 나는 물속에서 알기타호의 프로펠러에 걸린 유령 그물을 잘라내는 중이었다. 내게는 이 작업에 필요한 최적의 도구가 있었는데 바로 톱니 달린 날카로운 빵 칼이었다. 나는 잠수용 호흡 기구로 숨을 쉬면서 드루 윌러가 들고 있는 수중 카메라의 불빛에 의존해 작업을 진행했다. 윌러는 나를 따라 물을 첨벙거리며 헤치고 다녔다. 엔진이 고칠 수 없는 수준으로 망가지지 않았기만을 바랐다. 이제는 완전히 잠이 깨서 알기타호의 선미에 매달려 아래를 내려다보고 있는 나머지 네 명의 승선자들도 같은 심정이었다. 나는 그물을 끊어 그들에게 건네주었다. 알기타호는 훌륭한 범선이었지만 우리는 주기적으로 바람이 없는 상황을 만났다. 디젤 연료가 잔뜩 있는데 엔진이 서버린다면 좋은 일이 아니었다. 그리고 아직 해야 할 조사가 더 있었다. 날짜 변경선까지 한 달 예정으로 나온 항해에서 오늘은 겨우 사흘째였다. 우리 임무는 일본까지 가는 경로의 3분의 2 지점에서 표본을 채취하는 것이었다. 해양대기청 과학자들의 문서에 따르면 이 지역에 유령 그물이 많이 쌓여 있다고 했다. 우리는 이미 대양을 떠돌고 있는 대형 쓰레기들을 잔뜩 본 상태였다. 그물, 궤짝, 부표, 배럴 통에 변기 뚜껑처럼 이상한 물건까지 있었다.

나는 새벽에 무사히 수색 작업을 끝내고 침상에서 막 잠이 들려던 참이었다. 그런데 이상한 소리가 잠을 깨웠다. 당번을 서고 있던 사람은 2008년에도 함께 항해했던 조엘 파스칼과 알기타호의 연락관이자 처음으로 항해를 함께한 니콜이었다. 파스칼과 나는 선교에서 만나 엔진을 다시 켜보려고 시도했다. 쇠가 알루미늄에 부딪히는 끼익 하는 금속성 소리에 움찔한 우리는 엔진실로 갔다. 무슨 이유에선가 교류 발전기가 유압식 벨트 덮개에 갈리고 있었다. 우리는 벨트 덮개를 열고 다시 시도했다. 이번에는 금속성 소리는 없이 털썩 하더니 내가 기어를 바꾸자 시동이 꺼져버렸다. 나는 물안경, 오리발, 호흡 기구를 챙겨서 프로펠러를 확인해야겠다는 생각이 들었다. 무언가 프로펠러가 돌아가는 것을 막고 있었다.

이쯤 되자 드루가 일어나서 수중 카메라와 조명 기기를 챙겼다.

우리는 하와이 제도 중 사람이 거주하는 최북단 섬인 카우아이로부터 북쪽으로 400킬로미터 정도 떨어진 지점에 있었다. 바다는 아주 잔잔했고 약한 바람이 동트기 전 어둠 속을 훑고 지나갔다. 하지만 아무리 잔잔한 바다라고 해도 쌍동선의 좌측 프로펠러에서 19제곱미터 넓이의 녹색 폴리올레핀 그물망을 제거하는 일은 낮이어도 위험하고 어려운 작업이었다. 수많은 해양 포유류들처럼 그물에 걸려서 익사할 수도 있다. 또 너울에 배가 아래위로 움직이기라도 하면 날카로운 프로펠러에 크게 베일 수도 있었다. 그런 경험담은 많았다. 사실 선원들은 다른 항해자들을 염려해서 자신이 겪은 이야기를 기쁘게 전해주었다. 그중에서도 참치잡이 선원들이 미국 해안경비대에 보낸 편지는 인터넷에 공개되기도 했다.

그들은 2002년 라니냐 때 이곳에서 남쪽으로 조금 떨어진 곳을 항해하던 중 짝지어 조업하던 배 두 척 중 하나가 멈춰 서는 일을 겪었다. 프로펠러가 플라스틱 그물과 로프 뭉치, 그리고 나중에 알고 보니 한글이 쓰여 있었던 글자판을 휘감은 끈 등에 꼼짝 못하게 되었던 것이다. 잠수 장비 없이 프로펠러의 엉킴을 끊어내려고 했던 선장은 4월의 거친 바다에서 하마터면 익사할 뻔했다. 그가 숨을 몰아쉬며 갑판으로 올라가자 다른 배의 선장이 친구가 하던 일을 끝내려고 왔다. 해안경비대에 보낸 편지는 이 두 번째 선장이 쓴 것이었는데 그는 어업 선단이 야기하는 쓰레기 걸림 사고가 더 잦아지고 있다고 불평했다. 그리고 해안경비대에서 어떻게 좀 해달라고 통사정했다.

하지만 10년 이상 북태평양의 쓰레기에 관해 기록 중인 사람으로서 이런 분노의 외침은 감동적이라기보다는 아이러니하다. 마치 석탄을 때는 화력발전소 운영자가 황새치가 수은에 오염되었다고 불평하는 꼴이랄까. 유엔 추산으로는 여러 국제법이 있음에도 매년 어망과 낚싯줄 중에 10퍼센트가 분실되거나 버려진다고 한다. 그로 인한 피해는 이미 살펴보았던 대로다. 파스칼은 해양대기청의 일원으로서 하와이 군도의 북쪽 외딴곳에서 암초와 야생 생물에 엄청난 피해를 남긴 50톤이 넘는 플라스틱 어구 제거 작업을 도왔다.

아이러니는 넘쳐난다. 이제 플라스틱 쓰레기 표본을 수거하려고 바다에 들어가면 플라스틱에 포위된 자신을 발견하게 된다. 이것은 해양 플라스틱 쓰레기가 인간의 포식자이자 먹이가 되어버린 상황이다. 형태는 다양하지만 플라스틱은 육지보다 바다에서 더 오래 지속된다. 우리는 인간이 만들어낸 이 기발한 기적 같은 물질이, 자연적으로 부패되지도 않으면서 자연을 위협하는 이 물질이 해양 환경의 한 요소가 된 것을 발견했다. 우리는 이것이 거대한 규모로 자행되는 자연에 대한 범죄라고 결론 내렸다. 그리고 그 결과 가로 15미터 세로 8미터의 쌍동선으로 조사를 하기에 북태평양 중앙 지역은 너무 위험한 곳이 되었다. 내 선원들의 안전을 확보하고 내 배를 온전하게 유지하는 일이 이제 내게는 너무 큰 도전이 되었다. 옛날 옛적에는 선박이 연안의 켈프에 걸릴까 봐 걱정했다. 이제는 (얼마 남지 않은) 켈프가 플라스틱 쓰레기 때문에 숨이 막히고 있고 바다 한가운데는 플라스틱 켈프라는 가짜 숲이 있다.

우리는 운이 좋았다. 마지막 그물까지 제거한 후에 엔진을 더 자세히 살펴보았다. 그물이 200킬로그램이 넘는 모터를 받침대에서 2센티미터나 밀어낼 만큼 구동축에 단단히 엉켜 모터가 멈춰 있었다. 하지만 눈에 보이는 손상은 유압식 벨트 덮개에 패인 자국이 생겼을 뿐이어서 미관상의 문제 외에는 없었다. 변속기를 중립에 두고 나는 조심스럽게 시동을 켠 후 변속기를 움직였다. 괜찮았다.

프로펠러 때문에 놀란 이 사건은 10주년 기념 항해의 세 구간 중 두 번째 구간에서 일어났다. 호놀룰루에서 날짜 변경선까지 북서쪽으로 가던 중이었다. 앨러미토스 만으로 돌아가는 마지막 구간에서 1999년의 표본 수집 절차를 재현할 예정이었다. 이 마지막 구간에서는 새로운 탑승 팀을 꾸렸는데 '배 원숭이' 제프 언스트가 일등항해사가 되었다. 알갈리타 재단의 전담 해양학자인 그웬 라틴도 함께했고 최근 언론학과를 졸업한 린지 호쇼도 알기타에서 처음으로 트위터를 할 예정이었다. 또 노스캐롤라이나대학교를 졸업한 보니 몬텔레온과 캘리포니아대학교 어바인캠퍼스의 도시수자원연구소의 소장인 빌 쿠퍼도 함께했다. 우리는 1999년 조사 때보다 한 달 늦은 시기인 9월 말에 표본 수집을 시작해서 표본 설계상 역순인 서쪽 끝에서부터 조사해나갔다. 우리는 10년 1개월 만에 얼마나 많은 것이 바뀌었는지 발견했다. 바다의 상태는 보퍼트 풍력 단계(1은 무풍이고 12는 폭풍)로 측정했을 때 수집 기간 내내 3에서 6 사이로 시속 27~46킬로미터의 바람이 불었고 1미터 높이 내외의 너울이 있었다. 수표면에서 망 작업을 하기에는 기껏해야 중간 정도의 조건이었다. 격동적인 바다에서는 작은 플라스틱 조각들이 아래쪽으로 내려가고 미세 입자들은 천천히 떠오른다. 1999년에는 바람이 시속 9~18킬로미터, 너울이 30~60센티미터였으니 완벽한 조건이었다. 1999년에는 가오리 망이 플라스틱과 플랑크톤 혼합물로 꽉 찬 적이 없었다. 이번에는 끈적거리는 플랑크톤이 수집 봉투에 무겁게 찬 적이 여러 번 있었고 거칠어진 바다가 더 많은 영양분을 끌어올리고 있다는 것을 알 수 있었다. 10주년 회고 조사에는 사흘이 걸렸다.

일주일 후에 우리는 롱비치 항구에 도착했다. 2009년 10월 7일 수요일이었다. 4개월간의 여행을 끝내고 집으로 돌아오니 모두들 기쁜 마음이었다. 알기타호를 타고 그때까지 가장 길게 한 여행이었다. 우리는 부두와 인근의 알갈리타해양조사재단 본부에서 열렬한 환영을 받았고 곧 바다연구소에서 표본 분석을 시작했다. 분석 절차는 1999년과 같았다. 다만 이번에는 플랑크톤 표본을 숫자와 종류별로 나누어 개별적으로 분석하지 않고 덩어리째 다루었다. 가장 시급한 분석 작업을 그웬 라틴과 앤 젤러스(10년 전 첫 표본도 분석했다.), 실험실 자원봉사자 몇 명이 금방 끝내주었다.

결과는 흥미로웠다. 1999년에 우리는 총 2만 7000개의 플라스틱 조각을 수집했다. 2009년에는 2만 3000개 '뿐'이었다. 다소 혼란스러운 것은 2008년 겨울의 항해에서 11번의 표본 수집을 했을 때는(샛비늘치 조사 때) 6만 2000개의 플라스틱이 나왔다는 점이다. 우리가 하는 이런 조사들은 일반적으로 변수에 따라 '수정'된다. 2009년에 바다 상태가 불안했던 점도 그런 변수가 될 수 있었다. 하지만 다른 측정값인 무게에서는 상황이 더 복잡해졌다. 1999년 플라스틱의 건량 무게는 424그램이었다. 2008년에는 669그램이었다. 2009년에는 '무려' 881그램이었다. 1999년 무게의 거의 두 배였다. 이것은 환류에 대형 플라스틱 쓰레기가 점점 더 많아지고 있다는 우리의 생각을 확인해주는 결과였다. 하지만 표본 중 상당히 큰 조각 몇 개가 결과를 왜곡할 수도 있었다. 2008년과 2009년 사이의 차이보다는 두 데이터가 모두 1999년의 표본보다 훨씬 무겁다는 사실이 중요해 보였다. 2009년에는 비교적 큰 쓰레기를 많이 보았고 엉켜 있는 유령 그물은 많은 대형 쓰레기 중 하나일 뿐이었다. 많은 새로운 쓰레기가 변천해가는 동안 초기 세대의 플라스틱 쓰레기는 '나노 상태'가 된 것이 맞을 것 같았다.

플라스틱 대 플랑크톤 비율 문제를 처리하기 위해서는 시간이 좀 필요했다. 우리가 해양 환경의 플라스틱 오염을 측정한 여러 방법 중에서 이것이 가장 많은 논란을 낳았다. 바다 표면의 플랑크톤의 종류는 엄청나게 다양했고 플라스틱의 종류 또한 우리가 앞서 보았듯이 매우 다양했다. 1999년에는 플라스틱과 플랑크톤의 건조 중량 비율이 6대 1이었다. 2008년에는 46대 1이었다. 2009년에는 26대 1이었다. 이번이 플랑크톤이 가장 많은 표본이었다는 점을 감안하면 이상하리만치 높은 비율이었다. 우리는 잠재적 피해의 측정 수단으로 플랑크톤의 생물량을 플라스틱의 양과 비교했다. 플라스틱과 플랑크톤이 혼합되면 살파류에서 앨버트로스, 바다거북, 수염고래에 이르기까지 수많은 수표의 섭식자들이 먹을 수 있는 조합이 되기 때문이었다. 야간 잠수를 하는 여러 밤 동안 나는 수중에 움직이는 환상적인 생명체들을 보면서 샛비늘치의 수표 섭식 행동을 유심히 살펴보았다. 아마도 1~2킬로미터 아래의 해저에 있다가 밤이 되어 수표 쪽으로 올라온 물고기들은 한가하게 동물성 플랑크톤을 취사선택하며 먹지 않았다. 이 샛비늘치들은 미친 듯이 움직이며 닥치는 대로 휘젓고 다니면서 속사포처럼 입을 뻐끔거렸다. 2008년 연구에서 우리는 물고기들 중 35퍼센트가 온갖 색상의 플라스틱을 삼킨 것을 발견했다. 어둠 속에서 색상은 문제되지 않는 것 같았다. 다른 많은 해양 생물들이 그렇듯이 샛비늘치들은 플라스틱 조각에 속아 넘어갔다. 플라스틱 조각이 크기, 모양, 질감, 소극적 움직임 등에서 자연적인 먹이와 너무나 비슷했기 때문이다. 플라스틱 대 플랑크톤 비율이 증가했다면(1999년에는 플랑크톤보다 많은 수의 플라스틱 조각을 함유한 표본이 있었다.) 플랑크톤을 먹는 생물의 플라스틱 섭식도 증가할 것이 분명했다. 먹이사슬 속 깊숙이 플라스틱이 퍼지고 있었다.

하지만 시비를 거는 사람들이 있었다. 동료 연구자들 중에도 있었고 플라스틱 업계에서 나온 대변인들도 그랬다. 그들은 이렇게 말했다. 당신네 통계는 충격적이고 당신네는 언론을 꾀어 들이려고 그 통계를 이용하고 있다. 당신네는 바다 전체가 플라스틱으로 도배되어 있고 우리는 큰일 났다는 식으로 말하고 있다. 이어서 그들은 거짓된 반대 주장을 내놓았다. 이런 식이었다. 당신네 표본만 가지고 추정을 해서는 안 된다. 해양 환경에서 플라스틱의 분포는 다양하다. 당신네 연구는 플라스틱보다 플랑크톤이 더 많은 장소가 있으리라는 것을 용인하지 않고 있다.

첫 번째 반대는 쉬운 문제다. 언론은 어떤 이야기이든 간에 가장 관심을 끌 수 있는 측면에 주목하기 마련이다. 그게 그들의 일이고, 그들이 성공적으로 일을 하려면 호기심을 자극해야 한다. 그걸 누가 바꿀 수 있을까? 우리도 태평양 거대 쓰레기 지대를 "플라스틱이 소용돌이치는 대륙"이니 하고 묘사하는 것을 봤을 때는 움찔했다. 하지만 중요한 메시지를 전달해야 하는데 왜곡의 위험이 있다는 이유로 언론을 기피해야 할까? 우리는 우리의 메시지에 신중을 기했고 수많은 오류들을 공개적으로 바로잡은 적이 있었다. 하지만 언론이 우리의 이야기를 해석하는 방식은 우리가 통제할 수 있는 사항이 아니며 우리는 그저 그를 통해서 좋은 결과가 있기만을 바랄 뿐이다. 두 번째 반대는 샛비늘치가 답이 되겠다. 물론 우리는 플라스틱의 농도를 계산했고 플라스틱이 많다고 했다. 하지만 정말로 중요한 것은 우리가 수집한 증거가 플라스틱이 해양 먹이사슬 속에 진입하고 있음을 보여준다는 점이다. 우리가 만약 해양 환경의 먹이의 특징을 드러내고 그것을 플라스틱과 비교하지 않는다면, 가장 중요한 문제를 간과하고 있는 것이다.

알기타호는 해양 탐사를 하는 15년 동안 18만 킬로미터를 횡단했다. 알기타호는 현대적이고 좋은 설비를 갖춘 선박이었다. 그리고 항해 능력도 정말 뛰어났다! 기술적으로 정교한 배이기 때문에 세심한 관리가 필요한 것은 사실이지만 바다를 항해하는 모든 선박이 세심한 관리가 필요하다. 해양의 선박들은 부식성의 짠물을 뒤집어쓰며 항해를 하고 때로는 고정된 물체 혹은 물에 떠다니는 물체에 부딪히기도 한다. 개중에는 눈에 보이는 장애물도 있고 눈에 보이지 않는 장애물도 있다.(내가 출연한 《콜베어 리포트》에서 스티븐 콜베어가 "말끔하던 바다에 엄청나게 많은 덩어리가 생겼다."고 한 말은 딱 맞는 표현이다.) 알기타호는 자동차에 비하면 훨씬 더 많은 관리가 필요하다. 나는 모든 배들이 포드FORD라고 말하곤 하는데 매일 고치거나 수리해야 한다는 뜻(Fix Or Repair Daily)이다. 알기타호의 선장일 뿐만 아니라 기관사로서 나는 항상 바빴다. 기계 장치를 유지하고, 장비를 수리하고, 돛을 정돈하고, 연구 조사를 이끌고, 요리도 대부분 해야 했다. 이것은 정말 많은 양의 일이고 나는 제인 그레이의 표현처럼 "노동이 주는 침착함과 평화"로 보상받았다.

거대한 바다는 알기타호가 했던 것처럼 선구적인 연구가 진행되기를 여전히 기다리고 있다. 특히나 환류가 있는 중위도 지역은 더욱 그렇다. 나는 알기타호가 쓰레기에 더 잘 견딜 수 있게 몇 가지 개선 작업을 하고 있다. 알기타호가 정말로 빛나는 것은 저 멀리 바다에서다. 그 어느 마을, 도시, 주, 국가도 감시하거나 보호할 책임이 없는 지구의 공동 자산에서 말이다. 이제 나는 알기타호의 프로펠러에 쓰레기가 걸리지 않는 방법을 찾아야 한다. 또 파도의 충격으로 인해, 그리고 야간 항해 때 단단한 플라스틱과 부딪혀서 구멍이 나고 갈라지는 두 선체 사이의 판자도 강화해야 한다.

온화한 지역의 원양을 항해하면서 나는 바다가 주는 활력에 감사한다. 생명을 창조하고 기후를 조정하고 우리 생물권의 주된 특징을 이루는 바다는 권리를 부여받고 그것을 주장할 자격이 있다. 우리는 바다에 무슨 일이 일어나는지 알아야 하며 바다의 불평에 귀를 기울이고 바다를 보호해야 한다. 그리고 무엇보다 우리는 바다를 인간의 언어로 설명해야 한다. 바다는 순환하는 체계이며 섬세하게 균형 잡힌 시스템을 가지고 있다. 바다는 분위기 있고 신비롭고 매력적이다. 바다는 아주 깊다. 건강할 수도, 아플 수도 있다. 바다는 영리해서 균형을 유지하는 방식으로, 혹은 더 정확히 말해 항상성을 유지하는 방식으로 진화한다. 그래서 나는 바다의 국선 변호인을 자처하면서 바다를 대신해 의견서를 내려고 한다. 바다는 문명이 만든 유독성 폐기물로부터 해방될 권리가 있다. 오존층에 구멍을 내는 프레온 가스를 우리가 직접 하늘을 날아다니면서 제거할 수 없는 것과 마찬가지로 바다를 항해하며 독성 폐기물을 모두 치우기란 불가능하다. 우리가 할 수 있는 일은 매일 바다에 쌓여가는 쓰레기의 흐름을 차단하는 일이다. 그리고 바다의 소화 능력이 우리의 플라스틱 배설물을 무해한 수준까지 분해할 기회를 주는 일이다. 우리는 프레온 가스가 금지된 이후 오존층의 구멍이 그랬듯이 플라스틱 쓰레기의 점진적인 감소를 보게 될 것이다.

하지만 합성 중합체는 다르다. 지구에 합성 중합체는 완전히 새로운 것이고 그것을 수용할 수 있는 효율적 메커니즘은 아직 진화되지 못했다. 만약 생태계의 모든 것이 이용될 수 있는 것이라면, 지구의 생태계는 플라스틱 폐기물을 어떻게 이용할까? 수백만 마리의 동물을 죽이는 것이 '이용'일까? 우리의 몸과 미래 세대의 몸을 중독시키는 것은 플라스틱 시대의 혜택을 누리는 데 따르는 작은 대가이자 '부작용'에 불과할까? 여러 단체와 개인들이 이런 문제를 인식하고 행동을 시작하고 있다. 관련 법이 있지만 앞서 보았듯이 오염을 유발하는 자들은 종종 다른 종류의 법률로 보호받고 있으며 우리로서는 감당할 여력이 없는 교착 상태가 지속되고 있다. 우리는 판결이 필요하다. 상치되는 법률 문제를 해결하기 위해서는 결집된 노력을 통한 영향력이 필요하다.

내 안에는 이제는 추억이 되어버린 경험이 살아 숨 쉬고 있다. 바로 플라스틱이 없는, 수많은 해양 생물이 넘쳐나는 바다에 대한 경험이다. 플라스틱 이전 시대 pre-plastic era가 끝날 때쯤 자라난 나는 자크 쿠스토*의 근사한 바다를 경험했다. 우리 세대는 플라스틱 오염이라는 검은 장막을 드리우는 중이고 미래 세대는 이에 대처해야 할 것이다. 이 슬픈 현실은 과학적으로 입증되고 있다. 이런 유산을 남겨주는 것이 잘못된 일인가 하는 문제를 가치 판단이라고 부른다. 하지

---

* 자크 쿠스토 Jacques Cousteau 앞서 나왔던 쿠스토학회의 창설자(1910~1997년). 환경 운동가로서 해양 다큐멘터리 영화를 만들어 여러 국제 영화제에서 수상했다.

만 과연 사실과 가치 판단이 분리될 수 있을까? 우리가 남기는 플라스틱 발자국이 수백만 마리의 해양 동물을 죽이고 있다는 사실 그 자체에 그것을 멈춰야 한다는 가치 판단이 포함되어 있지 않은가? 바다의 플라스틱 위에 박테리아와 고착 생물이 증가하는 것을 새로운 서식지가 생겨 생물량이 늘어난 것으로 보는 사람이 있다면, 그래서 플라스틱 쓰레기 때문에 굶주리고 목 졸리고 중독되는 동물들을 정당화하려는 사람들이 있다면 이렇게 말해주고 싶다. 정신 차려라! 플라스틱이 이동하면서 거기에 서식하는 먼 곳의 외래종이 새 지역에 유입되고 그 결과 생물 다양성이 줄어들고 있다. 환상적인 기술적 가능성을 만들어내는 플라스틱의 힘이 이제는 예기치 못한 결과로 역겨움과 경고를 만들어내고 있다. 우리는 과연 앨버트로스보다 빨리 진화해 우리 자신과 환경을 해치는 것들을 거부할 수 있을까?

아직 이름도 없는 과학 분야를 개척하려 노력하면서 내가 목격하는 바다의 모습은 내 가슴을 찢어놓는다.('해양 쓰레기학'이라고 이름을 붙이자니 마땅한 진지함이 결여되는 것 같다.) 2년치 플라스틱 생산량이면 지구 상 모든 남녀와 어린이의 몸무게와 맞먹는데도 우리가 플라스틱의 시대에 살고 있지 않다고 말할 수 있는 사람이 있을까? 우리가 원하는 모든 것, 직장과 놀이터에서 우리를 둘러싼 모든 것이 플라스틱인데도? 나는 플라스틱을 '석유의 고체 단계'라고 부른다. 그리고 그것이 아주 광범위하게 흩어진 기름 유출 사고처럼 우리 주변을 오염시키고 있다고 생각한다. 수백 년간 지속되고 유독 물질을 빨아들이며 먹잇감들을 흉내 내고 있다고 말이다.

커티스 에베스마이어는 "해양 플라스틱의 기본적 특성이 무엇인가?"라고 물었다. 그는 바다 표면이 플라스틱으로 얼마나 뒤덮여 있고 축적된 모든 장소에서 플라스틱 쓰레기의 양을 재면 얼마가 될지 알고 싶어 한다. 이 문제에 일조하고 있는 전 세계 국가들은 모두 해답을 찾기 위한 프로그램을 시작해야 한다. 그물망 작업을 하며 돌아다니는 알기타호의 숙련된 시민 과학자들이 그런 노력을 도울 것이다. 그동안 이런 일을 해보는 것은 어떨까? 일회용 플라스틱을 없애고 도시 유출을 차단하면서 동시에 플라스틱의 속성도 연구하는 것이다. 더 깊이 이해해야 한다는 주장은 개선을 미루고 시간을 끄는 용도로 너무나 자주 이용되었다. 내가 알갈리타해양조사재단을 설립한 것은 해양 환경의 연구와 회복 사이의 거리를 좁히기 위해서였다. '오염, 연구, 시간 끌기' 전략에 충실한 사람들은 (100년이나 된 석유 업계의 전략을 옹호하면서) 해결책에 착수하기 전에 문제에 관한 모든 것을 '완벽히' 이해해야 한다면서 아무런 쓸모없는 시시콜콜한 사실들을 요구한다. 완벽하게 '확실한 과학'에 매달리는 끝도 없는 고의적인 지연 전략은 일종의 지적인 사도마조히즘을 조장한다. 사회의 이익이 아닌 자신들의 이윤을 지키기 위해서 말이다. 아무 쓸모없는 기계적 이해를 통해 재료와 공정에 관해 기술적으로 통달할 수는 있으니 무언가를 얻긴 얻는다. 하지만 이것은 비이성적이다. 너무나 많은 부작용을 야기하기 때문이다. 좋게 말해서 '의도치 않은 결과'라고 말하는, 실제로는 예상 가능했으나 원하지는 않았던 결과를 초래할 것이다. 이윤부터 빠르게 확보하기 위해서 부지런히 무시했던 그 결과 말이다.

물론 우리는 투자 대비 최선의 결과를 바란다. 하지만 가장 영향력 있는 위원회의 가장 정교한 두뇌들조차 플라스틱이라는 괴물의 고삐를 쥘 방안을 아직 찾지 못했다. 제1회 국제해양쓰레기회의가 개최된 지 25년이 지났지만 바다의 플라스틱 함유량은 계속해서 증가할 뿐이다. 경제적으로는 이 추세를 되돌릴 수 없다. 지구의 우점종으로서 우리는 역사적인 과정을 거쳐 오늘날 문명이라고 불리고 있는 것을 세계에 전파하고 있다. 우리의 '전략적 계획'은 (생산과 소비의) 더 큰 성장을 가로막는 모든 장애물을 없애고 부유한 나라들의 노동과 소비 모델을 전 세계에 전파하는 것이다.

우리는 근본적인 모순에 직면해 있다. 엄청난 부와 예상 못한 성장을 가져다준 이 경제 시스템은 삶과 노동, 충성심을 투자한 우리에게 건강한 지구를 되돌려주지 못한다. 동물들과 우리를 이곳까지 데려다 준 노아의 방주는 지금 침몰 중이며 남은 목적지까지 항해를 계속할 수 없다. 기술적으로 가능한 수준에서 인간과 동물에게 안전이 보장되는 그 항구, 정말로 풍요롭고 개인의 잠재력이 실현되고 생물다양성 속에서 모두가 번창하는 그 항구까지 말이다.

우리가 버린 플라스틱 쓰레기가 무고한 생물들에게 피해를 끼치고 아름다운 외딴 장소들을 망쳐놓는 모습을 보면 어떤 이들은 수치심과 분노를 느낄 것이고 '정치적 의지'를 형성할 동력이 될 것이다. 내가 전달하는 메시지는 분명 사람들이 듣고 싶어 하는 내용인 것 같다. 『프라우다』지에서 폭스뉴스까지, 《레이트 쇼》에서 《콜베어 리포트》까지, CBS, NBC, ABC의 아침 뉴스와 저녁 뉴스까지, 네덜란드, 호주, 이탈리아, 프랑스의 뉴스까지, 테드 강연에서 유럽연합집행위원회, 세계과학자연합, 로마클럽의 회의까지, 플라스틱 뉴스에서 플라스틱 전염병 반대 캠페인까지, 내가 나온 초등학교 강당에서부터 아이다호 주 모스코의 춥고 비 오는 월요일 밤 600여 명이 모인 강당까지, 프라이데이하버의 조찬에서부터 호놀룰루에서 다이아몬드헤드를 배경으로 한국의 텔레비전이 중계한 서프라이더재단의 '플라스틱 극복' 회의까지, 많은 사람들이 내 이야기를 들었다. 탄소 발자국보다 플라스틱 발자국이 바다 생물들에게 더 직접적인 피해를 야기하고 있는지도 모른다는 이야기를 말이다. 이야기를 들은 사람들은 이후 내게 연락을 해왔고 동요하고 화를 냈으며 자신들의 개인적 습관을 바꾸고 이 이야기를 설파하겠다는 뜻을 전했다.

이 장의 제목은 '우리는 거부할 수 있을까'이다. 여기서 '거부'가 무슨 뜻일까? 줄이기, 재사용하기, 재활용하기? 나는 좀 더 큰 맥락에서 그 의미를 파악한다. 내게 이것은 샌디에이고캠퍼스의 교수들이 '위대한 거부'라고 불렀던 일에 동참한다는 뜻이다.

나는 내 뿌리를 다시 돌아보고 할 말을 하려고 한다. '부작용'이 무엇이 되었든 이 경제 체제의 무비판적 일부가 되는 것을 거부하고 승리한 자들의 편에 서서 그들을 맹목적으로 지지하기를 거부하는 것은 1967년 대학을 중퇴한 이후 내가 언제나 따랐던 행동 지침이었다. 그 거부가 결코 완전한 단절을 의미하지는 않았다. 우리는 언제나 인생의 무역풍을 만나더라도 항해를 계속해야 하기 때문이다. "게임에 참여하지 않는다."며 가혹한 벌칙을 받는 경우도 있었지만 많은 것을 피해 갈 수 있었다. 오늘날 현지 생산품을 구매함으로써 지역 경제를 후원하는 운동은 글로벌화된 포장재를 없앨 수 있는 이점도 가진다. 포장재는 해양 플라스틱 오염의 전부는 아니지만 큰 부분을 차지한다. 중요한 변화를 향한 준비를 갖추기 위해 세계 경제에서 전략적 후퇴를 할 시기가 무르익은 것 같다. 세계 무역은 현실이지만 우리가 지역 거래를 늘릴수록 일회용 포장도 덜 필요하다. 오염을 유발하며 성공을 누리고 있지만 멸망 직전에 놓여 있는 일회용 경제를 바꾸는 실용적 방법은 지역별 자립도를 높이는 것이다.

미국에서는 지역자립연구소가 "시민들, 운동가들, 정책 입안자들, 기업가들과 함께 일하며 지역별 수요를 충족시킬 제도와 정책, 사업을 설계하고 있다. 또한 인간, 물질, 자연, 금융 자원을 최대한 활용함으로써 이런 제도와 자원의 이점이 모든 지역민에게 미치도록 하고자 한다." 이 운동은 계몽된 지역에서는 이미 진행 중이며 앞으로 널리 알려지게 될 것이다. 국제 통상 전자 소식지인 푸드프로덕션 데일리닷컴의 2011년 2월 판은 다음과 같은 놀라운 제안을 담고 있다. "식품 업계는 전문화된 지역 먹거리 체계가 성숙할 때까지 그들에게 화를 내거나 그들을 뿌리 뽑기 위해 로비를 동원해서는 안 된다. 오히려 식품 업계는 지역 먹거리를 통해 이익을 얻고 그들을 발전시킬 방안을 강구해야 한다." 이 기사의 제목은 "왜 지역 먹거리 체계는 업계에 또 다른 기회가 되는가?"이다. 기존 브랜드와 시장을 뿌리치기란 쉽지 않은 일이고, 대기업이 끼어드는 것 역시 언제나 위협 요인이 될 수 있다. 하지만 '제 역할을 할 수 있는' 지역 사업체들은 고용을 창출하고 변화를 촉진할 것이다.

오염과 무의미한 노동으로부터 우리를 해방시킬 과학과 기술은 이미 존재한다. 자원과 원자재는 지역 재활용 센터, 더 좋게 말해서 '자원 회복' 센터에서 새롭게 시작된다. 우리가 만들어내는 고용 기회는 플라스틱 발자국과 탄소 발자국을 줄이면서도 우리의 자연환경을 희생하지 않고 우리의 삶과 일을 보장해줄 것이다. 우리는 삶의 진정한 필요를 우리가 원하는 만큼 과학적으로 발견할 수 있고 정의할 수 있다. 그리고 그런 필요를 자연적으로 자라게 하거나 조심스럽게 만들어낼 수 있고, 빠른 성장과 이윤만을 좇는 비뚤어진 압력에

굴하지 않고도 우리 자신과 자연을 자유롭게 할 수 있다. 이렇게 하려면 과학적 도구와 지역 수준의 산업 생산력을 보유하고 그것을 능숙히 활용하면 된다. 또한 지역별 생태계를 존중하고 영리하게 관리하면 된다. 작은 상점과 작은 농장도 큰일을 해낼 수 있다. 학생들은 학교에서 만든 전기 자동차로 시합을 한다. 지역별 유기 농산물을 배달할 최고의 전기 자동차를 만드는 대회를 후원하자.

알갈리타 재단이 처음에 초점을 맞췄던 것 중 하나가 그 자리에서 바로 하수를 처리하는 시스템이었다. 말리부의 하수 정화조는 오염이 심한 것으로 유명했기 때문이다. 우리 명예 회장인 빌 윌슨은 이 분야의 전문가이다. 그는 스스로를 하수 영업 사원이라고 부른다. 지하에 플라스틱으로 된 침전 탱크를 여러 개 설치해서 처리가 끝난 하수를 조경용 나무까지 보내는 지역 하수 처리 시스템은 캘리포니아 남부에서는 처음으로 말리부 시 위생과에서 승인되었다. 보다시피 우리는 기본적 사항들을 개발해서 '요람에서 요람까지'의 끝없는 게임에 포함시킬 수 있다. 그리고 우리가 피해를 늘리지 않으면서 생활의 필요를 충족시키는 데 성공한다면 그것은 플라스틱 전염병을 퇴치하는 초석이 될 것이다.

나는 전 세계 바다의 플라스틱 오염을 끝내려면 경제적인 초점을 옮기는 것이 전제 조건이라고 생각한다.

2010년대가 시작할 때 미국은 1000만 명의 노동자가 실직 상태였다. 그런데도 슈퍼마켓 선반은 가득 차 있었고, 무엇이든 원하는 것을 인터넷으로 주문하면 이틀 내에 배달되었고, 개의 나이와 체격에 맞춰 개 발톱을 손질할 수 있었다. 실직된 1000만 명의 사람들은 대체 뭘 해야 하는 걸까? 서비스 부문을 확대해야 하는가? 우리는 필요한 모든 것을 갖고 있고 그보다 훨씬 더 많은 것을 갖고 있다. 그런데도 사람들은 '혁신!'과 '수출!'을 주문처럼 외워댄다.(일자리를 수출하는 것이나 아니면 좋겠다.) 말이야 쉽지만 실행은 쉽지 않은 일이다. 우리는 소규모 사업이 경제의 중추라는 이야기를 듣는다. 하지만 그것은 공장들이 문을 닫고 공장을 기반으로 성장한 도시들이 몰락하기 이전의 이야기다. 어찌 되었건 성장은 수백만 가지의 새로운 '꼭 가져야 할' 짧은 수명의 제품들(실제로는 오염원들)을 의미하는 경우가 많았다. 결국 매립지나 바다로 가게 될 제품들 말이다. 자체적으로 만들고 싶은 물건은 외국에서 수입하지 않는 국가들도 있다. 현대적 국정 운영은 점점 다른 국가로 하여금 자국의 물건을 사게 만드는 기술이 되어가고 있다. 보조금을 지불해서 저렴해진 우리 수출품이 상대국의 지역 경제를 파탄 내는 한이 있더라도 말이다. 이득을 얻는 사람의 수는 많지 않으나 그들은 엄청난 이득을 챙긴다.

어쩌면 여기에도 아이러니가 있다. 우리는 자립을 원하고 자립을 키울 수 있는 장소를 원한다. 이것이야말로 보수적 가치라고 부를 수 있는 것이다. 심지어 주류에 속하는 일부 학교들도 새로운 현실이라고 여겨지는 것에 적응하고 있다. 좋은 직업이란 것이 없고, 졸업생들이 취업 시장에 나갈 준비가 되게 만드는 것이 교육인 현실 말이다. 우리는 '생산과 연구'의 교과 과정을 모든 사람에게 합리적이고 그것을 뒷받침할 자연환경을 존중할 수 있는 경제를 향한 것으로 바꾸자고 주장해야 한다.

플라스틱 오염을 멈추는 세대는 끝없이 쓰레기를 넣어 쓰레기를 만드는 경제로부터 멀어진 세대일 것이다. 무의미한 경쟁과 아무 생각 없는 소비는 사라지고, 꼭 필요하고 계속 쓸 수 있으면서 고장이

나면 고칠 수 있는 제품을 신중하게 취득하게 될 것이다. 그리고 그런 물건은 목적이 다한 후에 다른 쓸모 있는 것으로 개조될 것이다. 부지런히 일하고 창의적이고 평화로운 이 전사들은 '새로운' 물건이라는 만족스럽지 못한 부는 거부할 것이고, 낭비되지 않는 아름답고 생산적인 삶을 추구하며 진정한 부를 찾을 것이다. 조잡한 물건을 얕보고 과소비하는 생활양식을 거부하고 짜임새 있게 조직화된 노동과 그 노동으로 만들어진 유용한 물건을 존중하는 생활양식을 옹호할 것이다. 건강과 행복을 가져다주는 진짜 필요한 물건의 제조자와 재再제조자가 이들의 영웅이 될 것이다. 오늘날 유기농 농장과 정원을 운영하는 사람들처럼 기술에 대한 지식도 기꺼이 공유하게 될 것이다. 대자연을 두려워하는 것이 아니라 완벽하게 생명의 순환을 이루려는 자연의 훌륭한 면을 높이 사게 될 것이다. 그들은 오염된 대도시에 있고자 하는 현재의 세대는 아닐 것이고, 조금 나아진 오염된 지구를 만들려고 하는 다음 세대도 아닐 것이다. 그들은 아마 위기의 시기에 태어난 세대일 것이다. 그들은 과거와 단절할 것이며 이제는 한물간 억압적 규칙과 고루한 방식을 강요하는 부모 세대와도 단절할 것이다. 그들이 참신함을 추구하는 이유는 또 다른 흥밋거리나 가짜 편의를 만들어내기 위해서가 아니라, 진정으로 자신과 지구를 해방시켜줄 무언가를 만들어내기 위해서일 것이다.

애덤 스미스는 경제적 자기 이익을 통해 경제를 조절하는 '보이지 않는 손'이 있다고 했다. 지금 그 보이지 않는 손 위에 그림자를 드리운 것은 대자연의 눈에 보이는 손이다. 대자연의 이익에 의해, 그리고 타협이 불가한 대자연의 한계에 의해 손이 움직이고 있다. 대자연은 우리 경제 활동의 시작이자 끝이다. 우리는 대자연의 '생태계

서비스'를 제대로 알고 존중해야 한다. 이런 생각들을 결합해서 물건들을 평가하자. 그래야 물건들이 시장에 나올 때 정말로 중요한 특징들을 표기하게 될 것이다.

첫째, 재활용 가능성 지표: 이 제품은 닫힌 순환 구조에서 얼마나 쉽게 재활용할 수 있는가?
둘째, 늘어난 교체 주기: 이 제품은 얼마나 오래 지속될 것인가?
셋째, 줄어든 보수 관리 시간: 이 제품은 보수 관리가 필요하지 않은가?(플라스틱은 오래 지속되는, 보수 관리가 필요하지 않은 제품에 속한다.)
넷째, 대체되거나 쓸모없어진 제품의 잠재적 수량: 이 제품 덕분에 다른 많은 제품이 필요 없어지는가?
다섯째, 원자재 추출 스트레스: 이 제품은 사용 후에도 100퍼센트 원자재가 되는가?
여섯째, 무독성: 생물학적 관점에서 독성이 없는 부품을 사용하는가?

현 상태가 확대되는 것을 정당화할 때 흔히 들먹이는, 개인의 자유 같은 가치를 가지고 과학적으로 제품을 평가하지 않는 이유는 무엇인가? 반대로, '제품이 세상을 자유롭게 하는 지표' 또는 '제품 인간 해방 지표'와 같은 것은 왜 사용하지 않는가?(제품들이 과연 이런 가치를 얼마나 가지고 있을까?) 오늘날 국가 지도자들의 정치학 사전에 이런 가치는 없기 때문이다. 이 개념들에 진정한 의미를 부여하고 그것을 이용해 제품 생산을 규제하자! 우리가 이런 것들을 진지하게 받아들여 내면화하지 않고 시간을 끌면 끌수록 우리는 후대를 더 큰 위험에 빠뜨리게 된다. 우리는 미래가 꽃필 수 있는 공간을 만들어야 한다. "자연의 왕국이 필요에 따라 멋모르고 이뤄낸 것을 정신의 왕국이 자유 속에서 이뤄내는 곳, 즉 현실에 내재한 잠재력이 발현되는 곳"을 만들어야 한다.*

더 많이 소비할수록 더 잘살게 될 것이라는 현혹적인 아이디어는 그 수명을 다하고 있다. 그런 사실을 증언해주는 많은 것들 중 하나가 플라스틱 바다이다. 바다 그 자체가 폐기물이 없는 세상을 강력하게 옹호하게 될 것이라고 누가 생각이나 했을까? 드넓은 심해에 둥둥 떠다니는 깨진 플라스틱 조각이 제품이 생산되고 소비되는 방식을 바꿀 중대한 정치적 운동을 촉진하게 될 것이라고 누가 생각했을까? 농업에서는 폐기물이 사라진 닫힌 순환 구조를 쉽게 상상할 수 있다. 식물성 재료와 음식물 쓰레기가 퇴비가 되어 다음 농작물을 위한 생산력 높은 흙이 되는 구조 말이다. 수천 년간 이 방식은 아무 문제없이 이어져왔다. 이제 물건들에도 이런 닫힌 순환 구조를 실현해야 할 때가 되었다. 이 작업은 유기물 퇴비 대신 다음 제품 생산을 위한 원재료를 만들어내야 하는 만큼 농업에서처럼 간단하지는 않을 것이다. 하지만 우리는 이 목표를 실현할 수 있는 지략과 지식과 당위성을 갖고 있다. 플라스틱 전염병에 걸린 바다 행성이 나을 수 있게 돕는다면 그 행성은 고마워할 것이다.

나는 끈기 있는 사람이며 관찰의 기술을 배웠다. 나는 바다 한가

---

* (저자 주) 헤르베르트 마르쿠제, 『이성과 혁명』.

운데서 다른 사람이라면 놓쳤을 작은 플라스틱 조각을 보았다. 나는 일의 진행을 이해하고 직접 실천해봄으로써 그 과정들을 배워나갔다. 나는 딱 맞는 곳을 몇 번 쿡쿡 찔러주면 앞으로 가는 길이 바뀔 수 있다는 것을 안다. 배의 타륜을 살짝만 당겨도 완전히 다른 목적지를 향하게 되는 것처럼 말이다.

후기

인체 축적의 결과들

2011년 3월 11일, 일본 북동부가 지진과 쓰나미로 유린된 이 날 『플라스틱 바다』 양장본은 최종 편집 단계에 들어가 있었다. 해안 마을들이 바다로 휩쓸려 나가는 장면을 텔레비전으로 보면서 무서움을 느꼈던 것은 끔찍한 인명 피해에 더해서 이 재해로 유입된 막대한 쓰레기가 북태평양 생태계에 미칠 영향이 떠올랐기 때문이다. 우리는 최종 원고에 몇몇 시사점을 끼워 넣긴 했지만 당시는 아직 사태의 초창기라 얼마만큼의 비극이 벌어질지 추측하는 것 외에는 별로 할 수 있는 이야기가 없었다. 조금 더 많은 것을 알게 된 지금도 여러 관찰 담이 모이고 있지만 확실한 데이터는 아직 수집 중에 있다.

때마침 보급판을 내게 되어 지금까지 알려진 사실을 이야기할 수 있는 기회가 생겼다. 이 이야기에 관해서는 앞으로 수십 년간 많은 글이 나오게 될 것이다. 일본 정부에 의하면 쓰나미가 태평양으로 쓸어간 쓰레기는 500만 톤에 이르고 그중 70퍼센트는 연안 바다에 가라앉았을 것으로 보인다. 1년치의 바다 쓰레기가 단 하루 만에 발생한 것이다. 현재 북태평양을 횡단 중인 150만 톤의 부유 쓰레기는 북태평양 전체에 자동차를 세 줄로 세워 다리를 놓을 수 있는 양이다. 그중 플라스틱이 얼마나 되는지는 모두가 추측만 할 뿐이다. 처음에 쓰레기들은 뭉쳐 있었으나 현재는 흩어져서 위성 카메라에도 잡히지 않는다. 일부는 북아메리카 북부 해안에 닿고 있고(캘리포니아는 큰 피해를 입지 않을 것이다.) 머지않아 하와이 해안과 환초들이 쓰레기로 뒤덮일 것이다. 해양학자인 니콜라이 막시멘코의 예상으로는 이 잔해의 95퍼센트가 북태평양의 시계 방향 대순환류에 계속 남아 있다가 동쪽과 서쪽의 축적 지대('쓰레기 지대'라고도 부른다.)로 소용돌이쳐서 들어갈 것이다.

이 글을 쓰는 동안 알갈리타해양조사재단이 공동 후원한 5대환류연구소의 탐사대가 북서 태평양 환류의 표본 수집을 끝냈다. 일본과 하와이 사이에 있는 서쪽 쓰레기 지대라고 부르는 곳이었다. 알갈리타 재단의 오랜 협력자이자 5대환류연구소의 공동 설립자인 마커스 에릭슨이 이끈 연구 팀은 예상되는 집중 지역에 쓰나미 쓰레기의 현황이 어떤지 간략하게나마 알아보고자 했다. 하지만 연구 팀은 얼핏 보면 동쪽 환류의 부유물과 비슷해 보이는 그곳의 엄청난 플라스틱 표류물이 반드시 쓰나미와 연결되는 것은 아니라는 결론을 내릴 수밖에 없었다. 이곳에서 채취한 표본을 연구실에서 분석하면 희박한 데이터베이스를 보충할 수는 있을 것이다. 서부 태평양 지역에 대해서는 연구 자료가 드물기 때문이다. 반면에 연구가 많이 된 동쪽 쓰레기 지대에서 쓰나미 이후에 관한 조사를 진행한다면 해양 쓰레기가 해양에서 어떻게 움직이는지에 관해 훌륭한 데이터를 얻을 수 있을 것이다. 쓰레기들이 어떻게 분해되고 동쪽 환류에 있는 해양 생물에 어떤 영향을 끼쳤는지 말이다. 일본의 쓰나미에서 나왔다고 추적할 수 있는 새로운 물질들을 알게 되면 쓰레기 과학 수사에도 도움이 될 것이다.

쓰레기의 영향을 추적하고 예상하도록 디자인된 컴퓨터 모델을 개선하면 더 깊은 이해가 가능해질 것이다. 예컨대 니콜라이 막시멘코와 하와이대학교 국제태평양연구센터의 잰 하프너가 개발한 첫 번째 쓰레기 표류 모델은 당초 쓰나미 잔해가 2013년 3월과 2014년 3월 사이에 북아메리카에 해안 닿을 것으로 예측했다. 하지만 겨우 1년 후인 2012년 4월에 쓰나미 때 풀려난 일본의 유령 선박이 알래스카 해안에 도착했다. 예정보다 훨씬 앞선 시점이었고 미국 해안경비대는 이 선박을 가라앉혔다.(해안경비대와 미국 해군은 이런 종류의 항로상 위험 요인도 감시한다.)

미국 북서 해안을 따라 해변에서 일본 표시가 있는 쓰레기를 발견하는 것은 아주 흔한 일이어서 개별 쓰레기를 쓰나미에 연결시키는 것은 쉽지 않다. 하지만 유령 선박이 나타난 직후 브리티시컬럼비아에 있는 그레이엄 섬의 해변 수집가가 쓰나미가 강타한 미야기 현에 등록된 골프 채 한 궤짝과 할리데이비슨 오토바이를 발견했다. 궤짝의 주인을 찾아보니 쓰나미에 가족 세 명을 잃은 사람이었다.(할리사는 자진해서 이 오토바이를 무료로 말끔히 수리해 주인에게 돌려주는 멋진 모습을 보였다.) 하프너-막시멘코 모델은 또한 쓰레기가 2011년과 2012년 사이의 겨울에 미드웨이 섬에 도착할 것으로 예측했다. 나는 미드웨이에서 북서쪽으로 90킬로미터 정도 떨어진 큐어 환초의 야생 생물 관리자인 신시아 밴더리프에게 확인해보았다. 밴더리프의 이야기로는 쓰레기 상황이 평년보다 덜했다고 한다. 쓰나미 표류물이 예상했던 것보다 하와이 군도에서 북쪽으로 더 먼 곳을 통해 동쪽으로 이동했다는 신호이다.

해양대기청이 밝혔듯이 "우리는 예측 모형을 갱신하는 중이다." 실은 쓰레기가 어디로 갈지 더 잘 알려지고, 언제 도착할지까지 알게 된다면 쓰레기 그 자체가 바로 모형임이 드러날 것이다. 해양대기청은 오리건 주 해변 마을에서 이미 쓰나미 쓰레기 수거 수칙을 알려주며 자원봉사자 훈련을 실시하고 있다. 지금 북아메리카 해안에 도착하는 것들은 전체 쓰레기의 양을 살짝 내비칠 뿐이라고 보는 편이 맞을 것이다. 공기가 주입된 축구공이나 전구처럼 물에 매우 잘 뜨는 것들은 속도가 훨씬 빠르다. 바다 표면에 떠 있는 이런 부유물들은 빠른 편서풍을 타고 움직이기 때문에 아래쪽의 더 느린 해류를 타는 쓰레기들보다 빠른 것이다.

쓰레기가 퍼져서 해변에 도착하고 축적됨에 따라 생태계에 어떤 손상을 주게 될지는 정확히 예측하기 어렵다. 쓰나미 이전의 기준치를 제시하는 새로운 연구들에 주목할 필요가 있는데 스크립스해양학연구소에서 박사 과정에 있는 미리엄 골드스타인이 제공한 연구도 그중 하나이다. 그녀는 알갈리타 재단의 연구를 포함한 기존 플라스틱 쓰레기 데이터를 가지고 종합 분석을 진행해 바다의 플라스틱 양이 지난 40년간 100배로 증가했다고 결론 내렸다. 안타깝지만 이것은 2009년 내가 진행한 조사와도 일치하는 결과이다. 당시 표본에는 예상외로 플라스틱이 많았다. 델라웨어대학교에서 주도한 또 다른 최근 연구는 해양 플라스틱이 최근 추정한 것보다 27배 더 많을 수 있다고 결론 내렸다. 연구자들은 바다의 해류가 생각보다 깊은 바다에서 방대한 플라스틱 구름을 이루며 소용돌이치고 있다는 강력한 증거를 찾아냈다. 수표면의 그물망 작업으로는 감지할 수 없었던 내용이었다.

    골드스타인은 전공과 관련해 또 다른 깜짝 놀랄 발견도 내놓았다. 해양 생물이 바다에 떠 있는 인공물들과 상호 작용하는 모습에 관한 연구였는데 북태평양 환류 토종의 바다 곤충인 바다소금쟁이의 한 종류 Halobates sericeus가 전에 없이 많은 양의 알을 낳았다는 내용이었다. 이 곤충은 표류 목재나 부석과 같은 자연적 물질에만 알을 낳았는데 이제 바다의 쓰레기에 알을 낳고 있다. 물에 플라스틱이 늘어남에 따라 쓰레기가 훨씬 많아졌고 미친 듯이 알을 낳게 된 것이다. 이것은 게처럼 이 곤충을 주로 먹고 사는 동물들에게는 좋은 일이지만 더 큰 해양 먹이사슬의 측면에서는 위험 요소이다. 이 곤충은 주로 동물성 플랑크톤이나 물고기 알처럼 작은 동물성 먹이만 먹는다. 이 곤충의 양이 늘어나 먹이가 되는 종들이 큰 타격을 받게 된다면, 플랑크톤을 먹는 샛비늘치나 다른 동물들도 타격을 받게 될 것이다. 이것은 먹이사슬을 매우 위험하게 교란하는 일이고 이런 현상은 쓰나미 쓰레기에 의해 증폭될 것이다.

    하지만 이것은 빙산의 일각에 불과하다. 요즘 내가 대중 강연에서 지적하는 것 중 하나는 환류의 플라스틱이 새로운 연안 서식지를 만들고 있다는 점이다. 우리는 바다 한가운데에 조수 웅덩이와 같은 것이 생긴 것을 보았다. 말미잘, 굴, 홍합, 따개비, 곤충 등이 길 잃은 부표나 그물 뭉치 및 기타 대형 쓰레기에 매달려 있었다. 게들이 이런 서식지들을 돌아다니고 있었고 자리돔도 이 새로운 생태계에서 목격되었다. 서쪽 환류 항해에 관한 마커스 에릭슨의 블로그를 보면 그는 마셜 제도 북쪽에서 230킬로그램의 그물과 쓰레기를 발견했다고 한다. 그는 다음과 같이 썼다. "어디에나 물고기가 있었다. 마히마히, 방어, 쥐치가 그물 아래서 맴돌고 있었다. (…) 우리는 그물을 갑판 위로 끌어올려 털어냈다. 망둥이 한 마리, 노랑씬벵이 다섯 마리, 게 수백 마리, 새우, 곤충, 갯민숭달팽이, 말미잘 등이 나왔다. 하와이대학교의 행크 카슨은 모두 26종의 생물을 수집했다." 그것은 바다 한가운데에서 새롭게 진화된 생태계였다. 나는 이제 막 일본에서 돌아왔는데 일본에서 이들 항해 팀을 만나 다음 항해를 떠나는 것을 배웅했다. 그들은 쓰나미 쓰레기의 경로를 추적하며 표본을 수집하는 야심찬 탐사를 떠났다. 그들의 연구 과제 중에는 쓰레기 부착물도 포함되어 있었다. 여기서 부착물이란 물속에 있는 쓰레기에 붙어서 자라는 생물을 말한다. 생명이 자라는 이 미세 섬들이 어떻게 진화할지 밝혀지길 바란다.

바다 한가운데 생물이 폭증하는 것이 무슨 대수냐고 물을 수도 있다. 생명이란 좋은 것이니까 말이다. 하지만 자연이 의도하지 않은 곳의 생명은 그다지 좋은 것이 아니다. 표류물을 타고 이동한 생물들이 먼 곳의 해안에 도착해 균형 잡힌 생태계에 공격적인 침입 종을 퍼뜨린 기록이 있다. 또한 이 생물들이 뿌리를 내린 곳이 플라스틱이라는 점도 잊으면 안 된다. 플라스틱은 주변의 물에서 잔류성 독성 화학 물질을 빨아들일 뿐만 아니라 그 제조 과정에서 생물체에 영향을 주는 화학 물질을 포함한다. 플라스틱 쓰레기가 늘어난다는 것은 말단 생물에서 시작해서 우리에게 이르는 먹이사슬이 독성으로 오염될 가능성이 그만큼 커진다는 뜻이다.

이 독성에 관한 최근 연구도 좀 더 파고들어 보자. 13장에서 다루었던 플라스틱 관련 화합물 중에 잔류성 할로겐은 대부분 위험이 증명되었다. PCB나 DDT 같은 일부 물질은 금지되었고 점차 사라지고 있지만 아직도 환경에 남아 있다. 친환경정책연구소의 버클리 출신 운동가인 알린 블럼과 같은 이들은 브롬화 난연제를 경고하는 데 돌파구를 마련한 것으로 보인다. 2012년 5월 『시카고 트리뷴』지에 연재된 연구 기사는 일리노이 주 상원 의원 딕 더빈에게 전자 제품과 가정용 가구에 브롬화 난연제를 쓰지 않도록 규제하라고 촉구했다.

하지만 플라스틱과 관련해 의심스러운 화학 물질들 중에서도 가장 크게 문제가 되는 것은 비스페놀A와 프탈산이다. 비스페놀A는 단단한 폴리카보네이트 플라스틱이나 에폭시 접착제를 만드는 핵심 재료이고 프탈산은 비닐 등의 물질에 유연성을 부과하는 물질이다. 이 물질들은 13장에서 다루었지만 완전히 살펴볼 수는 없었는데 이 물질들이 건강에 미치는 영향이 아직 과학적으로 확정되지 않아 지나치게 추측성인 것으로 생각되었기 때문이다. 사실 기후 변화에 의혹을 제기하려고 사용되었던 장황한 이야기들이 이 물질들에도 제기되었다. 그래서 두 분야 모두 적신호를 보내는 산더미 같은 연구 결과들이 정책 변화의 속도를 높이는 데 별 구실을 못하고 있는 것 같다. 분명히 우리를 더 안전하게 만들어줄 텐데도 말이다. 왜일까? 그 이유는 간단하고 비밀도 아니다. 과학이 잃을 것 많은 상업적 이해관계와 상충하는 경우가 많기 때문이다. 알고 보니 과학은 어떤 사실을 증명할 때뿐만 아니라 불신하게 만들 때도 사용될 수 있었다. 결과는 누가 연구를 하고, 누가 돈을 대고, 어떤 방법을 사용하느냐에 따라 달라질 수 있었다. 표준화된 규약이 없기 때문이다. 그리고 과학의 결과에 따라 정말 많은 것이 좌지우지되기 때문이다.

비스페놀A를 예로 들어보자. 이것은 80억 달러짜리 산업이다. 베이어, 다우케미컬 및 기타 화학 회사에 의해 해마다 270만 톤의 비스페놀A가 생산된다. 그중 4분의 1은 금속 캔의 에폭시 코팅에 쓰인다. 나머지 많은 부분은 폴리카보네이트 플라스틱(안경 렌즈, 대형 생수통, DVD, CD, 장난감, 헤드라이트 덮개 등), 영수증 및 무탄소 복사지, 치과용 밀폐제 등에 쓰인다.(잘 알려져 있지는 않으나 섬유 마감에도 사용된다.) 영업기밀보호법에 따라 은폐되어 있을 뿐 다른 많은 제품에도 사용되고 있을 가능성이 크다. 환경보호국은 해마다 450톤의 비스페놀A가 환경에 침출되고 있는 것으로 추산한다. 그 결과 미국인의 95퍼센트가 비스페놀A 노출도 테스트에 양성 반응을 보이며 프탈산 테스트에서도 마찬가지 결과가 나오는 것이다. 이것은 '친환경' 생활 방식을 고수하는 이들에게도 마찬가지다. 그런데도 업계는 비스페놀A가 인체 내에서 빠르고 무해하게 대사되어 배출된다고 주장한다.

이런 엄청난 오염 상태를 설명하려면 플라스틱으로 가득한 우리 일상을 떠올려보면 된다. 우리는 폴리우레탄 메모리폼 memory foam 매트리스에서 자고 베개에는 폴리에스테르 섬유나 폴리스티렌 폼 구슬이 채워져 있다. 덮고 자는 담요는 페트병을 재활용해서 만드는 플리스 섬유 담요다. 욕실에는 아크릴 욕조, 변기, 샤워 커튼, 빗, 칫솔, 제품 용기 및 약병이 모두 플라스틱이고 심지어 약의 코팅 성분 역시 중합체이다. 거의 모든 게 플라스틱인 것이다. 온갖 유아 용품, 운동화도 플라스틱으로 되어 있고 합성 섬유 역시 중합체 섬유로 만든다. 안경테는 나일론이나 자일로나이트(담배 필터나 필름 재료 같은 셀룰로스아세테이트) 같은 고급 플라스틱이고 렌즈는 보통 폴리카보네이트다. 페인트, 가구 커버, 카펫, 커튼, 의자 쿠션, 비닐 장판, 창틀, 집 외장재도 모두 합성 중합체이다. 껌은 스티렌 부타디엔(자동차 타이어를 생각하면 된다.)이나 폴리비닐 아세테이트, 폴리에틸렌으로 만들어진다. 자세한 사항은 껌 제조사들이 밝히길 꺼린다. 아이들이 물고 빠는 컵, 멜맥 식기도 플라스틱이고, 전자레인지, 냉장고, 식기세척기도 내부 마감재는 모두 플라스틱, 보통 단단한 폴리에틸렌으로 되어 있다.(스티로폼의 기본 재료이기도 한 스티렌은 업계의 반대에도 불구하고 국립독성학프로그램에 의해 '유사 발암 물질'로 명명되었다.) 음식 및 음료 포장, 패스트푸드 용기, 수많은 가방은 물론이고 전화기, 컴퓨터, 텔레비전 리모컨처럼 끝없이 만지는 전자 제품들(전문가들은 대부분의 지역에서 옥외보다 실내 공기의 화학 물질 오염이 더 심하다고 말한다.)과 자동차 내부 장식도 마찬가지다.

그리고 눈에 보이지 않는 것들도 있다. 플라스틱은 벽 속에 단열재로 들어 있고, 수도꼭지까지 수돗물을 운반하며, 수경 재배로 키우는 채소와 양식 어패류를 위한 PVC 배수로를 제공한다. 도시의 상수도 시스템에서 먹는 물에서 침전물을 걸러내기 위한 응결제도 중합체이다. 에폭시 밀폐제는 저수조와 파이프 내벽을 구성한다. 1990년대의 한 연구는 땅을 오염시키는 연료와 살충제가 땅에 묻힌 폴리에틸렌 상수도관을 침투해서 수돗물에 들어간 것을 발견했다. 도시 상수도는 생물이나 금속, 미네랄, 혼탁에 대한 테스트는 실시하지만 오염 물질인 화학 물질에 대한 테스트를 항상 하는 것은 아니다.

전문가들은 이렇게 수도 없이 끈질기게 계속 일어나는 작은 노출(음식, 숨 쉬는 공기, 피부 접촉)이 점점 더 인간 건강에 영향을 미칠 것이라고 본다. 그리고 급격히 증가하는 과학적 결과들에 따르면 이런 많은 화학 물질은 이미 내분비계 교란이라고 알려진 과정을 통해서 실제로 우리를 변화시키고 있을지도 모른다고 말한다. 내분비계 교란 화합물은 거의 모든 사람들의 거의 모든 일상에서 피할 수 없을 정도로 다양하게 존재하는 것으로 드러났다. 내분비계 교란 화합물은 그 정의상 인간이 만든 것이든 자연적인 것이든 자연 호르몬을 흉내 냄으로써 생물학적 과정을 바꾸는 물질을 말한다. 그리고 가장 안타까운 것은 이것이 태아의 발달에 큰 영향을 준다는 것이다. 흔히 내분비계 교란 화합물은 '성별 왜곡자'라고도 불린다. 이 화합물이 에스트로겐성을 띠고 남성을 여성화하는 경향이 있기 때문이다. 하지만 이는 부분적인 용어 사용일 뿐이다. 내분비계 교란 화합물은 건강과 관련하여 생물학적 체계 전체에 영향을 줄 수 있다. 내분비계 교란 화합물과 관련되었을 것으로 추측되는 질병에는 새로 나타났거나 최근에 만연하게 된 수많은 질병이 있다. 비만, 제2형 당뇨, 자폐증, 주의력 결핍 및 과잉 행동 장애, 갑상선 기능 이상, 천식 및 기타 자가 면역 질환, 소아암, 유방암, 불임, 조산, 유산 등이다. 동물 실험에서 내분비계 교란 화합물은 이 건강 문제들 중 다수를 유발했지만 인간에 대한 연구는 상당히 어려운 실정이다. 실험실의 쥐처럼 우리는 엄청난 양의 오염 물질에 매일 노출되기 때문에 정확한 원인과 결과를 끼워 맞추기가 거의 불가능하다.

    내분비계 교란 화합물의 목록에는 할로겐 화합물뿐만 아니라 살균제, 항균제, 여러 종류의 살충제, 수은, 카드뮴, 납, 콩(가장 강한 식물성 에스트로겐), 비스페놀A를 포함한 수많은 공업용 탄화수소 화합물, 마일드 에스트로겐, 남성 호르몬인 안드로겐을 차단하는 프탈산 등이 있다.

    벌레들을 죽이게끔 설계된 화학 물질이 더 고차적인 동물에게도 피해를 주는 것은 그리 놀라운 일이 아니다. 하지만 합성 중합체와 결합해 촉매 작용을 하거나 경화, 연화, 강화 작용을 하거나, 난연, 방수 작용을 하거나, 색상을 주거나 기타 성능을 향상시키는 화학 물질들이 생물에 영향을 줄 뿐만 아니라 영구적으로 생물의 본성을 바꿔놓을 수도 있다는 사실은 다소 놀랍다. 수천 개의 동물 연구가 이것이 사실임을 보여주었다. 미국 국립보건원은 생명과학 분야의 동료 평가를 거친 출판물을 모아서 온라인으로 보여준다. '비스페놀A'로 검색하면 2962개의 개별 연구가 나타난다. 최근 몇 달 사이에는 다음과 같은 발견들이 보고되었다.

- 성적으로 성숙하기 전에 비스페놀A에 노출된 암컷 쥐는 성적 성숙이 빨리 찾아오고 생식 능력이 손상된다. 또 다른 쥐 연구에서는 비스페놀A가 유선 조직 및 유액을 변화시켰다.
- 평균적 미국인 수준에 맞게 비스페놀A를 투여한 붉은털원숭이들은 암으로 발전할 유방 조직을 가진 암컷 새끼를 낳았다.
- 출생 시기 경에 비스페놀A를 투여한 수컷 쥐는 고환 기능이 손상되었고 낮은 테스토스테론 수준을 나타냈다. 즉, 비스페놀A는 정자의 양과 이동성을 감소시켰다.
- 단기간 비스페놀A를 투여한 성체 수컷 쥐는 살이 찌는 경향이 발달했다.

2006년 시칠리아에서 열린 세계과학자연합 회의에서 이탈리아 과학자 파올라 팔란자는 깜짝 놀랄 만한 데이터를 보여주었다. 비스페놀A에 노출된 어미 쥐들은 새끼와 함께 있기를 꺼린 반면 비슷하게 노출된 수컷들은 보다 어미처럼 행동하려고 했다. 이 발표를 함께 듣고 있던 나도 놀라움에 입이 쩍 벌어졌다.

　　실험실에서는 실험동물의 생활이 아주 작은 면까지도 통제된다. 하지만 동물들을 테스트하기 위해서 사용되는 방법은 다양한 경우가 많다. 예컨대 투여량은 중요한 요소이다. 한 번에 투여하는 양과 기간, 투여 방법 등이 모두 중요하다. 독성학자들은 '투여량이 독을 만든다.'라는 파라셀수스*의 신조에 집착하는 경향이 있다. 해석하자면 많은 양은 생물을 죽일 수도 있지만 적은 양은 피해가 거의 없을 것이라는 의미이다. 그러나 내분비학자와 세포 생물학자들은 다른 패러다임 속에 살고 있다. 10억 분의 몇에 해당하는 극소량도 중대한 결과를 초래할 수 있다. 또한 투여 시기도 중요하다. 특히나 연구 대상이 아직 태어나지 않은 아기일 때는 더욱 그렇다. 태아가 세포를 형성하는 특정 발달 시기에 내분비계 교란 화합물이 태반에 침투하면 유전자 청사진이 바뀔 수도 있다.

　　마찬가지로 중요한 것이 투여 방법이다. 입을 통해 투여하면 간을 통해서 대사되므로 주사로 투여하는 것보다 영향이 적다. 그래서 같은 양을 투여해도 다른 결과가 나올 수 있다. 기간도 중요하다. 매일 눈에 띄지 않는 곳에서 내분비계 교란 화합물에 노출되는 효과를 배가하고 싶다면 적은 양을 연속적으로 투여하면 된다. 하지만 일부 연구자들은 한 번에 많은 양을 투여한다. 마지막으로, 특수하게 사육한 설치류는 인간 연구의 신뢰할 만한 대용물로 간주된다. 결과가 업

---

* 파라셀수스 Paracelsus 16세기 스위스의 의사이자 화학자(1493~1541년).

계를 불쾌하게 만들지만 않는다면 말이다.

인간을 실험 대상으로 하면 연구는 더욱 어려워진다. 사실상 모든 미국인이 이미 소량의 비스페놀A와 프탈산을 가지고 있기 때문이다. 이것은 지금도 진행 중인 연방 질병통제센터가 실시한 테스트 프로그램에서 밝혀진 사실이다. 질병통제센터는 지리적으로, 인구학적으로 다양한 미국인 5000명을 대상으로 정기적으로 설문 조사를 실시해 건강 자료를 정리하고 체내 축적 유해 물질에 포함되는 금속, 미네랄, 화학 물질 200여종을 테스트한다. 대부분의 미국인이 아주 적은 양이기는 하지만 100가지 이상의 화학 물질을 체내에 가지고 있다. 모유는 그래서 '강화'된다. 아이들은 비율적으로 볼 때 체내 축적량이 더 높고 성인보다 자가 해독력도 떨어진다. 이 데이터는 연구거리를 제공하지만 질병통제센터는 화학 물질이 양성이라고 해서 반드시 병이 있다는 뜻은 아니라고 특별히 주의를 준다. 독성학자이자 내 친구이기도 한 에밀리 모노슨 박사는 인간의 신체가 어느 정도까지는 스스로 해독 작용을 하도록 진화해왔다고 말한다. 하지만 억겁의 시간이 걸린 이 과정에서 인간이 만든 새로운 화학적 화합물은 해독 대상이 아니었다.

환경적 화학 물질에 의해서 인간 건강이 이미 손상되었다는 증거들이 늘어나고 있지만 내분비계 교란 이론은 주류 의학의 변방에 있었다. 의대 교과 과정에도 대부분 빠져 있었고 의학 진단에서도 요인으로 고려되는 경우가 드물었다. 하지만 2008년 9월 주류 학술지인 『미국의학협회지』에 한 연구가 실리자 물살의 방향이 바뀌기 시작했다. 저자들은 2002년과 2003년 사이 질병통제센터의 데이터를 분석해서 소변 검사에서 비스페놀A가 검출된 실험 대상 1455명을 골라

냈다. 그리고 비스페놀A 수준이 높은 것이 심혈관계 질환, 당뇨, 간 효소 이상과 강력한 상관성 혹은 설득력 있는 상관성이 있음을 찾아냈다. 모두 건강에 관한 현대의 재앙이라고 불리는 대사 장애의 특징이었다.

    비스페놀A가 안전하게 인간의 몸을 빠져나간다는 업계의 주장을 고려할 때 우리 중 일부가 일정 기간에는 비스페놀A를 가지고 있지 않을 것이라고 생각하는 사람도 있을 것이다. 그러나 이것은 분명 사실이 아니기 때문에, 우리는 비스페놀A가 우리 생활 곳곳에 숨어 있을 뿐만 아니라 업계가 광고하는 것보다 오래 우리 몸속에 머문다고 생각해야만 한다. 논란 많은 비스페놀A 연구계의 권위자인 프레더릭 봄 살은 겉으로 보기에 이런 모순이 발생하는 이유를 이 분야 최고 학술지인 『환경 건강 전망』의 2011년 2월 팟캐스트에서 설명했다. 봄 살은 신속한 체내 대사 모형은 업계의 거짓 주장이라고 말했다. 비스페놀A의 독성에 대한 공포를 가라앉히기 위해 의도된 거짓말이라는 것이다. 봄 살의 연구는 비스페놀A가 체내에 수 시간이 아니라 수일을 머문다는 사실을 보여주었다. 그 결과 평균적인 미국인은 연방 정부에서 '안전'하다고 설명한 비스페놀A 기준치보다 여덟 배나 많은 비스페놀A를 체내에 만성적으로 갖고 있었다. 그는 또한 최근 수십 년 동안 비스페놀A가 증가한 것이(비스페놀A 생산은 1980년대 이후 두 배가 되었다.) 비만, 제2형 당뇨, 심혈관계 질환의 증가와 궤를 같이 한다고 말했다. 그의 쥐 연구는 비스페놀A가 수컷에게는 정자 생산을 감소시키고 전립선암을 유발하며 암컷에게는 성적 조숙과 자궁 근종, 난소 낭종, 유산을 일으킨다는 사실을 보여주었다. 이것은 인간 건강에서 나타나고 있는 추세였다. 가장 크게 우려되는 것은 태아가 태반을 통해 비스페놀A에 아주 조금만 노출되어도 유전자 코드가 바뀌어서 특정 질병이나 이상 행동에 취약해질 수 있다는 점이었다. 팔란자가 비스페놀A를 투여했던 쥐들처럼 말이다.

프탈산 또한 비스페놀A와 마찬가지로 연구가 잘 되어 있다. 문헌 정보 서비스 펍메드PubMed에 들어가 보면 관련 논문이 1000편이 넘는다. 이 중에서 가장 영향력이 큰 것은 2005년 『환경 건강 전망』에 게재된 로체스터대학교의 연구자 셰너 스완의 획기적인 인간 연구이다. 이 연구는 134명의 남아와 그들의 어머니를 연구 대상으로 설정했다. 어머니의 프탈산 수치는 출산 전에 측정했다. 남아들이 2개월에서 36개월 사이가 되었을 때 스완의 연구 팀은 측경기를 사용해 남아의 음경 아랫부분과 항문 사이의 거리를 측정했다. 거리가 짧은 것은 여성화를 의미했다. 프탈산 수치가 높은 어머니와 여성화된 생식 기관을 가진 남아 사이에는 '통계적으로 중요한' 상관성이 발견되었다. 게다가 스완은 이 데이터로부터 미국 어머니 중 25퍼센트가 아들을 여성화하기에 충분한 프탈산 수치를 갖고 있다고 추정했다.

비스페놀A와 프탈산의 다소 기이한 오염 경로에 대해서는 연구 범위를 좁혀가고 있는 중일지 모른다. 2011년 이에 관한 진실을 밝혀줄 연구가 버클리대학교에서 나왔다. 연구 팀은 캔에 든 음식이나 포장 음식을 많이 소비하는 다섯 가족을 선별했다. 비스페놀A와 프탈산의 체내 축적량에 식단이 어떤 역할을 하는지 수량화해보려는 계획이었다. 기준치가 될 초기 측정을 한 후에 가족들은 사흘간 신선하게 조리된 음식을 제공받았다. 가공 음식이나 캔에 든 음식, 포장 음식, 음료는 허용되지 않았다. 매일 소변 표본을 채취했다. 결과는 분명하고도 놀라웠다. 비스페놀A는 평균 50퍼센트 이상이 감소했고 프탈산은 60퍼센트 이상 감소했다. 그럼에도 2012년 봄 미국 식품의약청 위원회는 식품 포장재에서 비스페놀A를 금지해달라는 천연자원보호협회의 청원을 각하했다. 이 청원이 피해에 대한 확고한 과학적 증거를 결여했다면서 말이다. 미해결된 과학이라는 주장이었다.

2008년 미국 상원은 비스페놀A 문제를 검토했다. 조사위원회는 몇 군데의 연방 보건 기구에 보고서를 요구했다. 국립독성학프로그램은 현재까지의 비스페놀A에 관한 결과를 종합해 300쪽이 넘는 자료를 제출했다. 국립독성학프로그램은 독성 물질의 건강에 대한 위험을 '우려' 단계로 표시한다. 비스페놀A의 어느 측면은 '다소 우려' 등급(매우 우려가 아닌 다소 우려였다. 이것은 1에서 5단계 중 중간 단계이다.)을 받았다. 주로 쥐 연구를 기초로 내린 등급이었다. 연구 결과들은 지금의 비스페놀A 노출 수준에서 태아와 유아, 아동들의 두뇌와 행동, 전립선에 영향을 줄 수 있다고 시사했다. 이때 두뇌에 미치는 영향이란 성적 이형異形의 감소, 즉 여자아이는 남자아이처럼 되고 남자아이는 여자아이처럼 되는 것을 말한다. 팔란자가 비스페놀A를 투여한 쥐에서 발견한 내용과 같았다.(하지만 팔란자는 행동만 관찰했고 이후의 다른 연구자들처럼 실험 대상의 두뇌를 해부하지는 않았다.) 국립독성학프로그램은 여성의 유방에 미칠 영향이나 성적 조숙, 태아 사망률, 신생아 사망률, 선천적 기형, 신생아의 출생 시 체중 및 성장 감소에 대해서는 우려 적음 등급을 부여했다. 봄 살의 설치류 연구에서 이런 비정상들이 발견되었음에도 말이다. 요약하자면, 피해가 없다고 말하는 과학 연구에 자금을 지원한 화학 업계의 승리였다.

한편 환경보호국과 국립환경건강과학연구소는 수천만 달러의 경기부양법에서 나온 돈으로 비스페놀A가 인간 건강에 미치는 영향을 규명할 수 있는 연구에 자금을 지원했다. 보조금 중 하나는 일리노이대학교와 하버드대학교가 합동으로 제안한 프로젝트에 돌아갔다. 이들은 쥐와 인간을 태어나서 유아기가 될 때까지 병행 연구할 것이다. 비스페놀A 노출을 관찰하면서 건강 이상을 체크하는 것이다. 양쪽 조사 집단 모두에서 인지 능력과 태도를 중점적으로 관찰할 것이다. 비스페놀A와 같은 내분비계 교란 화합물에 대한 심각한 우려 중 하나는 갑상선에 영향을 미치는 것으로 보인다는 점이다. 갑상선은 태아의 두뇌 발달을 지배하고 지능에 영향을 주는 분비선이다.

두려운 공중 보건 문제로 새롭게 등장한 것은 자폐증 비율이 치솟는 문제다. 한때는 매우 드문 질병이었던 자폐증이 이제는 남자아이 54명 중 1명에게 발생하고 있다. 필립 랜드리건을 포함한 환경 건강 전문가들은 환경적 화학 물질이 자폐증 유발 인자일 수 있다고 생각한다. 소아과 의사이자 전염병 학자로서 뉴욕에 있는 마운트시나이의과대학의 예방의학과 학과장인 랜드리건은 국가아동조사가 시작되는 데 일조했다. 현재 아직 태어나지 않은 조사 대상 15만 명을 전국적으로 모집 중이며 향후 21년간 추적 조사할 예정이다. 연구 목적은 조사 대상자의 생활, 건강, 환경에 관한 모든 것을 수량화하여 건강과 환경에 관한 수많은 미해결 문제에 답을 얻는 것이다. 특히 관심을 갖고 있는 것은 연간 450톤 이상 생산되는 3300종의 대량 생산 화학 물질, 즉 소비자 제품(플라스틱으로 만들어진 것을 포함해서), 화장품, 의약품, 연료, 건축 자재 등으로 광범위하게 쓰이는 화학 물질들이다. 이 흔한 화학 물질들 중 3분의 1은 동물 실험에서 신경 독성이 있는 것으로 나타났다. 그리고 단 여덟 종만이 인간에게 신경 독성을 가지는 것으로 과학적으로 증명되었다. 대부분의 물질에 의례적인 안전 테스트가 요구되지 않기 때문이다. 랜드리건은 비스페놀A 와 브롬화 난연제, 그리고 플라스틱 제품 생산에 사용되는 수많은 용제가 주요 신경 독성 물질이라고 의심하고 있고 아직 태어나지 않은 아기들이 화학 물질 때문에 생긴 두뇌 손상으로 계속 고통받지 않을까 우려하고 있다.

만약 비스페놀A와 프탈산이 금지되었다면 우리는 플라스틱 제품의 안정성에 대해 좀 더 마음을 놓을 수 있었을까? 텍사스대학교에서 실시한 2010년 연구는 그렇지 않다고 시사한다. 조지 비트너 박사 팀은 음식이나 음료와 함께 사용되는 455개의 플라스틱 제품을 테스트했다. 그중에는 젖병부터 스티로폼 컵, 플라스틱 랩, 식품용 비닐봉지(일부는 비스페놀A가 없다는 문구를 표기하고 있었다.) 등이 포함되어 있었고 출처도 익명의 소매 할인점, 대형 마트, 체인점, 동네 가게 등으로 다양했다. 조사 목표는 특정 화학 물질을 확인하지 않은 채 이들 제품에 에스트로겐 활동이 있는지, 있다면 얼마나 있는지를 측정하는 것이었다. 그래서 각 제품을 조금씩 자른 뒤 가정에서 반복적으로 발생하는 일들, 즉 설거지, 냉동, 전자레인지 사용, 밀폐된 차 안에서 자외선에 노출되는 것과 같은 물리적 스트레스를 똑같이 가했다. 스트레스를 적당히 가한 후 표본들을 에스트로겐 활동성을 테스트하는 '최고의 방법'인 유방암 세포 속에 넣었다. 그 결과 거의 모든 표본이 세포 증식을 유발했다. '비스페놀A 없는' 젖병, 플라스틱 랩, 식물성 플라스틱, 고밀도 폴리에틸렌이나 폴리프로필렌 같은 '안전한' 플라스틱도 마찬가지였다. 실은 비스페놀A가 없는 젖병이 비스페놀A가 있는 젖병보다 에스트로겐 활동성이 더 강했다.

나는 비트너에게 이메일을 보내서 그가 자신의 실험 결과 때문에 놀랐는지 물었다. 그는 이렇게 답했다. "네. 30퍼센트 정도일 줄 알았지, 90퍼센트를 훌쩍 넘을 줄은 몰랐습니다." 비트너 팀이 발견한 것은 플라스틱과 관련된 화학 물질 중 감시망에 걸리지 않는 많은 것들도 잠재적으로 인간의 에스트로겐 수용체를 자극할 수 있다는 사실이었다. 에스트로겐 수용체 자극은 내분비 교란을 유발하는 기본적인 메커니즘이다. 나아가 비트너는 이렇게 말했다. "플라스틱 부품을 만드는 데 쓰이는 5~30개의 화학 물질 중 거의 모두가 그 어떤 플라스틱 제품에서든 침출될 수 있었습니다. 중합 반응은 거의 언제나 불완전하기 때문입니다." 에틸렌, 프로필렌, 스티렌 등 남아 있는 원료의 단량체뿐만 아니라 '도우미' 화학 물질들, 즉 플라스틱 중합체 사슬과 묶여 있지 않고 그저 촉매 작용, 질감 내기, 색상, 느낌, 내구성, 자외선 저항성을 내는 물질들도, 그리고 가공 장비의 윤활 작용을 하거나 가공 공정 동안 산화를 방지하는 데 쓰이는 물질들도 그랬다. 이 모든 물질들이 플라스틱과 접촉하는 것이면 무엇에든 침출되어 나왔다. 비트너는 최전방에 있는 에스트로겐 유발 물질로(비스페놀A뿐만이 아니라) 페놀류를 지목했다. 그의 연구는 매우 다양한 페놀 물질들이 플라스틱 제품 제조의 '거의 모든 단계'에서 사용된다고 썼다. 천연 에스트로겐인 에스트라디올은 페놀이다. 신경 전달 물질인 세로토닌, 도파민, 아드레날린도 페놀이다. 어떤 파급 효과가 있을지 한번 생각해보라.

알아야 할 것들이 또 있다. 비트너의 조사 팀은 제조 전에 에스트로겐이 없다고 테스트된 물질 중 일부가 가공과 일상적인 사용을 거친 후 에스트로겐 성질을 '갖게 된다'는 것을 발견했다. 비트너는 식기세척기나 전자레인지, 자외선 등의 정상적 스트레스가 "화학 구조를 바꾸거나 에스트로겐이 없는 화학 물질을 에스트로겐 활동을 가진 화학 물질로 전환시키는 화학 반응을 일으킬 수 있다."고 보고했다. 이 사실을 알고 나자 나는 바다에 살고 있는 수백 톤의 낡은 플라스틱 제품들이 떠올랐다.

비트너는 복잡한 플라스틱 제품이 100개나 되는 화학 물질을 포함할 수도 있다고 지적한다. 젖병과 같은 제품은 병, 테두리, 꼭지 부분이 모두 다른 종류의 플라스틱으로 만들어진다. 하지만 언제나 그렇듯이 기업기밀법은 제조사들이 이런 합성 재료를 알려줄 필요가 없도록 보호해준다고 비트너는 유감스럽게 말했다. 소비자들의 선택이 나쁜 제품을 선반에서 밀어낼 수 있다고 믿는 사람들은 소비자들이 자신이 구매한 제품의 내용물에 대해 의도적으로 아무것도 모르게 된다는 점을 생각해야 한다. 제품 자체만이 아니라 포장재의 성분까지도 제품 포장에 표시하도록 하지 않는 이상 소비자들은 영영 눈뜬장님일 것이다.

지난 100년간 인간이 고안해낸 화학적 혼합물들은 10만 가지 정도가 될 것으로 추산된다. 그리고 그중에 8만여 가지가 상업적 용도로 사용되고 "매년 수천 가지가 추가로 상업적으로 응용된다."고 환경보호국 소식지는 말한다.

그중 아주 작은 부분인 수백 가지 정도가 정부 기관에 의해 철저하게 안전성이 테스트된다. 천여 종의 화합물이 매년 환경보호국에 등록된다. 기업들은 화학적 조성이나 독성 정보를 제공하도록 되어 있지만 새로운 화학제품 중에서 환경보호국이나 식품의약청에 의한 직접적인 과학적 검토를 받게 되는 것은 매우 적다. 한편 국립보건원 산하의 여러 기관은 환경 오염 물질에 대한 조사에 자금을 지원한다.

질병통제센터는 212종의 화학 물질에 대해서 체내 축적 유해 물질 데이터베이스를 만든다. 조사 기관들은 집행권이 없고 집행 기관들은 연구를 거의 하지 않으니 납세자들이 혼란을 느낄 수밖에 없다.

미국화학협회(다우케미컬, 듀폰 등을 위해 일하는 자금줄이 든든한 로비 단체)는 자신들이 다음과 같은 일을 한다고 설명한다. "미국화학협회는 현대적 삶을 가능하게 한 제품들을 만드는 회사들을 대표하면서 환경과 공중 보건, 우리 국가의 안전을 보호하기 위해 일합니다." 어떤가? 화학 회사들은 규제가 늘어나면 일자리가 줄어들고 혁신이 억압되며 다우존스 지수가 폭락할 것이라고 끈질기게 주장한다. 이것은 정책 입안자들의 마음에 공포를 심어주려는 메시지다. 하지만 아무것도 하지 않는다면 우리 모두는 대규모 기니피그가 될 것이고 사전 예방 원칙을 무시한 채 통제되지 않는 실험을 진행하는 이들은 매우 큰 이윤을 얻을 것이다. 업계는 자신들에게 우호적인 연구를 진행하는 저명한 연구 기관들에 조용히 돈을 대주고 있다. 그중에는 하버드대학교도 포함된다. 봄 살은 연구비 출처에 따른 비스페놀A 연구 결과를 조사해보았다. 독립 연구들은 거의 모두가 피해를 보여주었다. 업계가 자금 지원을 한 연구 중에서는 단 한 건도 피해를 보여준 경우가 없었다. 대부분의 업계 측 연구의 목적은 부정적 결과를 재현하지 않는 것이다. 양측은 서로를 편향되었다고 비난한다.

독성물질규제법은 화학 물질의 제조와 판매를 규제함으로써 "건강이나 환경에 대한 비합리적 상해 위험"으로부터 대중을 보호하도록 만들어졌다. 하지만 이 법에는 집행력이 없다. 독성물질규제법이 만들어진 1976년에는 규제 대상인 화학 회사에서 발생한 문제들이 이미 명백한 상태였고 DDT나 PCB가 유발한 피해도 마찬가지였다. 납 성분이 포함된 가솔린과 주택용 페인트가 빈혈과 정신 지체를 유발한다는 것이 널리 알려져 있었음에도 업계의 항의 때문에 해당 제품들은 여전히 사용되었고 이것들이 단계적으로 폐지된 것은 1996년의 일이었다. 독성물질규제법하에서 금지되거나 제한된 화학 물질은 몇 가지 되지 않는다. 이 법이 통과된 1976년 이전에 사용 중이던 6만 2000가지의 화학 물질은 "적용 면제" 되었다. 어느 화학 물질이 독성물질규제법의 정밀 조사 대상이 되려면 그것이 건강과 환경에 "비합리적 위험"을 유발해야 한다. 화학 물질 로비에서 이것은 끝난 문제나 다름없다. 피해를 증명할 책임은 자금 부족, 직원 부족으로 사면초가에 몰린 기관인 환경보호국에 넘어간다. 피해는 결코 증명되지 않는다.

독성물질규제법을 개혁하고 개정하려는 노력이 2010년에 있었다. 화학물질안전법이라는 것이 제안된 것이다. 새로운 법안은 화학 물질 제조자가 자신의 제품이 안전하다는 것을 제품 출시 전에 증명하도록 했다. 또한 제품 성분을 식품 표시처럼 공개하도록 하고 더 안전한 화학 물질과 제품 혁신을 지원하도록 요구했다. 다시 말해 이 법안은 인간과 지구가 더 건강해지도록 만드는 동시에 경제를 부양하도록 설계되었다. 하지만 오늘날 아무것도 하지 않는 의회에서 이 법안은 아무런 진척을 보지 못하고 있다. 미국화학협회에는 좋은 일일 것이다. 미국화학협회는 이 법안이 부담스럽고 일자리를 줄인다고 주장하니까 말이다. 하지만 이런 상황에도 불구하고 캘리포니아 주 정부는 미국화학협회가 반대하는 법률들을 통과시켰다. 주 내에서 판매되는 제품에 기존에 알려진 독성 물질 사용을 제한하도록 한 것이다.

혁신적인 기술이 독성 물질로 인한 혼란을 정리하기 시작했는지도 모르겠다. 국립보건원, 환경보호청, 식품의약안전청이 공동으로 운영하는 톡스21^{Tox21}이라는 새로운 프로그램은 화학 물질들을 모든 종류의 독성을 걸러낼 수 있는 최첨단 로봇에 통과시킬 계획이다. 힘도 들고 돈도 많이 드는 관찰 위주의 실험실 동물 테스트를 편향이 없는 기계로 대체하자는 것이다. 이 대량 검사 방식은 수천 종의 화학 물질을 수일 내에 동시에 테스트할 수 있도록 해줄 것이다. 1만 가지 화학 물질이 분석을 위해 줄지어 기다리고 있고 국립독성프로그램은 현재 대상 화학 물질을 추가로 추천받고 있다. 국립독성프로그램 웹 사이트는 이것이 21세기의 새로운 패러다임이라고 말한다. 좋은 이야기로 들린다. 이제 짐작만 하지 말고 표준화된 포괄적인 분석을 실시하자. 국립독성프로그램이 주장하듯이, 쥐의 건강만이 아니라 인간의 건강에 미치는 영향도 신뢰성 있게 예측할 수 있는 분석 말이다. 업계가 이 새로운 시스템을 "허접쓰레기 과학"이라고 욕할 수 없기를 바란다. 마찬가지로 의도하지는 않았지만 우리의 몸도 바다만큼이나 오염되어 있으니까 말이다.

| 출처 및 참고 자료 |

아래 출처가 이 책에 모두 인용된 것은 아니지만 모두 도움이 되었다. 관련 주제를 더 깊이 알고 싶은 독자라면 도움이 될 것이다.

단행본

Cradle to Cradle, William McDonough & Michael Braungart. North Point Press, 2002(『요람에서 요람으로』, 김은령 옮김, 에코리브르, 2003년).

Doubt Is Their Product, David Michaels. Oxford University Press, 2008(『청부과학』, 이홍상 옮김, 이마고, 2009년).

Empire of Ice: Encounters in a Changing Landscape, Gretel Ehrlich. National Geographic, 2010.

The End of the Long Summer, Dianne Dumanoski. Crown Publishers, 2009(『긴 여름의 끝』, 황성원 옮김, 아카이브, 2011년).

Eye of the Albatross, Carl Safina. Owl Books, 2002.

Flotsametrics and the Floating World, Curtis Ebbesmeyer & Eric Scigliano. Smithsonian Books/Harper Collins Publishers, 2009.

Garbage Land, Elizabeth Royte. Back Bay Books/Little, Brown and Company, 2005.

Gone Tomorrow, Heather Rogers. The New Press, 2005(『사라진 내일』, 이수영 옮김, 삼인, 2009년).

Humanity on a Tightrope, Paul R. Ehrlich & Robert E. Ornstein. Rowman and Littlefield Publishers, 2010(『공감의 진화』, 고기탁 옮김, 에이도스, 2012년).

Industrial Plastics: Theory and Applications third edition, Terry L. Richardson, Ph.D. & Erik Lokensgard. Delmar Publishers, 1996.

Living Downstream: An Ecologist's Personal Investigation of Cancer and the Environment, Sandra Steingraber. Da Capo Press, 2010(『먹고 마시고 숨쉬는 것들의 반란』, 이지윤 옮김, 아카이브, 2012년).

Managing Without Growth, Peter A. Victor. Edward Elgar Publishing, 2009.

Marine Debris: Sources, Impacts, and Solutions, James Coe & Donald Rogers. Springer-Verlag, 1997.

One-Dimensional Man, Herbert Marcuse. Beacon Press, 1966.

Our Stolen Future, Theo Colburn, Dianne Dumanoski, & John Peterson Myers. Plume/Penguin Group, 1996(『도둑 맞은 미래』, 권복규 옮김, 사이언스북스, 1997년).

Plastics and the Environment, Anthony L. Andrady. Wiley & Sons, 2003.

The Polluters, Benjamin Ross and Steven Amter. Oxford University Press, 2010.

Reason and Revolution, Herbert Marcuse. Beacon Press, 1970(『이성과 혁명』, 김현일 옮김, 중원문화, 2011년).

The Sea Around Us, Rachel Carson. Oxford University Press, 1951(『우리를 둘러싼 바다』, 이충호 옮김, 양철북, 2003년).

The Sea Can Wash Away All Evils, Kimberly C. Patton. Columbia University Press, 2007.

Sea Change, Sylvia A. Earle. G. P. Putnam's Sons, 1995.

Silent Spring, Rachel Carson. Houghton Mifflin Company, 1962(『침묵의 봄』, 김은령 옮김, 에코리브르, 2011년).

The Waste Crisis, Hans Tammemagi. Oxford University Press, 1999

The Waste Makers, Vance Packard. David McKay Company, 1960.

Waste and Want, Susan Strasser. Henry Holt, 1999(『낭비와 욕망』, 김승진 옮김, 이후, 2010년).

동료 평가를 거친 과학 논문들

처음 내가 해양 쓰레기에 관한 조사를 시작했을 당시에는 플라스틱에 초점을 맞춘 논문이 거의 없었지만 지금은 많이 나오고 있다.

"Biobased Performance Bioplastic: Mirel" by B. E. DeGregorio. *Chemistry and*

Biology Innovations (2009). DOI 10.1016/j.chembiol.2009.01.001.

"A Comparison of Neustonic Plastic and Zooplankton Abundance in Southern California's Coastal Waters" by C. J. Moore, S. L. Moore, S. B. Weisberg, G. Lattin, and A. Zellers. *Marine Pollution Bulletin* 44 (2002): 1035-1038.

"A Comparison of Neustonic Plastic and Zooplanton at Different Depths Near the Southern California Shore" by G. L. Lattin, C. J. Moore, S. L. Moore, S. B. Weisberg, and A. Zellers. *Marine Pollution Bulletin* 49 (2004): 291-294.

"A Comparison of Plastic and Plankton in the North Pacifi c Central Gyre" by C. J. Moore, S. L. Moore, M. K. Leecaster, and S. B. Weisberg. *Marine Pollution Bulletin* 42 (2001): 1297-1300.

"Composition and Distribution of Beach Debris in Orange County, California" by S. L. Moore, D. Gregorio, M. Carreon, M. K. Leecaster, and S. B. Weisberg. *Marine Pollution Bulletin* 42 (2001): 241-245.

"Degradable Polyethylene: Fantasy or Reality" by K. R. Prasun, M. Hakkarainen, I. K. Varma, and A.-C. Albertsson. *Environmental Science Technology* 45, no. 10 (2011): 4217-4227.

"The Effects of Ingested Plastic on Seabirds: Correlations Between Plastic Load and Body Condition" by P. G. Ryan. *Environmental Pollution* 46 (1987): 119-125.

"Ingested Microscopic Plastic Translocates to the Circulatory System of the Mussel, Mytilus Edulis" by M. Browne, A. Dissanayake, T. Galloway, D. Lowe, and R. Thompson. *Environmental Science Technology* 42 (2008): 5026-5031.

"Lost at Sea: Where Is All the Plastic?" by R. Thompson, Y. Olsen, R. P. Mitchell, A. Davis, S. J. Rowl and, A. W. G. John, G. McGonigle, and A. E. Russel. *Science* 304 (2004): 838.

"Marine Debris Collects Within the North Pacifi c Subtropical Convergence Zone" by W. G. Pichel, J. Churnside, T. Veenstra, D. Foley, K. Friedman, R. Brainard, J. Nicoll, Q. Zheng, and P. Clemente-Colon. *Marine Pollution Bulletin* 54 (2007): 1207-1211.

"Monitoring the Abundance of Plastic Debris in the Marine Environment" by P. G. Ryan, C. J. Moore, J. A. van Franeker, and C. L. Moloney. *Philosophical Transactions of the Royal Society* B 364 (2009): 1985-1998.

"Origins and Biological Accumulation of Small Plastic Particles in Fur Seal Scats from Macquarie Island" by C. Eriksson and H. Burton. *AMBIO* 32 (2003): 380-384.

"Patterns in the Abundance of Pelagic Plastic and Tar in the North Pacific Ocean, 1976-1985" by R. H. Day and D. G. Shaw. *Marine Pollution Bulletin* 18 (1987): 311-316.

"Persistent Organic Pollutants Carried by Synthetic Polymers in the Ocean Environment" by L. M. Rios, C. Moore, and P. R. Jones. *Marine Pollution Bulletin* 54 (2007): 1230-1237.

"Plastic Ingestion and PCBs in Seabirds: Is There a Relationship?" by P. G. Ryan, A. D. Connell, and B. D. Gardner. *Marine Pollution Bulletin* 19 (1990): 174-176.

"Plastic Ingestion by Planktivorous Fishes in the North Pacific Central Gyre" by C. M. Boerger, G. L. Lattin, S. L. Moore, and C. J. Moore. *Marine Pollution Bulletin* 60 (2010): 2275-2278.

"Plastic Resin Pellets as a Transport Medium for Toxic Chemicals in the Marine Environment" by M. Yukie, I. Tomohiko, T. Hideshige, K. Haruyuki, O. Chiyoko, and K. Tsuguchika. *Environmental Science Technology* 35 (2001): 318-324.

"The Plastic World: Sources, Amounts, Ecological Impacts and Effects on Development, Reproduction, Brain and Behavior in Aquatic and Terrestrial Animals and Humans" by F. S. vom Saal, S. Parmigiani, P. L. Palanza, L. G. Everett, and R. Ragaini. *Environmental Research* 108 (2008): 127-130.

"The Pollution of the Marine Environment by Plastic Debris: A Review" by Jose G. B. Derraik. *Marine Pollution Bulletin* 44 (2002): 842-852.

"Quantification of Persistent Organic Pollutants Absorbed on Plastic Debris from the Northern Pacific Gyre's 'Eastern Garbage Patch'" by L. Rios, P. Jones, C. Moore, and U. Narayan. *Journal of Environmental Monitoring* 12 (2010): 2226-2236.

"Quantitative Analysis of Small Plastic Debris on Beaches in the Hawaiian Archipelago" by K. J. McDermid and T. L. McMullen. *Marine Pollution Bulletin* 48 (2004): 790-794.

"Synthetic Polymers in the Marine Environment: A Rapidly Increasing, Long-Term Threat" by C. J. Moore. *Environmental Research* 108 (2008): 131-139.

"Transport and Release of Chemicals from Plastics to the Environment and to Wildlife" by E. Teuten, J. Saquing, D. Knappe, M. A. Barlaz, S. Jonsson, A. Bjorn, S. J. Rowland, R. C. Thompson, T. S. Galloway, R. Ymashita, D. Ochi, Y. Waanuki, C. Moore, P. H. Viet, T. S. Tana, M. Prudente, R. Boonyatumanond, M. P. Zakaria, K. Akkhavong, Y. Ogata, H. Hirai, S. Iwasa, K. Mizukawa, Y. Hagino, A. Imamura, M. Saha, and H. Takada. *Philosophical Transactions of the Royal Society* B 364 (2009): 2027-2045.

인터넷 출처

인터넷 출처는 끝이 없는데 그중 필수적으로 꼭 찾아볼 만한 것들만 분야별로 나열하였다.

• 책임의식 및 모니터링 관련

http://www.algalita.org/index.php. 알갈리타 해양조사재단의 웹 사이트. Elsevier와 같은 포털에서는 보통 유료로 되어 있는 출판된 과학 논문들을 무료로 접할 수 있다. 또한 항해 관련 블로그, 비디오, 출판되지 않은 연구 및 회의 회의록, 관련 사이트에 대한 링크 등이 제공된다.

http://www.5gyres.org. 알갈리타 재단의 마커스 에릭슨 박사와 애나 커민스가 운영하는 프로젝트인 5대 환류의 플라스틱 표본 채취 프로젝트에 관한 블로그. 유용한 관련 정보 및 링크가 제공된다.

http://www.pelletwatch.org. 히데시게 타카다의 오염된 플라스틱 알갱이 프로젝트.

http://www.jean.jp/e_index.html. 해양 쓰레기 조사와 정화 활동을 하는 일본환경활동네트워크Japan Environmental Action Network의 사이트.

http://chrisjordan.com/gallery/midway/#CF000313%2018x24. 크리스 조던이 제품의 대량 소비 및 생산이 끼친 영향에 관한 예술 작품과 사진을 제공한다.

http://activities.cleanuptheworld.org/?581/. 유엔에서 전 세계 130개국 350만 명의 인원을 동원해 매년 실시하는 '환경 정화, 손질, 보존' 활동.

http://marinemammalcenter.org. 베이 지역에 위치한 기각류 재활 및 연구 센터.

가슴 따뜻해지는 사례에 대한 기록 및 관심이 필요한 연구 성과 등.

http://meriresearch.org. 수전 쇼 박사가 설립한 메인 주 기반의 비영리 단체. 독성학자인 수전 쇼 박사는 바다표범 파수꾼 프로젝트를 비롯한 훌륭한 활동을 하고 있다.

http://www.oceanconservancy.org. 코카콜라, 다우케미컬, 솔로컵 등이 후원하는 연례 국제 해안 정화 활동에 대한 정보.

http://www.surfrider.org. 해안 접근권을 보호하기 위해 뭉친 서핑 애호가들이 해안 환경 보호 운동가들로 발전했다. 이들이 발행하는 주간 전자 소식지인 『Soup』는 생생하고 알찬 정보들로 가득하다.

http://www.imares.wur.nl/research/dossiers/plastic. 풀머갈매기의 플라스틱 섭취를 감시하는 사이트.

• 정부 기관 및 출판물

http://www.sccwrp.org/homepage.aspx. 남부캘리포니아 연안 해역 리서치 프로젝트에서 제공하는 캘리포니아 연안을 중심으로 한 해양 과학 정보.

http://www.noaa.gov. 해양 오염과 멸종 위기 해양 생물, 상업적 조업 활동 등을 관리하는 해양대기청 사이트. 전자 소식지인 『주간 해양 쓰레기 Marine Debris Weekly』를 받아볼 수 있다.

http://www.pupuhanamokuakea.gov. 북서 하와이 제도에 관한 모든 것. 중요 서식지와 멸종 위기 야생 생물을 보호하기 위한 기관 및 자원봉사 단체들의 활동 사항을 볼 수 있다.

http://www.epa.gov. 오염과 관련한 모든 통계 자료, 상황, 연구 결과 등. 친환경 화학 동향과 제조자 책임 확대에 관한 정보도 제공.

http://www.cdc.gov. 질병예방통제센터. 질병의 원인을 연구해 미국인들의 건강을 지키려는 정부 프로그램에 관한 포털 사이트.

http://www.niehs.nih.gov. 국립환경건강과학연구소. 모든 종류의 '환경 노출'과 관련한 건강 위험 데이터가 보관되어 있다.

http://www.ehp03.niehs.hih.gov/home.action. 『환경 건강 전망』. 생물과 유독 물질의 상호 작용에 관한 연구 결과 및 뉴스를 제공하는 최고의 학술지.

http://www.ncbi.nlm.gov/pubmed. 국립생명공학정보센터의 국립 의학 라이브러리. 건강 연구 결과에 관한 훌륭한 개요를 제공한다.

http://memory.loc.gov/ammem/coolhtml/coolhome.html. 의회 기록보관소의 라이브러리. 『번영과 절약 Prosperity and Thrift: The Coolidge Era and the Consumer

Economy, 1921~1928」은 소비 지상주의와 일회용품 문화가 탄생한 배경에 대한 1차 자료를 제공한다.

http://www.unep.org/. 유엔환경프로그램. 해양 생태계를 비롯한 지구 생태계의 건강과 문제점에 관한 보고서 및 데이터 제공.

• 정보 집합소

http://www.sciencedaily.com. 모든 것에 관한 최신 과학 정보. 즐겨찾기 필수!

http://www.mindfully.org. 주요 환경 문제에 관한 출판물 총 집합소.

http://www.treehugger.com. 디스커버리채널의 후원 덕분에 별로 친환경적이지 못한 광고들도 표시되지만, 생생하고 진실한 친환경 정보를 제공.

http://www.ourstolenfuture.org. 책 『도둑맞은 미래』에 대한 인터넷 확장판. 호르몬 교란 물질 및 인간 건강의 관련성을 다루는 최신 연구에 대한 안내 자료를 제공.

http://www.wikipedia.com. 편리하고 유용하다.

• 시민 단체 및 비영리 단체

http://earthjustice.org. "지구는 훌륭한 변호사를 필요로 하니까." 어스저스티스는 태평양몽크바다표범을 대신해 미국 수산청을 고소하고 법을 집행하도록 만들었다.

http://www.environmentalhealthtrust.org. '예방이 최선의 치료'라고 생각하는 전염병 학자이자 운동가이며 저자인 데브라 리 데이비스Devra Lee Davis가 설립한 단체.

http://www.ewg.org. 영향력 높은 시민 단체인 EWG는 연구 및 로비 활동을 수행하고 매우 유용한 정보들을 제공하는 웹 사이트를 운영한다.

http://www.greensciencepolicy.org. 생물 물리학자이자 등산가, 할로겐 난연제 반대 운동가인 알린 블룸 박사가 설립한 단체.

http://www.plasticfreelife.com. 플라스틱 오염에 관한 뉴스 포털.

http://plasticpollutioncoalition.org. 다이애나 코헨과 대니엘라 루소가 시작하여 현재는 전 세계적인 지부를 운영하는 단체.

http://www.plasticpollutioncoalition.org. 산타모니카를 기반으로 한 활동적이고 헌신적인 유명인, 학자, 일반인들의 모임. 페이스북 친구로 등록해 정기적인 게시물과 알림을 받아볼 만하다.

http://www.psr.org. 사회적 책임 의식을 가진 의사들의 모임. 핵 반대에 뿌리를 두고 있으며 플라스틱 관련 화학 물질을 포함한 인간 건강에 대한 인공적 위협에 맞서 싸운다.

http://steadystate.org/. 안정된 상태의 경제 진보에 관한 정보 센터. 지속 가능하지 못한 경제 성장에 대한 각성을 촉구한다.

• 업계

http://www.americanchemistry.com. 화학 업계 및 플라스틱 업계를 위해 로비활동을 하는 미국화학협회. 생산 통계 및 플라스틱에 관한 좋은 정보 제공.

http://www.bicworld.com. 성장+친환경. 어떻게 하는 걸까? 하고는 있을까?

http://www.foodproductiondaily.com. 국제적 시각의 식품 및 포장 업계 최신 정보.

http://www.pubs.acs.org. 미국화학학회의 출판물. 응용 화학에 대한 유용한 역사적 정보 및 최신 정보를 제공한다.

http://www.plasticsindustry.org. 플라스틱업계학회의 웹 사이트. 너들이 없는 자연스런 세상을 위한 클린 스윕$^{Clean\ Sweep}$ 작전 홈페이지.

• 추천 블로그

http://www.orvalguita.blogspot.com. 해양 관측선 알기타호와 알기타호의 과학 탐사에 관한 이야기를 제공하는 블로그.

http://www.boogiegreen.com. 플라스틱 시대의 오염에 관한 사라 스티브 모스코 $^{Sarah\ "Steve"\ Mosko}$ 박사의 위트 넘치는 글과 연구 성과를 볼 수 있다.

http://cleanbinproject.com/. 1년간 아무 것도 사지 않고 제로 폐기물을 시도한 커플의 이야기.

http://www.myplasticfreelife.com. 이전에 'fakeplasticfish.com'으로 알려져 있던 이 블로그는 일상에서 플라스틱을 제거하는 방법을 배워가는 한 여성의 탐험 일지를 연대기 형식으로 제공한다.

http://www.theneighborhoodtoxicologist.blogspot.com. 에밀리 모나슨$^{Emily\ Monasson}$ 박사가 우리 생활에 들어와 있는 유독 물질에 대한 실생활 정보를 제공한다.

http://www.peteatmidway.blogspot.com. 미국 야생생물보호청의 야생 생물 생물학자인 피트 리어리$^{Pete\ Leary}$가 근사한 야생 생물들의 사진과 머나먼 미드웨이의 삶에 대한 이야기를 게시한다.

| 찾아보기 |

가 ──

가오리망 100, 101, 105, 107, 108, 142, 206, 224, 236, 244

갑상선 기능 저하underactive thyroid function 307, 311, 326, 424, 431

개리 앤더슨Gary Anderson 365

거위목따개비 109

걸프뉴스닷컴Gulfnews.com 291

검은발앨버트로스 106, 260, 273, 276, 279, 280

결정 폴리스티렌crystal polystyrene 50

고가의 생분해성 일회용품fancier biodegradable disposables 179

고래2000Whales2000 215

고래류(고래목) 159, 216, 255, 306, 316

고무 열병 36

고밀도 폴리에틸렌(HDPE)high-density polyethylene 93, 122, 173, 366, 432

고어텍스Gore-Tex 309

고영양 생물 298

고착 생물 109, 112, 404

고형 폐기물 165, 166, 370, 380

공기 취입 성형 기법 132, 379

공정포장및표시법the Fair Packaging and Labeling Act 367

공해의 자유freedom of the seas 90

과불화합물(PFC)perfluorinated compound 309~312

국가아동조사National Children's Study 431

국립독성학프로그램National Toxicology Program 430, 437

국립환경건강과학연구소National Institute of Environmental Health Sciences 430

국제조류구조조사센터International Bird Rescue and Research Center 293

국제플라스틱알갱이감시단International Pellet Watch 302, 303, 307, 317, 333, 334

국제해양쓰레기회의International Conference on Marine Debris 157, 194, 206, 208, 359, 383, 405

국제홍합감시단International Mussel Watch 149

굴 분리기oyster spacer 347~354

귀신고래 193, 287, 288

그랜드플라스틱Grand Plastics 233

그레텔 에를리히Gretel Ehrlich 315

그린닷green dot 로고 368

그린블루GreenBlue 181

그린워싱greenwashing 137, 178

그린피스 201

그웬 라틴Gwen Lattin 331, 397, 398

글라신glassine 173

글로벌워터챌린지Global Water Challenge

446 플라스틱 바다Plastic Ocean

178
기각류 216, 249, 253, 269, 293~296, 316
기업기밀법 trade secrets law 329, 434
깨끗한바다행동 Clean Ocean Action 284

나 ──

나이키 에어 조던 운동화 Nike Air Jordans 104, 117
나일론 21, 23, 49, 256, 338, 422
나프타 35, 39, 42
낙타 33, 291, 293, 316
남녀아 출산 비율의 편향 313
내분비계 교란 물질 endocrine disrupting compounds 230, 277, 315, 325, 380, 423~434
냉가황법 cold cure 38,
너대니얼 헤이워드 Nathaniel Hayward 37
너들 nurdle 27, 29, 31, 32, 45, 47, 64, 68, 74, 112, 147, 148, 151, 162, 163, 233~236, 3011, 343, 344, 345, 355~359, 379
네오프렌 neoprene 49
네이처웍스 NatureWorks 181
네이팜탄 napalm 148
노가하이드 Naugahyde 231, 330
노니 샌포드 Noni Sanford 342, 343
노닐페놀 nonylphenol 234, 235, 333, 334
니콜라이 막시멘코 Nikolai Maximenko 207, 390, 416, 417

다 ──

다우케미컬 Dow Chemical 49, 50, 133, 148, 181, 328, 354, 422, 435
다운사이클링 139
다이애나 코헨 Dianna Cohen 207, 391
다이앤 휴스테드 Diane Hustead 215,
단량체 monomer 380, 433
닫힌 순환 구조 closed loop 182, 371, 378, 412, 413
대니얼 화이팅 Daniel Whiting
대량 생산 화학 물질 308, 312
대사 장애 428
데이브 폴리 Dave Foley 267
데이비드 라이스트 David Laist 157
데이비드 루텐버거 David Luttenberger 185
데이비드 오스본 David Osborn 187
도모산 중독 294~296
독성물질규제법 the Toxic Substances Control Act 309, 323, 324, 435, 436
독일의 재활용 정책 368~371
동물성 플랑크톤 20, 106, 111, 155, 266, 333, 399, 419
두족류 250
듀폰의 과불화합물 하천 투기 311
듀폰 DuPont 48, 49, 284, 309, 311
디에틸헥실프탈레이트(DEHP) Di-EthylHexyl Phthalate 330

라 ──

라텍스 풍선 latex balloon 285~287
랍스터 덫 377
랭뮤어 셀 Langmuir cell 350
레니 아킨스톨 Lenny Arkinstall 28
레이산앨버트로스 135, 157~159, 163, 198, 225, 235, 250, 254, 272~280, 349
레이첼 카슨 61, 85, 93, 235
레젝 카츠마스키 Leszek Karczmarski 243
레지널드 깁슨 Reginald Gibson 47
로렌 팔머 Lauren Palmer 293~296

로리 데이비드Laurie David 391
로버트 린드Robert S. Lynd 128
로버트 뱅크스Robert Banks 52, 93
로즈 새비지Roz Savage 207
롭 해밀턴Robb Hamilton 67, 106, 195,
롱비치오가닉Long Beach Organic 18
루벤 라우싱Ruben Rausing 187
루사이트Lucite 48
리사이클워크스RecycleWorks 366
리서치트라이앵글Research Triangle Institute International 201
리오 베이클랜드Leo Baekeland 42~44
리차드 랭Richard Lang 386
리처드 그리그Richard Grigg 149~152
린지 호쇼Lindsay Hoshaw 397

마

마이크 베이커Mike Baker 67, 103, 195
마이클 베일리Michael Bailey 262
마이클 베치오니Michael Vecchione 306
마일드 에스트로겐mild estrogen 424
마일라 풍선Mylar 284, 285
마커스 에릭슨Marcus Eriksen 206, 359, 390, 391, 416, 419
맥도널드 179, 180
먹장어 346, 352
메르세데스 마소Mercedes Maso 297
메타볼릭스Metabolix 377
멜맥Melmac 423
모노필라멘트 낚싯줄monofilament fishing line 23, 107, 252~255, 260, 293, 347, 350
몬트로즈케미컬Montrose Chemical Corporation of California 61, 62
몰리 티머스Molly Timmers 261

무풍대 12, 20, 66, 78, 107, 223
미국 수산청National Marine Fisheries Service 198, 247, 250, 254, 276
미국 해군 62, 93~95, 103, 148, 149, 237, 243, 345, 417
미국고래학회American Cetacean Society 214~216
미국야생생물보호청U.S. Fish and Wildlife Service 199, 243, 244, 282
미국을 아름답게(KAB)Keep America Beautiful 136, 137
미국조류보호회American Bird Conservancy 254
미국플라스틱협회American Plastics Council 139
미국화학협회(ACC)American Chemistry Council 47, 51, 54, 139, 175, 207, 233, 323, 324, 332, 435, 436
미리엄 골드스타인Miriam Goldstein 418, 419
미세 플라스틱 75, 82, 100, 110, 145, 146, 150, 152, 199, 201, 202, 215, 227, 236, 244, 267, 270, 271, 343, 358, 359
미시건주립대학교 포장재 전문 자율학교 165
미하엘 브라운가르트Michael Braungart 181, 378

바

바다거북 20, 157, 257, 271, 281~287, 316, 399
바다소금쟁이의 한 종류Halobates sericeus 419
바다연구소the Sea Lab 30, 97, 398

바이로 Biro 134
바이오플라스틱 bioplastic 47, 374
바이트98 Bight'98 60, 62, 99, 195
발포 폴리스티렌 foamed/expanded polystyrene 50, 51, 179, 180, 262, 328
방향족 화합물 aromatics 45, 46
배타적 경제 수역 336
밴스 패커드 Vance Packard 129
뱅킷 Banquet 170
버지니아해양과학연구소 Virginia Institute of Marine Science 306
베미스 Bemis 181, 182
베스 테리 Beth Terry 388, 389
베스 플린트 Beth Flint 376
베이어 Bayer 422
베이클라이트 Bakelite 43, 44, 48, 123, 128
벤저민 로스 Benjamin Ross 363
벤저민 실리먼 Benjamin Silliman 33
벨록스 Velox 42
병뚜껑 13, 23, 31, 75, 77, 107, 151, 158, 162~164, 217, 233, 275, 278
병에 든 생수 164, 165, 175~177
보니 몬텔레온 Bonnie Monteleone 397
얼가니새 273
부착 생물 109, 402
북부오염물질프로그램 Northern Contaminants Program 313
북태평양 고기압 12, 20, 25, 64, 72, 95
분해 가능성과 퇴비화 가능성 185, 186, 374~377
붉은바다거북 310
베어드도요새 106
브라이드고래 287
브래드 로저스 Brad Rodgers 375~377
브롬화 난연제 Brominated flame retardants 307, 320~329, 333, 421, 432
브롬 320~329
브루스 라벨 Bruce LaBelle 352
브리티시페트롤리엄(BP) 46, 89
블리스터 팩 blister pack 365, 379
비닐봉지 28, 29, 50, 91, 173~175, 209~211, 217, 283, 287~292, 296, 339, 344, 354, 355, 432
비스페놀A bisphenol A 173, 178, 303, 325, 329~333, 421~435
비전게인 Visiongain 190
비점 오염원 non-point source pollution 87, 339, 356
빅 라이터 134, 135
빅 크리스털 펜 Bic Cristal pen 134
빈 영양 지역 oligotrophic area 155
빈병회수법 bill state 163
빌 길마틴 Bill Gilmartin 247~253
빌 맥도널드 Bill Macdonald 217~225, 236~238
빌 윌슨 Bill Wilson 70, 409

사 ─

사라리 Sara Lee 185
사란랩 Saran Wrap 230
살파류 111, 155, 266, 315, 399
샌드라 스타인그래버 Sandra Steingraber 370
샛비늘치 20, 269~271, 298~299, 333, 399, 400, 419
생물 증폭 법칙 314, 315
생물량 146, 269, 399, 404
생산자책임재활용제도 184
선박의 소각로 370, 371
섭금류 255
성별 왜곡자 424

성적 이형의 감소 430
세계과학자연합World Federation of Scientist 406, 425
세계자연보존연맹International Union for Conservation of Nature 247, 272
셀룰로이드Celluloid 41, 44, 48, 128
셜리 고메스Shirley Gomes 341
셰너 스완Shanna Swan 429
셸락shellac 42
소비자공공안전위원회The Consumer Public Safety Commission 174
소비 지상주의 122, 128, 129
소스타인 베블런 126
솔로컵Solo Cup 354
수렴대Convergence Zone 73, 195, 246, 259, 267, 275, 349, 382, 383
수전 쇼Susan Shaw 327
수전 조스크Susan Zoske 70, 147, 194, 196, 211
수질오염방지법the Clean Water Act 61, 85, 86, 367, 380
스완슨Swanson 170
스카치가드Scotchgard 309
스퀴프(SCCWRP)Southern California Coastal Water Research Projec 60~68, 144, 153, 157, 213, 223, 233, 294, 295, 305, 355
스크립스해양학연구소Scripps Institution of Oceanography 148, 149, 418
스텐 구스타프 툴린Sten Gustaf Thulin 210
스토우퍼Stouffer 171
스토페트Stopette 132
스티렌 부타디엔styrene butadiene 32, 50, 423
스티로폼Styrofoam 152, 169, 186, 255, 256, 351, 353, 365, 423, 432

스티브 매클라우드Steve McLeod 75, 103, 104, 115
스티브 앰터Steve Amter 363
스티븐 와이스버그Stephen Weisberg 60~66, 144, 147, 153~155, 160, 213, 214, 222, 223, 294
슴새 254, 273
시랩 IISealab II 149
시셰퍼드재단Sea Shepherd Foundation 237
식물성 플랑크톤 20, 111, 228, 267, 314, 315, 384
식품 산업 170, 171
신시아 밴더리프Cynthia Vanderlip 259~262, 275~278, 349, 417
신종 질환 324
실리먼 주니어Silliman Jr. 34
실비아 얼Sylvia Earle 80, 336
쓰레기 과학 수사 116, 336, 349, 356, 417
쓰레기 벌레litterbug 136, 137, 205
쓰레기 확률 추정 지표(DELI)debris-estimated-likelihood index 384

아 ——
아메리칸사이나미드American Cyanamid 345
아이들의 질식사 174
아쿠아피나Aquafina 176
알갈리타해양조사재단Algalita Marine Research Foundation 18, 19, 25, 29, 67~70, 96, 101, 104, 112, 138, 142~144, 149, 153, 198, 206, 207, 212, 218, 221, 237, 268, 271, 279, 301, 330, 331, 358, 359, 390, 397, 398, 405, 409, 416, 418

알렉산더 파크스Alexander Parkes 34, 38~41
알렉시스 드 토크빌Alexis de Tocqueville 126
알린 블럼Arlene Blum 421
알캔Alcan 187
알코아Alcoa 병뚜껑 공장 163
암코어Amcor 181, 187,
압디타안경옆새우Ampelisca abdita 304~306
애나 커민스Anna Cummins 268, 270, 298, 390
앤 젤러스Ann Zellers 30, 144, 145, 398
앤드루 블랙웰Andrew Blackwell 387
앤서니 앤드래디Anthony Andrady 113, 114, 157, 201, 202, 206, 211, 228, 286, 337~339,
앨버트 래스커Albert Lasker 127
야광 봉 204, 263, 345, 346, 350, 352, 354
얀 안드리 반 프라네커Jan Andries van Franeker 232
어업권 90
업사이클upcycle 181
에드워드 골드버그Edward Goldberg 149~151
에드워드 버네이스Edward Bernays 129
에드윈 채드윅Edwin Chadwick 83
에릭 로켄스가드Erik Lokensgard 319
에릭 포셋Eric Fawcett 47
에미리트환경그룹Emirates Environmental Group 291
에미코 코바야시Emiko Kobayashi 195
에밀리 모노슨Emily Monosson 427
에어본테크놀로지스Airborne Technologies 385
에코링크Eco-Link 237
에틸렌ethylene 32, 46, 47, 52, 173, 297, 433
에폭시 중합체 비스페놀Aepoxy polymer BPA 173, 330, 421, 422
엑슨발데스Exxon Valdez 210
여과 섭식 동물 20, 108, 152, 154, 155, 159, 203, 221, 225, 227, 280, 315
여성화된 생식 기관 429
역류 275, 279, 349, 350
연례 국제해안정화의 날 161
열가소성 수지 44, 45, 343, 366, 373
열경화성 수지 44, 366
영국종합화학회사(ICI)Imperial Chemical Industries 47
영양 단계 315, 316
올레핀olefins 45~47
왬오Wham-O 52, 53
외래종 109, 404
외부화된 비용 167
용기재활용연구소Container Recycling Institute 278
울리히 베르너리Ulrich Wernery 291
원더 브레드Wonder bread 131
월리스 흄 캐러더스Wallace Hume Carothers 48
웨이스트매니지먼트Waste Management, Inc. 167
웨이즈Wades 131
윌 J. 리드Will J. Reid 25
윌리엄 맥도너William McDonough 181, 378, 392
윌리엄 브록던William Brockedon 38
유니레버Unilever 181, 183

유니언카바이드Union Carbide 44
유령 그물 150, 252, 254, 259~261, 316, 351, 382~385, 393, 394, 398
유령 낚시 158
유령 선박 417
유리, 종이, 금속glass, paper, metal 90
유사 발암 물질 423
유엔 이주성동물보호협약UN Convention on Migratory Species 288
유엔환경계획(UNEP)United Nations Environmental Program 96
유해적조(HAB)harmful algal bloom 294, 295
음료용 여섯 개짜리 플라스틱 고리six-pack ring 375
이누이트족 216, 313~315
이랑 77, 78, 283, 350~352
익스플로러클럽Explorers Club 328
인도의 소 292, 316
인디아타임스닷컴Indiatimes.com 292
인조 당구공 39
일본식 유리 부자 20, 92, 118, 256, 341, 352
일회용 봉지 190억 개 175

자 ——

자원보존및회수법Resource Conservation and Recovery Act 138
자일로나이트zylonite 422
자크 쿠스토Jacques Cousteau 403
자폐증 324, 424, 431
잔류성 유기 오염 물질(POP)persistent organic pollutant 232, 233, 301, 302, 306, 312~315, 326, 331, 334
장프랑수아 드 갈로Jean-Francois de Galaup 242

재활용 비율 366
잰 하프너Jan Hafner 417
저밀도 폴리에틸렌(LDPE)low-density polyethylene 174, 187, 366
저영양 생물lower trophic 298
적조 294~297
전국재활용연합National Recycling Coalition 178
점 오염원 86, 87, 339, 355, 356
제1회 지구의 날the first Earth Day 365
제너럴모터스 116, 130, 136
제인 그레이Zane Grey 401
제임스 마커스James Marcus 68, 71~73, 113, 114,
제임스 애커먼James Ackerman 211
제임스 잉그러햄James Ingraham 71, 202, 340
제품 라인 확장 전략 167, 168, 171
제프 언스트Jeff Ernst 268, 397
조엘 파스칼Joel Paschal 268, 279, 394
조지 발라즈George Balazs 281
조지 비셀George Bissell 34
조지 비트너George Bittner 325, 432~434
조지 이스트먼George Eastman 42
존 뮤어John Muir 248
존 바스John Barth 67, 68, 109
존 웨슬리 하이엇John Wesley Hyatt 40
존 D. 록펠러John D. Rockefeller 85
존스홉킨스대학교의 제대혈 연구 310
주간 고속도로 체계 116, 130, 131
주낙 29, 250, 254, 257, 272, 276, 345
주디스 셀비Judith Selby 386
준 합성 물질 41
쥘 몽테니에Jules Montenier 132
중합체polymer 23, 25, 37, 39, 42,

44~47, 52~54, 113, 125, 166, 173, 216, 252, 292, 308, 309, 319, 322, 326, 328, 337, 338, 352, 365~367, 371, 374, 375, 377, 380, 403, 422, 423, 425, 433
중합체 사슬 37, 44, 319, 326, 374
지구정의변호기금Earthjustice Legal Defense Fund 250, 251
지속 가능성 지표 183
지속 가능성 180, 181, 183~185, 188, 190
지속가능한포장연합Sustainable Packaging Coalition 181, 182, 184
지역자립연구소Institute for Local Self-Reliance 408

차

찰스 굿이어Charles Goodyear 36~38, 41
찰스 매킨토시Charles Macintosh 34~36, 38, 39, 41
척 미첼Chuck Mitchell 99, 142, 145, 146
천연자원보호협회Natural Resources Defense Council 430
초경량 쇼핑백 금지 175
초고온살균법 187
친환경 포장 189
친환경 화학 379, 380
친환경과학정책연구소Green Science Policy Institute 326
침입종 109
침전물 295, 304~306, 312, 322, 330, 423

카

카길Cargill 181

카밀로 해변Kamilo Beach 341~345, 347, 354
카이세이프로젝트Project Kaisei 385
칼 O. 존스Carl O. Johns 34
칼라 맥더미드Karla McDermid 344
캐리 모리시게Carey Morishige 261
캘트랜스Caltrans 175
캠벨스Campbell's 130
커티스 에베스마이어Curtis Ebbesmeyer 54, 70~75, 99, 102, 104, 113~119, 142, 157, 199, 202, 211, 241, 244, 246, 256, 257, 260~263, 340, 342, 351, 404
케이시 쿠진스Kathy Cousins 198~200, 235
켐추라Chemtura 328
코지 오쓰카Koji Otsuka 348
코카콜라 136, 176~179, 206, 207, 354, 385
코텍스 패드Kotex pad 127
콘아그라ConAgra 171
콜게이트Colgate 130
콜로디온collodion 39, 40
쿠스토학회Cousteau Society 217, 218, 224
쿠야호가 강Cuyahoga River 85
퀘이커Quaker 130
크리스 톰슨Chris Thompson 101, 209
크리스티아나 뵈거Christiana Boerger 271, 298, 299
큰살파Thetys vagina 156
클로드 휴즈Claude Hughes 332
킴벌리 클라크Kimberly Clark 127

타

타일러 스크린Tyler screen 146
탄소 격리 149
탄소 발자국 51, 364, 407, 408

태평양 거대 쓰레기 지대 14, 25, 57~75, 78, 88, 102, 195, 198, 219, 336, 372, 400
태평양몽크바다표범 Hawaiian monk seal 246~253, 260, 262
턴아일랜드 Tern Island 242, 243, 262, 263
테리 리처드슨 Terry Richardson 319
테오 콜본 Theo Colborn 277
테일러 심킨스 Taylor Simpkins 356~358
테트라팩 Tetra Pak 187~189
테플론 Teflon 48, 309, 326
토니 니콜스 Tony Nichols 208
토르 헤위에르달 Thor Heyerdahl 88, 89
토머스 브램웰 웰치 Thomas Bramwell Welch 168
토머스 핸콕 Thomas Hancock 36~39
톡스21 Tox21 437
퇴비가 될 수 있는 일회용품 179, 180, 374, 376, 377, 413
'투여량이 독을 만든다(the dose makes the poison).' 426
트레이시 맥멀른 Tracy McMullen 344
트리스 Tris 325

파 ——

파라셀수스 Paracelsus 426
파올라 팔란자 Paola Palanza 425, 429, 430
파크신 Parkesine 39~41
팸 롱고바디 Pam Longobardi 387
페놀 phenol 42, 44, 320, 329, 433
페이퍼메이트 Papermate 134
페트(PET) Polyethylene terephthalate 53, 114, 177, 188, 278, 391
펠런앤콜렌더 Phelan & Collender 40, 41
포스젠 phosgene 329

포일 풍선 foil balloon 284, 285
포장전문가협회 Institute of Packaging Professionals 166
폴 왓슨 Paul Watson 237, 238
폴 폴먼 Paul Polman 183
폴리락트산(PLA) polylactic acid 376
폴리메릭FR Polymeric FR 328
폴리브롬화디페닐에테르(PBDE) polybrominated diphenyl ether 303, 320~323, 326, 328
폴리스티렌 polystyrene 48~51, 134, 148, 169, 179, 180, 227, 328, 338, 371, 389, 422
폴리에틸렌(PE) Polyethylene 47, 48, 51, 52, 92, 93, 116, 122, 133, 139, 147, 170, 173, 174, 185~187, 202, 212, 256, 278, 297, 304, 331~333, 338, 366, 423, 432
폴리에틸렌 필름 polyethylene film 133, 173, 174, 186, 212, 256
폴리우레탄 폼 polyurethane foam 28, 48, 262, 422
폴리카보네이트 플라스틱 polycarbonate plastic 176, 319, 329, 330, 332, 421, 422
폴리프로필렌 너들의 도쿄항 실험 233~234
폴리프로필렌 polypropylene 31, 93, 109, 147, 156, 163, 168, 170, 180, 202, 233, 256, 278, 304, 331~333, 366, 432
폴리플로 Polyflow 372
폴리히드록시알카노에이트(PHA) polyhydroxyalkanoate 377
표층 해류 시뮬레이터(OSCURS) Ocean

Surface Current Simulator 71, 102, 202, 340

푸드프로덕션데일리닷컴
　Foodproductiondaily.com 172, 310, 408
풍선협회 284~286
프랜시스 걸랜드Frances Gulland 288, 289, 307
프레더릭 S. 봄 살Frederick S. vom Saal 332, 428, 430, 435
프렌들리플로티Friendly Floatee 70, 71, 340
프렌치프리깃숄스French Frigate Shoals 242, 244, 246, 256, 259, 262, 282, 347, 350
프리도니아그룹Freedonia Group 163, 178, 179, 185, 186, 189
프리토레이Frito-Lay 375~377
프탈산phthalate 230, 319, 329~331, 421, 422, 427, 429, 432
플라스틱 대 동물성 플랑크톤의 비율 155, 195, 196, 214, 222, 226, 399, 400
플라스틱 발자국 51, 93, 363~392, 404, 407, 408
플라스틱 처리된 사료 316, 317
플라스틱 첨가제 303, 334
플라스틱 필름 13, 133, 147, 168, 174, 186, 210, 299, 365, 391
플라스틱에서 자유로운 삶My Plastic-free Life 388
플라스틱오염연합Plastic Pollution Coalition 207, 391
플라스틱의 분해 337, 341
플라스틱의 시대 43
플라스틱의 아버지 39
플락스코퍼레이션Plax Corporation 132

플러프fluff 46, 47
피그pig 359~361
피네스 샴푸Finesse shampoo 133
피츠버그플레이트글래스Pittsburgh Plate Glass Company 51
피터 닐러Peter Niiler 390
피터 라이언Peter Ryan 231, 234, 344
피터 러츠Peter Lutz 286
피터 스택폴Peter Stackpole 122
필립 랜드리건Philip Landrigan 431, 432
필립스석유Phillips Petroleum 51, 93
필스버리Pillsbury 130

하 ──

하노버 원칙the Hanover Principles 378
하비에르 산티아고 아코스타Javier Santiago Acosta 195, 208
하와이야생동물펀드Hawai'i Wildlife Fund 247
하인즈Heinz 130, 165
하천및항구법the Rivers and Harbors Act 84
하트먼그룹Hartman Group 170
할로겐화 유기 화합물(HOC)halogenated organic compound 308, 309, 330
해변수집가및해양학자국제협회 Beachcombers' and Oceanographers' International Association 70, 342
해상 운송권 90
해양 쓰레기 64, 65, 72, 157, 159, 194, 202, 243, 252~258, 271, 280, 301, 338, 352, 372, 385
해양과학연구소Institut de Ciencies del Mar 297
해양보호단Ocean Conservancy 161, 178, 353, 354, 381, 385

해양보호학회Marine Conservancy Society 285

해양오염방지협약 부속서5 MARPOL Annex V 63, 93~96, 118, 151, 154, 157, 203, 252, 277

해양투기금지법the Ocean Dumping Ban Act 86

해양포유류센터Marine Mammal Center 288, 289, 307

해양환경전문가그룹GESAMP 96

해양환경조사연구소Marine Environmental Research Institute 327

핸콕 석유 회사Hancock Oil Company 25

행크 카슨Hank Carson 420

허버트 후버Herbert Hoover 128

허브 마크레더Herb Machleder 268

허접쓰레기 과학 221, 437

헤더 로저스Heather Rogers 136, 375~377

헤르베르트 마르쿠제Herbert Marcuse 129, 413

헤이든 네빌Hayden Nevill 255

호세 더레익Jose Guiherme Behrensdorf Derraik 90

홀리 그레이Holly Gray 29, 279, 283

화이트캐슬White Castle 169, 170

화학물질안전법Safe Chemicals Act 324, 436

환경 노출 324

환경 분해 112~113

환경보호국 슈퍼펀드 지역EPA Superfund site 62, 330

환류 65, 66, 72~75, 79, 99, 101~119, 142, 145~155, 187, 193, 196, 199, 202, 206~209, 214~227, 238, 260, 265~271, 282, 289, 297, 303, 332, 338, 347, 381~383, 390, 398, 401, 416, 419

환초 241~246, 249, 250, 259, 262, 263, 275, 276, 282, 349, 384, 416, 417

후바라눙에houbara bustard 291

휘발성 유기 화합물(VOC)volatile organic compounds 230, 319

휘호 흐로티위스Hugo Grotius 90

히데시게 타카다Hideshige Takada 301~304, 307, 331, 334

기타

1965년 연방고형폐기물처리법the federal Solid Waste Disposal Act of 1965 138

1967년 유조선 토리캐니언Torrey Canyon호 난파 사고 89, 91

1990년 버드라이프인터내셔널BirdLife International 254

1990년 컨테이너 유출 사고 75

1990년 한자캐리어Hansa Carrier호 컨테이너 유출 사고 104

1992년 컨테이너 유출 사고 70, 340

1993년 한국 페리선 전복 사고 258

1997년 엘니뇨El Ninos 19, 73, 115

1997년 엠브이시타MV CITA호 좌초 사고 212

1998년 '기상학적 폭탄' 컨테이너 411개 유출 사건 74

1인당 쓰레기 생성량 83, 291

1조 개의 병뚜껑과 마개 163

1조 개의 티셔츠백T-shirt bag 210

2002년 대이랑the Great Windrow 351

2011년 일본 쓰나미 80, 207, 272~275, 300, 339, 415

3M 309

456 플라스틱 바다Plastic Ocean

5대환류연구소 5 Gyres Institute 416
6가크롬 hexavalent chromium 320
ADHD(주의력 결핍 및 과잉 행동 장애) 311, 324
BED209 333, 334
BF굿리치 BF Goodrich 85
CR-39 51
DDE 235, 331
DDT 61, 85, 198, 232, 235, 303, 306, 308, 312, 313, 317, 327, 331, 333, 421, 435
J. 폴 호건 J. Paul Hogan 52, 93
MBC응용환경과학 MBC Applied Environmental Sciences 99, 142
P&G 130, 165, 184
PAH(다환방향족 탄화수소) 303, 304, 331
PCB(폴리염화비페닐) 61, 62, 198, 232, 235, 303~308, 312, 313, 317, 318, 321~323, 327, 331, 333, 421, 435
PFOA(과불옥탄산) 310
plasticdebris.org 138, 139
PVC(폴리염화비닐) 48, 54, 70, 132, 133, 228, 230, 319, 330, 332, 338, 359, 423
유엔 국제해사기구(IMO) UN's International Maritime Organization 89
US파워스쿼드런스 United States Power Squadrons 18, 58, 62
'자원 회복' 센터 "resource recovery" center 408
《데드리스트 캐치》 258
《샤크 위크》 218
《콜베어 리포트 The Colbert Report》 401, 406
《합성 물질의 바다 Synthetic Sea》 218, 236~238, 262

「가난한 리처드의 달력 Poor Richard's Almanac」 126
「도둑 맞은 미래」 277
「먹고 마시고 숨 쉬는 것들의 반란」 370
「미국의사협회지 Journal of the American Medical Association」 174
「선장의 의무 A Captain's Duty」 95
「얼음의 제국 Empire of Ice: Encounters in a Changing Landscape」 315
「오듀본 Audubon」 290
「요람에서 요람으로」 181, 378
「우리를 둘러싼 바다」 93
「침묵의 봄」 61, 85, 235
「패키징 뉴스 Packaging News」 185
「패키징 다이제스트 Packaging Digest」 184
「플라스틱 산업 공학 Industrial Plastics: Theory and Applications」 319
「플라스틱과 환경 Plastics and the Environment」 201
「피엘 바이어 PL Buyer」 185
「해양 쓰레기 Marine Debris: Sources, Impacts, and Solutions」 194, 201
「해양 오염 회보 Marine Pollution Bulletin」 93, 149, 153, 213, 222, 235, 238, 298
「해양 탐사선 알기타 뉴스 ORV Alguita News」 213
「환경 건강 전망 Environmental Health Perpectives」 428, 429
「환경 독성 약학 Environmental Toxicology and Pharmacology」 346
「UNEP 연간 보고서 Year Book on Emerging Issues in Our Global Environment」 96

플라스틱 바다
지구의 바다를 점령한 인간의 창조물

발행일	2013년 9월 20일 (초판 1쇄)
	2024년 5월 30일 (초판 6쇄)
지은이	찰스 무어, 커샌드라 필립스
옮긴이	이지연
펴낸이	이지열
펴낸곳	미지북스
	서울 마포구 잔다리로 111 (서교동 468-3) 401호
	우편번호 04003
	전화 070-7533-1848 팩스 02-713-1848
	mizibooks@naver.com
	출판 등록 2008년 2월 13일 제313-2008-000029호
책임 편집	권순범
출력	상지출력센터
인쇄	한영문화사
ISBN	978-89-94142-30-2 03300

값 18,000원

- 블로그 http://mizibooks.tistory.com
- 트위터 http://twitter.com/mizibooks
- 페이스북 http://facebook.com/pub.mizibooks